Der Regress einer Verbandsgeldbuße gegen Organmitglieder in der Aktiengesellschaft

Schriften zum Strafrecht und Strafprozeßrecht

Herausgegeben von Manfred Maiwald
und Carsten Momsen

Band 136

PETER LANG

Lucas Jürss

Der Regress einer Verbandsgeldbuße gegen Organmitglieder in der Aktiengesellschaft

PETER LANG

Bibliografische Information der Deutschen Nationalbibliothek
Die Deutsche Nationalbibliothek verzeichnet diese Publikation in der Deutschen Nationalbibliografie; detaillierte bibliografische Daten sind im Internet über http://dnb.d-nb.de abrufbar.

Zugl.: Berlin, Freie Univ., Diss., 2020

D 188
ISSN 0938-6181
ISBN 978-3-631-83736-8 (Print)
E-ISBN 978-3-631-87504-9 (E-PDF)
E-ISBN 978-3-631-87512-4 (EPUB)
DOI 10.3726/b19549

Peter Lang – Berlin · Bern · Bruxelles · New York ·
Oxford · Warszawa · Wien

Diese Publikation wurde begutachtet.

www.peterlang.com

Meiner Familie,
in Gedenken an meine Großväter Uwe Schott & Norbert Jürss

Vorwort

Die Arbeit wurde dem Fachbereich „Rechtswissenschaft" der Freien Universität Berlin im Herbst 2019 als Dissertation vorgelegt. Die mündliche Prüfung im Promotionsverfahren wurde am 11.08.2020 abgelegt. Rechtsprechung, Literatur sowie Gesetzesänderungen wurden bis März 2021 weitgehend berücksichtigt. In diese Arbeit sind die Ergebnisse meiner im Jahr 2012 an der Bucerius Law School in Hamburg vorgelegten Examensseminararbeit „Das Zusammenspiel von Verfall (§ 29a OWiG) und Unternehmensgeldbuße (§ 30 OWiG) im Ordnungswidrigkeitenrecht" sowie meiner ebenda im Jahr 2011 vorgelegten Seminararbeit „Verbandsgeldbußen im Konzern" eingeflossen.

Mit Blick auf die Erstellung der Arbeit bin ich vielen Menschen zum Dank verpflichtet. Allen voran danke ich meinem Doktorvater Herrn Prof. Dr. Carsten Momsen für die engagierte Betreuung der Arbeit, zahlreiche Anregungen, die diese Arbeit verbesserten, sowie für seine Geduld in Zeiten, in denen ich diese strapaziert haben muss. Des Weiteren danke ich Herrn Prof. Dr. Thomas Grützner für die Erstattung des Zweitgutachtens ebenso wie für seine zahlreichen wertvollen Anregungen zur Verbesserung dieser Arbeit.

Die Arbeit selbst wurde in drei Städten, nämlich in Düsseldorf, Frankfurt a.M. und Hamburg fertiggestellt. In jeder dieser Städte bin ich Mentorinnen und Mentoren, die mich dort begleitet haben, zu besonderem Dank verpflichtet. Sie erhielten meine Freude an der Promotion und meine Begeisterung für das Strafrecht aufrecht. Ihre Förderung hat mich geprägt:

In Düsseldorf danke ich Frau Rechtsanwältin Dr. Anne Wehnert für die Anregung zum Dissertationsthema; Herrn Rechtsanwalt Dr. Johannes Zimmermann für die Schaffung idealer Rahmenbedingungen für die Fertigstellung der Arbeit; Herrn Rechtsanwalt Dr. Udo Wackernagel für zahlreiche Diskussionen zu Fragestellungen der Arbeit sowie Herrn Rechtsanwalt Dr. Stephan Voigtel für die organisatorische Unterstützung der Arbeit.

In Frankfurt danke ich Frau Rechtsanwältin Dr. Julia Baedorff und Herrn Rechtsanwalt Dr. David Pasewaldt für die Förderung meines Werdegangs.

In Hamburg danke ich Herrn Rechtsanwalt Alexander Kirmeß und Herrn Rechtsanwalt Jan Raschka für ihre Freundschaft und Unterstützung.

Danken möchte ich ferner meinen Eltern, Astrid und Jürgen Jürss, auf die ich mich bei der Erstellung dieser Arbeit – wie bereits mein Leben lang – bedingungslos verlassen konnte.

Schließlich gebührt mein Dank meiner Freundin Kathrin Lampert für mehr, als ich in Worte fassen kann.

Düsseldorf, im Dezember 2021
Lucas Jürss

Inhalt

A. Einleitung

Mit dem Urteil vom 20.01.2015 entschied das LAG Düsseldorf, eine durch das Bundeskartellamt gegen ein Unternehmen verhängte Geldbuße könne nicht im Rahmen der Innenhaftung an den Geschäftsführer weitergereicht werden.[1]

Die Entscheidung entsprach – als ich das erste Mal von ihr hörte – meinem instinktiven Rechtsempfinden: Wie sollte es auch anders sein? Der Gesetzgeber kann mittels Strafgesetzgebung Sanktionen für delinquente natürliche Personen bestimmen. Parallel kann der Gesetzgeber über das Ordnungswidrigkeitenrecht finanzielle Sanktionen für Unternehmen festlegen. Ganz gleich, welche Gründe den Gesetzgeber zu einem Tätigwerden in die eine oder in die andere Richtung bewegen mögen, schien es mir wider jede Vernunft zu gehen, würde man diese gesetzgeberische Wertung sodann mittels eines Haftungsregresses unterlaufen und allein der natürlichen Person die volle Sanktionslast aufbürden. So leicht, wie es sich diese Wertung machen möchte, liegen die Dinge jedoch nicht. Das initiale Störgefühl diente mir gleichwohl als Impuls zur weitergehenden Bearbeitung dieses sensiblen Themas, wobei die Fokussierung auf Organmitglieder in der Aktiengesellschaft dem Ziel folgte – trotz maßvoller Begrenzung des Themas – auf dem Boden reichhaltiger wissenschaftlicher Quellen eine exemplarische Untersuchung des Organinnenregresses über Verbandsgeldbußen zu fertigen.

Kurze Zeit nach der eingangs bemerkten Entscheidung des LAG Düsseldorf folgte dann die erschütternde Nachricht des Suizids des langjährigen Siemens-Finanzvorstands *Heinz-Joachim Neubürger*,[2] welcher mit dem Urteil vom 10.12.2013 zu einer Schadensersatzzahlung in Höhe von EUR 15 Mio. verurteilt worden war.[3] Zwar lagen dieser Entscheidung keine Verbandsgeldbußen als Schadensposten zugrunde,[4] jedoch steht sie sinnbildlich für ein nach der Finanzkrise

---

1 LAG Düsseldorf, Teilurt. v. 20.01.2015, Rs. 16 Sa 459/14, NZKart 2015, 277 ff.

2 *Maier/Clausen*, Heinz-Joachim Neubürger ist tot, 06.02.2015, abrufbar unter: https://www.spiegel.de/wirtschaft/unternehmen/heinz-joachim-neubuerger-ist-tot-a-1017054.html (geprüft am 30.09.2021).

3 Vgl. LG München I, Urt. v. 10.12.2013, Rs. 5 HK O 1387/10, ZIP 2014, 570 ff.

4 Im Mittelpunkt stand die Erstattung von Rechtsanwaltskosten in Höhe von EUR 12,85 Mio., vgl. LG München I, Urt. v. 10.12.2013, Rs. 5 HK O 1387/10, ZIP 2014, 570, 576.

zu verzeichnendes verstärktes Vorgehen bzw. Durchgreifen gegen Unternehmen und ihre Vorstände durch Strafverfolgungsbehörden und Gerichte.

Mit den tragischen Entwicklungen im Zuge dieses Verfahrens stellte sich die Frage nach einer maßvollen Begrenzung der Organinnenhaftung besonders drastisch, auch wenn diese Folgenbewertung der in der Öffentlichkeit verbreiteten Wahrnehmung nicht entsprechen mag. Im Gegenteil; seit der Finanzkrise ist ein verstärktes Verfolgen natürlicher Personen im Kontext des Wirtschaftsstrafrechts in der internationalen Öffentlichkeit *en vogue*.[5] Auf Nachsicht der öffentlichen Wahrnehmung hoffen Organmitglieder großer Kapitalgesellschaften vergebens, sind sie erst einmal in das Zentrum von Strafverfolgung und Presseberichterstattung gerückt.[6]

Die nicht zu überblickenden Haftungsrisiken, die Organmitglieder großer Kapitalgesellschaften auf sich nehmen, finden im Angesicht oftmals als opulent empfundener Vergütungsstrukturen kaum Beachtung. Dabei übertrifft die Haftungsrisikopartizipation von Organmitgliedern in der Aktiengesellschaft regelmäßig deren Gewinnpartizipation.[7] *Bachmann* stellte in diesem Zusammenhang mit Blick auf die „*Neubürger-Entscheidung*“[8] fest, dass eine Haftung über EUR 15 Mio. auch bei hoher Vorstandsvergütung – „*der Beklagte soll Presseberichten zufolge zuletzt 2,7 Mio. € Jahressalär bezogen haben*“[9] – eine existenzvernichtende Belastung darstellen würde.[10]

---

5 Vgl. zur anhaltenden politischen Relevanz dieser Forderung nur die US Parlamentarierin Alexandria Ocasio-Cortez, welche den CEO von JPMorgan Chase & Co. in einer öffentlichen Vernehmung medienwirksam fragte, ob seiner Meinung nach im Nachgang der Finanzkrise nicht mehr natürliche Personen zu Gefängnisstrafen hätten verurteilt werden müssen, *Reuters*, AOC grills Chase CEO Dimon on financial crisis, 10.04.2019, abrufbar unter: https://mobile.reuters.com/video/2019/04/10/aoc-grills-chase-ceo-dimon-on-financial?videoId=536449665&videoChannel=1003 (geprüft am 30.09.2021); sowie mit über 450.000 Aufrufen, *TicToc by Bloomberg*, AOC Questions Big Bank CEOs, 10.04.2019, abrufbar unter: https://www.youtube.com/watch?v=rAyi-aXhl7wc (geprüft am 30.09.2021).

6 Vgl. exemplarisch *Bild*, Goldener Lebensabend trotz Skandalen – Deutschlands größte Raff-Rentner, 2019, abrufbar unter: https://www.bild.de/geld/wirtschaft/politik-inland/winterkorn-zumwinkel-co-deutschlands-groesste-raff-rentner-60632884.bild.html (geprüft am 30.09.2021).

7 Vgl. S. 134 ff.

8 LG München I, Urt. v. 10.12.2013, Rs. 5 HK O 1387/10, ZIP 2014, 570 ff.

9 *Bachmann*, ZIP 2014, 579, 580.

10 Vgl. *ders.*, ZIP 2014, 579, 580.

Die Organinnenhaftung über Verbandsgeldbußen berührt in diesem Kontext hochaktuell verschiedene Problemfelder. Sie betrifft regelmäßig Geldbußen, die sich für das jeweilige Organmitglied existenzbedrohend auswirken können,[11] und somit grundrechtliche Belange ihrer Haftungsadressaten.[12] Diese Belange sind jedoch nicht isoliert zu gewichten, sondern einerseits im Spannungsfeld von Straf- und Ordnungswidrigkeitenrecht und andererseits im Gesellschaftsrecht.

Entsprechend folgte auch das Hauptargument des LAG Düsseldorf gegen den Organinnenregress einer Verbandsgeldbuße aus der Abwägung der rechtspolitischen Zielrichtung der zugrunde liegenden Sanktion, einer Kartellbuße gemäß § 81 GWB a.F., sowie der Wertungen des gesellschaftsrechtlichen Haftungsrechts:

> *„Die zivilrechtliche Innenhaftung im Gesellschaftsrecht würde dazu führen, dass die Entscheidung des Normengebers, dass ein Unternehmen nach § 81 GWB zur Verantwortung gezogen werden soll, ins Leere liefe. [...] Das Zivilrecht würde quasi die ordnungsrechtliche Entscheidung korrigieren. Der mit einer Geldbuße verbundene wesentliche Zweck, eine bestimmte Ordnung zu garantieren, könnte nicht wirksam erreicht werden, wenn sich die Rechtsordnung zu sich selbst in Widerspruch setzt, indem sie durch die Zivilgerichte das wiedergibt, was sie zuvor wegen individuellen Fehlverhaltens als Sanktion genommen hat. [...] Grundsätzlich muss derjenige die Geldstrafe oder Geldbuße aus seinem eigenen Vermögen aufbringen, der die Straftat oder Ordnungswidrigkeit begangen hat.“*[13]

Seitdem hat sich zwar eine rege juristische Debatte um die Organinnenhaftung für Verbandsgeldbußen entwickelt, welche sich vor allem der Abwägung der Zwecke der jeweiligen Verbandssanktion gegen die Zwecke der Organinnenhaftung unter verschiedenen Gesichtspunkten annimmt.[14] Diese Zwecke sind jedoch gerade nicht nach freier Abwägung in Ausgleich zu bringen, wie diese Arbeit zeigen wird. Das Verfassungsrecht und der Grundsatz der Totalreparation bilden einen dogmatischen Rahmen, der bestimmte Lösungsansätze gleichermaßen empfiehlt, wie verbietet.[15]

---

11 Vgl. zur Konzeption von am Unternehmenserlös ausgerichteten Geldbußen, S. 88 ff.; S. 96 ff.; zur Diskrepanz zwischen von Verbänden gezahlten Gehältern und dem aus ökonomischer Sicht infolge von Unternehmenskriminalität auszugleichenden ökonomischen Schaden für die gesamtgesellschaftliche Wohlfahrt, S. 154 ff.

12 Vgl. S. 219 ff.

13 LAG Düsseldorf, Teilurt. v. 20.01.2015, Rs. 16 Sa 459/14, NZKart 2015, 277, 279.

14 Vgl. nur *Grau/Dust*, ZRP 2020, 134 ff.; *Bayer/Scholz*, GmbHR 2015, 449 ff.; *Thomas*, NZG 2015, 1409 ff.; *Reuter*, BB 2016, 1283 ff.; jüngst auch *Hauff*, Der Regress von Verbandsgeldbußen im Kapitalgesellschaftsrecht, 2019; *Nietsch*, ZHR 184 (2020), 60 ff.

15 Vgl. hierzu, S. 121 ff.; S. 182 ff.; S. 206 ff.

Die bloße Feststellung des LAG Düsseldorf, dass die Organinnenhaftung die Zwecke der Verbandsgeldbuße vereitele, ist vor diesem Hintergrund genau genommen keine dogmatische Begründung einer Einschränkung der Organinnenhaftung, sondern eine bloße Beobachtung von Folgen eines bestimmten legislativen Status quo. Sie gibt der Literatur – und so auch dieser Arbeit – jedoch Anlass, die dogmatische Begründung zur Einschränkung des Organinnenregresses (bzw. genauer des Grundsatzes der Totalreparation) zu suchen und zu bestimmen.

Diese Arbeit findet ihren Ausgangspunkt zur Bestimmung einer solchen dogmatischen Begründung in der folgenden Feststellung des LAG Düsseldorf:

> „*Selbstverständlich trifft der Ordnungsgeber mit einer Bußgeldregelung wie der des § 81 GWB eine Entscheidung, wer die verhängte Buße tragen muss.*“[16]

Das LAG Düsseldorf unterstellt in dieser Aussage, dass zwischen einer Sanktion und ihrem Adressaten ein gesetzgeberisch veranlasster Konnex besteht. Dieser überschatte die im Gesellschaftsrecht vertretene Auffassung, strafrechtliche Sanktionierung und zivilrechtlicher Ausgleich seien streng voneinander zu trennen.[17]

Eine genauere Differenzierung dieses Konnexes fehlt bis heute noch in der Literatur und Rechtsprechung. Auch das BAG äußerte sich in der nachfolgenden Instanz nicht zu dieser Frage bzw. zur Sache überhaupt.[18] Es hob das LAG Düsseldorf unter Zuständigkeitsgesichtspunkten auf und verwies zur erneuten Entscheidung mit dem Hinweis zurück, dass das LAG Düsseldorf zu prüfen haben werde, ob der dieser Sache zugrunde liegende Rechtsstreit nur unter Entscheidung einer kartellrechtlichen Vorfrage i.S.v. § 87 Satz 2 GWB entschieden werden könne.[19] Für diesen Fall würde es den gesamten Rechtsstreit unter Aufhebung des arbeitsgerichtlichen Urteils an das für Kartellsachen zuständige Landgericht (§ 89 GWB) zu verweisen haben.[20] Dem entsprach das LAG Düsseldorf. Der Rechtsstreit wurde an das LG Dortmund – Kammer für Kartellsachen – verwiesen.[21]

---

16 LAG Düsseldorf, Teilurt. v. 20.01.2015, Rs. 16 Sa 459/14, NZKart 2015, 277, 279.

17 Vgl. LAG Düsseldorf, Teilurt. v. 20.01.2015, Rs. 16 Sa 459/14, NZKart 2015, 277, 278 unter Ablehnung der in *Zimmermann*, WM 2008, 433 ff.; *Fleischer*, BB 2008, 1070 ff.; *Glöckner/Müller-Tautphaeus*, AG 2001, 344 ff. vertretenen Auffassung.

18 BAG, Urt. v. 29.06.17, Rs. 8 AZR 189/15, BeckRS 2017, 118264.

19 BAG, Urt. v. 29.06.17, Rs. 8 AZR 189/15, BeckRS 2017, 118264, Rn. 50; vgl. hierzu auch *Lotze/Heyers*, NZKart 2018, 29 ff.

20 BAG, Urt. v. 29.06.17, Rs. 8 AZR 189/15, BeckRS 2017, 118264, Rn. 50.

21 LAG Düsseldorf, Beschl. v. 29.01.2018, Rs. 14 Sa 591/17, BeckRS 2018, 2688.

So unternimmt es diese Arbeit, eine Adressatenbindung von Sanktionen unter dem Überbegriff der „**Höchstpersönlichkeit**“ von Strafe bzw. Sanktionen zu untersuchen und schlussendlich zu belegen.[22] Die Ergebnisse dieser Untersuchung sollen einen strafrechtsdogmatischen Beitrag zu der bislang vornehmlich gesellschaftsrechtlich geführten Debatte über den Organinnenregress von Verbandsgeldbußen beisteuern.

Im Anschluss an die vorliegende Einleitung (**A.**) folgen zu diesem Zweck eine grundlegende Schilderung und eine systematische Untersuchung der maßgeblichen Rechtsvorschriften aus dem Straf- bzw. Ordnungswidrigkeitenrecht sowie aus dem gesellschaftsrechtlichen Haftungsrecht (**B.**). Zur Vorbereitung der weitergehenden Bestimmung des Verhältnisses der beiden Rechtssäulen untersucht diese Arbeit sodann die Steuerungsfunktion und -fähigkeit von Straf- und Zivilrecht unter Inbetrachtnahme der ökonomischen Analyse des Rechts (**C.**). Anschließend wird **die den Kern der Arbeit ausmachende Bestimmung eines Elements, das Sanktion und Sanktionsadressaten verbindet**, durchgeführt und die Wirkung dieses Elements auf die zivilrechtliche Haftung untersucht (**D.**). Die Ergebnisse dieser Untersuchung werden bisherigen Vorschlägen zur Begrenzung der Organinnenhaftung gegenübergestellt (**E.**), bevor die erarbeiteten Erkenntnisse schließlich in einem Fazit zusammengefasst werden (**F.**).

---

22 Die Fragestellung bleibt auch mehr als fünf Jahre nach der Entscheidung des LAG Düsseldorf (16 Sa 459/14) hochaktuell. So befand jüngst das LG Saarbrücken per Urteil vom 15.09.2020 in einem Obiter Dictum, dass der Regress einer gegen eine AG verhängten EU-Kartellgeldbuße gegen ein ehemaliges Vorstandsmitglied derselben gemäß § 93 Abs. 2 AktG grundsätzlich ausgeschlossen sei. Denn ein solcher Regress laufe dem unionsrechtlichen *effet utile* zuwider, vgl. LG Saarbrücken, Urt. v. 15.09.2020, Rs. 7 HK O 6/17, BeckRS 2020, 32440, Rn. 121 ff. Die vorliegende Arbeit ist auf den Regress von ordnungswidrigkeitenrechtlichen Verbandsgeldbußen konzentriert. Zur insofern abweichenden Systematik des EU-Kartellbußgeldregimes vgl. zusammenfassend nur, GJW/*Böse*, 2. Aufl. 2017, § 81 GWB Rn. 10 ff.; *Prechtel/Schulz*, in: Momsen/Grützner (Hrsg.), Wirtschafts- und Steuerstrafrecht, 2. Aufl. 2020, Kap. 7 § 24 Rn. 150 ff.; LG Bonn, v. 11.11.2020, Rs. 29 OWi 1/20, BeckRS 2020, 35663, Rn. 24. Gleichwohl aktualisiert das Urteil des LG Saarbrücken, die durch das LAG Düsseldorf in den Mittelpunkt gerückte Problematik des Regressausschlusses von Verbandsgeldbußen und es steht zu erwarten, dass kurz danach neue Literaturbeiträge zur Thematik im Ganzen folgen werden.

B. Zentrale Vorschriften

Die Debatte um den Verbandssanktionsregress gegen Organmitglieder in der Aktiengesellschaft findet im Spannungsfeld zweier Rechtssäulen statt.

Auf der einen Seite steht das Strafrecht im weiteren Sinne, unter welches für die Zwecke dieser Arbeit auch das Ordnungswidrigkeitenrecht gefasst wird. In dessen Rahmen können Geldbußen gegen Unternehmen ergehen. Die Tatbestände, die eine solche Sanktionierung ermöglichen, sind vielfältig. Ihnen kommen zum Teil verschiedene Funktionen hinsichtlich der Verbandssanktionierung zu.

Auf der anderen Seite steht das Gesellschaftsrecht. Es enthält die zivilrechtlichen Haftungsnormen, die einen Organinnenregress ermöglichen. Mit Blick auf die Aktiengesellschaft, auf welche sich diese Arbeit konzentriert, handelt sich dabei im Kern um § 93 AktG. Die Vorschrift regelt zunächst die Innenhaftung von Vorständen in der Aktiengesellschaft. Gemäß § 116 Satz 1 AktG gilt sie jedoch mit Ausnahme von § 93 Abs. 2 Satz 3 AktG für die Verantwortlichkeit von Aufsichtsratsmitgliedern entsprechend.

Die vorliegende Arbeit beschäftigt sich mit der Frage, inwiefern eine Aktiengesellschaft von ihrem Organ die Erstattung einer ordnungswidrigkeitenrechtlichen Verbandsgeldbuße aufgrund einer Innenhaftung nach § 93 Abs. 2 AktG (i.V.m. § 116 Satz 1 AktG) verlangen kann. Eine Antwort auf diese Frage kann sich sowohl:

- aus der Systematik des Strafrechts im weiteren Sinne;
- der Systematik des Gesellschafts- bzw. Zivilrechts; als auch
- aus dem Verhältnis beider Rechtsgebiete zueinander ergeben.

Dieses Kapitel legt das Fundament zur Untersuchung dieser drei Erkenntnisquellen, indem die für diese Arbeit zentralen Vorschriften des Ordnungswidrigkeiten- und Gesellschaftsrechts erläutert werden.

I. (Neben-)Strafrechtliche Sanktionstatbestände

Zu diesem Zweck soll mit der Darstellung der Sanktionstatbestände des Strafrechts im weiteren Sinne begonnen werden. Freilich können nicht alle Ordnungswidrigkeitentatbestände, die eine Sanktionierung von Verbänden bedingen können, berücksichtigt werden.

Zunächst werden die §§ 30, 29a OWiG erläutert. Beide Normen enthalten Vorgaben hinsichtlich möglicher staatlicher Reaktionen auf festgestellte Rechtsverstöße in Unternehmen. Sie sind allgemeine Vorschriften des Ordnungswidrigkeitenrechts. Stark vereinfacht gesprochen soll § 30 OWiG – dem gesetzgeberischen Vorbild nach – die Ahndung von Unternehmen abschließend regeln[23] und § 29a OWiG die Abschöpfung rechtswidrig erlangter Vorteile, die aus Ordnungswidrigkeiten rühren, bei selbigen.[24]

In einem zweiten Schritt werden die Tatbestände der §§ 81 ff. GWB[25] und § 120 WpHG[26] herangezogen. Anhand der beiden Vorschriften wird exemplarisch dargestellt, wie sich die Bußgeldbemessung und Abschöpfungspraxis hinsichtlich juristischer Personen im Verhältnis zu den Regelungsregimes der §§ 30, 29a OWiG entwickelt hat und welche besonderen Wertungen die beiden – in ihrer konkreten Ausgestaltung – jungen Normen treffen.

Ausgangspunkt der Betrachtung ist § 30 OWiG als zentrale Vorschrift der Verbandssanktionierung.

a. § 30 OWiG

Gemäß § 30 OWiG kann eine Geldbuße gegen juristische Personen oder Personenvereinigungen unter der Voraussetzung festgesetzt werden, dass bestimmte für den Verband verantwortlich handelnde Personen eine Straftat oder Ordnungswidrigkeit begangen haben, durch welche entweder Pflichten der juristischen Person verletzt wurden oder die juristische Person bzw. Personenvereinigung bereichert wurde bzw. werden sollte.[27]

Das deutsche Recht kennt kein originär schuldstrafrechtliches Unternehmensstrafrecht. Die heutige Ausgestaltung der Verbandsgeldbuße als Ordnungswidrigkeitentatbestand rührt aus einer wechselvollen[28] historischen Entwicklung der Vorschrift.

---

23 Vgl. S. 25.
24 Vgl. S. 63 ff.
25 Vgl. S. 82 ff.
26 Vgl. S. 93 ff.
27 KK-OWiG/*Rogall*, 5. Aufl. 2018, § 30 Rn. 1.
28 *Tiedemann*, NJW 1988, 1169.

aa. Entstehungsgeschichte und kriminalpolitische Zielsetzung

Ursprünglich waren dem deutschen Recht keine Sanktionen gegen Verbände bekannt.[29] Lediglich das Abgabenstrafrecht[30] sah ab Beginn der 1930er Jahre zeitweise gemäß § 393 RAO (1931)[31] eine Geldstrafe gegen Verbände vor, welche jedoch durch das Gesetz zur Änderung der RAO vom 04.07.1939[32] gegenstandslos wurde.[33]

Ein weiterer Impuls in Richtung der Einführung einer Verbandssanktion in das nationale Recht ging zu dieser Zeit von dem damaligen Kartellrecht aus. Das Kartellgericht entwickelte im Rahmen seiner Rechtsprechung zu Beginn des 20. Jahrhunderts die Anwendbarkeit der Ordnungsstrafe des § 17 KartellVO[34] auf juristische Personen.[35] Der Gedanke, dass das Ordnungsstrafrecht die Einhaltung der vorgeschriebenen Ge- und Verbote gewährleisten solle, sei – so das Kartellgericht – auch auf juristische Personen anwendbar.[36] Auch Vereinigungen

---

29 Vgl. *Pohl-Sichtermann*, Geldbuße gegen Verbände, 1974, S. 21.

30 Vgl. *Schmitt*, Strafrechtliche Maßnahmen gegen Verbände. Gleichzeitig ein Beitrag zur Lehre von den strafrechtlichen Unrechtsfolgen, 1958, S. 48; *Goetzeler*, Die rationalen Grundlagen des Steuerstrafrechts, 1934, S. 193, jeweils m.w.N. zu verschiedenen Gesetzen, welche ebenfalls bereits das Konzept einer Subsidiärhaftung des Verbandes kannten.

31 Vgl. hierzu Reichsabgabenordnung 1931 (Digitalisat), abrufbar unter: https://archive.org/details/Reichsabgabenordnung/page/n143 (geprüft am 30.09.2021).

32 Gesetz zur Änderung der Reichsabgabenordnung vom 04.07.1939, RGBl. I, S. 1181.

33 Vgl. Reichsabgabenordnung vom 22.05.1931, RGBl. I, S. 161, 211, 214, wo über § 393 RAO 1931 hinaus eine Subsidiärhaftung- und -strafe gegen Verbände nach §§ 416 I u. II RAO 1931 vorgesehen war; *Pohl-Sichtermann*, Geldbuße gegen Verbände, 1974, S. 21; *Schmitt*, Strafrechtliche Maßnahmen gegen Verbände. Gleichzeitig ein Beitrag zur Lehre von den strafrechtlichen Unrechtsfolgen, 1958, S. 51 f.; *Ehrhardt*, Unternehmensdelinquenz und Unternehmensstrafe, 1994, S. 30; *Tiedemann*, NJW 1988, 1169 f.; *Lange*, JZ 1952, 261. Vgl. bereits zuvor § 357 RAO 1919, Reichsabgabenordnung vom 13.12.1919, RGBl. II, S. 1993, 2076.

34 Verordnung gegen den Missbrauch wirtschaftlicher Machtstellungen vom 02.11.1923, RGBl. I, S. 1067.

35 Vgl. Kartellgericht, Entsch. v. 27.02.1929, Rs. K. 271/28 101, Kartell-Rundsch. 27, 213, 215 f.; Kartellgericht, Entsch. v. 14.06.1932, Rs. K. 274/31, Kartell-Rundsch. 30, 1932, 476, 490 f.

36 Vgl. Kartellgericht, Entsch. v. 14.06.1932, Rs. K. 274/31, Kartell-Rundsch. 30, 1932, 476, 490 f.; *Callmann*, Das deutsche Kartellrecht, 1934, S. 224 f.; KK-OWiG/*Rogall*, 5. Aufl. 2018, § 30 Rn. 22; Göhler-OWiG/*Gürtler/Thoma*, 18. Aufl. 2021, Vor § 29a Rn. 4.

seien gegebenenfalls zu gesetzesmäßigen Verhalten zu zwingen und notfalls auch ohne Rücksicht auf ihre Rechtsform durch Ordnungsstrafen gemäß § 17 KartellVO zu sanktionieren.[37]

Jenseits derartiger Rechtsfortbildungen durch die Judikative wurden in der Zeit des Nationalsozialismus ausdrückliche Ordnungsstrafen gegen juristische Personen und Personenverbände in Form geschaffen.[38] Nach dem Zweiten Weltkrieg wurden diese jedoch durch die §§ 23, 24 WiStrG (1949)[39] als ethisch wertneutrale Geldbußen ersetzt, welche auch gegen juristische Personen und Personenvereinigungen verhängt werden konnten.[40]

Eine Zäsur im deutschen Strafrecht, welches vor dem Hintergrund des Schuldprinzips nie eine Verbandsstrafe kannte,[41] stellte das Besatzungsrecht im Devisen- und Kartellrecht nach dem Zweiten Weltkrieg dar. Es sah Kriminalstrafen gegen Verbände vor.[42] Entgegen der ganz überwiegenden Auffassung im Schrifttum[43] bestätigte der BGH damals die strafrechtliche Verantwortung von Verbänden nach dem Besatzungsrecht,[44] betonte jedoch, dass dieses im Widerspruch zu dem im deutschen Recht entwickelten sozialethischen Schuld- und Strafbegriff stehe.[45] Obwohl diese Entwicklung rückgängig gemacht wurde, blieb

---

37 Vgl. Kartellgericht, Entsch. v. 14.06.1932, Rs. K. 274/31, Kartell-Rundsch. 30, 1932, 476, 490 f.

38 Vgl. RRH-OWiG/*Förster*, 29. EGL Stand: Februar 2020, Vor § 30 Rn. 2.

39 Vgl. Wortlaut des § 23 WiStrG (1949), abgedruckt in, BVerfG, Beschl. v. 04.02.1959, Rs. 1 BvR 197/53, BVerfGE 9, 167, 169 = NJW 1959, 619; im Übrigen siehe Wirtschaftsstrafgesetz vom 26.07.1949, WiGBl., S. 193.

40 Vgl. RRH-OWiG/*Förster*, 29. EGL Stand: Februar 2020, Vor § 30 Rn. 3; *Pohl-Sichtermann*, Geldbuße gegen Verbände, 1974, S. 27; Göhler-OWiG/*Gürtler/Thoma*, 18. Aufl. 2021, Vor § 29a Rn. 5.

41 Vgl. *Schwinge*, Strafrechtliche Sanktionen gegenüber Unternehmen im Bereich des Umweltstrafrechts, 1996, S. 66; *Schmitt*, Strafrechtliche Maßnahmen gegen Verbände. Gleichzeitig ein Beitrag zur Lehre von den strafrechtlichen Unrechtsfolgen, 1958, S. 199 m.w.N.

42 Vgl. Art. 7 Ziff. 11, Art. 8 Ziff. 12 Gesetz Nr. 53 der Militärregierung, siehe *Württ. Sparkassen- und Giroverband in Stuttgart*, in: Die Gesetze Nr. 52 und Nr. 53 der Amerikanischen Militärregierung mit Erläuterungen, 1946, S. 57 f.; vgl. auch *Pohl-Sichtermann*, Geldbuße gegen Verbände, 1974, 22 ff. m.w.N.

43 Zu der damalig so gut wie einhelligen Auffassung im Schrifttum, vor sowie nach BGH, Urt. v. 27.10.1953, Rs. 5 StR 723/52, NJW 1953, 1838 f. = BGHSt 5, 28, vgl. statt vieler *Heinitz*, JR 1954, 67; *Lange*, JZ 1952, 261 f.; *Siegert*, NJW 1953, 527, 529.

44 Vgl. BGH, Urt. v. 27.10.1953, Rs. 5 StR 723/52, NJW 1953, 1838 f. = BGHSt 5, 28; vgl. auch *Pohl-Sichtermann*, Geldbuße gegen Verbände, 1974, 22 ff. m.w.N.

45 Vgl. BGH, Urt. v. 27.10.1953, Rs. 5 StR 723/52, NJW 1953, 1838, 1839 = BGHSt 5, 28.

die Einführung einer Kriminalstrafe gegen Verbände in das deutsche Strafrecht stark umstritten[46] und ist auch heute noch Thema intensiver Diskussionen,[47] hat sich jedoch in jüngster Zeit dahin gehend verlagert, dass nicht mehr die Einführung einer (schuldgebundenen) Verbandsstrafe, sondern, eines eigenständigen Verbandssanktionenrechts, entsprechend eines aktuellen Gesetzesentwurfs, in den Mittelpunkt gerückt ist.[48] Dies ist nicht zuletzt auch auf ein verstärktes Drängen der Europäischen Union auf die Einführung entsprechender Sanktionsmechanismen zurückzuführen.[49]

Die Norm des § 30 OWiG selbst ging aus § 26 OWiG (1968) hervor.[50] Es war ein Ziel der Einführung des § 26 OWiG (1968), eine vereinheitlichende Vorschrift zu schaffen, welche die Sanktionierung von Unternehmen durch die Unternehmensgeldbuße im Ordnungswidrigkeitenrecht einheitlich und abschließend im Sinne einer Rechtsvereinheitlichung regeln sollte.[51]

---

46 Vgl. zum Votum der Großen Strafrechtskommission gegen die Verhängung einer Verbandstrafe, *Große Strafrechtskommission*, in: Bundesdruckerei (Hrsg.), Niederschriften über die Sitzungen der Großen Strafrechtskommission, 1958, Bd. 4, S. 321 ff., 574 (=Anhang Nr. 54); *Tiedemann*, NJW 1988, 1169 f.; KK-OWiG/*Rogall*, 5. Aufl. 2018, § 30 Rn. 23; Göhler-OWiG/*Gürtler/Thoma*, 18. Aufl. 2021, Vor § 29a Rn. 7.

47 Vgl. *Fischer*, in: Strafgesetzbuch, 68. Aufl. 2021, § 14 Rn. 1c ff. m.w.N.

48 Vgl. Entwurf eines Gesetzes zur Stärkung der Integrität der Wirtschaft, BT-Drs. 19/23568 (Stand: 21.10.2020); Göhler-OWiG/*Gürtler/Thoma*, 18. Aufl. 2021, Vor § 29a Rn. 7; zu den zahllosen Stellungnahmen der Literatur vgl. nur exemplarisch, BeckOK-OWiG/*Meyberg*, 29. Ed. Stand: 01.01.2021, § 30 Rn. 3a.6.

49 Vgl. nur Gemeinsame Maßnahme vom 21. Dezember 1998 – vom Rat aufgrund von Artikel K.3 des Vertrags über die Europäische Union angenommen – betreffend die Strafbarkeit der Beteiligung an einer kriminellen Vereinigung in den Mitgliedstaaten der Europäischen Union (98/733/JI) vom 21.12.1998, ABl. L 351 v. 29.12.1998, Art. 3; Richtlinie 2005/60/EG des Europäischen Parlaments und des Rates vom 26. Oktober 2005 zur Verhinderung der Nutzung des Finanzsystems zum Zwecke der Geldwäsche und der Terrorismusfinanzierung vom 26.10.2005, ABl. L 309 v. 25.11.2005, Erwägungsgrund 40, Art. 39 Abs. 1; *Fischer*, in: Strafgesetzbuch, 68. Aufl. 2021, § 14 Rn. 1c.

50 KK-OWiG/*Rogall*, 5. Aufl. 2018, § 30 Rn. 24; § 26 OWiG 1968 wurde 1975 ohne sachliche Änderung als § 30 OWiG übernommen, vgl. Entwurf eines Einführungsgesetzes zum Strafgesetzbuch (EGStGB), BT-Drs. 7/550, S. 344; *Schwinge*, Strafrechtliche Sanktionen gegenüber Unternehmen im Bereich des Umweltstrafrechts, 1996, S. 67 Fn. 27.

51 Zuvor war es zu einer erheblichen Zerstreuung der Materie in verschiedenen Gesetzen gekommen, die durch die Einführung von § 26 OWiG 1968 aufgehoben wurde, vgl. RRH-OWiG/*Förster*, 29. EGL Stand: Februar 2020, Vor § 30 Rn. 4; KK-OWiG/*Rogall*, 5. Aufl. 2018, § 30 Rn. 24; Entwurf eines Gesetzes über Ordnungswidrigkeiten (OWiG), BT-Drs. V/1269, S. 58; *Demuth/Schneider*, BB 1970, 642, 650; *Ehrhardt*,

Die bußgeldrechtliche Ausgestaltung der Verbandssanktion wurde dabei bewusst zur Wahrung des Schuldgrundsatzes gewählt.[52] Die Verbandsgeldbuße wurde gezielt so ausgestaltet, dass sie eine besonders enge Beziehung zur individuellen Bezugstat vorsah.[53] § 26 OWiG (1968) war vor diesem Hintergrund zunächst als Nebenfolge einer Straftat oder Ordnungswidrigkeit ausgestaltet und nicht als eigenständige Sanktion.[54]

Der Entwurf des 2. WiKG vom 26.08.1983 wollte die Verbandsgeldbuße darauffolgend weiter verschärfen und sah, unter anderem, die Abschaffung dieser Nebenfolgenkonstruktion vor.[55] Zudem wurde eine Ausweitung des Täterkreises des § 30 OWiG vorgeschlagen, welche jedoch im Rechtsausschuss keine Mehrheit finden konnte.[56] Deswegen enthielt das 2. WiKG[57] in Bezug auf § 30 OWiG (1975) lediglich die Abschaffung der Nebenfolgenkonstruktion, als es 1986 Gesetz wurde.[58]

Zu diesem Zeitpunkt bestand die Verbandsgeldbuße in weiten Teilen bereits in ihren heute bekannten Grundzügen. Ein einheitlicher Sanktionsmechanismus, der sich an der Delinquenz eines Anknüpfungstäters orientierte, aber genug Selbstständigkeit innehatte, um effektive Unternehmenssanktionierung zu ermöglichen, wurde geschaffen.

Die Forderungen, nach einer Ausweitung des Täterkreises des § 30 OWiG, verstummten jedoch nicht und so reagierte der Gesetzgeber erneut: Durch das 2. UKG vom 27.06.1994[59] wurden Generalbevollmächtigte sowie Prokuristen

---

Unternehmensdelinquenz und Unternehmensstrafe, 1994, S. 32; *Schwinge*, Strafrechtliche Sanktionen gegenüber Unternehmen im Bereich des Umweltstrafrechts, 1996, S. 66.

52 Entwurf eines Gesetzes über Ordnungswidrigkeiten (OWiG), BT-Drs. V/1269, S. 58 f.

53 Entwurf eines Gesetzes über Ordnungswidrigkeiten (OWiG), BT-Drs. V/1269, S. 59.

54 Sog. Nebenfolgenlösung, vgl. KK-OWiG/*Rogall*, 5. Aufl. 2018, § 30 Rn. 25 m.w.N.

55 Entwurf eines Zweiten Gesetzes zur Bekämpfung der Wirtschaftskriminalität (2. WiKG), BT-Drs. 10/318, S. 38 ff.

56 Vgl. Beschlußempfehlung und Bericht des Rechtsausschusses (6. Ausschuß) zum 2. WiKG, BT-Drs. 10/5058, S. 36 f.

57 Zweites Gesetz zur Bekämpfung der Wirtschaftskriminalität (2. WiKG) vom 15.05.1986, BGBl. I Nr. 21 v. 23.05.1986, S. 721.

58 KK-OWiG/*Rogall*, 5. Aufl. 2018, § 30 Rn. 26; für eine detailliertere Darstellung der einzelnen Gesetzesänderungen, vgl. *Schwinge*, Strafrechtliche Sanktionen gegenüber Unternehmen im Bereich des Umweltstrafrechts, 1996, S. 66 ff.

59 Einunddreißigstes Strafrechtsänderungsgesetz – Zweites Gesetz zur Bekämpfung der Umweltkriminalität – (31. StrÄndG – 2. UKG) vom 27.06.1994, BGBl. I Nr. 40 v. 05.07.1994, S. 1440, 1444.

und Handlungsbevollmächtigte mit Leitungsfunktion als taugliche Täter der Bezugstat des § 30 OWiG aufgenommen.[60]

Diese Änderung läutete zwei Jahrzehnte wiederkehrender Änderungsmuster hinsichtlich des § 30 OWiG ein. Nachdem die Vorschrift grundlegende dogmatische Umbrüche überstanden hatte, wurde sie einer Vielzahl kleinteiligerer Änderungen unterzogen. Der Großteil dieser Änderungen erweiterte wahlweise den Anwendungsbereich oder den Sanktionsrahmen der Vorschrift, um jeweils in dem gesetzgeberischen Bestreben Strafverfolgungsbehörden eine möglichst effektive Bekämpfung von Unternehmensdelinquenz zu ermöglichen.

In diesem Sinne führte das KorrBekG vom 13.08.1997 die §§ 30 Abs. 2 Satz 3, Abs. 4 Satz 2 OWiG ein.[61] § 30 Abs. 2 Satz 3 sah vor, dass „*ausnahmsweise auch das Höchstmaß der Geldbuße einer subsidiären Ordnungswidrigkeit entnommen werden*“[62] könne, soweit dieses Höchstmaß über das bis dahin in § 30 OWiG vorgesehene hinausging. Diese Regelung hatte konkret die Erfassung verschiedener Kartellordnungswidrigkeiten im Blick, welche erhebliche Geldbußen ermöglichten.[63] § 30 Abs. 4 Satz 2 OWiG ermöglichte über den bis dahin vorherrschenden Status quo hinaus die selbstständige Festsetzung einer Verbandsgeldbuße in gesetzlich geregelten Fällen.[64]

Neben kleineren nominellen Änderungen[65] erfuhr § 30 OWiG seine nächsten erheblichen Ausweitungen im Zuge des Gesetzes zur Umsetzung des GzA 2.

---

60 Vgl. Entwurf eines Strafrechtsänderungsgesetzes – Zweites Gesetz zur Bekämpfung der Umweltkriminalität – (StrÄndG – 2. UKG), BT-Drs. 12/192, S. 31 ff., 43; und Bericht des Rechtsausschusses (6. Ausschuß) zum 2. UKG, BT-Drs. 12/7300, S. 27; KK-OWiG/*Rogall*, 5. Aufl. 2018, § 30 Rn. 27.

61 Gesetz zur Bekämpfung der Korruption vom 13.08.1997, BGBl. I Nr. 58 v. 19.08.1997, S. 2038.

62 Beschlußempfehlung und Bericht des Rechtsausschusses (6. Ausschuß) zu - u.a. - dem Entwurf eines Gesetzes zur Bekämpfung der Korruption, BT-Drs. 13/8079, S. 16.

63 Vgl. Beschlußempfehlung und Bericht des Rechtsausschusses (6. Ausschuß) zu - u.a. - dem Entwurf eines Gesetzes zur Bekämpfung der Korruption, BT-Drs. 13/8079, S. 16 f.; KK-OWiG/*Rogall*, 5. Aufl. 2018, § 30 Rn. 28.

64 Vgl. KK-OWiG/*Rogall*, 5. Aufl. 2018, § 30 Rn. 28.

65 Durch das sog. Euro-Einführungsgesetz wurden die festgelegten Bußgeldbeträge auf Eurobeträge umgestellt, vgl. Gesetz zur Einführung des Euro in Rechtspflegegesetzen und in Gesetzen des Straf- und Ordnungswidrigkeitenrechts, zur Änderung der Mahnvordruckverordnungen sowie zur Änderung weiterer Gesetze vom 13.12.2001, BGBl. I Nr. 68 v. 18.12.2001, S. 3574, 3578.

Prot vom 29.08.2002.[66] Es wurden bedeutende[67] Änderungen des § 30 OWiG vorgenommen:

Erstens wurde in § 30 Abs. 1 Nr. 3 OWiG der Begriff der „Personenhandelsgesellschaft" als sanktionsfähige Personenvereinigung durch den Begriff der „rechtsfähigen Personengesellschaft" ersetzt. Ziel dieser Änderung war die Gleichbehandlung von Personengesellschaften. Nunmehr waren Partnerschaftsgesellschaften und die (Außen-)GbR vom Wortlaut des § 30 Abs. 1 Nr. 3 OWiG erfasst.[68]

Zweitens stellte der Gesetzgeber durch Anhebung der Höchstgrenzen der Geldbuße in § 30 Abs. 2 Satz 1 Nr. 1 und 2 OWiG sicher, dass mit Blick auf die Bezugstat des § 30 OWiG grundsätzlich keine höhere Buße für Ordnungswidrigkeiten als für Straftaten eröffnet ist.[69]

Die dritte und wohl erheblichste Änderung stellte die Aufnahme der Nr. 5 in den § 30 Abs. 1 OWiG dar. Diese weitete den Täterkreis der Bezugstat des § 30 OWiG stark aus.[70] Taugliche Täter waren und sind seitdem nach § 30 Abs. 1 Nr. 5 OWiG zusammengefasst so gut wie alle verantwortlich handelnden Personen eines Unternehmens: § 30 Abs. 1 Nr. 5 erfasst solche Personen, die mit der „*Leitung des Betriebs oder Unternehmens*" betraut sind, wozu auch die

---

66 Gesetz zur Ausführung des Zweiten Protokolls vom 19. Juni 1997 zum Übereinkommen über den Schutz der finanziellen Interessen der Europäischen Gemeinschaften, der Gemeinsamen Maßnahme betreffend die Bestechung im privaten Sektor vom 22. Dezember 1998 und des Rahmenbeschlusses vom 29. Mai 2000 über die Verstärkung des mit strafrechtlichen und anderen Sanktionen bewehrten Schutzes gegen Geldfälschung im Hinblick auf die Einführung des Euro vom 22.08.2002, BGBl. I Nr. 61 v. 29.08.2002, S. 3387, 3387 f.

67 Die Änderung der Überschrift d. 8 Abschnitts des Ordnungswidrigkeitengesetzes, durch welche der Gesetzgeber die letzten Überreste der Nebenfolge-Konzeption des § 30 OWiG beseitigte, sei hier am Rande erwähnt, vgl. Entwurf eines Gesetzes zur Ausführung des Zweiten Protokolls vom 19. Juni 1997 zum Übereinkommen über den Schutz der finanziellen Interessen der Europäischen Gemeinschaften u.a., BT-Drs. 14/8998, S. 12; *Achenbach*, wistra 2002, 441, 444.

68 Vgl. Entwurf eines Gesetzes zur Ausführung des Zweiten Protokolls vom 19. Juni 1997 zum Übereinkommen über den Schutz der finanziellen Interessen der Europäischen Gemeinschaften u.a., BT-Drs. 14/8998, S. 8, 10.

69 Vgl. Entwurf eines Gesetzes zur Ausführung des Zweiten Protokolls vom 19. Juni 1997 zum Übereinkommen über den Schutz der finanziellen Interessen der Europäischen Gemeinschaften u.a., BT-Drs. 14/8998, S. 11.

70 Vgl. *Achenbach*, in: Küper/Well (Hrsg.), Festschrift für Walter Stree und Johannes Wessels zum 70. Geburtstag, 1993, S. 545, 559 ff.; *ders.*, wistra 2002, 441.

„Überwachung der Geschäftsführung oder die sonstige Ausübung von Kontrollbefugnissen“ gehört.[71] Zum Vergleich: Vor 1994 beschränkte sich der Adressatenkreis der Verbandsgeldbuße auf juristische Personen, nicht-rechtsfähige Vereine und Personenhandelsgesellschaften, für den Fall, dass eine Straftat oder Ordnungswidrigkeit vorlag, die ein Organ, Organmitglied oder Vertreter des jeweiligen Verbandes begangen hatte.[72]

Ein Jahrzehnt später wurde der Bußgeldrahmen des § 30 OWiG bereits erneut durch die 8. GWB Novelle, welche am 30.06.2013 in Kraft trat und die bis heute letzte erhebliche Änderung des § 30 OWiG veranlasste, erweitert:[73] Der Bußgeldrahmen in § 30 Abs. 2 OWiG wurde verzehnfacht und die Haftung der Rechtsnachfolger erweitert (§ 30 Abs. 2a OWiG).[74]

Zudem führte die 8. GWB Novelle die Möglichkeit ein, eine durch Bußgeldbescheid verhängte Geldbuße dinglich zu sichern (§ 30 Abs. 6 OWiG). Als Sicherungsmöglichkeit wurde zu diesem Zweck zunächst der dingliche Arrest (§ 111d StPO a.F.), nunmehr der Vermögensarrest (§ 111 Abs. 2 StPO),[75] zur Seite gestellt.

Die historische Entwicklung des § 30 OWiG lässt auf den ersten Blick das gesetzgeberische Bestreben erkennen, gegenüber Unternehmensdelinquenz wehrhaft zu bleiben. Vermeintliche Regelungslücken wurden geschlossen. Bußgeldrahmen und Täterkreis der Vorschrift haben seit ihrer Genese massive Erweiterung erfahren; unter einem einfachen Leitgedanken:

Verbände würden gegenüber natürlichen Personen ungleich bessergestellt, wenn ihnen zwar die Vorteile der durch ihre Vertreter vorgenommenen Zuwiderhandlungen zufließen würden, sie aber auf der anderen Seite nicht auch

---

71 KK-OWiG/*Rogall*, 5. Aufl. 2018, § 30 Rn. 29.

72 *Achenbach*, in: Küper/Well (Hrsg.), Festschrift für Walter Stree und Johannes Wessels zum 70. Geburtstag, 1993, S. 545, 559; *Eidam*, wistra 2003, 447, 451.

73 Achtes Gesetz zur Änderung des Gesetzes gegen Wettbewerbsbeschränkungen vom 26.06.2013, BGBl. I Nr. 32 v. 29.06.2013, S. 1738; vgl. zum Gesetzgebungsverfahren auch *Bosch/Fritzsche*, NJW 2013, 2225 ff.; *Bechtold*, NZKart 2013, 263 ff.; *Jungbluth*, NZKart 2013, 261 f.

74 BeckOK-OWiG/*Meyberg*, 29. Ed. Stand: 01.01.2021, § 30 Rn. 7a.

75 Mit der Stand März 2021 letzten Änderung des § 30 OWiG wurde die Vorschrift an das neue Einziehungsrecht gemäß Artikel 5 des Gesetzes zur Reform der strafrechtlichen Vermögensabschöpfung angepasst. Nunmehr bezieht sich § 30 Abs. 6 OWiG auf den Vermögensarrest nach § 111e StPO, vgl. Gesetz zur Reform der strafrechtlichen Vermögensabschöpfung vom 13.04.2017, BGBl. I Nr. 22 v. 21.04.2017, S. 872.

der Gefahr einer Sanktionsmöglichkeit ausgesetzt wären.[76] In dem Fall sei eine Buße nämlich lediglich an den wirtschaftlichen und persönlichen Verhältnissen des Täters selbst zu bemessen und stünde häufig in keiner Relation zu dem auf Unternehmensseite erlangten Vorteil.[77]

Diese Wertung erfährt auch heute noch nahezu einhellige Zustimmung. Die Verbandsgeldbuße solle als nachhaltiger Pflichtenappell sowohl gegenüber dem vorteilserlangenden Unternehmen als auch gegenüber dem „altruistischen“[78] Täter, dessen Motivation zum rechtswidrigen Gewinnstreben gesenkt werden solle, wirken.[79]

Gleichzeitig enthält die Verbandsgeldbuße aber auch eine generalpräventive Zielsetzung, indem sie die Mitglieder des Verbands dazu anhält, bei der Auswahl der für sie handelnden verantwortlichen Personen Wert auf deren Rechtschaffenheit zu legen.[80] Die Unternehmensgeldbuße kombiniert demnach repressive, reparative und präventive Zwecke.[81]

bb. Rechtsnatur

§ 30 OWiG ist seiner Entstehungsgeschichte als grundlegende Vorschrift der Unternehmenssanktionierung entsprechend eine allgemeine Vorschrift des Ordnungswidrigkeitenrechts. Die Norm beinhaltet keinen eigenen

---

76 Vgl. Entwurf eines Gesetzes über Ordnungswidrigkeiten (OWiG), BT-Drs. V/1269, S. 69.

77 Vgl. Entwurf eines Gesetzes über Ordnungswidrigkeiten (OWiG), BT-Drs. V/1269, S. 59; RRH-OWiG/*Förster*, 29. EGL Stand: Februar 2020, Vor § 30 Rn. 8; KK-OWiG/*Rogall*, 5. Aufl. 2018, § 30 Rn. 17; Göhler-OWiG/*Gürtler/Thoma*, 18. Aufl. 2021, Vor § 29a Rn. 9; *Lemke*, in: Lemke/Mosbacher (Hrsg.), Ordnungswidrigkeitengesetz, 2. Aufl. 2005, § 30 Rn. 6; *Többens*, NStZ 1999, 1, 5; *Brenner*, ZfZ 1986, 290; *Ransiek*, Unternehmensstrafrecht, 1996, S. 111.

78 Der Täter möchte den angestrebten Vorteil für das Unternehmen erlangen, vgl. *Samson/Langrock*, DB 2007, 1684; *Rotsch*, in: Joecks/Ostendorf/Rönnau u.a. (Hrsg.), Recht – Wirtschaft – Strafe, Festschrift für Erich Samson, 2010, S. 141, 154.

79 Vgl. Göhler-OWiG/*Gürtler/Thoma*, 18. Aufl. 2021, Vor § 29a Rn. 10.

80 Vgl. *Thole*, NZV 2009, 64; RRH-OWiG/*Förster*, 29. EGL Stand: Februar 2020, Vor § 30 Rn. 8; Göhler-OWiG/*Gürtler/Thoma*, 18. Aufl. 2021, Vor § 29a Rn. 11; KK-OWiG/*Rogall*, 5. Aufl. 2018, § 30 Rn. 16.

81 Vgl. Göhler-OWiG/*Gürtler/Thoma*, 18. Aufl. 2021, Vor § 29a Rn. 8 ff.; *Pohl-Sichtermann*, Geldbuße gegen Verbände, 1974, S. 53; RRH-OWiG/*Förster*, 29. EGL Stand: Februar 2020, Vor § 30 Rn. 8; hinsichtlich der reparativen Wirkung vgl. auch, BVerfG, Beschl. v. 26.02.1997, Rs. 1 BvR 2172/92, NJW 1997, 1841, 1844 = BVerfGE 95, 220.

Bußgeldtatbestand.[82] Nachdem die ursprüngliche Einstufung der Verbandsgeldbuße als Nebenfolge durch den Gesetzgeber mit der Einführung des 2. WiKG aufgegeben wurde,[83] ist sie als eigenständige Sanktion anzusehen.[84]

In der Literatur besteht jedoch Uneinigkeit über das Wesen des Verknüpfungsmoments zwischen der Bezugstat des Täters einerseits und der Anordnung von Rechtsfolgen gegenüber dem dahinterstehenden Verband andererseits. Insofern ist es umstritten, ob der Verband über § 30 OWiG für „eigene" oder für „fremde" Delinquenz verantwortlich gemacht wird.[85]

Die Fragestellung folgt aus der Problematik, dass Personenverbände entsprechend des bekannten Grundsatzes *societas delinquere non potest* für sich genommen nicht handlungsfähig sind, sondern für die Teilnahme am Rechtsverkehr auf das Tätigwerden der für sie handelnden natürlichen Personen angewiesen sind.[86]

i. Einführung in den Streitstand

Grob unterteilt werden mit Blick auf die Herleitung einer Verbandsverantwortlichkeit durch § 30 OWiG drei Ansätze vertreten. Eine Literaturansicht bezieht

82 BGH, Urt. v. 05.12.2000, Rs. 1 StR 411/00, BGHSt 46, 207, 211 = NJW 2001, 1436; vgl. KK-OWiG/*Rogall*, 5. Aufl. 2018, § 30 Rn. 2.

83 Vgl. frühere Rspr. hierzu: BayObLG, Urt. v. 16.05.1972, Rs. RReg. 6 St 8/72, NJW 1972, 1722 f.; OLG Hamm, Beschl. v. 27.04.1973, Rs. 5 Ss OWi 19/73, NJW 1973, 1851 ff. sowie *Pohl-Sichtermann*, NJW 1973, 2217 f.; RRH-OWiG/*Förster*, 29. EGL Stand: Februar 2020, Vor § 30 Rn. 11; siehe auch S. 26.

84 Vgl. RRH-OWiG/*Förster*, 29. EGL Stand: Februar 2020, Vor § 30 Rn. 11; Göhler-OWiG/*Gürtler/Thoma*, 18. Aufl. 2021, Vor § 29a Rn. 14; *Lemke*, in: Lemke/Mosbacher (Hrsg.), Ordnungswidrigkeitengesetz, 2. Aufl. 2005, § 30 Rn. 10; *Achenbach*, JuS 1990, 601, 605; *ders.*, in: Küper/Well (Hrsg.), Festschrift für Walter Stree und Johannes Wessels zum 70. Geburtstag, 1993, 545 f.; *Schroth*, wistra 1986, 158, 162 f.; *Tiedemann*, NJW 1988, 1169, 1171 f.; *Brender*, Die Neuregelung der Verbandstäterschaft im Ordnungswidrigkeitenrecht, 1989, S. 121 ff.; *Deruyck*, ZStW 103 (1991), 705, 715 f.; *Eidam*, wistra 2003, 447, 454 f.; *Schlüchter*, Zweites Gesetz zur Bekämpfung der Wirtschaftskriminalität. Kommentar mit einer kriminologischen Einführung, 1987, S. 181 f.; a.A. *Korte*, NStZ 2001, 582, 584; differenzierend vgl. BGH, Urt. v. 05.12.2000, Rs. 1 StR 411/00, BGHSt 46, 207, 211 = NJW 2001, 1436, wonach zwar die Bezeichnung der Verbandsgeldbuße als Nebenfolge aufgegeben worden sei, dies jedoch nicht die materielle Ausgestaltung verändert habe; zur historischen Entwicklung, siehe S. 25 ff.

85 Zum Ganzen, vgl. KK-OWiG/*Rogall*, 5. Aufl. 2018, § 30 Rn. 2 ff.

86 Vgl. *Hamm*, NJW 1998, 662 f.; *Többens*, NStZ 1999, 1, 6.

sich maßgeblich auf eine Grundsatzentscheidung des BVerfG vom 25.10.1966, in welcher das BVerfG u.a. feststellte,

> *„Die juristische Person ist als solche nicht handlungsfähig. Wird sie für schuldhaftes Handeln im strafrechtlichen Sinne in Anspruch genommen, so kann nur die Schuld der für sie verantwortlich handelnden Personen maßgebend sein“*[87],

und sieht in § 30 OWiG eine Zurechnungsnorm, welche die Schuld (i.w.S.) natürlicher Personen auf den dahinterstehenden Verband umwälze.[88]

Eine weitere Literaturmeinung konstruiert bei der juristischen Person oder Personenvereinigung eine Art eigenes „Organisationsverschulden“, nach welchem der Vorwurf gegenüber dem Verband aus dessen mangelhaften Organisationsstrukturen hervorgehe. Hieraus ergebe sich der materielle Grund dafür, dass Individuen im Unternehmen rechtswidrige Straftaten und Ordnungswidrigkeiten begehen würden.[89]

Die Ansicht entwickelte sich im Nachgang des 2. WiKG, nachdem der Gesetzgeber die Nebenfolgenkonstruktion des § 30 OWiG aufgegeben hatte und es nunmehr einer dogmatischen Begründung für die Eigenständigkeit der Verbandssanktion bedurfte. Zuvor war einem entsprechenden Begründungsbedarf mittels der Nebenfolgenkonstruktion ausgewichen worden.[90] Vor diesem Hintergrund entwickelte maßgeblich *Tiedemann* den vorgenannten Ansatz, dass sich

---

87 BVerfG, Beschl. v. 25.10.1966, Rs. 2 BvR 506/63, NJW 1967, 195, 197 = BVerfGE 20, 323.

88 Vgl. *Müller*, Die Stellung der juristischen Person im Ordnungswidrigkeitenrecht, 1985, S. 17 ff.; *Schroth*, Unternehmen als Normadressat und Sanktionssubjekte. Eine Studie zum Unternehmensstrafrecht, 1992, S. 173 ff., insb. 189; *Ehrhardt*, Unternehmensdelinquenz und Unternehmensstrafe, 1994, S. 179 ff., insb. 182, 185; *Ransiek*, Unternehmensstrafrecht, 1996, S. 111; *Rettenmaier/Palm*, NJOZ 2010, 1414; *Theile/Petermann*, JuS 2011, 496, 500; *K.Schmidt*, wistra 1990, 131, 133; *Mansdörfer/Timmerbeil*, WM 2004, 362, 368.

89 Grundlegend: *Tiedemann*, NJW 1988, 1169, 1171 f.; vgl. auch *Brender*, Die Neuregelung der Verbandstäterschaft im Ordnungswidrigkeitenrecht, 1989, S. 164; *Lampe*, ZStW 106 (1994), 683, 732; *Többens*, NStZ 1999, 1, 6; *Dannecker*, GA 2001, 101, 115 ff., insb. 117 f.; *Heine*, Die strafrechtliche Verantwortlichkeit von Unternehmen: von individuellem Fehlverhalten zu kollektiven Fehlentwicklungen, insbesondere bei Großrisiken, 1995, S. 288 ff. Kritisch zum Konzept des Organisationsverschuldens, vgl. *Schünemann*, in: Schünemann/Suárez Gonzàlez (Hrsg.), Bausteine des europäischen Wirtschaftsstrafrechts, Madrid-Symposium für Klaus Tiedemann, 1994, S. 265, 284; vgl. zum Ganzen auch KK-OWiG/*Rogall*, 5. Aufl. 2018, § 30 Rn. 6 m.w.N.

90 Vgl. *Tiedemann*, NJW 1988, 1169, 1171.

die Zurechnung nach § 30 OWiG als Zurechnung fremden Handelns *„als eigenes Handeln des Verbandes“* verstehen lasse.[91] Das abgesenkte Schulderfordernis der Verantwortlichkeit im Ordnungswidrigkeitenrecht erlaube es, den im Verband bestehenden Organisationsfehler bzw. das Organisationsverschulden als eigenen *„sozialen Vorwurf gegen den Verband zu richten“*.[92] Gerade die Verletzung der in § 130 OWiG angesprochenen Pflichten sei eine Verletzung der eigenen (Organisations-)Pflicht der juristischen Person und der sonstigen Verbände.[93]

Dieser Ansatz wurde maßgeblich durch *Lampe* und *Dannecker* weiterentwickelt. *Lampe* schrieb der Unternehmensphilosophie im Verband selbst kriminogenen und sanktionswürdigen Charakter zu.[94] Dem Verband werde über § 30 OWiG das Verhalten seines Mitglieds nicht mehr als personales Handlungsunrecht zugerechnet, sondern als unternehmerisches Erfolgsunrecht.[95] Die „Schuld“ eines Unternehmens bzw. seines Managements bestehe entsprechend darin, eine solche (Delinquenz fördernde) Philosophie geschaffen oder aufrechterhalten zu haben;[96] sie folge aus dem schlechten Unternehmenscharakter.[97] *Dannecker* entwickelte den von *Tiedemann* vorgebrachten Vorschlag weiter, und ist der Ansicht, dass die Verselbstständigung des Verbandes als originäres Zurechnungssubjekt soweit gehe, dass es *grundsätzlich* – das heißt unabhängig von der gesetzgeberischen Ausgestaltung des § 30 OWiG, zur Wahrung der verfassungsrechtlichen Anforderungen an die Begründung einer Verbandsverantwortlichkeit – auf die Stellung des jeweiligen Bezugtäters im Unternehmen nicht mehr ankomme. Es bedürfe zur Begründung einer Verbandsverantwortlichkeit lediglich der Feststellung, eine Straftat sei aus dem Unternehmen heraus begangen worden. Jedoch müsse nicht unter verfassungsrechtlichen Gesichtspunkten festgestellt werden, welche konkrete Person den Straftatbestand verwirklicht hat.[98]

Eine dritte, maßgeblich von *Rogall* vertretene Ansicht,[99] greift Elemente der beiden vorgenannten Ansichten auf und versteht § 30 OWiG als Vorschrift, die

---

91 *Ders.*, NJW 1988, 1169, 1172.
92 *Ders.*, NJW 1988, 1169, 1172.
93 *Ders.*, NJW 1988, 1169, 1173.
94 *Lampe*, ZStW 106 (1994), 683, 732.
95 *Ders.*, ZStW 106 (1994), 683, 732.
96 *Ders.*, ZStW 106 (1994), 683, 732.
97 *Ders.*, ZStW 106 (1994), 683, 733.
98 *Dannecker*, GA 2001, 101, 118.
99 Vgl. KK-OWiG/*Rogall*, 5. Aufl. 2018, § 30 Rn. 8 m.w.N.; zust. Gassner/Seith-OWiG/*Schmitt-Leonardy*, 2. Aufl. 2020, § 30 Rn. 3; *Hetzer*, EuZW 2007, 75, 77; *Haspl*, EuZW 2013, 888, 889.

dem Verband normwidriges Verhalten des Unternehmensvertreters als eigenes rechtswidriges und schuldhaftes Verhalten zurechnet. § 30 OWiG bringe zum Ausdruck, die Delinquenz des berufenen Vertreters sei als Eigendelinquenz des Verbandes zu verstehen. Die Sanktionswirkung des § 30 OWiG sei in einer organschaftlichen Verbandstäterschaft begründet.[100] Die Ansicht weist erhebliche Parallelen zum ursprünglichen Vorschlag *Tiedemanns* auf, betont die Selbstständigkeit des Verbands jedoch soweit ersichtlich noch weiter. Nicht ein Organisationsdefizit im Verband, sondern das delinquente Verhalten des berufenen Vertreters wird dem Verband als *eigenes* Verhalten vorgeworfen.

ii. Stellungnahme

Mir scheint die systematische Ausgestaltung des § 30 OWiG ungeachtet der Aufgabe der Nebenfolgenkonstruktion nach wie vor gegen eine Überbewertung der „Eigenverantwortung" des Verbandes zu sprechen. Die Verbandsgeldbuße setzt – sogar ausdrücklich in Anbetracht verfassungsrechtlicher Anforderungen[101] – *de lege lata* die Delinquenz von Leitungspersonen des Verbandes zur Begründung einer Verbandsverantwortlichkeit voraus (vgl. § 30 Abs. 1 OWiG).

Eine weitergehende Verbandsverantwortlichkeit für Delinquenz unterhalb der Leitungsebene besteht nicht – auch nicht im Rahmen von § 130 OWiG. Die Zurechnung des Handelns bzw. der Folgen des Handelns nur ausgewählter Unternehmensvertreter (§ 30 OWiG) spricht systematisch betrachtet gegen die Annahme, § 30 OWiG würde seinen Vorwurf gegen den Verband auf ein

---

100 KK-OWiG/*Rogall*, 5. Aufl. 2018, § 30 Rn. 8.

101 Entwurf eines Zweiten Gesetzes zur Bekämpfung der Wirtschaftskriminalität (2. WiKG), BT-Drs. 10/318, S. 39: *„Bei der Abgrenzung der Anknüpfungstat, die als Grundlage einer Sanktion gegen die juristische Person oder Personenvereinigung angesehen werden kann, ist der einfache Gesetzgeber nicht freigestellt. Der Verfassungsgrundsatz, daß Strafe Schuld voraussetzt, gilt nicht nur bei Kriminalstrafen, sondern ebenso bei strafähnlichen Sanktionen […] und hier auch bei einer solchen gegen juristische Personen (BVerfGE 20, 323, insbesondere S. 335 f.). Da die juristische Person selbst nicht handlungsfähig ist, ‚kann nur die Schuld der für sie verantwortlich handelnden Personen maßgebend sein', wenn gegen sie wegen schuldhaften Handelns im strafrechtlichen Sinne vorgegangen wird (BVerfGE 20, 323, insbesondere S. 336). Dabei hat es das Bundesverfassungsgericht in der zuletzt genannten Entscheidung offen gelassen, ob der Kreis dieser Personen auf ihre Organe beschränkt ist oder darüber hinaus auf weitere Personen innerhalb der Organisation — etwa auf Prokuristen, Handlungsbevollmächtigte, leitende Angestellte — erstreckt werden kann".*

abstraktes verbandseigenes Organisationsdefizit, losgelöst von dem Handeln oder Unterlassen bestimmter Leitungspersonen, stützen.

Aus meiner Sicht spricht vieles dafür, dass der Gesetzgeber auch nach dem 2. WiKG und der Aufgabe der Nebenfolgenkonstruktion des § 30 OWiG an der von dem BVerfG angedeuteten Zurechnungslösung, auf welche die Gesetzesbegründung des 2. WiKG selbst abstellt,[102] festhalten wollte, auch wenn zuzugestehen ist, dass sich die von *Tiedemann* maßgeblich begründeten Ansätze eines Organisationsverschuldens ebenso mit der Entscheidung des BVerfG in Einklang bringen lassen, soweit man den vom BVerfG geprägten und von der Gesetzesbegründung zum 2. WiKG wiederholten Satz „*[d]a die juristische Person selbst nicht handlungsfähig ist, kann nur die Schuld der für sie verantwortlich handelnden Personen maßgebend sein*" nicht überbewertet, sondern als allgemeinen Hinweis dahin gehend versteht, dass irgendeine Fiktion notwendig ist, um eine Verbindung zwischen natürlicher Person und handlungsunfähigem Verband zu schaffen, über die ein Vorwurf gegen den Verband generiert werden soll.

Die vorgenannten Ansätze zur Erklärung, ob Verbände über § 30 OWiG für eigene oder fremde Delinquenz verantwortlich gemacht werden, scheinen auf Umwegen letztlich zum selben Ergebnis zu führen, nämlich, dass in jedem Fall ein originärer Vorwurf gegen den Verband, der zumindest mittelbar an das Verhalten natürlicher Personen knüpft, erhoben wird.

Hinsichtlich des **Anknüpfungsmoments** einer Verbandsverantwortlichkeit kann aus meiner Sicht nicht bezweifelt werden, dass § 30 OWiG zur Begründung einer Verbandsverantwortlichkeit irgendeine Art der Zurechnung vornimmt und an das Handeln natürlicher Personen oder deren „*Schuld*" (i.S.v. „Verantwortung") knüpft. Der Grundsatz *societas delinquere non potest* ist in diesem Zusammenhang weniger Rechtsgrundsatz als Lebensrealität:[103] Im Gegensatz zu natürlichen Personen stellen Verbände keine handlungsfähigen Lebewesen dar. Ihre Rechtspersönlichkeit wird zur Vereinfachung des Rechtsverkehrs fingiert und nur durch die Rechtswissenschaft mit Leben gefüllt. Dies darf jedoch nicht darüber hinwegtäuschen, dass eine „originäre Verbandsverantwortlichkeit" i.S.e. Organisationsverschuldens stets an menschliches Verhalten (oder Unterlassen) knüpft.

---

102 Entwurf eines Zweiten Gesetzes zur Bekämpfung der Wirtschaftskriminalität (2. WiKG), BT-Drs. 10/318, S. 39.

103 Vgl. mit a.A. dahin gehend, dass der Satz im deutschen Recht nicht mehr gelte, *Möhrenschlager*, wistra 1983, 49, 52; *Hetzer*, EuZW 2007, 75, 77.

Eine kriminogene Verbandsattitüde bzw. *corporate culture* ist ebenso wie ein verbandsimmanentes Organisationsverschulden nichts anderes als das Ergebnis des Handelns bzw. Unterlassens (mitunter zahlreicher) natürlicher Personen. Denn ebenso wie die juristische Person nicht selbst Delikte begehen kann, kann diese sich auch nicht selbst organisieren.[104]

Zur Veranschaulichung:

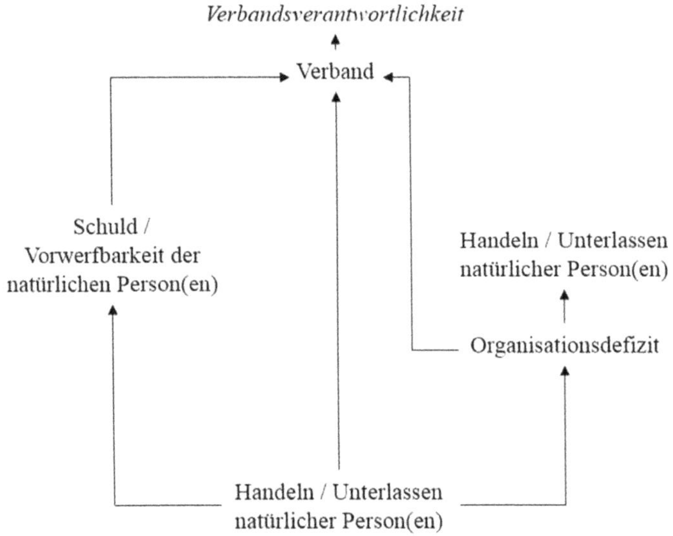

Die dargelegten Ansichten unterscheiden sich vor diesem Hintergrund lediglich darin, dass sie wahlweise an das ursprüngliche Handeln bzw. Unterlassen der natürlichen Person selbst oder aber an dessen Folgen knüpfen (Schuld im Sinne des verfassungsrechtlichen Schuldgrundsatzes oder Organisationsdefizit im Verband, das wiederum weiteres delinquentes Handeln/Unterlassen bedingt) und auf dieser Grundlage zumindest im Ergebnis eine Verbandsverantwortlichkeit aufgrund von Zurechnung konstruieren. Der von *Tiedemann* begründete Ansatz einer originären Verbandsverantwortlichkeit erscheint mir in Anbetracht dessen nicht als Gegenposition der Zurechnungstheorie, sondern als ein Unterfall derselben.

---

104 *Schünemann*, in: Schünemann/Suárez Gonzàlez (Hrsg.), Bausteine des europäischen Wirtschaftsstrafrechts, Madrid-Symposium für Klaus Tiedemann, 1994, S. 265, 285.

Insofern führte *Karsten Schmidt* bereits vor über dreißig Jahren unmittelbar mit Blick auf das hier eingangs dargestellte Zitat des BVerfG[105] präzise aus:

> „*Gegen diese Ausführung ist nichts einzuwenden, wenn man jede nicht auf eigenem personalem Unrecht beruhende Sanktion als ein Zurechnungsproblem ansieht und daraus folgert: Das von einer juristischen Person begangene Handlungsunrecht kann immer nur Unrecht Kraft Zurechnung sein. Es ist dann eine rechtspolitisch eher belanglose Frage, ob man diese Zurechnung als ein Eigenverschulden der durch Organe handelnden Verbandsperson oder als eine Verantwortlichkeit der Verbandsperson für das Verschulden bestimmter Dritter – eben der Organe – deutet. Nicht diese Frage macht den entscheidenden Unterschied im Denkansatz aus, sondern der Kern liegt in der Bestimmung des primären Norm- und Sanktionsadressaten.*“[106]

Dem ist vollumfänglich zuzustimmen.

Neben diesem Streit über das Anknüpfungsmoment einer Verbandsverantwortlichkeit kommt es für die Zwecke dieser Arbeit vor allem darauf an, dass alle Ansichten letztlich in einem originären Vorwurf gegen den Verband münden – gleich, welchen Weg zu diesem Ziel sie vorschlagen. Dieses Ergebnis ist mit Blick auf die verfassungsrechtliche Rechtfertigung der Verbandsgeldbuße zwingend:

iii. Minimalkonsens: Verbandsgeldbuße beinhaltet Vorwurf gegen den Verband unabhängig von dessen Begründung

Auch Verbände werden, soweit finanzielle Sanktionen gegen sie gerichtet werden, in ihren Grundrechten betroffen.[107] Würde § 30 OWiG die Verbandssanktionierung ermöglichen, ohne als Voraussetzung dessen einen Vorwurf gegen den Verband zu richten, so wäre der Grundrechtseingriff m.E. nicht mit dem Grundsatz *nulla poena sine culpa*, jedenfalls aber nicht mit dem Verhältnismäßigkeitsgrundsatz[108] in Einklang zu bringen:

Der Grundsatz *nulla poena sine culpa* wird nach allgemeiner Ansicht schwerpunktmäßig im Rechtsstaatsprinzip verankert.[109] Kerngedanke des Grundsatzes

---

105 Die juristische Person ist als solche nicht handlungsfähig. Wird sie für schuldhaftes Handeln im strafrechtlichen Sinne in Anspruch genommen, so kann nur die Schuld der für sie verantwortlich handelnden Personen maßgebend sein.

106 *K.Schmidt*, wistra 1990, 131, 133.

107 Vgl. ausführlich hierzu, S. 189 ff.

108 Vgl. ausführlich hierzu, S. 195; 201 ff.

109 Vgl. nur BVerfG, Beschl. v. 16.01.1979, Rs. 2 BvL 4/77, BVerfGE 50, 125, 133 = NJW 1979, 1037; Maunz/Dürig/*Grzeszick*, Stand: 92. EL 2020, Art. 20 VII. Rn. 124; Jarass/Pieroth-GG/*Jarass,* 16. Aufl. 2020, Art. 20 Rn. 147 f.; Hofmann/Henneke-GG/*Hofmann,* 14. Aufl. 2018, Art. 20 Rn. 62 jeweils m.w.N.

ist es, Sanktionsvoraussetzungen und Rechtsfolge sachgerecht aufeinander abzustimmen.[110]

Die Wahrung des Grundsatzes *nulla poena sine culpa* erfordert nicht die Verortung von Schuld im Sinne eines sozialethischen Vorwurfs, wie es aus dem Kriminalstrafrecht bekannt ist.[111] Für Geldbußen, die infolge verwirklichter Ordnungswidrigkeitentatbestände gegen natürliche Personen ergehen, ist insofern die Geltung des Grundsatzes ebenso anerkannt,[112] wie hinsichtlich strafähnlicher Sanktionen des Verwaltungsrechts.[113] Beide enthalten keinen sozialethischen Vorwurf gegen den Sanktionsadressaten:

Im Ordnungswidrigkeitenrecht werde dem Betroffenen seine Zuwiderhandlung nach allgemeiner Ansicht nicht als Wertverletzung vorgeworfen.[114] Ihm werde abgestuft lediglich ein Rechtsverstoß vorgehalten und zum Vorwurf gemacht.[115] Das BVerfG betonte hinsichtlich der Gewichtung dieses Vorwurfs in einer Entscheidung vom 17.02.2009, dass der im Zusammenhang mit Ordnungswidrigkeiten ergehende Schuldvorwurf gegenüber Sanktionen, die als Strafe ausgestaltet sind, deutlich zurückbleibe, jedoch auch in der Belegung mit einer Geldbuße eine nachdrückliche Pflichtenmahnung und eine förmliche Missbilligung des Betroffenen als der Rechtsgemeinschaft verantwortlichen Person zum Ausdruck kommen.[116]

Mit Blick auf § 30 OWiG dürfte die Gültigkeit des Grundsatzes *nulla poena sine culpa* ebenfalls der herrschenden Ansicht in Literatur und Rechtsprechung entsprechen.

---

110 Vgl. BVerfG, Beschl. v. 16.01.1979, Rs. 2 BvL 4/77, BVerfGE 50, 125, 133 = NJW 1979, 1037; Maunz/Dürig/*Grzeszick*, Stand: 92. EL 2020, Art. 20 VII. Rn. 124; Hofmann/Henneke-GG/*Hofmann*, 14. Aufl. 2018, Art. 20 Rn. 62.

111 Vgl. KK-OWiG/*Rogall*, 5. Aufl. 2018, § 30 Rn. 15.

112 BVerfG, Beschl. v. 04.02.1959, Rs. 1 BvR 197/53, BVerfGE 9, 167, 170 = NJW 1959, 619; Hofmann/Henneke-GG/*Hofmann*, 14. Aufl. 2018, Art. 20 Rn. 62.

113 Vgl. Maunz/Dürig/*Grzeszick*, Stand: 92. EL 2020, Art. 20 VII. Rn. 124 m.w.N.

114 Vgl. Göhler-OWiG/*Gürtler/Thoma*, 18. Aufl. 2021, Vor § 1 Rn. 9; vgl. auch *Krenberger/Krumm*, in: Ordnungswidrigkeitengesetz, 6. Aufl. 2020, § 1 Rn. 5; Gassner/Seith-OWiG/*Gassner*, 2. Aufl. 2020, Einleitung Rn. 4; KK-OWiG/*Mitsch*, 5. Aufl. 2018, § 17 Rn. 7.

115 BVerfG, Beschl. v. 25.10.1966, Rs. 2 BvR 506/63, NJW 1967, 195, 331 = BVerfGE 20, 323.

116 Vgl. BVerfG, Beschl. v. 17.02.2009, Rs. 1 BvR 2492/08, BVerfGE 122, 342, 363 = NJW 2009, 1481.

In der Literatur wird dies zwar selten ausdrücklich[117] festgestellt, jedoch denklogisch vorausgesetzt, wenn weitgehend Einigkeit darüber besteht, dass die Vorschrift des § 30 OWiG verfassungsrechtlich mit dem Schuldgrundsatz im Einklang steht.[118]

Die Gültigkeit des Grundsatzes *nulla poena sine culpa* für § 30 OWiG ergibt sich aber auch bei weitergehender Betrachtung der Rechtsprechung des BVerfG, und zwar ebenfalls aus der bereits vielfach erwähnten Grundsatzentscheidung des BVerfG vom 25.10.1966. Dort heißt es:

> *„Die juristische Person ist als solche nicht handlungsfähig. Wird* ***für sie*** *schuldhaftes Handeln im strafrechtlichen Sinne* ***in Anspruch genommen****, so kann nur die Schuld der für sie verantwortlich handelnden Personen maßgebend sein."*[119]
>
> (Hervorhebungen nicht im Original)

Das BVerfG hat in diesem Satz klargestellt, für eine Sanktion gegen eine juristische Person müsse schuldhaftes Handeln *„in Anspruch genommen"* werden. Das BVerfG setzte dabei denklogisch voraus, dem Verband müsse zur Rechtfertigung der Sanktionierung überhaupt ein Vorwurf gemacht werden. Denn das BVerfG hat in dem vorgenannten Zitat insofern den zweiten Schritt von dem Ersten begangen und gleich zur *Art und Weise* der Begründung dieses Vorwurfs ausgeführt.

In die gleiche Kerbe schlägt die Debatte um die Bestimmung des Zurechnungsmoments der Verbandsverantwortlichkeit i.S.v. § 30 OWiG. Der Streitstand zwischen Organisationsverschulden auf der einen Seite oder Zurechnungsmodell auf der anderen Seite zur Begründung untersucht nicht, **ob** der Staat dem Unternehmen bei Festlegung einer Geldbuße nach § 30 OWiG einen Vorwurf macht, sondern **wie** dieser ausgestaltet ist.[120]

Richtungsweisend ist mit Blick auf § 30 OWiG eine weitere Entscheidung des BVerfG vom 04.02.1959 über die Vereinbarkeit von § 23 WiStrG (1949)[121] mit dem Grundgesetz.[122] Der Wortlaut des § 23 WiStrG (1949) lautete wie folgt:

---

117 Insofern außergewöhnlich deutlich, RRH-OWiG/*Förster*, 29. EGL Stand: Februar 2020, Vor § 30 Rn. 9.

118 Vgl. KK-OWiG/*Rogall*, 5. Aufl. 2018, § 30 Rn. 15; BeckOK-OWiG/*Meyberg*, 29. Ed. Stand: 01.01.2021, § 30 Rn. 19.

119 BVerfG, Beschl. v. 25.10.1966, Rs. 2 BvR 506/63, NJW 1967, 195, 336 = BVerfGE 20, 323.

120 Hierzu S. 36.

121 Vgl. zur historischen Einbettung der Vorschrift in die Entstehungsgeschichte des § 30 OWiG, S. 24.

122 BVerfG, Beschl. v. 04.02.1959, Rs. 1 BvR 197/53, BVerfGE 9, 167 ff. = NJW 1959, 619.

> *„Wird eine Zuwiderhandlung gegen Bestimmungen dieses Gesetzes in einem Betrieb begangen, so kann wegen Verletzung der Aufsichtspflicht eine Geldbuße gegen die Inhaber oder Leiter und, falls Inhaber des Betriebes eine juristische Person oder eine Handelsgesellschaft ist, auch gegen diese festgesetzt werden, wenn der Inhaber oder Leiter oder der zur gesetzlichen Vertretung Berechtigte nicht nachweist, daß er die im Verkehr erforderliche Sorgfalt angewandt hat, um die Zuwiderhandlung zu verhüten.*"[123]

In der Sache ging es also um eine § 30 OWiG systematisch vergleichbare Vorschrift, mit der Ausnahme, dass eine Umverlagerung der Sanktion sowohl auf natürliche als auch auf juristische Personen möglich war, soweit diese „Inhaber des Betriebes" waren. In dem konkreten Fall, über den das BVerfG zu befinden hatte, ging es um die Bußgeldverhängung gegen eine natürliche Person.[124] Das BVerfG führte jedoch hinsichtlich des Tatbestands des § 23 WiStrG (1949) im Allgemeinen aus, auch im Bußgeldverfahren könne „*nur geahndet werden*", „*wenn der Täter schuldhaft und zwar in der Regel, vorsätzlich gehandelt*" habe.[125]

Dabei verwendet es den Begriff „*schuldhaft*" nicht deskriptiv im Sinne einer kriminalstrafrechtlichen Schuld, sondern als Synonym für den Vorwurf im Allgemeinen, der dem jeweiligen Sanktionsadressaten gemacht wird. Dies erkennt man bereits daran, dass das BVerfG im Weiteren erläutert, der „*Schuldvorwurf*" erreiche im Ordnungswidrigkeitenrecht die „*Sphäre des Ethischen*" nicht.[126] Viel mehr liege bloßer Ungehorsam gegen Ordnungsrecht der staatlichen Verwaltung vor, auf den diese mit einer scharfen Pflichtenmahnung antwortet.[127] Das BVerfG differenziert bei seiner Betrachtung nicht zwischen juristischen und natürlichen Personen, obwohl beide als – untechnisch gesprochen – „*Täter*" im Sinne des § 23 WiStrG (1949) in Betracht kämen.

Eine Differenzierung ist auch nicht notwendig. Ergeht die Geldbuße infolge einer Pflichtenmahnung – ganz gleich welcher Zielrichtung – so drängt sich eine Unterscheidung juristischer und natürlicher Personen nicht mehr auf. Zwar handeln Verbände durch natürliche Personen. Die Rechtsordnung erlegt Verbänden gleichwohl an unzähligen Stellen Rechte und Pflichten auf, die dann faktisch durch natürliche Personen gewahrt werden. Warum der Staat dann nicht auch einen Pflichtenapell gegen Unternehmen richten können soll, dem mittelbar wiederum durch natürliche Personen genügt wird, ist nicht ersichtlich. Wie

---

123 BVerfG, Beschl. v. 04.02.1959, Rs. 1 BvR 197/53, BVerfGE 9, 167, 169 = NJW 1959, 619.
124 Vgl. BVerfG, Beschl. v. 04.02.1959, Rs. 1 BvR 197/53, BVerfGE 9, 167 = NJW 1959, 619.
125 BVerfG, Beschl. v. 04.02.1959, Rs. 1 BvR 197/53, BVerfGE 9, 167, 170 = NJW 1959, 619.
126 BVerfG, Beschl. v. 04.02.1959, Rs. 1 BvR 197/53, BVerfGE 9, 167, 171 = NJW 1959, 619.
127 BVerfG, Beschl. v. 04.02.1959, Rs. 1 BvR 197/53, BVerfGE 9, 167, 171 = NJW 1959, 619.

beschrieben ist dem Ordnungswidrigkeitenrecht eine sozialethische Missbilligung fremd, die einen Vorwurf auf natürliche Personen kondensieren würde. Diese Wertung wird auch durch den Wortlaut des § 30 OWiG gestützt welcher explizit an „***Pflichten, welche die juristische Person oder die Personenvereinigung treffen***“ anknüpft (§ 30 Abs. 1 Hs. 2 OWiG).

Die in diesem Zusammenhang vielfach zitierte Entscheidung des BVerfG vom 26.02.1997[128] schafft bei genauer Betrachtung dann keinen Mehrwert und widerlegt das Vorgesagte nicht. In dieser Entscheidung bemerkte das BVerfG – man muss fast beiläufig sagen –, dass die Geldbuße nach § 30 OWiG jedenfalls weder einen Schuldvorwurf noch eine ethische Missbilligung enthalte, sondern einen Ausgleich für die aus der Tat gezogenen Vorteile schaffe.[129].

Hinsichtlich des Fehlens von Schuldvorwurf und ethischer Missbilligung hat das BVerfG nicht präzisiert, ob es von Schuld im Sinne des kriminalstrafrechtlichen Strafbarkeitserfordernisses oder im Sinne des Grundsatzes *nulla poena sine culpa* gesprochen hat.

Wenn überhaupt wäre Ersteres zu vermuten (naheliegender erscheint, dass der Schlussbemerkung entsprechend der fehlenden Begründung gar keine weitergehenden Überlegungen zugrunde lagen). Die dann verbleibende Aussage würde dem dargestellten allgemeinen Meinungsstand von Forschung und Rechtsprechung entsprechen: Für das gesamte Ordnungswidrigkeitenrecht ist anerkannt, dass Geldbußen kein Element ethischer Missbilligung enthalten.[130] Dass § 30 OWiG im Übrigen einen Ausgleich für aus der Anknüpfungstat gezogene Vorteile schaffen soll, entspricht ebenfalls der historisch intendierten und allgemein anerkannten Zielsetzung der Vorschrift.[131] Die Verbandsgeldbuße enthält regelmäßig einen Abschöpfungsanteil.[132]

Dass sich die Funktion der Verbandsgeldbuße gleichwohl nicht in der Abschöpfung rechtswidrig erlangter Vorteile erschöpft, erscheint bei systematischer Betrachtung des Ahndungsteils der Verbandsgeldbuße[133] offensichtlich. Das BVerfG hat dies allerdings auch nicht behauptet.

---

128 BVerfG, Beschl. v. 26.02.1997, Rs. 1 BvR 2172/92, NJW 1997, 1841 ff. = BVerfGE 95, 220.

129 BVerfG, Beschl. v. 26.02.1997, Rs. 1 BvR 2172/92, NJW 1997, 1841 ff. = BVerfGE 95, 220.

130 S.o. in diesem Abschnitt.

131 Vgl. S. 29 f.

132 Vgl. S. 45 ff.

133 Vgl. S. 46.

Die Entscheidung des BVerfG vom 26.02.1997 steht der Anwendung des Grundsatzes *nulla poena sine culpa* auf § 30 OWiG mithin nicht entgegen.

Selbst wenn man aber den Grundsatz *nulla poena sine culpa* nicht auf § 30 OWiG anwenden wollte, ergäbe sich hieraus mit Blick auf die zugrunde liegende Arbeit kein erheblicher Unterschied. Jedenfalls der Verhältnismäßigkeitsgrundsatz würde es Hoheitsträgern im Rahmen der Rechtsanwendung verbieten, eine Sanktion gegen einen Verband auszusprechen, die nicht mit einem Vorwurf gegen diesen verknüpft ist. Denn eine Sanktion gegen einen Adressaten, dessen Verantwortung – ganz gleich ob man diese Schuld, Vorwerfbarkeit etc. nennen möchte – nicht feststeht, wäre als Grundrechtseingriff offenkundig zumindest auf Ebene der Angemessenheit[134] unverhältnismäßig.[135]

Die Festsetzung der Verbandsgeldbuße nach § 30 OWiG gegen einen Verband als Grundrechtsträger knüpft dann zwingend an einen Vorwurf gegen diesen. Der Vorwurf enthält keine ethische Missbilligung, jedoch eine eigene Zielrichtung. Er trifft hinsichtlich des Sanktionsadressaten eine Auswahl und mag als erster Ansatzpunkt für eine Untersuchung dahin gehend dienen, ob damit auch eine Adressatenbindung der Sanktion einhergehen mag.

cc. Systematik in Zusammenschau mit § 130 OWiG

Trotz der historisch stetig fortgesetzten Ausweitung des Anwendungsbereichs und Täterkreises der Verbandsgeldbuße[136] sieht sich § 30 OWiG noch immer mit der praktischen Problematik konfrontiert, dass insbesondere nach Rechtsverstößen in großen Unternehmensstrukturen ein bestimmter Täter oder eine bestimmte Tätergruppe kaum mehr individualisierbar ist.[137]

---

134 Vgl. zum Maßstab der Angemessenheit als Verhältnismäßigkeit im engeren Sinne, S. 201 ff.

135 Vgl. in diesem Zusammenhang mit Blick auf Sanktionen gegen natürliche Personen, jedoch gleichwohl übertragbar, *Kaspar*, Verhältnismäßigkeit und Grundrechtsschutz im Präventionsstrafrecht, 2014, 283 f.

136 Vgl. S. 26 ff.

137 Vgl. zu dieser Problematik auch KK-OWiG/*Rogall*, 5. Aufl. 2018, § 30 Rn. 119 ff. zur Möglichkeit der anonymen Verbandsgeldbuße, wenn der Täter der konkreten Anknüpfungstat nicht bezeichnet werden kann.

Diesem Problem begegnet die Vorschrift des § 130 OWiG. Sie ermöglicht ihrem kriminalpolitischen Zweck nach im Tandem mit § 30 OWiG eine wirksame Bekämpfung von Zuwiderhandlungen in Betrieben und Unternehmen.[138]

§ 130 Abs. 1 OWiG enthält einen Ordnungswidrigkeitentatbestand für (i.V.m. § 9 OWiG) Leitungspersonen eines Unternehmens bereits für den Fall, dass diese vorsätzlich oder fahrlässig Aufsichtsmaßnahmen unterlassen haben, die bestimmte Zuwiderhandlungen von Untergebenen wesentlich erschwert oder verhindert hätten.[139] Vorausgesetzt die Aufsichtsmaßnahmen waren objektiv erforderlich und zumutbar.[140] § 130 OWiG regelt die Verantwortung des Geschäftsherrn bei Verletzung seiner Aufsichtspflicht in diesem Zusammenhang „*einheitlich und abschließend*".[141]

Normadressat des § 130 OWiG ist dem Wortlaut der Norm nach zunächst nur der Inhaber des Betriebs bzw. des Unternehmens. Da es sich hierbei jedoch um ein Sonderdelikt handelt, greift an dieser Stelle die Vorschrift des § 9 OWiG, welche den Täterkreis auf für den Betriebs- bzw. Unternehmensinhaber handelnde Personen ausweitet und somit praktisch die Gruppe aufsichtspflichtiger Personen im Unternehmen insgesamt als Täterkreis erfasst.[142]

Im Zusammenspiel der §§ 30, 130 OWiG werden Verstöße unterhalb der Leitungsebene im Unternehmen unter den dargestellten Voraussetzungen in Form von Aufsichtsverletzungen in den Verantwortungsbereich der Leitungsebene gezogen und über den § 30 OWiG zur Begründung einer Verbandssanktion herangezogen.

Auch wenn § 130 OWiG an das Unterlassen etwaiger Aufsichtspflichten in Bezug auf bestimmte Zuwiderhandlungen anknüpft, liegt sein primärer Zweck in der Verhinderung der Zuwiderhandlungen selbst.[143] Schutzgüter des

---

138 Göhler-OWiG/*Gürtler/Thoma,* 18. Aufl. 2021, § 130 Rn. 3; RRH-OWiG/*Förster*, 29. EGL Stand: Februar 2020, § 130 Rn. 2; vgl. auch *Többens*, NStZ 1999, 1; *König*, SVR 2008, 121; *Theile/Petermann*, JuS 2011, 496 f.

139 Vgl. BGH, Beschl. v. 10.09.2003, Rs. 2 ARs 258/03, 2 ARs 164/03, wistra 2003, 465; RRH-OWiG/*Förster*, 29. EGL Stand: Februar 2020, § 130 Rn. 21; Göhler-OWiG/*Gürtler/Thoma,* 18. Aufl. 2021, § 130 Rn. 17.

140 *Rettenmaier/Palm*, NJOZ 2010, 1414; Göhler-OWiG/*Gürtler/Thoma,* 18. Aufl. 2021, § 130 Rn. 12.

141 Göhler-OWiG/*Gürtler/Thoma,* 18. Aufl. 2021, § 130 Rn. 1.

142 Göhler-OWiG/*dies.,* 18. Aufl. 2021, § 130 Rn. 4.

143 Vgl. RRH-OWiG/*Förster*, 29. EGL Stand: Februar 2020, § 130 Rn. 2; von einem „*Vorbereich*" des Schutzes des § 130 OWiG sprechend, Göhler-OWiG/*Gürtler/Thoma,* 18. Aufl. 2021, § 130 Rn. 3a m.w.N.

§ 130 OWiG sind die Schutzgüter der betriebsbezogenen Straftatbestände und Ordnungswidrigkeiten, an welche die Aufsichtspflicht mittelbar knüpft.[144]

§ 130 OWiG etabliert eine garantenartige Pflicht für Unternehmensverbandsinhaber, allen unternehmensbezogenen Normverstößen entgegenzuwirken, die in ihre Organisationsstruktur fallen.[145] Der Unrechtsgehalt des § 130 OWiG ergebe sich also aus dem zumindest leicht fahrlässigen Unterlassen präventiver Maßnahmen hinsichtlich einer bestimmten Zuwiderhandlung und sei als solcher nur unter der Voraussetzung gerechtfertigt, dass die Zuwiderhandlung die Realisierung einer Gefahr darstellt, die dem Verantwortlichen in ihrer Typik erkennbar war.[146]

Das Ausmaß der Aufsichtspflichten i.S.v. § 130 OWiG wird jeweils vom konkreten Fall abhängen.[147] Jedoch ist eine Übersicht über anerkannte Aufsichtsmaßnahmen möglich. Zum Zwecke der übersichtlichen Darstellung wird im Schrifttum häufig zwischen drei Kategorien von Aufsichtsmaßnahmen unterschieden. Erstens sind dies *organisatorische Maßnahmen*, zweitens erforderliche *Überwachungsmaßnahmen* und drittens *Schulungsmaßnahmen*.[148]

Eine organisatorische Maßnahme stellt insbesondere die in § 130 Abs. 1 OWiG exemplarisch genannte sorgfältige Auswahl und Bestellung von Aufsichtspersonen, sowie darüber hinaus von Mitarbeitern, dar.[149] Weiterhin verlangt eine genügende Überwachung i.S.v. § 130 OWiG jedenfalls eine kontinuierliche

---

144 Vgl. Göhler-OWiG/*Gürtler/Thoma*, 18. Aufl. 2021, § 130 Rn. 3a; KK-OWiG/*Rogall*, 5. Aufl. 2018, § 130 Rn. 16; RRH-OWiG/*Förster*, 29. EGL Stand: Februar 2020, § 130 Rn. 2; *Rogall*, ZStW 98 (1986), 573, 587 f.; a.A. BGH, Urt. v. 13.04.1994, Rs. II ZR 16/93, BGHZ 125, 366 ff. = NJW 1994, 1801, Ordnung im Betrieb zur Begegnung der vom Betrieb ausgehenden Gefahren sei Schutzgut des § 130 OWiG; *Bosch*, Organisationsverschulden im Unternehmen, 2002, S. 320 ff.

145 Vgl. OLG Hamm, Beschl. v. 31.07.1970, Rs. 5 Ss OWi 486/70, VRS 40, 1971, 129 f.; RRH-OWiG/*Förster*, 29. EGL Stand: Februar 2020, § 130 Rn. 2; Göhler-OWiG/*Gürtler/Thoma*, 18. Aufl. 2021, § 130 Rn. 2; *Dannecker*, NStZ 1985, 49, 56; *Theile/Petermann*, JuS 2011, 496 f.

146 Vgl. *Rettenmaier/Palm*, NJOZ 2010, 1414, 1415; KK-OWiG/*Rogall*, 5. Aufl. 2018, § 130 Rn. 19, 38.

147 Vgl. Göhler-OWiG/*Gürtler/Thoma*, 18. Aufl. 2021, § 130 Rn. 10; *Rettenmaier/Palm*, NJOZ 2010, 1414; *König*, SVR 2008, 121, 126.

148 *Wirtz*, WuW 2001, 342, 343.

149 So kann bspw. abhängig von der jeweiligen Unternehmensgröße die Pflicht zur Einrichtung einer Revisionsabteilung mit einer bestimmten Größe und Tätigkeitsintensität anfallen, vgl. BGH, Beschl. v. 24.03.1981, Rs. KRB 4/80, BeckRS 2010, 17534; MüAnwHdb-GmbHR/*Theusinger/Jung*, 4. Aufl. 2018, M. § 24 III. 3. Rn. 15.

Überprüfung der Angemessenheit der Überwachungsorganisation im eigenen Unternehmen, wobei Kernbestandteil ausreichender Überwachung regelmäßige, unangekündigte Stichproben sind.[150] Schließlich kommt dem Unternehmen die Pflicht zu, seine Mitarbeiter über relevante Verhaltenspflichten zu belehren, und zwar in einer Art und Weise, dass diese in der Lage sind, jene Pflichten in der Praxis ausreichend zu beachten.[151] Im Allgemeinen lässt sich folgende Leitlinie erschließen: Je größer das Unternehmen, desto umfangreicher gestalten sich die Aufsichtspflichten. Je offensichtlicher das Verdachtsmoment, desto intensiver muss es verfolgt werden.[152]

dd. Bemessung der Geldbuße

Die Höhe einer solchen Geldbuße kann bei einer fahrlässigen Straftat bis zu EUR 5 Mio., bei einer vorsätzlich begangenen Straftat bis zu EUR 10 Mio., betragen.[153] § 30 OWiG enthält insofern starre Bußgeldrahmen. Im Falle einer Ordnungswidrigkeit als Vortat bestimmt sich die Höhe der Geldbuße nach dem Höchstmaß, welches durch die begangene Ordnungswidrigkeit festgelegt wird (§ 30 Abs. 2 Satz 2 OWiG).[154] Verweist das Gesetz auf § 30 OWiG, erhöht sich dieses Höchstmaß wiederum um das Zehnfache (§ 30 Abs. 2 Satz 3 OWiG).

Geht es um die Abschöpfung des durch eine Vortat erlangten Gewinns, besteht faktisch keine Obergrenze für die Festlegung einer Geldbuße im Sinne des § 30 OWiG.[155] Die dargestellten Höchstgrenzen können nach § 30 Abs. 3 OWiG i.V.m. § 17 Abs. 4 OWiG überschritten werden, um den aus der Tat erlangten wirtschaftlichen Vorteil vollständig abzuschöpfen.[156] Der abzuschöpfende

---

150 Vgl. BGH, Urt. v. 23.03.1973, Rs. 2 StR 390/72, NJW 1973, 1511, 1513 = BGHSt 25, 158; OLG Stuttgart, Beschl. v. 07.09.1976, Rs. 3 Ss 526/76, NJW 1977, 1410; KK-OWiG/*Rogall,* 5. Aufl. 2018, § 130 Rn. 64; MüAnwHdb-GmbHR/*Theusinger/Jung,* 4. Aufl. 2018, M. § 24 III 3. Rn. 17.

151 Vgl. KK-OWiG/*Rogall,* 5. Aufl. 2018, § 130 Rn. 59 ff.; MüAnwHdb-GmbHR/*Theusinger/Jung,* 4. Aufl. 2018, M. § 24 III. 3. Rn. 16, jeweils m.w.N.

152 *Schneider*, NZG 2009, 1321, 1323.

153 Vgl. Göhler-OWiG/*Gürtler/Thoma,* 18. Aufl. 2021, § 30 Rn. 36.

154 Vgl. auch Göhler-OWiG/*dies.*, 18. Aufl. 2021, § 30 Rn. 36; *Lemke*, in: Lemke/Mosbacher (Hrsg.), Ordnungswidrigkeitengesetz, 2. Aufl. 2005, § 30 Rn. 62.

155 Vgl. auch *Wegner*, wistra 2000, 361, 363 f.

156 Vgl. KK-OWiG/*Rogall,* 5. Aufl. 2018, § 30 Rn. 131, 140.

wirtschaftliche Vorteil stellt in diesem Fall grundsätzlich die untere Grenze der Geldbuße dar.[157] Dieser sei sodann um den „Ahndungsteil" zu erhöhen.[158]

Bei der Beurteilung der Höhe des erlangten wirtschaftlichen Vorteils gilt das Nettoprinzip.[159] Die Berücksichtigung von Aufwendungen ist geboten, wenn diese durch den Erwerbsvorgang des wirtschaftlichen Vorteils veranlasst sind.[160] Dabei kann über den unmittelbar erzielten Gewinn hinaus auch jeglicher weitere Vorteil in Bezug auf die wirtschaftliche Gesamtsituation des Unternehmens berücksichtigt werden,[161] sei es die Verbesserung der eigenen Wettbewerbsposition oder sogar die Verminderung der Quoten nach dem Schwerbehindertengesetz.[162] Dieser kann durch Schätzung bestimmt werden.[163] Hypothetische Gewinne bleiben nach ganz überwiegender Ansicht außer Betracht.[164]

i. Einzelfallbezogene Zumessungskriterien

Geht es um die konkrete Bemessung bzw. Zumessung der Geldbuße (insb. des Ahndungsteils) im Einzelfall, kommen zunächst die grundsätzliche Bedeutung des Rechtsverstoßes, die Schwere des Schadens sowie die weiteren Auswirkungen des Verstoßes in Betracht.[165] Insofern orientiert sich die Bemessung der

157 Vgl. BGH, Beschl. v. 19.09.1974, Rs. KRB 2/74, NJW 1975, 269, 270; OLG Karlsruhe, Beschl. v. 03.07.1974, Rs. 3 Ss (B) 46/74, NJW 1974, 1883; OLG Hamm, Beschl. v. 12.04.1979, Rs. 6 Ss OWi 334/79, MDR 1979, 870; OLG Düsseldorf, Beschl. v. 03.08.1994, Rs. 2 Ss (OWi) 223/94; (OWi) 78/94 II, wistra 1995, 75, 76; KK-OWiG/*Rogall*, 5. Aufl. 2018, § 30 Rn. 140; *Lemke*, in: Lemke/Mosbacher (Hrsg.), Ordnungswidrigkeitengesetz, 2. Aufl. 2005, § 30 Rn. 65.

158 KK-OWiG/*Rogall*, 5. Aufl. 2018, § 30 Rn. 140.

159 Vgl. KK-OWiG/*Rogall*, 5. Aufl. 2018, § 30 Rn. 141.

160 KK-OWiG/*Rogall*, 5. Aufl. 2018, § 30 Rn. 141 m.w.N.

161 Vgl. Göhler-OWiG/*Gürtler/Thoma*, 18. Aufl. 2021, § 30 Rn. 36a; *Büttner*, Berechnung des illegalen Vermögensvorteils, 2. Aufl. 2012, S. 61.

162 Vgl. *Eidam*, wistra 2003, 447, 456; zur Berücksichtigung mittelbarer Vorteile, vgl. S. 54.

163 Göhler-OWiG/*Gürtler/Thoma*, 18. Aufl. 2021, § 30 Rn. 36a.

164 Vgl. OLG Hamburg, Beschl. v. 03.03.1971, Rs. 2 Ss 90/70 OWi, NJW 1971, 1000, 1002; BayObLG, Beschl. v. 25.04.1995, Rs. 3 ObOWi 11/95, BayObLGSt 1995, 76, 81; *Krenberger/Krumm*, in: Ordnungswidrigkeitengesetz, 6. Aufl. 2020, § 17 Rn. 26; KK-OWiG/*Rogall*, 5. Aufl. 2018, § 30 Rn. 144; a.A. *Güntert*, Gewinnabschöpfung als strafrechtliche Sanktion, 1983, S. 48; *Peltzer*, DB 1977, 1445, 1446; *Cramer*, wistra 1996, 248, 251.

165 Vgl. KK-OWiG/*Rogall*, 5. Aufl. 2018, § 30 Rn. 136.

Geldbuße an den bekannten Kriterien des § 17 Abs. 3 OWiG, soweit sie auf einen Personenverband passen.[166]

Der Grundsatz, dass sich die Geldbuße gegen die juristische Person an der Bewertung der von dem Organ oder Vertreter begangenen Zuwiderhandlung zu orientieren ist, ist allgemein anerkannt.[167] Er ist § 30 Abs. 2 Satz 2 OWiG zu entnehmen und entspricht der gesetzgeberischen Konzeption.[168]

Liegen mehrere verwirklichte Anknüpfungsdelikte für die Verhängung einer Verbandsgeldbuße vor, lassen sich grundsätzlich drei Konstellationen unterscheiden:

- Die Verwirklichung mehrerer straf- oder ordnungswidrigkeitenrechtlicher Tatbestände in Tateinheit durch eine Person;
- die Verwirklichung mehrerer straf- oder ordnungswidrigkeitenrechtlicher Tatbestände in Tatmehrheit durch eine Person; sowie
- die gemeinsame Deliktbegehung durch verschiedene natürliche Personen, deren Gesetzesverstöße nebeneinander als taugliche Anknüpfungstaten i.S.v. § 30 OWiG in Betracht kommen.

Bei tateinheitlicher Verwirklichung mehrerer Tatbestände darf sowohl im Straf- als auch im Ordnungswidrigkeitenrecht gemäß §§ 52 StGB, 19 OWiG nur eine einzige Sanktion gegen die jeweilige natürliche Person verhängt werden.[169] Kommt diese als Anknüpfungstat i.S.v. § 30 OWiG in Betracht, ist die Verbandsgeldbuße durch Kombination, nicht durch Addition, zu ermitteln.[170] Es wird nur eine einzige Geldbuße gegen den Verband verhängt.[171]

Bei tatmehrheitlicher Verwirklichung mehrerer Tatbestände durch einen Anknüpfungstäter i.S.v. § 30 OWiG, kommt es grundsätzlich darauf an, ob diese dem Straf- oder Ordnungswidrigkeitenrecht zu entnehmen sind.

---

166 *Krenberger/Krumm*, in: Ordnungswidrigkeitengesetz, 6. Aufl. 2020, § 30 Rn. 41; sowie § 17 Rn. 6 ff. mit einer Auflistung weiterer Zumessungskriterien im Einzelnen.

167 Vgl. RRH-OWiG/*Förster*, 29. EGL Stand: Februar 2020, § 30 Rn. 43a; KK-OWiG/*Rogall*, 5. Aufl. 2018, § 30 Rn. 135 m.w.N.

168 Vgl. Entwurf eines Gesetzes über Ordnungswidrigkeiten (OWiG), BT-Drs. V/1269, S. 62: *„Dieser Vorschrift kann indes der allgemeine Grundsatz entnommen werden, daß sich die Höhe der Geldbuße gegen die juristische Person oder Personenvereinigung an der Bewertung der von dem Organ begangenen Tat zu orientieren hat"*.

169 KK-OWiG/*Rogall*, 5. Aufl. 2018, § 30 Rn. 151.

170 Vgl. KK-OWiG/*ders.*, 5. Aufl. 2018, § 30 Rn. 151.

171 KK-OWiG/*ders.*, 5. Aufl. 2018, § 30 Rn. 151.

Hat der jeweilige Anknüpfungstäter mehrere real konkurrierende Straftaten begangen, so wird gemäß der §§ 53, 54 StGB eine Gesamtstrafe gebildet. Diese wird wiederum Grundlage für die Bemessung der Verbandsgeldbuße. Es kann nur eine einzige Geldbuße gegen den Verband verhängt werden.[172]

Anders verhält es sich, wenn der jeweilige Anknüpfungstäter mehrere real konkurrierende Ordnungswidrigkeiten verwirklicht. § 20 OWiG besagt:

> *„Sind mehrere Geldbußen verwirkt, so wird jede gesondert festgesetzt."*

Es kommt bezüglich der vorgezeichneten Konstellationen der tateinheitlichen Verwirklichung mehrerer Tatbestände des Straf- oder Ordnungswidrigkeitenrechts bzw. der Verwirklichung mehrerer real konkurrierender Straftaten zu der irregulären Folge,[173] dass für jeden Verstoß gesonderte Geldbußen gemäß § 30 OWiG festgesetzt werden *können*. Diese können wiederum gegenüber dem Verband zur Grundlage mehrerer, selbstständiger Bußgeldfestsetzungen gemacht werden.[174]

In der Betonung des Wortes „können" wird – zumindest aus Sicht der Praxis – regelmäßig die Auflösung vermeintlicher Ungerechtigkeiten liegen. Im Ordnungswidrigkeitenrecht gilt das Opportunitätsprinzip (siehe § 47 Abs. 1 OWiG). Unverhältnismäßigen Mehrfachsanktionierungen für als „zusammengehörig" empfundene Geschehenskomplexe, die gemäß § 20 OWiG jedoch zu mehreren Bußgeldfestsetzungen gegen den Anknüpfungstäter führten, kann mittels Verhängung einer für das Gesamtgeschehen verhältnismäßigen Verbandsgeldbuße unter Verfügung von Verfahrenseinstellungen im Übrigen begegnet werden.[175]

Sind mehrere Anknüpfungstäter i.S.v. § 30 OWiG an der Begehung derselben Straftat oder Ordnungswidrigkeit beteiligt, sind die zu Tateinheit und Tatmehrheit dargestellten Grundsätze konsequent, ohne dass das Vorliegen mehrerer Beteiligter sich auswirken würde, anzuwenden. Zu einer Mehrung der Anknüpfungstatbestände, die einem Bußgeldbescheid nach § 30 OWiG zugrunde liegen können, führt die Tatbeteiligung verschiedener natürlicher Personen nicht: Es

---

172 KK-OWiG/*ders.*, 5. Aufl. 2018, § 30 Rn. 152 f.

173 Mit Blick auf Schuldaspekte kritisch hierzu *Achenbach*, WuW 1997, 393, 399 ff.; *Geppert*, NStZ 1996, 118, 119 f.; *Wegner*, Die Systematik der Zumessung unternehmensbezogener Geldbußen, 2000, S. 204 ff.

174 Vgl. KK-OWiG/*Rogall*, 5. Aufl. 2018, § 30 Rn. 152.

175 Vgl. KK-OWiG/*ders.*, 5. Aufl. 2018, § 30 Rn. 153; sowie unter Betonung der Grenzen dieses Lösungsansatzes *Cordes/Reichling*, NJW 2015, 1335, 1336 f.

bleibt grundsätzlich bei der Verhängung einer einzigen Geldbuße gegen den Verband.[176]

Dies gelte auch für den Fall, dass mehrere Organtäter unabhängig voneinander als Nebentäter, etwa einer Aufsichtspflichtverletzung, handeln würden.[177]

Richtet man den Blick weg vom Anknüpfungstäter und hin zum Personenverband, können betriebliche Organisationsmängel berücksichtigt werden, soweit sie zum spezifischen Unrechtsgehalt der Bezugstat zählen.[178] Dies wird insbesondere im Zusammenhang mit Verstößen nach § 130 OWiG in Betracht kommen.[179] Umgekehrt wirke es Bußgeld mindernd, wenn die Delinquenz des Anknüpfungstäters nicht in das Geschäftsgebaren des Verbandes als Ganzes passe.[180]

ii. Zur Berücksichtigung von Compliance-Systemen

Inwiefern in diesem Zusammenhang Compliance-Programme bei der Bußgeldbemessung gegen Verbände sanktionsmildernd berücksichtigt werden können, wurde in den letzten Jahren verstärkt diskutiert. Vonseiten der höchstrichterlichen Rechtsprechung wurde in einem Obiter Dictum des 1. Strafsenats im Zuge einer Entscheidung vom 09.05.2017[181] bemerkt:

> *„Für die Bemessung der Geldbuße ist zudem von Bedeutung, inwieweit die Nebenbeteiligte ihrer Pflicht, Rechtsverletzungen aus der Sphäre des Unternehmens zu unterbinden, genügt* ***und ein effizientes Compliance-Management installiert hat****, das auf die Vermeidung von Rechtsverstößen ausgelegt sein muss […] Dabei kann auch eine Rolle spielen, ob die Nebenbeteiligte* ***in der Folge dieses Verfahrens entsprechende Regelungen optimiert*** *und ihre betriebsinternen Abläufe so gestaltet hat, dass vergleichbare Normverletzungen zukünftig jedenfalls deutlich* ***erschwert*** *werden.“*[182]

(Hervorhebungen nicht im Original)

---

176 Vgl. BGH, Urt. v. 09.05.2017, Rs. 1 StR 265/16, wistra 2017, 390, 399 Rn. 112; BGH, Beschl. v. 08.02.1994, Rs. KRB 25/93, NStZ 1994, 346; RRH-OWiG/*Förster*, 29. EGL Stand: Februar 2020, § 30 Rn. 36b.

177 H.M., vgl. nur BGH, Beschl. v. 08.02.1994, Rs. KRB 25/93, NStZ 1994, 346; *Tiedemann*, NJW 1988, 1169, 1173; RRH-OWiG/*Förster*, 29. EGL Stand: Februar 2020, § 30 Rn. 36b m.w.N.

178 *Krenberger/Krumm*, in: Ordnungswidrigkeitengesetz, 6. Aufl. 2020, § 30 Rn. 41.

179 Vgl. *Krenberger/Krumm*, in: Ordnungswidrigkeitengesetz, 6. Aufl. 2020, § 30 Rn. 41.

180 Vgl. KK-OWiG/*Rogall*, 5. Aufl. 2018, § 30 Rn. 137.

181 BGH, Urt. v. 09.05.2017, Rs. 1 StR 265/16, wistra 2017, 390 ff.

182 BGH, Urt. v. 09.05.2017, Rs. 1 StR 265/16, wistra 2017, 390, 399 Rn. 118.

Das Obiter Dictum entspricht der in der Literatur ebenfalls überwiegend vertretenen Ansicht, dass Compliance-Maßnahmen sowohl im Falle der Einrichtung vor als auch im Falle der Einrichtung nach Entdeckung bzw. Begehung eines Verstoßes als zu berücksichtigendes Nachtatverhalten[183] sanktionsmildernd bei der Bußgeldbemessung (im Rahmen des Ahndungsteils) berücksichtigt werden können.[184] Es entspricht der herrschenden Meinung, dass unabhängig von dem konkreten Anknüpfungsmoment des § 30 OWiG in Form eines Organisationsverschuldens einerseits oder eines individuellen Versagens des Anknüpfungstäters andererseits,[185] jedenfalls solche Aspekte bei der Bußgeldbemessung berücksichtigt werden können, die das Unternehmen strukturell betreffen.[186]

Insofern sind die in der Degussa Entscheidung des EuG getroffenen Wertungen nicht in das nationale Ordnungswidrigkeitenrecht zu übertragen, wenn dort das Folgende steht:

> *„Außerdem ist festzustellen, dass die bloße Einführung eines Programms zur Einhaltung der Wettbewerbsregeln durch ein Unternehmen zweifellos keine tragfähige und sichere Garantie für die künftige dauerhafte Einhaltung dieser Regeln darstellen kann, sodass ein solches Programm die Kommission nicht zwingen kann, eine Geldbuße herabzusetzen, weil der mit ihr verfolgte Präventionszweck zumindest teilweise bereits erreicht wurde."*[187]

Der grundsätzliche Wille zur einheitlichen Gesetzestreue in einem Unternehmen wird nicht dadurch widerlegt, dass ein fest zu einer Tatbegehung entschlossener Angestellter trotz Compliance-System rechtswidrig tätig wird. Ein Compliance-System muss nicht lückenlos sein, um gleichwohl wirksam zu sein. Überhaupt ist ein lückenloses Compliance-System vor dem Beispiel eines

---

183 Vgl. *Engelhart*, Sanktionierung von Unternehmen und Compliance, 2010, S. 441; *Eufinger*, ZIP 2018, 615, 619; *Kämpfer*, in: Ahlbrecht/Dann/Wessing u.a. (Hrsg.), Unternehmensstrafrecht, Festschrift für Jürgen Wessing zum 65. Geburtstag, 2015, S. 55, 60.

184 Vgl. *Engelhart*, Sanktionierung von Unternehmen und Compliance, 2010, S. 441 f.; *Eufinger*, ZIP 2018, 615, 618 f.; RRH-OWiG/*Förster*, 29. EGL Stand: Februar 2020, § 30 Rn. 43a; BeckOK-OWiG/*Meyberg*, 29. Ed. Stand: 01.01.2021, § 30 Rn. 103.1.

185 Vgl. S. 30 ff.

186 Vgl. KK-OWiG/*Rogall*, 5. Aufl. 2018, § 30 Rn. 137; *Kämpfer*, in: Ahlbrecht/Dann/Wessing u.a. (Hrsg.), Unternehmensstrafrecht, Festschrift für Jürgen Wessing zum 65. Geburtstag, 2015, S. 55, 59.

187 EuG, Urt. v. 05.04.2006, Rs. T-279/02, Slg. Bd. II, 2006, 897, Rn. 361.

spontan entschlossenen und wider alle Abschreckungsmaßnahmen handelnden Tatgeneigten kaum vorstellbar.[188]

Anerkannterweise können bei der Bußgeldbemessung nach § 17 Abs. 3 OWiG, welcher nach ganz herrschender Meinung soweit sinngemäß möglich auch auf die Sanktionierung von Verbänden angewendet wird,[189] die Tätergesinnung sowie die besondere Normeinstellung des Täters im Sinne seiner grundsätzlichen Haltung gegenüber der Rechtsordnung ebenso erschwerend wie mildernd berücksichtigt werden, wie dessen Nachtatverhalten.[190] In der Einrichtung eines grundsätzlich effektiven Compliance-Systems wird regelmäßig die Grundsatzentscheidung zur Rechtstreue durch den jeweiligen Verband zu sehen sein.[191]

Gegenläufig ließe sich überlegen, den im Rahmen des § 17 OWiG für natürliche Personen anerkannten Grundsatz, dass das generelle Vorleben des Täters im Rahmen des § 17 OWiG grundsätzlich nicht zu berücksichtigen sei,[192] auch auf die Debatte zur Berücksichtigung von Compliance-Systemen anzuwenden. Das gezielte aktive Entgegenwirken eines Verbandes gegen Verstöße aus seiner Mitte durch Einrichtung eines effektiven Compliance-Systems unterscheidet sich jedoch erheblich von einem passiven „unbescholtenen Vorleben". Eine Subsumtion der Einrichtung eines effektiven Compliance-Systems unter den Begriff des „generellen Vorlebens" mit der Konsequenz, dass das Compliance-System bei der Bußgeldbemessung unberücksichtigt zu bleiben habe, verbietet sich daher.

Ein grundsätzlich effektives Compliance-System muss zumindest bei der Bewertung der Zumessungskriterien des § 17 Abs. 3 OWiG Berücksichtigung finden. Selbstverständlich ist in diesem Zusammenhang jedes Compliance-System einzelfallabhängig zu überprüfen. Insofern besteht Einigkeit, dass ein bloß vorgeschobenes, tatsächlich aber gänzlich ineffektives Compliance-System nicht strafmildernd zu berücksichtigen ist.[193]

---

188 Vgl. *Eufinger*, ZIP 2018, 615, 617; *Bosch/Colbus/Harbusch*, WuW 2009, 740, 745; *Moosmayer*, wistra 2007, 91, 94; *van Vormizeele*, CCZ 2009, 41, 48.

189 Trotz mangelnder Verweisung in § 30 OWiG ganz h.M., vgl. nur KK-OWiG/*Rogall*, 5. Aufl. 2018, § 30 Rn. 134; *Kämpfer*, in: Ahlbrecht/Dann/Wessing u.a. (Hrsg.), Unternehmensstrafrecht, Festschrift für Jürgen Wessing zum 65. Geburtstag, 2015, S. 55, 59; *Sieber*, in: Sieber/Dannecker/Kindhäuser u.a. (Hrsg.), Strafrecht und Wirtschaftsstrafrecht, Festschrift für Klaus Tiedemann zum 70. Geburtstag, 2008, S. 449, 471.

190 Vgl. *Krenberger/Krumm*, in: Ordnungswidrigkeitengesetz, 6. Aufl. 2020, § 17 Rn. 8, 10 f.; RRH-OWiG/*Förster*, 29. EGL Stand: Februar 2020, § 17 Rn. 18.

191 Vgl. *Eufinger*, ZIP 2018, 615, 618 f.

192 Vgl. *Krenberger/Krumm*, in: Ordnungswidrigkeitengesetz, 6. Aufl. 2020, § 17 Rn. 11.

193 Vgl. *Eufinger*, ZIP 2018, 615, 617; BeckOK-OWiG/*Meyberg*, 29. Ed. Stand: 01.01.2021, § 30 Rn. 103.1; *Engelhart*, Sanktionierung von Unternehmen und Compliance, 2010,

Eine Sanktionsreduktion auf Null in Anbetracht eines Compliance-Systems ist auf Bemessungsebene der Geldbuße dogmatisch nicht möglich. Während im Rahmen des § 130 OWiG ein Compliance-System auf tatbestandlicher Ebene je nach Einzelfall das Vorliegen einer Aufsichtspflichtverletzung widerlegen kann,[194] würde eine sanktionsausschließende Berücksichtigung auf Bußgeldzumessungsebene Opportunitätserwägungen in die Tatbestände der §§ 17, 30 OWiG hineininterpretieren, die dort systematisch nicht hingehören. Derartige Opportunitätserwägungen können anderweitig (vgl. § 47 OWiG), etwa im Rahmen von Verfahrenseinstellungen berücksichtigt werden.[195]

Fixierte Compliance-„Grenzwerte", die für Unternehmen bei Einhaltung einen „safe harbour" schaffen, sind unserer Rechtsordnung fremd. Auch die aus dem Bankrecht bekannten Vorgaben – etwa der „MaComp" – verlangen im Ergebnis stets eine Einzelfallbetrachtung.[196]

Der Ausschuss für Wirtschaft und Technologie des Bundestages fasste den Sachstand in seiner Stellungnahme vom zur 8. GWB Novelle zutreffend wie folgt zusammen:

> „*Was die konkrete Höhe einer nach § 30 Absatz 2 OWiG zu bemessenden Geldbuße im Einzelfall angeht, so ist es bereits nach bisherigem Recht möglich, das Vorhandensein eines effektiven Compliance-Systems als unternehmensbezogenen Umstand bei der Bußgeldbemessung zu berücksichtigen […]. Die Frage, unter welchen Umständen und in welchem Umfang ein entsprechendes Compliance-System bußgeldmindernd wirkt, ist durch die Behörde bzw. das Gericht im Einzelfall zu beurteilen.*"[197]

S. 441 f., welcher lediglich vorgeschobene klar mangelhafte Compliance-Systeme sogar sanktionserschwerend berücksichtigen möchte; *Bosch*, ZHR 177 (2013), 454, 469.

194 Hierzu *Kämpfer*, in: Ahlbrecht/Dann/Wessing u.a. (Hrsg.), Unternehmensstrafrecht, Festschrift für Jürgen Wessing zum 65. Geburtstag, 2015, S. 55, 58 f.; *Sieber*, in: Sieber/Dannecker/Kindhäuser u.a. (Hrsg.), Strafrecht und Wirtschaftsstrafrecht, Festschrift für Klaus Tiedemann zum 70. Geburtstag, 2008, S. 449, 470 m.w.N.

195 Vgl. hierzu *Sieber*, in: Sieber/Dannecker/Kindhäuser u.a. (Hrsg.), Strafrecht und Wirtschaftsstrafrecht, Festschrift für Klaus Tiedemann zum 70. Geburtstag, 2008, S. 449 ff.

196 Vgl. beispielhaft, Rundschreiben 05/2018 (WA) – Mindestanforderungen an die Compliance-Funktion und weitere Verhaltens-, Organisations- und Transparenzpflichten – MaComp, BT 1.1 Ziff. 1: „*Die Geschäftsleitung eines Wertpapierdienstleistungsunternehmens muss eine angemessene, dauerhafte und wirksame Compliance-Funktion einrichten und ausstatten, die ihre Aufgaben unabhängig wahrnehmen kann*".

197 Beschlussempfehlung und Bericht des Ausschusses für Wirtschaft und Technologie (9. Ausschuss) zum 8. GWB-ÄndG u.a., BT-Drs. 17/11053, S. 21.

Das Kartellrecht lieferte kürzlich einen weiteren Anhaltspunkt mit Blick auf die Berücksichtigung von Compliance-Systemen im Rahmen der Bußgeldbemessung nach § 30 OWiG: In der jüngsten GWB-Novelle durch das sog. GWB-Digitalisierungsgesetz[198] wurden in § 81d Abs. 1 Satz 2 GWB Vorgaben für die Bußgeldbemessung gegenüber Verbänden festgelegt. Gemäß § 81d Abs. 1 Satz 2 Nr. 4 und 5 GWB kommen für die Bemessung einer kartellordnungswidrigkeitenrechtlichen Verbandsgeldbuße ausdrücklich die in dem jeweiligen Verband getroffenen „*Vorkehrungen zur Vermeidung und Aufdeckung von Zuwiderhandlungen*“ als Zumessungsfaktoren *in Betracht*, und zwar gleich, ob diese vor (Nr. 4) oder nach (Nr. 5) der Zuwiderhandlung getroffen wurden.[199]

In der Gesetzesbegründung heißt es konkret mit Blick auf § 81 Abs. 1 Satz 2 Nr. 5 GWB:

> „*Schließlich kann auch das Nachtatverhalten, das in der Gesamtschau zu würdigen ist, im Rahmen der Bußgeldbemessung Bedeutung erlangen. Ein positives Nachtatverhalten kann sich insoweit bußgeldmildernd auswirken. Die Vorschrift ermöglicht eine Berücksichtigung von Compliance-Maßnahmen, die nach der Tat ergriffen wurden, insbesondere um durch die Tat aufgezeigte Defizite der Compliance zu beheben. Zugleich erlaubt die Norm die Berücksichtigung von Schadenswiedergutmachung und von Maßnahmen des Unternehmens zur Aufklärung der Zuwiderhandlung. Die aktive Kooperation eines Unternehmens kann ein Indiz für die Ernsthaftigkeit solcher Bemühungen sein.*“[200]

Diese Ausführungen knüpfen im Wortlaut maßgeblich an das hier zu § 17 Abs. 3 OWiG Gesagte an. Vieles spricht dafür, dass der Gesetzgeber mit dieser Gesetzesbegründung lediglich eine *Klarstellung* vorgenommen hat. Dass § 81 Abs. 1 Satz 2 Nr. 4 und 5 GWB ein Novum des Kartellordnungswidrigkeitenrechts darstellen könnten, lässt sich anhand der Gesetzesbegründung zwar nicht mit letzter Gewissheit ausschließen. Jedoch dürfte sich eine abweichende Behandlung von Geldbußen nach § 30 OWiG i.V.m. Kartellordnungswidrigkeiten[201] sowie Geldbußen nach § 30 OWiG i.V.m. Sanktionsnormen im Übrigen bereits, systematisch betrachtet, kaum mehr rechtfertigen lassen, ohne Widersprüche innerhalb der Grundstruktur des Ordnungswidrigkeitenrechts aufzutun.[202] Die Wertungen der § 81d Abs. 1 Satz 2 Nr. 4 und 5 GWB sind auch im Rahmen von § 30 OWiG anzuwenden und nach diesseitigem Dafürhalten als

---

198 GWB-Digitalisierungsgesetz, BT-Drs. 19/23492.

199 Vgl. im Einzelnen S. 88 ff.

200 GWB-Digitalisierungsgesetz, BT-Drs. 19/23492, S. 128.

201 Vgl. hierzu S. 84.

202 Vgl. hierzu S. 53 f.

Bestätigung der Literaturansicht zu verstehen, die bisher ohnehin für eine entsprechende Berücksichtigung von Compliance-Systemen bei der Bemessung von Verbandsgeldbußen nach § 30 OWiG im Allgemeinen plädierte.[203]

iii. Zur Abschöpfung mittelbarer Vorteile

Umstritten ist, inwiefern mittelbare Tatvorteile wie bspw. Gebrauchsvorteile oder Kapitelerträge in dem nach § 30 Abs. 4 OWiG festgesetzten Bußgeldrahmen berücksichtigt werden können.

Die überwiegende Ansicht spricht sich für die Berücksichtigung derartiger Vorteile bei Bußgeldbemessung aus und beruft sich insbesondere auf ein systematisches Argument: Derartige Vorteile seien im Rahmen der strafrechtlichen Einziehungsvorschriften über § 73 Abs. 2 und § 73c StGB zwingend zu berücksichtigen. Wenn die Geldbuße im Gegensatz zur Einziehung die „*umfassendere Sanktion*“[204] darstelle, was sich wiederum aus § 30 Abs. 5 OWiG ergebe, so dürfe die ordnungswidrigkeitenrechtliche Verbandsgeldbuße nicht hinter dem Einziehungsrecht zurückbleiben.[205] § 17 Abs. 4 OWiG sei vor diesem Hintergrund nach Maßgabe des § 73 Abs. 2 StGB so auszulegen, dass auch mittelbare Vorteile umfasst sind.[206]

iv. Zur Berücksichtigung zivilrechtlicher Ersatzansprüche

Bei der Verbandsgeldbuße ist der Umgang mit zivilrechtlichen Ersatzansprüchen im Detail umstritten. Einer in Anbetracht der alten Verfallsvorschriften entwickelten Ansicht des Schrifttums nach, sollten auch hier die Grundsätze von § 73 Abs. 1 Satz 2 StGB a.F. entsprechend gelten und eine Anrechnung dieser Ersatzansprüche auf den Abschöpfungsbetrag vorzunehmen sein.[207] Dieser Ansicht

---

203 Vgl. S. 49 ff.

204 KK-OWiG/*Rogall*, 5. Aufl. 2018, § 30 Rn. 142.

205 Vgl. KK-OWiG/*ders.*, 5. Aufl. 2018, § 30 Rn. 142.

206 KK-OWiG/*ders.*, 5. Aufl. 2018, § 30 Rn. 142.

207 Vgl. *Güntert*, Gewinnabschöpfung als strafrechtliche Sanktion, 1983, S. 39 ff.; *Schmitt*, Strafrechtliche Maßnahmen gegen Verbände. Gleichzeitig ein Beitrag zur Lehre von den strafrechtlichen Unrechtsfolgen, 1958, S. 29; *Peltzer*, DB 1977, 1445 ff.; die Ansicht dahin gehend einschränkend, dass eine Abschöpfung nur unterbleibt, wenn der Verband die Ersatzansprüche tatsächlich erfüllt hat, bzw. mit deren Erfüllung unzweifelhaft zu rechnen ist, vgl. RRH-OWiG/*Förster*, 29. EGL Stand: Februar 2020, § 30 Rn. 45; *Pohl-Sichtermann*, Geldbuße gegen Verbände, 1974, S. 173 ff.; KK-OWiG/*Mitsch*, 5. Aufl. 2018, § 17 Rn. 129; *Wegner*, Die Systematik der Zumessung unternehmensbezogener Geldbußen, 2000, S. 99 f.

dürfte mit der Entfernung des § 73 Abs. 1 Satz 2 StGB a.F. durch das Gesetz zur Reform der strafrechtlichen Vermögensabschöpfung vom 13.04.2017,[208] der Boden entzogen sein.

Der herrschenden Meinung nach sollen zivilrechtliche Ersatzansprüche im Rahmen der Verbandsgeldbuße nicht zu berücksichtigen sein. Eine § 73 Abs. 1 Satz 2 StGB a.F. entsprechende Regelung sei bewusst dem Ordnungswidrigkeitenrecht fremd, was es zu berücksichtigen gelte.[209]

ee. Die Geldbuße im Konzern

Anders als etwa in § 81a Abs. 1 GWB[210] ist der Konzerndurchgriff in den §§ 30, 130 OWiG nicht explizit geregelt. Konzernumfassende Begriffe sind dem Wortlaut des § 30 OWiG ebenso wie dem des § 130 OWiG fremd. Andere Vorschriften, wie etwa § 81c Abs. 5 Satz 1 GWB, sind hier weiter, rekurrieren etwa bei der Bußgeldbemessung auf „*Personen sowie Personenvereinigungen […], die als wirtschaftliche Einheit operieren*“[211] und erfassen Konzernstrukturen bereits ausdrücklich dem Anwendungsbereich nach (vgl. § 81a Abs. 1 GWB).

Entsprechend ist die Möglichkeit der Verhängung einer Verbandsgeldbuße gegen die Konzernmutter bei Verstößen durch Organe einer Konzerntochter umstritten.[212]

Die Anwendbarkeit des § 30 OWiG in Konzernstrukturen hängt maßgeblich von der Reichweite der aus § 130 OWiG folgenden Aufsichtspflicht ab. Der wohl überwiegende Teil der Literatur lehnt die grundsätzliche Anwendbarkeit

---

208 Gesetz zur Reform der strafrechtlichen Vermögensabschöpfung vom 13.04.2017, BGBl. I Nr. 22 v. 21.04.2017, S. 872.

209 Vgl. gegen eine Berücksichtigung zivilrechtlicher Ersatzansprüche bei § 17 Abs. 4 OWiG, BGH, Urt. v. 18.06.1969, Rs. 2 StR 96/69, BGHSt 23, 23 f. = NJW 1969, 1725; OLG Celle, Urt. v. 28.10.1953, Rs. Ss 213/51, MDR 1954, 54 f.; *Lemke*, in: Lemke/Mosbacher (Hrsg.), Ordnungswidrigkeitengesetz, 2. Aufl. 2005, § 30 Rn. 65; KK-OWiG/*Rogall*, 5. Aufl. 2018, § 30 Rn. 146.

210 Vgl. S. 87.

211 Vgl. zur Notwendigkeit von Rechtssicherheit im Anwendungsbereich des GWB in Anbetracht der im Übrigen vorherrschenden Rechtsunsicherheit in diesem Zusammenhang, vgl. Stellungnahme des Bundesrats in, Entwurf eines Achten Gesetzes zur Änderung des Gesetzes gegen Wettbewerbsbeschränkungen (8. GWB-ÄndG), BT-Drs. 17/9852, 31.05.2012, S. 40.

212 Zum Ganzen, KK-OWiG/*Rogall*, 5. Aufl. 2018, § 30 Rn. 87.

des § 130 OWiG in Konzernstrukturen dahin gehend ab, dass eine generelle Aufsichtspflicht gegenüber Tochterunternehmen bestehe, insbesondere unter Inbetrachtnahme des ursprünglichen Zwecks des § 130 OWiG Sanktionslücken zu schließen, die durch Delegation vorgeschalteter betriebsbezogener Pflichten innerhalb eines Einzelunternehmens entstehen würden.[213] Gleichwohl schränken diese Ansichten regelmäßig ein,[214] dass ein Durchgriff ab einer bestimmten Überhandnahme faktischer Herrschaftsausübung der Konzernmutter zuzulassen sei, etwa, wenn die Tochtergesellschaft Überwachungsaufgaben auf die Mutter delegiere oder diese die Aufsichtshoheit an sich ziehe[215] oder Mutter- und Tochtergesellschaft faktisch als „ein Unternehmen" geführt würden.[216] Zum Teil wird in der am Konzernumsatz ausgerichteten Bußgeldbemessung des § 81c GWB sogar eine grundsätzliche Aufgabe des gesellschaftsrechtlichen Trennungsprinzips in diesem Zusammenhang gesehen.[217]

In der Praxis suchte man derartige Differenzierungen zunächst vergeblich.

In der sog. Transportbeton- bzw. Mixbetonentscheidung[218] besprach der BGH unter anderem die Frage des Vorliegens einer Aufsichtspflichtverletzung gegenüber einer hundertprozentigen Tochtergesellschaft. Zwar ließ der

---

213 Ausführlich hierzu *Koch*, AG 2009, 564, 568 ff.; vgl. auch *Rönnau*, ZGR 2016, 277, 292; *Bosch*, ZHR 177 (2013), 454, 465 f.; *Graf*, in: Livonius/Graf/Wolter u.a. (Hrsg.), Strafverteidigung im Wirtschaftsleben, Festgabe für Hanns W. Feigen zum 65. Geburtstag am 13. März 2014, 2014, S. 37, 46 ff.; Göhler-OWiG/*Gürtler/Thoma*, 18. Aufl. 2021, § 130 Rn. 5a m.w.N.; grundsätzlich für einen Durchgriff bei Vorliegen faktischen Einflusses des Konzernmutter auf ein Tochterunternehmen *Mansdörfer/Timmerbeil*, WM 2004, 362, 368 f.; grundsätzlich für eine Subsumtion von Konzernen unter den Unternehmensbegriff des § 130 OWiG und damit für eine generelle Anwendung des § 130 OWiG in Konzernstrukturen, BeckOK-OWiG/*Beck*, 29. Ed. Stand: 01.01.2021, § 130 Rn. 31 f.

214 Vgl. diesbezüglich kritisch, *Koch*, AG 2009, 564, 572 f., welcher ausführt, der Wortlaut des § 130 OWiG lasse zwar sowohl eine Subsumtion des rechtlichen wie auch des wirtschaftlichen Eigentümers unter den Inhaberbegriff zu, er eröffne aber *„keinen terminologischen Verständnisspielraum in der Weise, dass man ihn von handlungsbezogenen Elementen wie etwa Eingriffen in die Unternehmensführung abhängig machen"* könne.

215 Vgl. *Rönnau*, ZGR 2016, 277, 292; *Wirtz*, WuW 2001, 342, 348 f.

216 *Bosch*, ZHR 177 (2013), 454, 466; ebenfalls insofern differenzierend *Baumanns/Schlei*, in: Ahlbrecht/Dann/Wessing u.a. (Hrsg.), Unternehmensstrafrecht, Festschrift für Jürgen Wessing zum 65. Geburtstag, 2015, S. 101, 112 ff.

217 MüKo-AktG/*Spindler*, 5. Aufl. 2019, § 91 Rn. 53.

218 Vgl. BGH, Beschl. v. 01.12.1981, Rs. KRB 3/79, GRUR 1982, 244 ff.

BGH eine solche Aufsichtspflichtverletzung bereits am Verschulden scheitern, erwähnte jedoch, sodann:

> *„Unter diesen Umständen bedarf es keiner Entscheidung, ob die Betroffene zu 1 (eine Aktiengesellschaft) und ihre vertretungsberechtigten Organe im vorliegenden Falle überhaupt Täter nach § 130 OWiG sein können. Dem könnte entgegenstehen, daß die Betroffene zu 2 als GmbH mit eigener Rechtspersönlichkeit ausgestattet und als solche auch Inhaberin des Gesellschaftsunternehmens ist“.*[219]

Wider dies Obiter Dictum entschied das Bundeskartellamt prominenterweise in seiner Etex-Entscheidung[220] vom 09.02.2009 in Anknüpfung an § 130 OWiG die Ansicht, es bestünden für eine Holding konzernweite Organisationspflichten zur Verhinderung von Kartellabsprachen. Das Bundeskartellamt verhängte mittels § 130 OWiG ein Bußgeld in zweistelliger Millionenhöhe gegen die Etex Holding GmbH, obwohl bereits gegen deren infrage stehende Tochtergesellschaften selbstständige Bußgelder festgesetzt worden waren:

> *„Ein gesondertes Bußgeld in zweistelliger Millionenhöhe wegen einer Aufsichtspflichtverletzung wurde gegen die Etex Holding GmbH gem. § 130 OWiG verhängt. Die Ermittlungen hatten ergeben, dass ein für das Europageschäft verantwortlicher leitender Manager des Etex-Konzerns konkrete Anhaltspunkte für die kartellrechtswidrige Absprache der Erhebung eines Energiekostenzuschlags hatte und nichts unternahm, um die Umsetzung der Absprache bei den Tochterunternehmen Creaton und Pfleiderer zu verhindern. […] Berücksichtigt wurde ebenfalls, dass Creaton und Pfleiderer als Tochtergesellschaften der Etex Holding GmbH für das Unrecht der Kartellabsprache bereits bebußt worden waren.“*[221]

Zwar wurde die Entscheidung im Nachzug aus „tatsächlichen“ Gründen aufgehobenen,[222] die Herangehensweise scheint

219 BGH, Beschl. v. 01.12.1981, Rs. KRB 3/79, GRUR 1982, 244, 247.

220 Bundeskartellamt, Entsch. v. 09.02.2009, Rs. B1-200/06, BeckRS 2014, 14659.

221 Bundeskartellamt, Entsch. v. 09.02.2009, Rs. B1-200/06, BeckRS 2014, 14659, UA 5.

222 *Dass.*, Fallbericht; Aufhebung der Bußgeldbescheide gegen die Etex Holding und Einstellung des Bußgeldverfahrens gegen einen persönlich Betroffenen, 12.04.2012, abrufbar unter: https://www.bundeskartellamt.de/SharedDocs/Entscheidung/DE/Fallberichte/Kartellverbot/2012/B1-200-06.pdf?__blob=publicationFile&v=2 (geprüft am 30.09.2021): *„Weitere Ermittlungen des Bundeskartellamts im Zwischenverfahren nach Eingang des Einspruchs ergaben, dass der persönlich Betroffene wenige Tage vor der Kartellabsprache aus der Geschäftsführung der Etex Holding GmbH ausgeschieden ist. […] Der Bußgeldbescheid gegen die Etex Holding GmbH musste deshalb aufgehoben werden“.*

jedoch im Übrigen in der Praxis des Bundeskartellamts zu entsprechen.[223]

In einer Entscheidung des OLG München vom 23.09.2014 wurde schließlich die in der Literatur vorherrschende Differenzierung anhand der faktischen Einflussnahme des Mutterunternehmens angewandt:

> „*Die Anwendbarkeit des § 130 OWiG auf Konzernsachverhalte kann nicht pauschal beantwortet werden, sondern ist stets von den konkreten Umständen des Einzelfalls abhängig. Für den Umfang der Aufsichtspflicht im Sinne des § 130 OWiG sind die tatsächlichen Verhältnisse im Konzern maßgeblich, weshalb auf die tatsächliche Einflussnahme der Konzernmutter auf die Tochtergesellschaft abzustellen ist. Nur wenn der Tochtergesellschaft von der Konzernmutter Weisungen erteilt werden, die das Handeln der Tochtergesellschaft beeinflussen, und dadurch die Gefahr der Verletzung betriebsbezogener Pflichten begründet wird, besteht im Umfang dieser konkreten Einflussnahme eine gesellschaftsrechtliche Aufsichtspflicht der Konzernmutter.*“[224]

Inzwischen lässt sich eine Tendenz der Praxis, § 130 OWiG auf Konzernstrukturen anzuwenden, nicht mehr von der Hand weisen. Dies gilt insbesondere in solchen Konzernstrukturen, in denen eine Muttergesellschaft erheblichen faktischen Einfluss auf die jeweilige Unternehmenstochter ausübt.

ff. Gemeinsames und selbstständiges Verfahren

Obwohl § 30 OWiG eine selbstständige Ahndung des Personenverbandes ermöglicht, sind die Verfahren gegen natürliche Person und Verband nach ganz überwiegender Ansicht grundsätzlich als einheitliches Verfahren zu führen.[225]

---

223 Vgl. *dass.*, Fallbericht; Kartellverfahren gegen Hersteller von Spanplatten, OSB-Platten und anderen Holzwerkstoffprodukten, 19.10.2011, abrufbar unter: https://www.bundeskartellamt.de/SharedDocs/Entscheidung/DE/Fallberichte/Kartellverbot/2011/B12-15-08.pdf?__blob=publicationFile&v=4, S. 2 (geprüft am 30.09.2021): „*Der ebenfalls beteiligten Egger Holzwerkstoffe Brilon GmbH & Co. KG, Brilon, und ihren verbundenen Gesellschaften wurde wegen ihres frühzeitigen Kronzeugenantrags nach der Bonusregelung des Amtes die Geldbuße erlassen.*“

224 OLG München, Beschl. v. 23.09.2014, Rs. 3 Ws 599, 600/14, BeckRS 2015, 14184, Rn. 14.

225 Vgl. OLG Jena, Beschl. v. 01.12.2006, Rs. 1 Ss 199/06, SVR 2008, 352 f.; AG Tübingen, Beschl. v. 19.08.2011, Rs. 11 OWi 19 Js 6029/11, BeckRS 2011, 22020; RRH-OWiG/*Förster*, 29. EGL Stand: Februar 2020, § 30 Rn. 39: „*aus prozesswirtschaftlichen Gründen*“; *Krenberger/Krumm*, in: Ordnungswidrigkeitengesetz, 6. Aufl. 2020, § 30 Rn. 47: „*Das Argument ist prinzipiell und keines der Prozessökonomie*“.

Systematisch lasse sich dies zunächst auf § 30 Abs. 4 Satz 1 und 2 OWiG stützen, die da lauten:

> „*Wird wegen der Straftat oder Ordnungswidrigkeit ein Straf- oder Bußgeldverfahren nicht eingeleitet oder wird es eingestellt oder wird von Strafe abgesehen, so kann die Geldbuße selbständig festgesetzt werden. Durch Gesetz kann bestimmt werden, daß die Geldbuße auch in weiteren Fällen selbständig festgesetzt werden kann.*“.[226]

Die Vorschrift betont den Ausnahmecharakter der selbstständigen Festsetzung einer Geldbuße gegen den Verband und im Umkehrschluss den Grundsatz der gemeinsamen Verfahrensführung gegen natürliche Person und Verband. Selbstverständlich bleibt aber – ebenso ausnahmsweise – nach Maßgabe des Opportunitätsprinzips die Einstellung des Verfahrens gegen den Verband bei gleichzeitiger Weiterverfolgung eines Verfahrens gegen die natürliche Person denkbar.[227]

Die Entscheidung zwischen selbstständigem und verbundenem Verfahren wird im Sinne der bestmöglichen Erreichung der Strafzwecke sowie in Anbetracht des individuellen Beitrags der natürlichen Person fallen.[228] So könne gegen die Verfolgung des jeweiligen Anknüpfungstäters unter anderem sprechen, dass der ihn treffende Vorwurf gering zu veranschlagen sei oder dass eine ihn treffende Buße ihn unverhältnismäßig belasten würde.[229]

Dies sei einerseits aus dem Grundsatz der Prozessökonomie zu folgern.[230] Andererseits könnte dies – mit Blick auf die hier durchgeführte Untersuchung bedeutender – aus der teleologischen Erwägung, dass die Sanktionen gegen natürliche und juristische Person aufeinander abgestimmt werden können, abgeleitet werden,[231] denn die Tat des jeweiligen Anknüpfungstäters sei sowohl Grundlage für dessen Ahnung als auch für die Ahndung der juristischen

---

226 Vgl. zum systematischen Argument RRH-OWiG/*Förster*, 29. EGL Stand: Februar 2020, § 30 Rn. 40; KK-OWiG/*Rogall*, 5. Aufl. 2018, § 30 Rn. 162.

227 Vgl. RRH-OWiG/*Förster*, 29. EGL Stand: Februar 2020, § 30 Rn. 40.

228 Vgl. KK-OWiG/*Rogall*, 5. Aufl. 2018, § 30 Rn. 165; GJW/*Niesler*, 2. Aufl. 2017, § 30 OWiG Rn. 78.

229 Vgl. KK-OWiG/*Rogall*, 5. Aufl. 2018, § 30 Rn. 165; RRH-OWiG/*Förster*, 29. EGL Stand: Februar 2020, § 30 Rn. 42.

230 Vgl. AG Tübingen, Beschl. v. 19.08.2011, Rs. 11 OWi 19 Js 6029/11, BeckRS 2011, 22020; RRH-OWiG/*Förster*, 29. EGL Stand: Februar 2020, § 30 Rn. 39: „*aus prozesswirtschaftlichen Gründen*“; a.A. *Krenberger/Krumm*, in: Ordnungswidrigkeitengesetz, 6. Aufl. 2020, § 30 Rn. 47: „*Das Argument ist prinzipiell und keines der Prozessökonomie*“.

231 Vgl. RRH-OWiG/*Förster*, 29. EGL Stand: Februar 2020, § 30 Rn. 39.

Person.[232] Zwischen beiden Verfahren bestehe ein derartig enger Sachzusammenhang, dass das Verfahren gegen natürliche Person und Verband einheitlich zu führen sei.[233]

Besonders deutlich wird die Notwendigkeit dieser Abstimmung bei Verfahren gegen vertretungsberechtigte Gesellschafter von Personenhandelsgesellschaften oder der Ein-Mann-GmbH, in welcher die Sanktionierung von natürlicher Person und Verband wirtschaftlich die gleiche Person treffen.[234]

Die Rechtsprechung betont bei gleichzeitiger Bestätigung der grundsätzlichen Unzulässigkeit getrennter Verfahren gegen ein Organ als Täter einerseits und gegen die juristische Person andererseits verstärkt das Verbot der doppelten Ahndung als verfassungsimmanentes Argument.[235] Werden die Verfahren gegen natürliche und juristische Person zunächst getrennt geführt, so seien diese miteinander zu verbinden.[236]

gg. Zwischenergebnis

§ 30 OWiG hat sich in Anbetracht stetig wachsender Herausforderungen des Wirtschaftslebens im Laufe der Zeit verändert. Der Anwendungsbereich wurde sukzessive erweitert, bis in Zusammenschau mit § 130 OWiG bereits Aufsichtspflichtverletzungen von praktisch allen Leitungspersonen in Unternehmensstrukturen als taugliche Anknüpfungstat für eine Verbandssanktion nach § 30 OWiG berücksichtigt werden konnten. Zudem wurde der Bußgeldrahmen der Vorschrift sukzessive erhöht, schließlich sogar verzehnfacht.[237]

Über das Verhältnis der Sanktionierung natürlicher und juristischer Personen trifft § 30 OWiG eindeutige Wertungen.

---

232 RRH-OWiG/*ders.*, 29. EGL Stand: Februar 2020, § 30 Rn. 39.

233 Vgl. *Krenberger/Krumm*, in: Ordnungswidrigkeitengesetz, 6. Aufl. 2020, § 30 Rn. 47.

234 Vgl. OLG Hamm, Beschl. v. 27.04.1973, Rs. 5 Ss OWi 19/73, NJW 1973, 1851, 1853; RRH-OWiG/*Förster*, 29. EGL Stand: Februar 2020, § 30 Rn. 39.

235 Vgl. AG Eggenfelden, Beschl. v. 11.04.2002, Rs. OWi 50 Js 6836/02, wistra 2002, 274: *„Die gesetzliche Regelung stellt sich insofern als Ausfluss des Verbots der Doppelahndung gem. § 103 Abs. 3 GG dar. Aufgespaltene Verfahren gegen die juristische Person und deren Organ oder Vertreter sind daher grundsätzlich unzulässig, mit der Folge, dass das Verfahren gegen die juristische Person einzustellen ist*"; AG Tübingen, Beschl. v. 19.08.2011, Rs. 11 OWi 19 Js 6029/11, BeckRS 2011, 22020.

236 RRH-OWiG/*Förster*, 29. EGL Stand: Februar 2020, § 30 Rn. 40; *Krenberger/Krumm*, in: Ordnungswidrigkeitengesetz, 6. Aufl. 2020, § 30 Rn. 49.

237 Vgl. zur historischen Entwicklung des § 30 OWiG, S. 23 ff.

§ 30 OWiG richtet einen eigenständigen Vorwurf gegen den Verband.[238] Zugleich ist die parallele Sanktionierung (bzw. das Ausbleiben einer Sanktionierung) der als für eine Verbandsgeldbuße als Anknüpfungstäter herangezogenen natürlichen Person bei Ausspruch der Verbandsgeldbuße zu berücksichtigen. Die Sanktionierung des Verbandes nach § 30 OWiG ist grundsätzlich im verbundenen Verfahren bei genauer Inbetrachtnahme des gegen die natürliche Person laufenden Verfahrens vorzunehmen (vgl. § 30 Abs. 4 OWiG).[239]

Ein Verbandsgeldbußenregress würde diese abgestimmte Zuordnung der Sanktionsübel gegen natürliche und juristische Person unterlaufen.

Zudem liefe jede Verlagerung des Sanktionsübels weg von dem Verband, gegen welchen sich der ursprüngliche Vorwurf richtete, den Sanktionszwecken des § 30 OWiG bei teleologischer Betrachtung der Vorschrift zuwider.

Denn wie gezeigt wurde, verfolgt § 30 OWiG kriminalpolitisch mehrere Zwecke. Im Grundsatz sollte die Vorschrift eine Besserstellung von juristischen Personen gegenüber natürlichen Personen vermeiden. Verbände können an den Früchten illegaler Tätigkeiten ihrer Mitarbeiter partizipieren. Im Gegenzug wurde ein Sanktionsmittel gegen Verbände geschaffen, um zu sichern, dass Verbände auch eine diesen Umstand ausgleichende Sanktionsdrohung treffen kann.[240]

Die Sanktionsdrohung sollte sich explizit nicht auf die bloße Abschöpfung illegal erlangter Vermögensvorteile begrenzen. Die Geldbuße nach § 30 OWiG sollte viel mehr darüber hinaus generalpräventive Wirkung entfalten und Unternehmensführer bzw. Aktionäre zur ordentlichen und sorgfältigen Auswahl von Mitarbeitern anhalten.[241] Diese Veranlassung zur sorgsamen Unternehmensführung wurde durch § 130 OWiG präzisiert, sodass die §§ 30, 130 OWiG nunmehr faktisch eine Pflicht zu umsichtiger Compliance statuieren, deren Nichtbeachtung schwerwiegende Konsequenzen mit sich bringen kann.

Schließlich sollte der „altruistische Täter“, welcher meint, durch delinquentes Verhalten, ungeachtet des eigenen, persönlichen Risikos, im Sinne des Unternehmens zu handeln, abgeschreckt werden.[242] Kriminelles Verhalten sollte sich schlicht gesprochen auch für Verbände in Anbetracht des § 30 OWiG nicht mehr lohnen.

---

238 Vgl. S. 34 ff.
239 Vgl. S. 58 ff.
240 Vgl. S. 29 f.
241 Vgl. S. 30.
242 Vgl. S. 30.

Könnte sich ein Verband nach Erhalt einer Geldbuße mittels Regressforderungen gegen den Anknüpfungstäter seiner Sanktion entledigen, würden die Steuerungszwecke des § 30 OWiG wenn nicht gänzlich,[243] dann zumindest erheblich unterlaufen.

b. § 29a OWiG

§ 29a OWiG flankiert § 30 OWiG und sieht die Möglichkeit der Einziehung des Wertes von Taterträgen vor. Die Vorschrift sorgt auf diesem Wege für Vorteilsabschöpfung – eine Funktion, die grundsätzlich auch § 30 OWiG erfüllen kann.[244] Die §§ 30 Abs. 5, 29a Abs. 1 OWiG regeln das Verhältnis der beiden Vorschriften zueinander, um ungewollte Überschneidungen zu vermeiden.

In § 30 Abs. 5 OWiG heißt es: „*Die Festsetzung einer Geldbuße gegen die juristische Person oder Personenvereinigung schließt es aus, gegen sie wegen derselben Tat die Einziehung nach den §§ 73 oder 73c des Strafgesetzbuches oder nach § 29a anzuordnen*".

Gleichzeitig besagt § 29a Abs. 1 OWiG: „*Hat der Täter durch eine mit Geldbuße bedrohte Handlung oder für sie etwas erlangt und wird gegen ihn wegen der Handlung eine Geldbuße nicht festgesetzt, so kann gegen ihn die Einziehung eines Geldbetrages bis zu der Höhe angeordnet werden, die dem Wert des Erlangten entspricht*".

Die Vorschriften begründen zunächst nur ein einseitiges Verhältnis der Exklusivität. Wird eine Geldbuße nach § 30 OWiG verhängt, so kann wegen derselben Bezugstat nicht ebenfalls die Einziehung angeordnet werden.[245] Umgekehrt hindert § 30 Abs. 5 OWiG der überwiegenden Ansicht nach nicht die Festsetzung

243 Vgl. S. 201 ff.

244 Vgl. S. 45 f.

245 Vgl. Entwurf eines Einführungsgesetzes zum Strafgesetzbuch (EGStGB), BT-Drs. 7/550, S. 344: „*Da sich die Anordnung des Verfalls nach § 73 Abs. 3 StGB i. d. F. des 2. StrRG auch gegen einen anderen richtet, für den der Täter gehandelt und den Vermögensvorteil erlangt hat, wäre die juristische Person ohne eine besondere Regelung unter Umständen der Gefahr einer doppelten Sanktion ausgesetzt. Um dies auszuschließen, bestimmt der Entwurf, daß die Festsetzung der Geldbuße – als die umfassendere Nebenfolge – die Anordnung des Verfalls gegen sie ausschließt*"; Göhler-OWiG/*Gürtler*/*Thoma*, 18. Aufl. 2021, § 29a Rn. 31; *Podolsky*/*Brenner*/*Baier u.a.*, Vermögensabschöpfung im Straf- und Ordnungswidrigkeitenverfahren, 6. Aufl. 2019, S. 228; *Lemke*, in: Lemke/Mosbacher (Hrsg.), Ordnungswidrigkeitengesetz, 2. Aufl. 2005, § 30 Rn. 77; KK-OWiG/*Rogall*, 5. Aufl. 2018, § 30 Rn. 155; RRH-OWiG/*Förster*, 29. EGL Stand: Februar 2020, § 30 Rn. 47.

einer Geldbuße gegen eine juristische Person nach Anordnung der Einziehung gegen dieselbe. Bei deren Bemessung ist jedoch der bereits eingezogene Betrag zu berücksichtigen.[246]

Diese Systematik verwundert historisch betrachtet, denn ursprünglich sollte die selbstständige Vorteilsabschöpfung im Zuge der Einziehung die Verbandsgeldbuße ergänzen und nicht umgekehrt.

aa. Entstehungsgeschichte und kriminalpolitische Zielsetzung

Genau wie die Verbandsgeldbuße i.S.v. § 30 OWiG folgt auch die Einziehung i.S.v. § 29a OWiG der Grundidee, dass sich Unrecht nicht lohnen darf.[247] Sie stellt ein weiteres Instrument dar, mit dem sichergestellt werden soll, dass der vom Täter rechtswidrig erzielte Tatvorteil vollständig abgeschöpft wird.[248]

Der Verfall nach § 29a OWiG in seiner ursprünglichen Fassung wurde durch das 2. WiKG vom 15.05.1986[249] in das OWiG eingeführt.[250] Nachdem das früher im Strafrecht vorherrschende Geldstrafensystem dahin gehend neu gestaltet wurde, dass die Zahl der zu begleichenden Tagessätze allein nach der Schwere des Unrechts und dem Maß der Schuld zu bestimmen war, genügte die Geldstrafe im StGB nicht mehr zur Gewinnabschöpfung, weshalb der Verfall von Vermögensvorteilen gemäß § 73 StGB a.F. eingeführt wurde.[251]

---

246 Vgl. *Lemke*, in: Lemke/Mosbacher (Hrsg.), Ordnungswidrigkeitengesetz, 2. Aufl. 2005, § 30 Rn. 78; *Drathjer*, Die Abschöpfung rechtswidrig erlangter Vorteile im Ordnungswidrigkeitenrecht, 1997, S. 159; Göhler-OWiG/*Gürtler/Thoma*, 18. Aufl. 2021, § 30 Rn. 37; RRH-OWiG/*Förster*, 29. EGL Stand: Februar 2020, § 30 Rn. 49.

247 Vgl. *Güntert*, Gewinnabschöpfung als strafrechtliche Sanktion, 1983, S. 13; *Eberbach*, NStZ 1987, 486; *Hoyer*, GA 1993, 406, *„Unrecht Gut gedeiht nicht"*; *Kaiser*, in: Jescheck/Vogler (Hrsg.), Festschrift für Herbert Tröndle zum 70. Geburtstag am 24. August 1989, 1989, 685 f.

248 *Eser*, Die strafrechtlichen Sanktionen gegen das Eigentum, 1969, S. 113; vgl. auch *Güntert*, Gewinnabschöpfung als strafrechtliche Sanktion, 1983, S. 12; *Drathjer*, Die Abschöpfung rechtswidrig erlangter Vorteile im Ordnungswidrigkeitenrecht, 1997, S. 22; *Wolters*, Die Neufassung der strafrechtlichen Verfallsvorschrift, 1995, S. 11.

249 Zweites Gesetz zur Bekämpfung der Wirtschaftskriminalität (2. WiKG) vom 15.05.1986, BGBl. I Nr. 21 v. 23.05.1986, S. 721.

250 Vgl. Göhler-OWiG/*Gürtler/Thoma*, 18. Aufl. 2021, Vor § 29a Rn. 1; *Lemke*, in: Lemke/Mosbacher (Hrsg.), Ordnungswidrigkeitengesetz, 2. Aufl. 2005, § 29a Rn. 1 *Drathjer*, Die Abschöpfung rechtswidrig erlangter Vorteile im Ordnungswidrigkeitenrecht, 1997, S. 13.

251 Vgl. Entwurf eines Zweiten Gesetzes zur Bekämpfung der Wirtschaftskriminalität (2. WiKG), BT-Drs. 10/318, S. 35 f.; Göhler-OWiG/*Gürtler/Thoma*, 18. Aufl. 2021,

Im Ordnungswidrigkeitenrecht ergab sich ein ähnliches Problem, welches durch das 2. WiKG behoben werden sollte: Der ordnungswidrigkeitenrechtlichen Geldbuße blieb dort der Zugang zum Tatvorteil versperrt, wo der Täter rechtswidrig, aber nicht vorwerfbar handelte, oder wo die Feststellung der Vorwerfbarkeit des Täters aufgrund mangelnder Beweisführung scheiterte.[252]

Es bestand ein kriminalpolitisches Bedürfnis für eine weitergehende Zugriffsmöglichkeit auf Tatvorteile. Mit Blick auf oftmals erhebliche Taterträge aus wirtschaftsstrafrechtlichen Delikten wurde diese Notwendigkeit besonders dringlich gesehen.[253]

Der Gesetzentwurf zum 2. WiKG stellte eine weitere Regelungslücke dahin gehend fest, dass § 30 OWiG als Abschöpfungsinstrument auch dort versagen würde, wo der Täter keine leitende Position in seinem Unternehmen innehat. § 29a OWiG sollte auch diese Regelungslücke schließen.[254]

Durch Art. 5 des AWGStGBÄndG vom 28.02.1992[255] wurde der Wortlaut des (damaligen) Verfalls parallel zur Wortlautänderung der strafrechtlichen Verfallsvorschriften maßgeblich verändert.[256] Nunmehr sollte der volle Taterlös ohne Rücksicht auf Aufwendungen, die zu seiner Erlangung getätigt wurden, abschöpfbar sein (Bruttoprinzip). Im Wortlaut des § 29a OWiG wurde dafür der Begriff des „*Vermögensvorteils*“ durch den des „*erlangten Etwas*“ ersetzt.[257]

---

§ 17 Rn. 10; Vor 29a Rn. 1; *Drathjer*, Die Abschöpfung rechtswidrig erlangter Vorteile im Ordnungswidrigkeitenrecht, 1997, S. 13.

252 Vgl. Entwurf eines Zweiten Gesetzes zur Bekämpfung der Wirtschaftskriminalität (2. WiKG), BT-Drs. 10/318, S. 36; *Drathjer*, Die Abschöpfung rechtswidrig erlangter Vorteile im Ordnungswidrigkeitenrecht, 1997, S. 13.

253 Entwurf eines Zweiten Gesetzes zur Bekämpfung der Wirtschaftskriminalität (2. WiKG), BT-Drs. 10/318, S. 36 f.; *Drathjer*, Die Abschöpfung rechtswidrig erlangter Vorteile im Ordnungswidrigkeitenrecht, 1997, S. 14.

254 Entwurf eines Zweiten Gesetzes zur Bekämpfung der Wirtschaftskriminalität (2. WiKG), BT-Drs. 10/318, S. 36.

255 Gesetz zur Änderung des Außenwirtschaftsgesetzes, des Strafgesetzbuches und anderer Gesetze vom 28.02.1992, BGBl. I Nr. 10 v. 06.03.1992, S. 372.

256 RRH-OWiG/*Bunk*, 29. EGL Stand: Februar 2020, § 29a Rn. 1; Gesetz zur Änderung des Außenwirtschaftsgesetzes, des Strafgesetzbuches und anderer Gesetze vom 28.02.1992, BGBl. I Nr. 10 v. 06.03.1992, S. 372, 375.

257 Vgl. Entwurf eines Gesetzes zur Änderung des Außenwirtschaftsgesetzes, des Strafgesetzbuches und anderer Gesetze, BT-Drs. 12/1134, S. 12 f.; Gesetz zur Änderung des Außenwirtschaftsgesetzes, des Strafgesetzbuches und anderer Gesetze vom 28.02.1992, BGBl. I Nr. 10 v. 06.03.1992, S. 372, 375; Göhler-OWiG/*Gürtler/Thoma*, 18. Aufl. 2021, § 29a Rn. 6; *Drathjer*, Die Abschöpfung rechtswidrig erlangter Vorteile im Ordnungswidrigkeitenrecht, 1997, S. 14 f.; vgl. auch *Göhler*, wistra 1992, 133 f.,

Zuvor waren im Rahmen des Nettoprinzips bei der Berechnung des Abschöpfungsbetrags Aufwendungen des Täters zu berücksichtigen.[258] Bspw. waren bei der Berechnung des Abschöpfungsbetrags erbrachte Gegenleistungen, Bestechungsgelder und entrichtete Umsatzsteuern in Abzug zu bringen.[259] Dieser Zustand sollte beseitigt und eine einfachere Ermittlung der Verfallsvoraussetzungen ermöglicht werden.[260] Entsprechend wurden nachträglich sowohl die amtliche Überschrift als auch die Überschrift des sechsten Abschnitts durch Art. 5 des OrgKG vom 15.07.1992 an diese Änderung, wo der Begriff des „*Vermögensvorteils*" entfernt wurde, angepasst.[261]

Danach kehrte um den Tatbestand des § 29a OWiG vonseiten des Gesetzgebers für über zwei Jahrzehnte Ruhe ein. Dies änderte sich jedoch mit der umfassenden Reform des Vermögensabschöpfungsrechts durch das Gesetz zur Reform der strafrechtlichen Vermögensabschöpfung vom 13.04.2017,[262] welches am 01.07.2017 in Kraft trat.

Grundsätzlich wurde § 29a OWiG weniger intensiv durch die Reform betroffen, als die strafrechtlichen Verfalls- bzw. nunmehr „Einziehungs"-vorschriften, womit auch die erste Neuerung der Gesetzesreform vorweggenommen war: Der bisherige *Verfall* von Wertersatz trägt nunmehr die Bezeichnung „*Einziehung des Wertes von Taterträgen*".

---

welcher die Wortlautänderung als „*verfehlt*" bezeichnet, da sie bezüglich der Geltung des Brutto- oder Nettoprinzips keine Klarheit schaffe.

258 Vgl. BGH, Beschl. v. 28.03.1979, Rs. 2 StR 700/78, BGHSt 28, 369 ff.; BGH, Urt. v. 20.02.1981, Rs. 2 StR 644/80, BGHSt 30, 46, 51; BGH, Urt. v. 04.11.1982, Rs. 4 StR 451/82, BGHSt 31, 145 f.; vgl. auch *Hoyer*, GA 1993, 406, 408 ff.

259 Zur Abzugsfähigkeit von Bestechungsgeldern, vgl. BGH, Beschl. v. 24.08.1983, Rs. 2 StR 476/83, NStZ 1984, 27 f.; zur Abzugsfähigkeit von entrichteten Umsatzsteuern, vgl. BGH, Beschl. v. 26.06.1981, Rs. 3 StR 162/81 (S), StV 1981, 627; BGH, Beschl. v. 21.09.1983, Rs. 3 StR 271/83, wistra 1983, 256; zum Ganzen, vgl. *Hoyer*, GA 1993, 406, 409.

260 Entwurf eines Gesetzes zur Änderung des Außenwirtschaftsgesetzes, des Strafgesetzbuches und anderer Gesetze, BT-Drs. 12/1134, S. 12; *Drathjer*, Die Abschöpfung rechtswidrig erlangter Vorteile im Ordnungswidrigkeitenrecht, 1997, S. 15.

261 Gesetz zur Bekämpfung des illegalen Rauschgifthandels und anderer Entscheidungsformen der Organisierten Kriminalität (OrgKG) vom 15.07.1992, BGBl. I Nr. 34 v. 22.07.1992, S. 1302, 1310.

262 Gesetz zur Reform der strafrechtlichen Vermögensabschöpfung vom 13.04.2017, BGBl. I Nr. 22 v. 21.04.2017, S. 872.

Die Vorschrift richtet sich weiterhin auf die Abschöpfung von Wertersatz.[263] Der Wortlaut der Vorschrift wurde jedoch, an die strafrechtlichen Vorschriften angepasst. § 29a Abs. 1 Satz 1 Hs. 1 OWiG lautet nunmehr:

> *„Hat der Täter* ***durch*** *eine mit Geldbuße bedrohte Handlung oder* ***für sie*** *etwas erlangt* […].“
>
> (Hervorhebungen nicht im Original)

Zuvor wurden dort die Worte *„für“* statt *„durch“* und *„aus ihr“* statt *„für sie“* verwendet (vgl. § 29a Abs. 1 OWiG a.F.). Die Änderungen scheinen marginal. jedoch wirken sie sich, wie mit Blick auf die Bestimmung der Rechtsnatur des § 29a OWiG zu zeigen sein wird, aus.[264]

Ein zentraler Punkt der Reform des kernstrafrechtlichen Vermögensabschöpfungsrechts, nämlich die Verlagerung der Berücksichtigung zivilrechtlicher Ersatzansprüche Dritter in das Vollstreckungsrecht (vgl. § 459g Abs. 4 StPO),[265] betrifft § 29a OWiG jedoch nicht. Die Berücksichtigung zivilrechtlicher Ersatzansprüche war seit jeher nicht speziell in § 29a OWiG normiert, sondern diese wurde dogmatisch an anderer Stelle – entweder bei der Bestimmung des „erlangten Etwas“ im Rahmen von § 29a OWiG oder unter Heranziehung des § 99 OWiG – verortet.

§ 99 Abs. 2 OWiG formuliert ein Vollstreckungshindernis in der Höhe solcher Ansprüche für den Fall, dass nach der rechtskräftigen Einziehungsanordnung in einer rechtskräftigen Entscheidung ein Verletztenanspruch wegen der Handlung, auf der der Verfall beruht, festgestellt wird.[266]

Die Berücksichtigung zivilrechtlicher Ersatzansprüche kann, aus der Perspektive der Bußgeldbehörden, durchaus ein starkes Argument gegen die Einleitung eines Einziehungsverfahrens darstellen. Unabhängig davon, ob diese im ordnungswidrigkeitenrechtlichen Einziehungsverfahren bereits bei der Bestimmung des „erlangten Etwas“[267] oder im Rahmen des Opportunitätsprinzips zur

---

263 BeckOK-OWiG/*Meyberg*, 29. Ed. Stand: 01.01.2021, § 29a Rn. 3a.

264 Vgl. S. 78 f.

265 Vgl. *Köhler/Burkhard*, NStZ 2017, 665, 673.

266 *Büttner*, Berechnung des illegalen Vermögensvorteils, 2. Aufl. 2012, S. 92.

267 Vgl. KK-OWiG/*Mitsch*, 5. Aufl. 2018, § 29a Rn. 49, welcher § 99 Abs. 2 OWiG den Gedanken der frühestmöglichen Berücksichtigung zivilrechtlicher Ersatzansprüche entnimmt; *Drathjer*, Die Abschöpfung rechtswidrig erlangter Vorteile im Ordnungswidrigkeitenrecht, 1997, S. 100; wohl auch *Schroth*, wistra 1986, 158, 160, welcher für eine Berücksichtigung von Ersatzansprüchen im Rahmen des Ermessens plädiert und § 99 Abs. 2 OWiG als Korrektiv sieht: *„Allerdings verläßt sich der Gesetzgeber nicht ganz auf die pflichtgemäße Ermessensausübung“*.

Vermeidung einer besonderen Härte[268] zu berücksichtigen sind, würde § 99 Abs. 2 OWiG stets eine Vermögensabschöpfung verhindern, sofern noch zivilrechtliche Ersatzansprüche von Verletzten auf den Abschöpfungsteil bestehen.

Die bemerkenswerteste Änderung des § 29a OWiG durch das neue Einziehungsrecht betrifft die Bemessung des Abschöpfungsbetrags. Durch Einführung der in § 29a Abs. 3 OWiG vorgesehenen Möglichkeit, dass ein Täter bestimmte Aufwendungen bei der Bestimmung des Umfangs des „erlangten Etwas“ in Abzug bringen kann, erfolgt eine Aufweichung des Bruttoprinzips im Einklang mit der vormals zu § 29a OWiG a.F. geäußerten Kritik, dass eine Abschöpfung dessen, was über das strafrechtlich Bemakelte hinausgeht, nicht gerechtfertigt sei.[269]

Diese Änderung und die dadurch betroffene genaue Ausgestaltung des Bruttoprinzips im Rahmen des § 29a OWiG ist erheblich. Sie betrifft unmittelbar die Rechtsnatur der Vorschrift:

bb. Rechtsnatur

Die Rechtsnatur der Einziehung bzw. des Verfalls ist seit jeher umstritten.[270] Dies gilt sowohl für das Straf- als auch für das Ordnungswidrigkeitenrecht. Die Debatte ist nicht neu. Sie nahm aber nach der Reform des Einziehungsrechts[271] erneut an Fahrt auf.[272] Kern des Meinungsstreits ist die Einordnung der Einziehung entweder als bloß abschöpfende, quasi-kondiktionelle Maßnahme oder als Repression mit strafähnlichem Charakter.

Bei der Bestimmung der Rechtsnatur des § 29a OWiG kann auf die Beiträge zur Einordnung der Rechtsnatur der strafrechtlichen Verfalls- bzw. Einziehungsvorschriften anhaltspunktartig zurückgegriffen werden.[273] § 29a OWiG weist zwar wesentliche Unterschiede zu den §§ 73 ff. StGB auf. Grundsätzlich wurde die Vorschrift jedoch in weiten Teilen den strafrechtlichen Verfalls- bzw.

---

268 Vgl. *Büttner*, Berechnung des illegalen Vermögensvorteils, 2. Aufl. 2012, S. 93.

269 Vgl. BeckOK-OWiG/*Meyberg*, 29. Ed. Stand: 01.01.2021, § 29a Rn. 3a m.w.N.

270 Vgl. Schönke/Schröder/*Eser/Schuster*, 30. Aufl. 2019, Vorb. §§ 73-76b Rn. 15.

271 Vgl. S. 65 f.

272 Vgl. nur die Rechtsprechungskaskade betreffend die Rechtsnatur der strafrechtlichen Einziehung, S. 71 ff.

273 Vgl. Entwurf eines Gesetzes zur Änderung des Außenwirtschaftsgesetzes, des Strafgesetzbuches und anderer Gesetze, BT-Drs. 12/1134, S. 12 f.; *Drathjer*, Die Abschöpfung rechtswidrig erlangter Vorteile im Ordnungswidrigkeitenrecht, 1997, S. 32; *Schroth*, wistra 1986, 158 f.

nunmehr Einziehungsvorschriften nachempfunden.[274] Auch nach der Änderung des § 29a OWiG durch das AWGStGBÄndG vom 28.02.1992[275] wurde die Parallele zu den kriminalstrafrechtlichen Regelungen beibehalten. Insbesondere für die Subsumtion des Tatbestandsmerkmals des *„erlangten Etwas"* i.S.v. § 29a OWiG (das sich auch in § 73 Abs. 1 StGB findet) gelten die Ausführungen in Rechtsprechung und Schrifttum zur strafrechtlichen Einziehung von Taterträgen weitgehend entsprechend.[276]

Die herrschende Ansicht ordnet die Einziehung nicht als Bußgeldtatbestand ein, sondern als Nebenfolge von tatbestandsmäßigen und rechtswidrigen Ordnungswidrigkeiten.[277] Ob dies der tatsächlichen Qualität der Vorschrift entspricht, mag bezweifelt werden. Es gilt die Rechtsnatur des § 29a OWiG genau zu untersuchen und die Vorschrift entweder als quasi-kondiktionelle Ausgleichsmaßnahme oder als Buße einzuordnen.[278]

i. Erörterungsgrundlage: Die Umstellung des Verfalls vom Netto- zum Bruttoprinzip

Vor der Umstellung des § 29a OWiG im Zuge des AWGStGBÄndG vom 28.02.1992[279] konnten bei der Berechnung des Abschöpfungsbetrags („Vermögensvorteil")[280] unter Zugrundelegung des Nettoprinzips[281] Aufwendungen, die zum Erhalt des Tatvorteils getätigt wurden, verfallsmindernd angerechnet

274 Entwurf eines Zweiten Gesetzes zur Bekämpfung der Wirtschaftskriminalität (2. WiKG), BT-Drs. 10/318, S. 37; *Drathjer*, Die Abschöpfung rechtswidrig erlangter Vorteile im Ordnungswidrigkeitenrecht, 1997, S. 32.

275 Gesetz zur Änderung des Außenwirtschaftsgesetzes, des Strafgesetzbuches und anderer Gesetze vom 28.02.1992, BGBl. I Nr. 10 v. 06.03.1992, S. 372.

276 Gassner/Seith-OWiG/*Louis*, 2. Aufl. 2020, § 29a Rn. 17.

277 Vgl. BeckOK-OWiG/*Meyberg*, 29. Ed. Stand: 01.01.2021, § 29a Rn. 6; *Lemke*, in: Lemke/Mosbacher (Hrsg.), Ordnungswidrigkeitengesetz, 2. Aufl. 2005, § 29a Rn. 4; RRH-OWiG/*Bunk*, 29. EGL Stand: Februar 2020, § 29a Rn. 4.

278 Diskutiert wird weiterhin eine Charakterisierung des Verfalls bzw. der Einziehung als Sicherungsinstrument. Dies wird jedoch ganz überwiegend mit Verweis auf die, für die Sicherung begriffstypische, Gefahrenträchtigkeit des Taterlösverbleibs abgelehnt, vgl. *Drathjer*, Die Abschöpfung rechtswidrig erlangter Vorteile im Ordnungswidrigkeitenrecht, 1997, S. 73; *Güntert*, Gewinnabschöpfung als strafrechtliche Sanktion, 1983, S. 17; *Eser*, Die strafrechtlichen Sanktionen gegen das Eigentum, 1969, S. 86.

279 Gesetz zur Änderung des Außenwirtschaftsgesetzes, des Strafgesetzbuches und anderer Gesetze vom 28.02.1992, BGBl. I Nr. 10 v. 06.03.1992, S. 372.

280 Vgl. S. 64 f.

281 Vgl. S. 65.

werden.[282] Es ging darum, eine rechtswidrige Bereicherung nicht in der Welt zu belassen.

Vor diesem Hintergrund wurde der seinerzeitige Verfall von vielen als quasi-kondiktionelle Maßnahme[283] eingeordnet. Dem Verfall liege, genau wie den Bereicherungsansprüchen der §§ 812 ff. BGB, eine reparative Zielsetzung zugrunde. Sollte eine solche Abschöpfung von dem Verfallsadressaten subjektiv als „Buße" empfunden werden, stelle dies lediglich eine Reflexwirkung des objektiv verfolgten Zwecks dar.[284]

Die Einführung des Bruttoprinzips führte zu einem teilweisen Umdenken in diesem Zusammenhang. Gewichtige Teile der Literatur erachteten in dem durch das Bruttoprinzip auferlegte zusätzliche Übel, nutzlose Aufwendungen bei dem Betroffenen zu belassen, pönale Aspekte und lehnten die quasi-kondiktionelle Einordnung des Verfalls vor diesem Hintergrund nachfolgend ab.[285]

---

282 Vgl. BGH, Beschl. v. 28.03.1979, Rs. 2 StR 700/78, BGHSt 28, 369 ff.; BGH, Urt. v. 20.02.1981, Rs. 2 StR 644/80, BGHSt 30, 46, 51; BGH, Urt. v. 04.11.1982, Rs. 4 StR 451/82, BGHSt 31, 145 f.; *Hoyer*, GA 1993, 406, 414.

283 Grundlegend zur Deutung der Gewinnabführung als quasi-kondiktionelle Ausgleichsmaßnahme: *Lobe*, LZ 1919, 289 ff.; vgl. weiterhin anschaulich eine Diskussion zwischen u.a. *Koffka* und *Gallas* im Rahmen der 37. Sitzung der Großen Strafrechtskommission am 24.04.1956, in welcher *Gallas* bemerkt, dass *„der Verfall der Strafe jedenfalls sehr nahe kommt"*, *Große Strafrechtskommission*, in: Niederschriften über die Sitzungen der Großen Strafrechtskommission, 1958, Bd. 3, 280 f.; *Schmitt*, Strafrechtliche Maßnahmen gegen Verbände. Gleichzeitig ein Beitrag zur Lehre von den strafrechtlichen Unrechtsfolgen, 1958, S. 219 ff.; *Lang-Hinrichsen*, in: Mayer/Geerds/Naucke (Hrsg.), Festschrift für Hellmuth Mayer zum 70. Geburtstag am 1. Mai 1965, S. 49, 69 ff.; *Eser*, Die strafrechtlichen Sanktionen gegen das Eigentum, 1969, S. 85 f., welcher *Lobe „im Prinzip zustimmt"*, jedoch einschränkt, dass man sich nicht auf eine *„zivilistische Deutung versteifen dürfe"* und *„Raum für mehrspurige Zielsetzungen lassen müsse"*.

284 *Eberbach*, NStZ 1987, 486, 489; vgl. auch *Drathjer*, Die Abschöpfung rechtswidrig erlangter Vorteile im Ordnungswidrigkeitenrecht, 1997, S. 36.

285 Vgl. Schönke/Schröder/*Eser/Schuster*, 30. Aufl. 2019, Vorb. §§ 73-76b Rn. 16; *Drathjer*, Die Abschöpfung rechtswidrig erlangter Vorteile im Ordnungswidrigkeitenrecht, 1997, S. 37; *Franzheim*, in: Boewer/Gaul (Hrsg.), Festschrift für Dieter Gaul zum 70. Geburtstag, 1992, S. 135, 143 ff., welcher besonders unbillige Konsequenzen des Bruttoprinzips aufzeigt; *Bach*, wistra 2006, 46, 48 f.; *Dannecker*, NStZ 2006, 683, 683 f.; *Eser*, in: Küper/Well (Hrsg.), Festschrift für Walter Strec und Johannes Wessels zum 70. Geburtstag, 1993, S. 833, 844; vgl., mit ausführlicher Kritik, zum Ganzen auch NK-StGB/*Saliger*, 5. Aufl. 2017, § 73 Rn. 12 ff.

Die Rechtsprechung folgt dieser Ansicht bis heute nicht:[286]

ii. Die Grundsatzentscheidung: BVerfG, Beschl. v. 14.01.2004 – 2 BvR 564/95

Ein Meilenstein in dem Streit um die Rechtsnatur der Verfalls- bzw. Einziehungsvorschriften war der Beschluss des BVerfG über die Verfassungsmäßigkeit des erweiterten Verfalls vom 14.01.2004.[287] Im Zentrum des Beschlusses stand der erweiterte Verfall nach § 73d StGB (a.F.). Gleichwohl wurden durch das BVerfG zahlreiche allgemeine Ausführungen über die damaligen Verfallsvorschriften, die für die hier geführte Untersuchung betreffend § 29a OWiG fruchtbar gemacht werden können, getroffen.[288]

Das Ergebnis vorweg: Das BVerfG sprach sich – einer gewichtigen Gegenauffassung zum Trotz –[289] in Übereinstimmung mit der Vorstellung des Gesetzgebers[290] gegen einen straf- bzw. bußähnlichen oder sogar -artigen und für einen präventivordnenden Charakter des Verfalls, auch nach der Umstellung zum Bruttoprinzip, aus.[291]

Strafähnlich sei nach dem BVerfG eine Maßnahme nämlich nicht bloß, weil sie faktisch mit einer Einbuße an Vermögen oder Freiheit einhergeht. Zur Beurteilung des pönalen Charakters seien viel mehr weitere Kriterien heranzuziehen. Vor allem der Rechtsgrund der Anordnung und der damit von dem Gesetzgeber verfolgte Zweck seien bedeutend.[292] Darauf aufbauend führt das BVerfG aus, der

---

286 Vgl. jüngst BVerfG, Beschl. v. 10.02.2021, Rs. 2 BvL 8/19, BeckRS 2021, 3384; vgl. auch BVerfG, Beschl. v. 14.01.2004, Rs. 2 BvR 564/95, BVerfGE 110, 1 ff. = NJW 2004, 2073; BGH, Urt. v. 21.08.2002, Rs. 1 StR 115/02, BGHSt 47, 369, 372 f. = NJW 2002, 3339; BGH, Beschl. v. 18.02.2004, Rs. 1 StR 296/03, wistra 2004, 227 f.; BGH, Urt. v. 14.09.2004, Rs. 1 StR 202/04, JR 2004, 517 f.

287 BVerfG, Beschl. v. 14.01.2004, Rs. 2 BvR 564/95, BVerfGE 110, 1 ff. = NJW 2004, 2073.

288 So auch *Herzog*, JR 2004, 494 f.

289 Vgl. zum damaligen Meinungsstand, für eine Strafähnlichkeit der Verfallsvorschriften nach der Umstellung zum Bruttoprinzip statt vieler Schönke/Schröder a.F./*Eser*, 26. Aufl. 2001, § 73d Rn. 2 m.w.N.

290 Entwurf eines Zweiten Gesetzes zur Bekämpfung der Wirtschaftskriminalität (2. WiKG), BT-Drs. 10/318, S. 38.

291 Vgl. BVerfG, Beschl. v. 14.01.2004, Rs. 2 BvR 564/95, BVerfGE 110, 1, 20 f. = NJW 2004, 2073; vgl. bereits BGH, Urt. v. 01.03.1995, Rs. 2 StR 691/94, NStZ 1995, 491 f.; *Katholnigg*, JR 1994, 353 f.; *Goos*, wistra 2001, 313, 315.

292 Vgl. BVerfG, Beschl. v. 14.01.2004, Rs. 2 BvR 564/95, BVerfGE 110, 1, 14 = NJW 2004, 2073; vgl. auch BVerfG, Beschl. v. 03.02.1959, Rs. 2 BvL 10/56, BVerfGE 9, 137, 144 ff.; BVerfG, Beschl. v. 02.05.1967, Rs. 2 BvR 391/64, 2 BvR 263/66, BVerfGE 21,

Gesetzgeber habe durch die Einführung des Bruttoprinzips die Verfallsvorschriften, welche dem bösgläubigen Bereicherungsschuldner ebenfalls Verlustrisiken zuweisen würden, lediglich an die Systematik der §§ 812 ff. BGB angenähert.[293]

Der Gesetzgeber sei damit dem Rechtsgedanken des § 817 Satz 2 BGB gefolgt. Danach sei das in ein verbotenes Geschäft Investierte unwiderruflich verloren. Dieser Regelung liege nach überwiegender Meinung kein pönaler Gedanke zugrunde, sondern der Gedanke der Rechtsschutzverweigerung, welchen der Gesetzgeber für die Verfallsvorschriften zusammen mit der dort vorgefundenen Risikozuweisung übernommen habe.[294]

Daraus ergebe sich nach dem BVerfG keine pönale Reaktion auf früheres normwidriges Verhalten, sodass die verschuldensunabhängige Gestaltung des (erweiterten) Verfalls keinen verfassungsrechtlichen Bedenken ausgesetzt sei.[295]

iii. Das neue Einziehungsrecht: eine Rechtsprechungsübersicht

Vor diesem Hintergrund riefen die neuen Vorschriften zum Einziehungsrecht einen zumindest höchstrichterlich bzw. durch das BVerfG für geklärt geglaubten Streit erneut auf den Plan. Zwischenzeitlich sind zahlreiche gerichtliche Entscheidungen zur Rechtsnatur der (strafrechtlichen) Einziehungsvorschriften gefolgt. Allerdings entfaltete die Rechtsnatur der Einziehung in den besagten Entscheidungen nur mittelbar Relevanz. Im Zentrum der Entscheidungen stand

---

378, 383 ff.; BVerfG, Beschl. v. 02.05.1967, Rs. 2 BvL 1/66, BVerfGE 21, 391, 403 ff.; BVerfG, Beschl. v. 04.07.1967, Rs. 2 BvL 10/62, BVerfGE 22, 125, 131; BVerfG, Beschl. v. 22.02.1968, Rs. 2 BvO 2/65, 1/66, BVerfGE 23, 113, 116; BVerfG, Beschl. v. 16.07.1969, Rs. 2 BvL 11/69, BVerfGE 27, 36, 40 ff.; BVerfG, Beschl. v. 01.06.1989, Rs. 2 BvR 239/88, BVerfGE 80, 109, 120 ff.; *Volk*, ZStW 83 (1971), 405 ff.

293 BVerfG, Beschl. v. 14.01.2004, Rs. 2 BvR 564/95, BVerfGE 110, 1, 20 f. = NJW 2004, 2073; vgl. hierzu Entwurf eines Gesetzes zur Änderung des Außenwirtschaftsgesetzes, des Strafgesetzbuches und anderer Gesetze, BT-Drs. 12/1134, S. 12.

294 Vgl. BVerfG, Beschl. v. 14.01.2004, Rs. 2 BvR 564/95, BVerfGE 110, 1, 20 f. = NJW 2004, 2073; vgl. zum Gedanken der Rechtsschutzverweigerung in Bezug auf § 817 Satz 2 BGB statt vieler *Canaris*, in: Baur/Hopf/Mailänder (Hrsg.), Festschrift für Ernst Steindorff zum 70. Geburtstag am 13. März 1990, 1990, S. 519, 523 ff.; *Dauner*, JZ 1980, 495, 499; *Honsell*, Die Rückabwicklung sittenwidriger oder verbotener Geschäfte. Eine rechtsgeschichtliche und rechtsvergleichende Untersuchung zu § 817 BGB, 1974, S. 61.

295 Vgl. BVerfG, Beschl. v. 14.01.2004, Rs. 2 BvR 564/95, BVerfGE 110, 1, 20 f. = NJW 2004, 2073, nun wieder mit expliziter Bezugnahme auf § 73d StGB, was jedoch eine Übertragbarkeit der Schlussfolgerung auf die anderen Verfalls- bzw. nunmehr Einziehungsvorschriften, hier insb. § 29a OWiG, nicht hindert.

die Frage, ob – mit Blick auf Art. 316h EGStGB – das Rückwirkungsverbot nach Art. 103 Abs. 2 GG auf die (strafrechtlichen) Einziehungsvorschriften Anwendung finde. Die Beantwortung dieser Frage hängt davon ab, ob man den neuen Einziehungsvorschriften repressiven Charakter beimisst und sie als „Strafe" im Sinne des Art. 103 Abs. 2 GG wertet. Die Rechtsprechung hat zunächst mit einiger Mühe unternommen, dieser Frage so weit wie möglich aus dem Weg zu gehen:

Das *LG Kaiserslautern* überprüfte und bestätigte die Anwendung des Rückwirkungsverbots auf das neue Einziehungsrecht etwa nicht anhand des Art. 103 Abs. 2 GG, sondern – wenn auch leider mit knapper Begründung – anhand des Art. 7 EMRK unter Bezugnahme auf dessen weitreichenderen Anwendungsbereich:

> *„Der Begriff der Strafe im Sinne des Art. 7 EMRK ist nach der Rechtsprechung des EGMR autonom auszulegen und kann selbst bei präventiv wirkenden Maßnahmen angenommen werden (vgl. EGMR NJW 2017, 1007 ff. für die Anordnung einer nachträglichen Sicherungsverwahrung). Auf die Bezeichnung einer Maßnahme durch den nationalen Gesetzgeber kommt es nicht entscheidend an. […] Auch wenn es sich nach den Äußerungen im Gesetzgebungsverfahren bei den Maßnahmen gemäß §§ 73 ff. StGB n. F. nicht um Strafen im wörtlichen Sinne handeln soll, nimmt die Kammer im Hinblick auf die vom Europäischen Gerichtshof für Menschenrechte aufgestellten Kriterien bezüglich der Einziehung neuen Rechts Strafqualität im Sinne des Art. 7 Abs. 1 Satz 2 EMRK an."*[296]

Dem trat das OLG Köln entgegen. Es sei auch nach der Änderung des Einziehungsrechts alles beim Alten geblieben:

> *„Der Senat vermag schließlich auch nicht der Auffassung des Landgerichts Kaiserslautern (B. v. 20.09.2017 – 7 KLs 6052 Js 8343/16 (3) – bei Juris) zu folgen, wonach Art. 316h S. 1 EGStGB gegen das Rückwirkungsverbot des Art. 7 Abs. 1 S. 2 EMRK verstößt (vgl. zur Pflicht der nationalen Gerichte zur Beachtung der EMRK und zu deren Grenzen BVerfG NJW 2011, 1931). Zwar ist der Begriff der Strafe im Sinne der Konvention autonom auszulegen; es kommt auf Anlass, Natur, Zweck und Schwere der Maßnahme sowie das Verfahren bei ihrer Anwendung und ihrem Vollzug an (EGMR NJW 2010, 2495 [2497 f.]). Insoweit sprechen bereits die vorstehend dargelegten Ziele der Vermögensabschöpfung dagegen, diese als Strafe im Sinne von Art. 7 Abs. 1 EMRK zu begreifen."*[297]

---

296 LG Kaiserslautern, Urt. v. 20.09.2017, Rs. 7 KLs 6052 Js 8343/16 (3), NZWiSt 2018, 149, 151; vgl. in diesem Zusammenhang auch *Gehrmann*, wistra 2010, 346 f.; zur autonomen Auslegung des Strafbegriffs durch den EGMR, vgl. EGMR, Urt. v. 17.12.2009, Rs. 19359/04, NJW 2010, 2495, 2497 f. m.w.N.

297 OLG Köln, Urt. v. 23.01.2018, Rs. III-1 RVs 274/17, BeckRS 2018, 6880.

Eine Entscheidung des dritten Strafsenats des BGH umging eine Äußerung zur Rechtsnatur der neuen Einziehungsvorschriften ganz. Auf diese komme es zur Stellungnahme hinsichtlich eines möglichen Rückwirkungsverbots bereits nicht an, da das neue Einziehungsrecht den Angeklagten nicht schlechter als die vormals geltenden Verfallsvorschriften stelle.[298]

In einer weiteren Entscheidung konstatierte der fünfte Strafsenat knapp und apodiktisch, die Neueinführung des Einziehungsrechts habe den Rechtscharakter der strafrechtlichen Vermögensabschöpfung unberührt gelassen.[299] Der erste Strafsenat ging mit Blick auf das Strafrecht sogar noch einen Schritt weiter: § 73d Abs. 1 StGB n.F. bezwecke nach den, in den Gesetzesmaterialien eindeutig zum Ausdruck kommenden, Vorstellungen des Gesetzgebers gerade den Ausschluss von (ansonsten) infolge der Geltung des Bruttoprinzips denkbaren strafähnlichen Wirkungen der Wertersatzeinziehung und gewähre weitergehenden Schutz als die vormalige Rechtslage.[300]

Die knappen Ausführungen der höchstrichterlichen Rechtsprechung zur Rechtslage nach Einführung des neuen Einziehungsrechts mögen in Anbetracht der in der Literatur intensiv geführten Diskussion um die Rechtsnatur des Verfalls enttäuschen. Gleichwohl verwundert sie nicht. Kaum auszumahlen wären die Konsequenzen für die Praxis, würde man die neuen Regelungen vor dem Verbot echter Rückwirkung für verfassungswidrig halten.

iv. BGH, Beschl. vom 07.03.2019 – 3 StR 192/18

Entsprechend kann der Beschluss des dritten BGH-Strafsenats vom 07.03.2019 als (kleiner) Paukenschlag gesehen werden:

> *„Der Senat ist davon überzeugt, dass Art. 316h Satz 1 EGStGB mit den im Rechtsstaatsprinzip (Art. 20 Abs. 3 GG) und* ***in den Grundrechten verankerten Prinzipien der Rechtssicherheit und des Vertrauensschutzes unvereinbar ist****, soweit er § 76a Abs. 2 Satz 1 StGB i.V.m. § 78 Abs. 1 Satz 2 StGB sowie § 76b Abs. 1 StGB jeweils in der Fassung des Gesetzes zur Reform der strafrechtlichen Vermögensabschöpfung vom 13. April 2017 (BGBl. I S. 872) in Fällen für anwendbar erklärt, in denen hinsichtlich der rechtswidrigen Taten, aus denen der von der selbständigen Einziehung Betroffene etwas erlangt hat, bereits vor dem Inkrafttreten der Neuregelung am 1. Juli 2017 Verfolgungsverjährung (§ 78 Abs. 1 Satz 1 StGB) eingetreten war und somit der Verfall nach §§ 73, 73a StGB aF nicht*

---

298 Vgl. BGH, Beschl. v. 22.03.2018, Rs. 3 StR 577/17, BeckRS 2018, 7862.

299 BGH, Beschl. v. 06.02.2018, Rs. 5 StR 600/17, NStZ 2018, 366, 367.

300 BGH, Urt. v. 15.05.2018, Rs. 1 StR 651/17, NStZ-RR 2018, 241 unter Verweis auf, Entwurf eines Gesetzes zur Reform der strafrechtlichen Vermögensabschöpfung, BT-Drs. 18/9525, S. 48.

angeordnet werden durfte. ***Zur Verfassungsmäßigkeit ist deshalb eine Entscheidung des Bundesverfassungsgerichts einzuholen.***"[301]

(Hervorhebungen nicht im Original)

Der dritte Strafsenat hatte über einen Fall zu entscheiden, in dem es um die Einziehung von Taterträgen aus spätestens zum 01.08.2016 verfolgungsverjährten rechtswidrigen Taten ging.[302] Gemäß des nach Art. 316h Satz 1 EGStGB anwendbaren neuen Einziehungsrechts war die Anordnung der selbstständigen Einziehung von Taterträgen bzw. des Wertes selbiger auch aus verjährten rechtswidrigen Taten möglich.[303] Nach der vor dem 01.07.2017 geltenden Gesetzeslage kam gemäß § 76a Abs. 1 StGB a.F. eine selbstständige Verfallsanordnung nicht in Betracht, wenn die Verfolgung der Tat, aus der die abzuschöpfenden Erträge rührten, verjährt war.[304]

Der dritte Strafsenat erkannte in der Rückwirkung des neuen Einziehungsrechts einen Fall der sog. echten Rückwirkung und damit einen Verstoß gegen das im Rechtsstaatsprinzip und den Grundrechten verankerte Prinzip der Rechtssicherheit und des Vertrauensschutzes, aus welchem sich wiederum anerkannterweise das Verbot echt rückwirkender Gesetze ergebe.[305] Daraus folge aus Sicht des dritten Strafsenats die Teilnichtigkeit des Art. 316h Satz 1 EGStGB, deren Feststellung nach Art. 100 Abs. 1 Satz 1 GG jedoch dem BVerfG vorbehalten sei.[306]

An der Strafnatur des Verfalls selbst hielt der dritte Strafsenat mit knapper Begründung entlang der bekannten Leitlinien unter Ablehnung der Anwendbarkeit des Art. 103 Abs. 2 GG auf die neuen Einziehungsvorschriften gleichwohl fest. Die Neuregelung habe die Einziehung begrifflich zwar an das europäische Recht und die Begrifflichkeit der „confiscation" angenähert, gleichwohl die Rechtsnatur der Maßnahme unberührt gelassen.[307]

Vor diesem Hintergrund beschloss der dritte Strafsenat am 07.03.2019, das Revisionsverfahren, soweit es die Revisionen der Nebenbeteiligten betraf, auszusetzen und dem BVerfG nach Art. 100 Abs. 1 Satz 1 GG die Frage zur

---

301 BGH, Beschl. v. 07.03.2019, Rs. 3 StR 192/18, juris, Rn. 11.
302 BGH, Beschl. v. 07.03.2019, Rs. 3 StR 192/18, juris, Rn. 22.
303 Vgl. §§ 73, 73b, 73c StGB n.F.; BGH, Beschl. v. 07.03.2019, Rs. 3 StR 192/18, juris, Rn. 22.
304 Vgl. BGH, Beschl. v. 07.03.2019, Rs. 3 StR 192/18, juris, Rn. 33 f.
305 Vgl. BGH, Beschl. v. 07.03.2019, Rs. 3 StR 192/18, juris, Rn. 43 ff., insb. 44 f.
306 BGH, Beschl. v. 07.03.2019, Rs. 3 StR 192/18, juris, Rn. 74.
307 BGH, Beschl. v. 07.03.2019, Rs. 3 StR 192/18, juris, Rn. 42.

Entscheidung vorzulegen, ob Art. 316h Satz 1 EGStGB mit den im Rechtsstaatsprinzip (Art. 20 Abs. 3 GG) und in den Grundrechten verankerten Prinzipien der Rechtssicherheit und des Vertrauensschutzes unvereinbar sei.[308]

v. Die neue (alte) Grundsatzentscheidung: BVerfG, Beschl. vom 10.02.2021 – 2 BvL 8/19

Das BVerfG erstickte die Hoffnungen derer, die auf eine Abkehr des BVerfG von der quasi-kondiktionellen Einordnung der Einziehungsvorschriften hofften, im Keim. Der Beschluss vom 10.02.2021 bestätigte das BVerfG – mit zugestanden ausführlicher Begründung –, die Reform des Einziehungsrechts habe deren Rechtsnatur unberührt gelassen. Auch nach Maßgabe des neuen Abschöpfungsrechts habe die Einziehung von Taterträgen keinen Strafcharakter.[309]

Zur Begründung nahm das BVerfG weitgehend auf die Begründungsansätze der bereits dargestellten Grundsatzentscheidung des *BVerfG (2 BvR 564/95)* vom 14.01.2004[310] Bezug.[311] Die Neufassung des Einziehungsrechts berücksichtigend, führte es weiter aus, den Gesetzgebungsmaterialien sei ausdrücklich der gesetzgeberische Wille zu entnehmen, mit der Reform des Vermögensabschöpfungsrechts den quasi-kondiktionellen Charakter der Einziehung nicht infrage stellen zu wollen. Die Vorschriften seien weiterhin am Vorbild der §§ 817 Abs. 2; 822 BGB ausgerichtet.[312] Die bei der seinerzeitigen Einordnung des erweiterten Verfalls durch das BVerfG[313] berücksichtigten Merkmale würden sich auch im neuen Einziehungsrecht wiederfinden.[314]

Beibehalten worden sei ferner die begriffliche Abgrenzung zu den im StGB vorgesehenen Strafen sowie die systematische Zusammenfassung mit anderen präventiv ausgerichteten Maßnahmen gemäß § 11 Abs. 1 Nr. 8 StGB.[315] Es gehe weiterhin darum, dem Bösgläubigen unter Anlehnung an das Kondiktionsrecht

---

308 Vgl. den Tenor bei, BGH, Beschl. v. 07.03.2019, Rs. 3 StR 192/18, juris BVerfG, Beschl. v. 10.02.2021, Rs. 2 BvL 8/19, BeckRS 2021, 3384, Rn. 34.

309 Vgl. BVerfG, Beschl. v. 10.02.2021, Rs. 2 BvL 8/19, BeckRS 2021, 3384, Rn. 103 ff.

310 BVerfG, Beschl. v. 14.01.2004, Rs. 2 BvR 564/95, BVerfGE 110, 1 ff. = NJW 2004, 2073.

311 Vgl. BVerfG, Beschl. v. 10.02.2021, Rs. 2 BvL 8/19, BeckRS 2021, 3384, Rn. 110-116.

312 BVerfG, Beschl. v. 10.02.2021, Rs. 2 BvL 8/19, BeckRS 2021, 3384, Rn. 117, unter Verweis auf, u.a., Entwurf eines Gesetzes zur Reform der strafrechtlichen Vermögensabschöpfung, BT-Drs. 18/9525, 48, 55 f., 62, 65 f.

313 Hierzu S. 70 ff.

314 BVerfG, Beschl. v. 10.02.2021, Rs. 2 BvL 8/19, BeckRS 2021, 3384, Rn. 118.

315 BVerfG, Beschl. v. 10.02.2021, Rs. 2 BvL 8/19, BeckRS 2021, 3384, Rn. 119.

des BGB Verlustrisiken zuzuweisen.[316] Die Ausklammerung der Prüfung von Ersatzansprüchen Dritter, der Entreicherung des Einziehungsbetroffenen sowie etwaiger Unbilligkeiten der Einziehung aus dem Erkenntnisverfahren sei durch Verlagerung in das Vollstreckungsverfahren hinreichend kompensiert worden. Dies, obwohl das BVerfG selbst eingesteht, habe der Wegfall des Vorrangs von Ersatzansprüchen von Geschädigten gegenüber der Vermögensabschöpfung *„zu einer erheblichen Ausweitung vermögensabschöpfender Maßnahmen in tatsächlicher Hinsicht"* geführt, *„da zahlreiche Straftatbestände nicht vorrangig dem Schutz der Allgemeinheit, sondern individueller Geschädigter dienen"*.[317]

Unter weiterhin vielfachem Verweis auf die in *BVerfG (2 BvR 564/95)*[318] aufgestellten Grundsätze führte das BVerfG in seiner aktuellen Entscheidung ferner aus, die Einordnung der Vermögensabschöpfung stehe als Maßnahme eigener Art (und nicht als Strafe) auch im Einklang mit der EMRK.[319] Zentrale Kriterien für die Beurteilung in diesem Zusammenhang seien Art und Zweck der Maßnahme, für deren Bestimmung auch die nationale Rechtsprechung und Dogmatik heranzuziehen seien. Entsprechend der Begründung in *BVerfG (2 BvR 564/95)* liege der Einziehung kein repressiver, sondern ein präventiver Zweck zugrunde.[320] Dies komme im neuen Einziehungsrecht auch insbesondere durch § 459h StPO zum Ausdruck, der klarstelle, dass das deutsche Einziehungsrecht auf Opferentschädigung ausgerichtet bleibt.[321] Auch die Unabhängigkeit der Einziehung von einer Schuldfeststellung spreche gegen eine pönale Rechtsnatur in diesem Zusammenhang.[322]

vi. Stellungnahme

Es bleibt abzuwarten, ob das BVerfG in Anbetracht stetig fortschreitender Verschärfungen des Einziehungsrechts zukünftig an dieser Einschätzung festhalten wird.[323] Das mantraartige Vorbringen, das dem Verfall schwerpunktmäßig

---

316 BVerfG, Beschl. v. 10.02.2021, Rs. 2 BvL 8/19, BeckRS 2021, 3384, Rn. 120.
317 BVerfG, Beschl. v. 10.02.2021, Rs. 2 BvL 8/19, BeckRS 2021, 3384, Rn. 121.
318 Vgl. S. 70 ff.
319 BVerfG, Beschl. v. 10.02.2021, Rs. 2 BvL 8/19, BeckRS 2021, 3384, Rn. 122 ff.
320 BVerfG, Beschl. v. 10.02.2021, Rs. 2 BvL 8/19, BeckRS 2021, 3384, Rn. 126.
321 BVerfG, Beschl. v. 10.02.2021, Rs. 2 BvL 8/19, BeckRS 2021, 3384, Rn. 127.
322 BVerfG, Beschl. v. 10.02.2021, Rs. 2 BvL 8/19, BeckRS 2021, 3384, Rn. 129.
323 Vgl. insofern nur § 76a Abs. 4 StGB n.F., dessen Anwendungsbereich zum 18.03.2021 erneut erweitert worden ist, vgl. Gesetz zur Verbesserung der strafrechtlichen Bekämpfung der Geldwäsche (GwStrRVG) vom 09.03.2021, BGBl. I Nr. 10 v. 17.03.2021, S. 327.

präventiven und nicht repressiven Zwecken dient, halte ich jedenfalls nicht für überzeugend.

Der Gesetzgeber hat im Rahmen der Gesetzesbegründung zum 2. WiKG ausführlich dargelegt, dass § 29a OWiG die Abschöpfungslücken des § 30 OWiG zur „*besseren Bekämpfung der Wirtschaftskriminalität*“ füllen soll.[324] Insofern ist es ein erklärter Zweck der Tatvorteilsentziehung nach § 29a OWiG, die Wirksamkeit der Sanktion des § 30 OWiG abzusichern und sei es mittelbar, indem einzelfallbezogen über die Einziehung dieselben Zwecke, wie sie auch im Rahmen der Verbandsgeldbuße nach § 30 OWiG u.a. verfolgt werden (Vorteilsabschöpfung), Lücken schließend realisiert werden.[325] Auch in der „*strafergänzenden Funktion*“[326] kann eine pönale Zielsetzung liegen.[327]

Der dargelegte Vergleich des BVerfG zwischen Abschöpfungsrecht und der Rechtsnatur des § 817 Satz 2 BGB überzeugt ebenfalls nicht.[328] Die Vorschrift betrifft das Verhältnis zwischen Privaten und sieht vor, dass der Staat sich im Anwendungsbereich der Vorschrift aus privatrechtlichen Angelegenheiten heraushält und – in der Tat – passiv (!) besonderen Rechtsschutz verweigert. Die Einziehung hat aber nichts mit passiver Rechtsschutzverweigerung zu tun, sondern ordnet aktiv die Verlagerung von Vermögenswerten auf den Staat an.[329]

Ohnehin verdeckt das Argument die Sicht auf das Wesentliche. Die Frage, die es mit Blick auf die Bestimmung der Rechtsnatur zu beantworten gilt, wäre nämlich – wenn man denn bei der Argumentation des BVerfG bleibt – nicht, **ob** die Einziehung dem System einer besonderen Risikozuweisung für rechtswidriges Verhalten folgt, sondern **warum** ein besonderes Risiko (etwa in Form von „Rechtsschutzverweigerung“) zugewiesen wird.[330]

---

324 Vgl. Entwurf eines Zweiten Gesetzes zur Bekämpfung der Wirtschaftskriminalität (2. WiKG), BT-Drs. 10/318, S. 36 f.

325 Vgl. auch *Eser* in Bezug auf den Entgeltverfall nach § 335 StGB a.F., vgl. *Eser*, Die strafrechtlichen Sanktionen gegen das Eigentum, 1969, S. 84.; zum Verhältnis der beiden Vorschriften S. 62 ff.

326 BVerfG, Beschl. v. 14.01.2004, Rs. 2 BvR 564/95, BVerfGE 110, 1, 19 = NJW 2004, 2073.

327 *Eser*, Die strafrechtlichen Sanktionen gegen das Eigentum, 1969, S. 84; *Seiler*, Strafrechtliche Maßnahmen als Unrechtsfolgen gegen Personenverbände, 1967, S. 175 f.

328 Vgl. BVerfG, Beschl. v. 14.01.2004, Rs. 2 BvR 564/95, BVerfGE 110, 1, 20 f. = NJW 2004, 2073.; BVerfG, Beschl. v. 10.02.2021, Rs. 2 BvL 8/19, BeckRS 2021, 3384, Rn. 115.

329 NK-StGB/*Saliger*, 5. Aufl. 2017, § 73 Rn. 13; *Herzog*, JR 2004, 494, 498.

330 In Bezug auf § 817 Satz 2 differenzierend, vgl. *Canaris*, in: Baur/Hopf/Mailänder (Hrsg.), Festschrift für Ernst Steindorff zum 70. Geburtstag am 13. März 1990, 1990, S. 519, 523; *Prölss*, ZHR 132 (1969), 35, 43; *Honsell*, Die Rückabwicklung sittenwidriger

Auch das systematische Argument, dass eine Buße im Ordnungswidrigkeitenrecht grundsätzlich eine vorwerfbare Handlung fordere, dies jedoch nach § 29a OWiG[331] gerade nicht der Fall sei,[332] sollte keinen Rückschluss auf die Rechtsnatur der Vorschrift erlauben. Die Argumentation, eine Vorschrift habe keinen Bußcharakter, weil sie keine Vorwerfbarkeit voraussetze bzw. nicht an Verschulden knüpfe, entzieht sich der Prämisse, dass der Aufbau der Norm an sich bereits verfehlt sein könnte.[333] Ließe man das Argument gelten, ließen sich stets reduzierte Tatbestandserfordernisse durch eine falsche „Benennung" einer (sodann getarnten) Sanktion rechtfertigen. In dem Umstand, dass § 29a OWiG nicht zwangsläufig Vorwerfbarkeit fordert, sollte kein Hinweis auf die Rechtsnatur der Norm gesehen werden, sondern womöglich ein Verstoß gegen das Schuldprinzip.[334]

Die Bedenken gelten insbesondere nach der Reform des Einziehungsrechts.

Diese Aussage mag mit Blick auf § 29a OWiG zunächst verwundern. Hier hat keine mit den strafrechtlichen Normen vergleichbare Schärfung des Abschöpfungsrechts, sondern sogar eine Aufweichung des Bruttoprinzips stattgefunden (§ 29a Abs. 3 OWiG). Entsprechend beschwichtigen die durch die Gerichte teilweise in Bezug genommenen[335] Gesetzesmaterialien hinsichtlich des neuen Abschöpfungsrechts im Allgemeinen:

> *„Der quasi-kondiktionelle Charakter der Vermögensabschöpfung wird durch die Reform nicht in Frage gestellt."*[336]

Hier ist Skepsis angebracht. Gleich der Änderung der strafgesetzlichen Vorschriften wurde der Wortlaut des § 29a Abs. 1 OWiG nämlich so angepasst, dass das Wort *„aus"* durch das Wort *„durch"* ersetzt wurde: abzuschöpfen sei

---

oder verbotener Geschäfte. Eine rechtsgeschichtliche und rechtsvergleichende Untersuchung zu § 817 BGB, 1974, S. 61.

331 Im Falle des § 29a Abs. 1 OWiG muss die Anknüpfungstat nicht vorwerfbar sein, im Falle des § 29a Abs. 2 OWiG trifft die Einziehung den Tatunbeteiligten, auch wenn der Täter der Bezugstat nicht vorwerfbar gehandelt hat, vgl. auch S. 64; 80.

332 KK-OWiG/*Mitsch*, 5. Aufl. 2018, § 29a Rn. 8; *Güntert*, Gewinnabschöpfung als strafrechtliche Sanktion, 1983, S. 16.

333 Vgl. hierzu kritisch, *Hoyer*, GA 1993, 406, 413 f.; *Drathjer*, Die Abschöpfung rechtswidrig erlangter Vorteile im Ordnungswidrigkeitenrecht, 1997, S. 39.

334 So *Drathjer*, Die Abschöpfung rechtswidrig erlangter Vorteile im Ordnungswidrigkeitenrecht, 1997, S. 39.

335 Vgl. BGH, Urt. v. 15.05.2018, Rs. 1 StR 651/17, NStZ-RR 2018, 241.

336 Entwurf eines Gesetzes zur Reform der strafrechtlichen Vermögensabschöpfung, BT-Drs. 18/9525, S. 48.

nunmehr jeder Vermögenswert, den der Tatbeteiligte „*durch*" die rechtswidrige Tat erlangt hat.[337]

Dies umfasse zum einen alles, was nach altem Recht schon als das „*aus*" der Tat Erlangte abzuschöpfen war.[338] Zum anderen aber – so der Gesetzesentwurf, betreffend die strafrechtlichen Vorschriften – entspreche diese Änderung den Vorgaben europäischen Rechts,[339] wonach nicht nur „*direkt*", sondern auch „*indirekt*" durch eine Straftat erlangte wirtschaftliche Vorteile einzuziehen seien.[340] Dies unterstreiche den quasi-kondiktionellen Charakter der Vermögensabschöpfung, indem gesichert wird, dass die erforderliche Kausalbeziehung zwischen der Tat und dem rein gegenständlich zu bestimmenden Erlangten sich allein nach den Wertungen des Bereicherungsrechts richtet.[341]

Die Argumentation scheint auf die folgende in sich widersprüchliche Logik hinauszulaufen: je weitreichender die Abschöpfungsmöglichkeiten, desto quasi-kondiktioneller die Maßnahme.

Möchte man beweisen, dass § 29a OWiG (auch) nach der Novellierung des Abschöpfungsrechts eine rein vorteilsausgleichende Maßnahme geblieben ist, so kann hierfür keinesfalls der Verweis auf *irgendeinen* Zusammenhang zwischen Tat und erlangtem Vermögenswert genügen. Denn der Ausgangspunkt der Frage, ob § 29a OWiG repressiven Charakter innehat, ist gerade, ob dieser Zusammenhang zu weit geht oder nicht. Die Einführung des § 29a Abs. 3 OWiG darf demnach nicht dazu führen, alte Bedenken hinsichtlich der Einordnung des § 29a OWiG als quasi-kondiktionelle Maßnahme zu zerstreuen. § 29a OWiG hat nach diesseitiger Einschätzung bußähnlichen Charakter.

Die vorliegende Arbeit wird diese Wertung im Zuge der weiteren Bearbeitung berücksichtigen,[342] schwerpunktmäßig aber an der – von der Ansicht des

---

337 Vgl. S. 66.

338 Entwurf eines Gesetzes zur Reform der strafrechtlichen Vermögensabschöpfung, BT-Drs. 18/9525, S. 55.

339 Konkret Richtlinie 2014/42/EU des Europäischen Parlaments und des Rates vom 3. April 2014 über die Sicherstellung und Einziehung von Tatwerkzeugen und Erträgen aus Straftaten in der Europäischen Union vom 03.04.2014, ABl. L 127 v. 29.04.2014, Art. 2 Nr. 1; Art. 4 Abs. 1; vgl. Entwurf eines Gesetzes zur Reform der strafrechtlichen Vermögensabschöpfung, BT-Drs. 18/9525, S. 55.

340 Entwurf eines Gesetzes zur Reform der strafrechtlichen Vermögensabschöpfung, BT-Drs. 18/9525, S. 55.

341 Entwurf eines Gesetzes zur Reform der strafrechtlichen Vermögensabschöpfung, BT-Drs. 18/9525, S. 55.

342 Vgl. S. 118 f.; 201 ff.

Verfassers abweichenden – höchstrichterlichen Rechtsprechung als Orientierungspunkt festhalten.

cc. Systematik

Der Täterkreis für die dem § 29a OWiG zugrunde liegende Bezugstat ergibt sich aus den §§ 29a Abs. 1 und 2 OWiG. Täter ist zum einen derjenige, der unmittelbar die Tatbestandsmerkmale der Bußgeldvorschrift verwirklicht,[343] zum anderen auch der „*Beteiligte*" im Sinne des § 29a Abs. 1 und 2 OWiG.[344]

Als Bezugstat genügt eine mit „Geldbuße bedrohte Handlung", für die oder durch die der Täter etwas erlangt haben muss (§ 29a Abs. 1 OWiG). Darunter ist eine Tat zu verstehen, die den Tatbestand einer Ordnungswidrigkeit erfüllt und rechtswidrig ist.[345] Die Tat muss dagegen nicht vorwerfbar sein.[346]

Somit kann auch der Versuch einer Ordnungswidrigkeit eine tatbestandsmäßige Bezugstat darstellen.[347] Für die Irrtumsdogmatik ergibt sich, dass ein vorsatzausschließender Tatbestandsirrtum (§ 11 Abs. 1 Satz 1 OWiG) die Anordnung der Einziehung ausschließt, soweit keine fahrlässige Begehung möglich ist. Hingegen steht ein Verbotsirrtum (§ 11 Abs. 2 OWiG), unabhängig von seiner Vermeidbarkeit, der Anordnung der Einziehung nie entgegen, da dieser ausschließlich die Vorwerfbarkeit betrifft und keinen Einfluss auf die Tatbestandsmäßigkeit und Rechtswidrigkeit einer mit Geldbuße bedrohten Handlung hat.[348]

§ 29a Abs. 2 Nr. 1 OWiG sieht schließlich vor, dass die Einziehung gegen einen „*anderen*" als den Täter möglich ist, wenn der Täter für diesen „*anderen*" bei Ausführung der Bezugstat gehandelt hat und dieser dadurch unmittelbar aus der Bezugstat „*etwas*" erlangt hat. Ein „*Anderer*" kann gemäß § 29a Abs. 2 Satz 1 OWiG nur sein, wer selbst nicht Täter ist. „*Anderer*" bzw. „*Dritter*"

---

343 KK-OWiG/*Mitsch*, 5. Aufl. 2018, § 29a Rn. 18; *Lemke*, in: Lemke/Mosbacher (Hrsg.), Ordnungswidrigkeitengesetz, 2. Aufl. 2005, § 29a Rn. 7.

344 Vgl. § 14 Abs. 1 OWiG, welcher den Beteiligten dem Täter gleichstellt; vgl. auch Göhler-OWiG/*Gürtler/Thoma*, 18. Aufl. 2021, § 29a Rn. 20; *Lemke*, in: Lemke/Mosbacher (Hrsg.), Ordnungswidrigkeitengesetz, 2. Aufl. 2005, § 29a Rn. 7; KK-OWiG/*Mitsch*, 5. Aufl. 2018, § 29a Rn. 19.

345 KK-OWiG/*Mitsch*, 5. Aufl. 2018, § 29a Rn. 10; *Brenner*, vr 2000, 223 f.

346 KK-OWiG/*Mitsch*, 5. Aufl. 2018, § 29a Rn. 10.

347 KK-OWiG/*ders.*, 5. Aufl. 2018, § 29a Rn. 10.

348 Vgl. KK-OWiG/*ders.*, 5. Aufl. 2018, § 29a Rn. 10; *Güntert*, Gewinnabschöpfung als strafrechtliche Sanktion, 1983, S. 32; *Drathjer*, Die Abschöpfung rechtswidrig erlangter Vorteile im Ordnungswidrigkeitenrecht, 1997, S. 55; *Wolters*, Die Neufassung der strafrechtlichen Verfallsvorschrift, 1995, S. 31.

kann jede natürliche, aber vor allem auch jede juristische Person, jeder nichtrechtsfähige Verein sowie jede rechtsfähige Personengesellschaft[349] sein.[350] Im Zuge des Gesetzes zur Reform der strafrechtlichen Vermögensabschöpfung vom 13.04.2017[351] wurde die Abschöpfungsmöglichkeit gegen Dritte zudem auf Verschiebungsfälle die unentgeltlich bzw. ohne rechtlichen Grund (§ 29a Abs. 2 Nr. 2 lit. a OWiG) oder im bösen Glauben des Empfängers (§ 29a Abs. 2 Nr. 2 lit. b OWiG) erfolgten, sowie auf Vermögensverschiebungen aufgrund von Erbfällen ausgeweitet (§ 29a Abs. 2 Nr. 3 OWiG).

Einziehungsobjekt ist das *„erlangte Etwas"*, welches nach Maßgabe des Bruttoprinzips ermittelt wird und nicht auf solche Werte, die in unmittelbarer Kausalbeziehung zur Tat stehen, beschränkt ist.[352] § 29a Abs. 3 OWiG dient vor diesem Hintergrund als gewisses Korrektiv. Danach sind bestimmte Aufwendungen des Täters *nach* Bestimmung des erlangten Etwas anhand des Bruttoprinzips abzuziehen (§ 29a Abs. 3 Satz 1 OWiG). Außer Betracht bleiben jedoch Aufwendungen, die für die Begehung der Tat oder für ihre Vorbereitung eingesetzt worden sind (§ 29a Abs. 3 Satz 2 OWiG). Etwaige Ansprüche Geschädigter stehen der Anordnung der Einziehung nicht grundsätzlich entgegen.[353]

dd. Zwischenergebnis

Ungeachtet dessen, ob man die hier zum Teil ausführliche Kritik an der Ausgestaltung des § 29a OWiG für berechtigt hält oder nicht, wird sich kaum von der Hand weisen lassen, dass die stetige Ausweitung[354] der Zugriffsmöglichkeiten des § 29a OWiG zu systematischen Ungereimtheiten geführt hat.

---

349 Dies schließt die Außen-GbR mit ein, vgl. BGH, Urt. v. 29.01.2001, Rs. II ZR 331/00, BGHZ 146, 341, 342 ff. = NJW 2001, 1056. Schon vorher für eine Einbeziehung der Außen-GbR, *Drathjer*, Die Abschöpfung rechtswidrig erlangter Vorteile im Ordnungswidrigkeitenrecht, 1997, S. 129 ff. m.w.N.

350 Allgemein anerkannt, vgl. BGH, Urt. v. 21.08.2002, Rs. 1 StR 115/02, BGHSt 47, 369, 377 f. = NJW 2002, 3339; KK-OWiG/*Mitsch*, 5. Aufl. 2018, § 29a Rn. 37; *Achenbach*, in: Schünemann/de Figueiredo Dias (Hrsg.), Bausteine des europäischen Strafrechts, Coimbra-Symposium für Claus Roxin, 1995, S. 283, 291; *Eser*, Die strafrechtlichen Sanktionen gegen das Eigentum, 1969, S. 289; *Güntert*, Gewinnabschöpfung als strafrechtliche Sanktion, 1983, S. 53; *Drathjer*, Die Abschöpfung rechtswidrig erlangter Vorteile im Ordnungswidrigkeitenrecht, 1997, S. 127.

351 Gesetz zur Reform der strafrechtlichen Vermögensabschöpfung vom 13.04.2017, BGBl. I Nr. 22 v. 21.04.2017, S. 872.

352 Hierzu bereits S. 79; vgl. Göhler-OWiG/*Gürtler/Thoma*, 18. Aufl. 2021, § 29a Rn. 9 f.

353 Göhler-OWiG/*dies.*, 18. Aufl. 2021, § 29a Rn. 14; hierzu bereits S. 66 f.

354 Vgl. S. 63 ff.

Dies gilt auch, soweit man den Streit um die Rechtsnatur des § 29a OWiG außer Betracht lässt.[355] § 29a OWiG sollte ursprünglich § 30 OWiG flankieren,[356] der im Rahmen der Bußgeldbemessung ebenfalls die Abschöpfung illegal erlangter Vermögensvorteile ermöglicht; jedoch nur unter Zugrundelegung des Nettoprinzips.[357]

Durch die Umstellung des § 29a OWiG vom Nettoprinzip hin zum Bruttoprinzip wurde das Verhältnis der beiden Vorschriften durcheinandergebracht. Nunmehr sind Konstellationen denkbar, in denen es aus Sicht von Ermittlungsbehörden sinnvoller erscheinen mag, zunächst über § 29a OWiG abzuschöpfen und die Vorteile des Bruttoprinzips zu genießen, um anschließend in einem zweiten Schritt die Vermögensabschöpfung nach § 29a OWiG durch eine Geldbuße nach § 30 OWiG zu ergänzen.[358] In solchen Fällen flankiert aber § 30 OWiG den § 29a OWiG und nicht wie systematisch intendiert die ergänzende Abschöpfungsvorschrift (§ 29a OWiG) die zentrale Norm zur Unternehmenssanktionierung des Ordnungswidrigkeitenrechts (§ 30 OWiG).

Für die Zwecke dieser Arbeit dient § 29a OWiG damit zunächst als erstes Beispiel dafür, wie ein gesetzgeberisches Bestreben nach weitreichenderen Zugriffsmöglichkeiten gegen Verbände systematische Widersprüche in das Ordnungswidrigkeitenrecht einführte. Die aus Sicht des Bearbeiters entgegen herrschender Ansicht bestehende zumindest bußgeldähnliche Wirkung der Einziehung nach § 29a OWiG bei Zugrundelegung des Bruttoprinzips wird ebenfalls für die Zwecke dieser Arbeit an verschiedenen Stellen fruchtbar gemacht.[359]

c. §§ 81 ff. GWB

Neben den §§ 29a, 30 OWiG als allgemeine Regelungen des Ordnungswidrigkeitenrechts sollen exemplarisch für weitere spezialgesetzliche Sondervorschriften, die Geldbußen gegen Verbände ermöglichen, die §§ 81 ff. GWB in Betracht genommen werden. § 81 GWB enthält Ordnungswidrigkeitentatbestände hinsichtlich kartellrechtlicher Verstöße. Durch das sog. GWB-Digitalisierungsgesetz[360] wurden die Vorschriften des GWB betreffend die Sanktionierung von Unternehmen und Unternehmensvereinigungen in Anbetracht von kartellrechtlichen Verstößen,

355 Hierzu S. 67 ff.
356 Vgl. S. 62 ff.
357 Vgl. S. 46.
358 Vgl. zur Systematik, S. 62 f.
359 Vgl. S. 118, 201 ff.
360 GWB-Digitalisierungsgesetz vom 18.01.2021, BGBl. I Nr. 1 v. 18.02.2021, S. 2 ff.

die vormals ebenfalls in § 81 Abs. 3a-e; 4 GWB a.F. geregelt waren, aus § 81 GWB ausgegliedert.[361] Nunmehr trifft § 81a GWB in diesem Zusammenhang Sonderregelungen für die Verhängung von Geldbußen gegen Unternehmen; § 81b GWB ebensolche für die Verhängung von Geldbußen gegen Unternehmensvereinigungen. Vorgaben zur Bußgeldbemessung gegen natürliche Personen auf der einen Seite und Unternehmen bzw. Unternehmensverbände auf der anderen Seite sind nunmehr in den §§ 81c, 81d GWB geregelt.

Für die hier durchgeführte Untersuchung sind die §§ 81 ff. GWB aus mehreren Gründen von Interesse.

Erstens stand § 81 GWB a.F. im Mittelpunkt der Entscheidung des LAG Düsseldorf[362] über die Versagung des Organinnenregresses einer GmbH gegen ihren Geschäftsführer, die unter anderem den Impuls zur Anfertigung dieser Arbeit gab.[363]

Zweitens weichen die §§ 81 ff. GWB von den dargestellten Sanktions- bzw. Abschöpfungsmechanismen der §§ 29a, 30 OWiG ab. Die Vorschriften differenzieren zwischen der Sanktionierung natürlicher und juristischer Personen und gehen über die *Ahndungs*möglichkeiten des § 30 OWiG hinaus. Insofern ist es sowohl nachvollziehbar als auch beachtlich, dass ausgerechnet im Zusammenhang mit § 81 GWB a.F. ein gerichtliches Störgefühl hinsichtlich der Organinnenhaftung über Verbandsgeldbußen entstand.[364]

aa. Systematik

Die Tatbestände der § 81 ff. GWB dienen dem Schutz des Wettbewerbs sowie mittelbar dem Schutz der kartellrechtlichen Primärnormen durch präventives Einwirken auf die Normadressaten.[365] Die Geldbuße nach §§ 81c, 81 GWB kann ihrer Zielrichtung nach einerseits allein zur Ahndung des Kartellverstoßes verhängt werden (arg. E. § 81d Abs. 3 Satz 2 GWB). Darüber hinaus steht es abweichend von dem grundsätzlichen Gebot des § 17 Abs. 4 OWiG im Ermessen der Kartellbehörde in Anwendung des § 81d Abs. 3 Satz 2 GWB, die Geldbuße zum Zweck der Vermögensabschöpfung zu verhängen.[366] Sie kombiniert sodann

361 Hierzu übersichtlich, *Achenbach*, wistra 2021, 129 ff.; *Giese/Heinichen/Janssen u.a.*, NZKart 2020, 562 ff.; *dies.*, NZKart 2020, 646 ff.

362 LAG Düsseldorf, Teilurt. v. 20.01.2015, Rs. 16 Sa 459/14, NZKart 2015, 277 ff.

363 Vgl. S. 17.

364 Vgl. S. 17 f.

365 Vgl. GJW/*Böse*, 2. Aufl. 2017, § 81 GWB Rn. 1; *Wrede/Theurer*, in: Momsen/Grützner (Hrsg.), Wirtschafts- und Steuerstrafrecht, 2. Aufl. 2020, Kap. 7 § 24 Rn. 85.

366 Vgl. BeckOK-OWiG/*Sackreuther*, 29. Ed. Stand: 01.01.2021, § 81 GWB Rn. 9.

entsprechend der Geldbuße nach § 30 OWiG ein ahnendes und abschöpfendes Element.[367] Soweit dies zur Vorteilsabschöpfung notwendig ist, darf die umsatzbezogene Obergrenze zu diesem Zweck überschritten werden (vgl. §§ 17 Abs. 4 OWiG, 81d Abs. 3 Satz 1 GWB).[368] Bei der Berechnung des wirtschaftlichen Vorteils gilt das Nettoprinzip.[369]

§ 81c GWB enthält vor diesem Hintergrund ein abgestuftes Sanktionssystem.

Mit Blick auf natürliche Personen ermöglicht § 81c Abs. 1 Satz 1 GWB die Verhängung eines Bußgeldes in Höhe von EUR 1 Mio. soweit Verstöße gegen

- das materielle Kartellrecht (§ 81 Abs. 1, Abs. 2 Nr. 1, Abs. 3 Nr. 1 u. 2 GWB);
- Sachentscheidungen der Kartellbehörden (§ 81 Abs. 2 Nr. 2 lit. a, Nr. 5 GWB); oder
- den Erschleichungstatbestand des § 81 Abs. 3 Nr. 3 GWB

festgestellt werden.[370] Bei allen weiteren Fällen des § 81 GWB, die weitgehend Verfahrensverstöße betreffen, kann eine Ahndung mittels Geldbuße von bis zu EUR 100.000 erfolgen.

Darüber hinaus können Bußgelder wegen der in § 81 GWB normierten Verstöße über § 30 OWiG[371] gegen Verbände verhängt werden, wobei das GWB für die Verhängung und Bemessung von Bußgeldern gegen Verbände Sonderregelungen enthält (vgl. nur §§ 81a, 81b, 81c Abs. 2-5, 81d GWB).[372] Dies gilt insbesondere für die Bußgeldbemessung.

§ 81c Abs. 2 Satz 2 GWB ermöglicht in den in § 81c Abs. 2 Satz 1 GWB aufgeführten Fällen die Verhängung einer umsatzbezogenen Geldbuße gegen den Verband: „*Die Geldbuße darf 10 Prozent des in dem der Behördenentscheidung vorausgegangenen Geschäftsjahr erzielten Gesamtumsatzes des Unternehmens oder der Unternehmensvereinigung nicht übersteigen.*“ Bei Verstößen nach § 81 Abs. 2 Nr. 2 lit. b, Nr. 3 sowie Nr. 6 bis 11 GWB ermöglicht § 81c Abs. 3 GWB die Verhängung einer höheren Geldbuße gegen Unternehmen bzw. Unternehmensvereinigungen (Satz 1), wobei die Geldbuße hier 1 Prozent des in

---

367 Vgl. S. 45 ff.

368 GJW/*Böse*, 2. Aufl. 2017, § 81 GWB Rn. 86.

369 Vgl. nur OLG Düsseldorf, Beschl. v. 03.08.1994, Rs. 2 Ss (OWi) 223/94; (OWi) 78/94 II, wistra 1995, 75, 76; GJW/*Böse*, 2. Aufl. 2017, § 81 GWB Rn. 86.

370 Vgl. BeckOK-OWiG/*Sackreuther*, 29. Ed. Stand: 01.01.2021, § 81 GWB Rn. 5.

371 Leitner/Rosenau/*Greeve*, 2017, § 81 GWB Rn. 12; BeckOK-OWiG/*Sackreuther*, 29. Ed. Stand: 01.01.2021, § 81 GWB Rn. 2; vgl. auch § 81a Abs. 3 GWB.

372 Vgl. BeckOK-OWiG/*Sackreuther*, 29. Ed. Stand: 01.01.2021, § 81 GWB Rn. 2; GJW/*Böse*, 2. Aufl. 2017, § 81 GWB Rn. 6 f.

dem der Behördenentscheidung vorausgegangenen Geschäftsjahr erzielten Gesamtumsatzes des Unternehmens oder der Unternehmensvereinigung nicht übersteigen darf.

Die Rechtsnatur dieser Regelung(en), die eine umsatzbezogene Bußgeldbemessung durch Bestimmung einer *relativen* gesetzlichen Bußgeldgrenze festlegen, war lange umstritten. Der ursprünglichen gesetzgeberischen Intention nach war § 81c Abs. 2 Satz 2 GWB (§ 81 Abs. 4 Satz 2 Hs. 2 GWB a.F.) als Kappungsgrenze gedacht.[373] Als solche wurde sie auch zunächst durch das Bundeskartellamt behandelt.[374] Im Gegensatz zur Obergrenze stellt eine Kappungsgrenze nach europäischem Vorbild keine fixierte Deckelung der Geldbuße dar. Die Geldbuße wäre dogmatisch nach oben hin offen. § 81c Abs. 2 Satz 2 GWB würde, sofern man sie als Kappungsgrenze begreifen würde, nur zumessungsleitend eingreifen.[375]

Einer solchen Auslegung der Vorschrift als Kappungsgrenze hat der BGH in seiner sog. Grauzemententscheidung mit Blick auf § 81 Abs. 4 Hs. 2 GWB a.F. jedoch eine Absage erteilt.[376] Es sei in diesem Zusammenhang anerkannt,

---

373 Vgl. Beschlussempfehlung und Bericht des Ausschusses für Wirtschaft und Technologie (9. Ausschuss) zum Entwurf der Bundesregierung eines Gesetzes zur Bekämpfung von Preismissbrauch im Bereich der Energieversorgung und des Lebensmittelhandels, BT-Drs. 16/7156, S. 11; zur Orientierung an Verordnung (EG) Nr. 1/2003 des Rates vom 16. Dezember 2002 zur Durchführung der in den Artikeln 81 und 82 des Vertrags niedergelegten Wettbewerbsregeln (Text von Bedeutung für den EWR) vom 16.12.2002, ABl. L 1 vom 04.01.2003, Art. 23 Abs. 2 Satz 2, siehe auch BGH, Beschl. v. 26.02.2013, Rs. KRB 20/12, NJW 2013, 1972, 1974 = BGHSt 58, 158; Leitlinien für die Bußgeldbemessung in Kartellordnungswidrigkeitenverfahren vom 25.06.2013, Erläuterungen zu den Leitlinien, S. 1.

374 Bekanntmachung Nr. 38/2006 über die Festsetzung von Geldbußen nach § 81 Abs. 4 Satz 2 des Gesetzes gegen Wettbewerbsbeschränkungen (GWB) gegen Unternehmen und Unternehmensvereinigungen - Bußgeldleitlinien - vom 15. September 2006 vom 15.09.2006, S. 4.

375 *„Liegt die nach den Randnummern 4 bis 17 berechnete Geldbuße oberhalb von 10% (bei fahrlässiger Tatbegehung 5%) des von dem an der Zuwiderhandlung beteiligten Unternehmen bzw. der an der Zuwiderhandlung beteiligten Unternehmensvereinigung im vorausgegangen Geschäftsjahr erzielten Gesamtumsatzes, kappt das Bundeskartellamt gemäß § 81 Abs. 4 Satz 2 GWB die Geldbuße“*, Bekanntmachung Nr. 38/2006 über die Festsetzung von Geldbußen nach § 81 Abs. 4 Satz 2 des Gesetzes gegen Wettbewerbsbeschränkungen (GWB) gegen Unternehmen und Unternehmensvereinigungen – Bußgeldleitlinien – vom 15. September 2006 vom 15.09.2006, S. 4 Rn. 18.

376 BGH, Beschl. v. 26.02.2013, Rs. KRB 20/12, NJW 2013, 1972, 1974 f. = BGHSt 58, 158.

dass eine Sanktionsnorm – also auch ein Ordnungswidrigkeitentatbestand – gegenüber ihren Adressaten zu erkennen geben muss, was für ein Sanktions- als Bußgeldrahmen sich aus ihr ergibt.[377] Diesem Erfordernis könne nur genügt werden, soweit man § 81 Abs. 4 Hs. 2 GWB a.F. (§ 81c Abs. 2 Satz 2 GWB) als fixe Obergrenze der Geldbuße und nicht als bloße Kappungsgrenze versteht. Der Obergrenzenkorridor, der sich mit Blick auf die unterschiedliche Umsatzstärke verschiedener Unternehmen ergibt, sei notwendig, um sowohl kleine als auch weltweit tätige Unternehmen zu erfassen und anhand ihrer wirtschaftlichen Leistungsfähigkeit zu ahnden.[378]

Der umsatzbezogene Bußgeldrahmen findet aufgrund der Verweisung in § 130 Abs. 3 Satz 3 OWiG auf Aufsichtspflichtverletzungen nach § 130 OWiG Anwendung.[379]

Des Weiteren enthält § 81a GWB in den Abs. 2-5 Regelungen, die detaillierter und weitreichender als § 30 OWiG (selbst nach Einführung von § 30 Abs. 2a OWiG) sind, die Verhängung und Durchsetzung von Verbandsgeldbußen auch gegen Rechtsnachfolger von Verbänden vorsehen. In diesem Sinne ermöglichen die §§ 81a Abs. 2 und 3 GWB die Verhängung einer Geldbuße auch gegen den Gesamtrechtsnachfolger (Abs. 2) des ursprünglich delinquenten Unternehmens bzw. solche juristischen Personen, die dieses in bloß wirtschaftlicher Kontinuität fortführen (Abs. 3).[380] Durch § 81a Abs. 5 GWB wird parallel sichergestellt, dass bei Inanspruchnahme verschiedener Unternehmensträger im Ergebnis keine Erhöhung oder Verdopplung der Geldbußen erfolgt.[381]

Die Regelungen hatten die Schließung der sog. „Wurstlücke“[382] vor Augen.[383] Der Begriff rekurriert auf einen berüchtigten Fall, in welchem ein Unternehmen aus der Fleischindustrie sich durch Umstrukturierung faktisch seiner Pflicht zur Bußgeldzahlung entzogen hat.[384]

§ 81a Abs. 1 GWB ermöglicht sodann nicht nur die Festsetzung der Geldbuße in voller Höhe gegen die Gesellschaft, deren Anknüpfungstäter gehandelt

---

377 BVerfG, Urt. v. 20.03.2002, Rs. 2 BvR 794/95, BVerfGE 105, 135, 156; BGH, Beschl. v. 26.02.2013, Rs. KRB 20/12, NJW 2013, 1972, 1974 = BGHSt 58, 158.

378 BGH, Beschl. v. 26.02.2013, Rs. KRB 20/12, NJW 2013, 1972, 1974 = BGHSt 58, 158.

379 GJW/*Böse*, 2. Aufl. 2017, § 81 GWB Rn. 77 m.w.N.

380 Vgl. BeckOK-OWiG/*Sackreuther*, 29. Ed. Stand: 01.01.2021, § 81 GWB Rn. 6c f.

381 BeckOK-OWiG/*ders.*, 29. Ed. Stand: 01.01.2021, § 81 GWB Rn. 6f.

382 Vgl. mit Nachweisen zur Presseberichterstattung, *Wikipedia*, Wurstlücke, abrufbar unter: https://de.wikipedia.org/wiki/Wurstl%C3%BCcke (geprüft am 30.09.2021).

383 Vgl. *Weitbrecht*, NJW 2017, 1574, 1578 f.

384 *Ders.*, NJW 2017, 1574, 1578 f. m.w.N.

hat, sondern auch gegen lenkende Konzerngesellschaften.[385] Fallen diese gegen mehrere Rechtsträger festgesetzten Bußgelder aufgrund von Veränderungen des Unternehmens im Zeitablauf unterschiedlich hoch aus, darf gegen den einzelnen Gesamtschuldner eine Beitreibung im Vollstreckungsverfahren aber nur bis zur Höhe des gegen ihn selbst festgesetzten Betrages vorgenommen werden.[386]

Während die Möglichkeit (bzw. die Reichweite) eines Haftungsdurchgriffs im Konzern im Rahmen der §§ 30, 130 OWiG mithin noch umstritten bleibt,[387] ordnet § 81a Abs. 1 GWB einen entsprechenden Haftungsdurchgriff für das Kartellordnungswidrigkeitenrecht an.

Zum Teil wurden – u.a. – die § 81a Abs. 1-3 GWB (§ 81 Abs. 3a-c GWB a.F.) vor dem Hintergrund des gesellschaftsrechtlichen Trennungsprinzips sowie des Verschuldensprinzips mit dem Argument, dass durch die Vorschriften eine Haftung für fremdes Verschulden ermöglicht worden sei, für verfassungswidrig gehalten.[388]

Dem wird entgegengehalten, die § 81a Abs. 2 u. 3 GWB würden keine Haftung für fremdes Verschulden statuieren.[389] Vielmehr würden die Vorschriften auf eigenes vorwerfbares Verhalten im Zusammenhang mit der gezielten Vermeidung von Bußgeldern abstellen.[390] Gegen derartige Konstruktionen eigenen Verschuldens als Grundlage der Haftungsausweitung gem. § 81a Abs. 2 u. 3 GWB wird jedoch richtigerweise ins Feld geführt, den Vorschriften fehle eine Ausnahmeregelung – etwa hinsichtlich nachweislich gutgläubig erwerbender juristischer Personen.[391]

Letztendlich wird es im Zuge der zahlreichen Gesetzesänderungen der letzten Jahre im Unternehmenssanktionsrecht im weiteren Sinne jedoch zunehmend schwierig zu beurteilen, welche normativen Auffälligkeiten sich dergestalt als Besonderheit eines durchdachten Gefüges präsentieren, dass sich aus ihnen

---

385 BeckOK-OWiG/*Sackreuther*, 29. Ed. Stand: 01.01.2021, § 81 GWB Rn. 6b.

386 BeckOK-OWiG/*ders.*, 29. Ed. Stand: 01.01.2021, § 81 GWB Rn. 6f.

387 Vgl. S. 55 ff.

388 Hierzu *Gronemeyer/Slobodenjuk*, DB 2017, 1010, 1016 f.; *Meixner*, WM 2017, 1281, 1286, jeweils m.w.N.; zum Ganzen, BeckOK-OWiG/*Sackreuther*, 29. Ed. Stand: 01.01.2021, § 81 GWB Rn. 6a.

389 Vgl. *Ost/Kallfaß/Roesen*, NZKart 2016, 447, 456 f.; *Meixner*, WM 2017, 1281, 1286, m.w.N.

390 Zum Ganzen, vgl. BeckOK-OWiG/*Sackreuther*, 29. Ed. Stand: 01.01.2021, § 81 GWB Rn. 6a m.w.N.

391 Vgl. zum Gedanken unintendierter Bußgeldvermeidung, *Wessing/Janssen*, WuW 2017, 253, 255 f.

ein systematisches Argument ableiten lässt und welche Auffälligkeiten schlichtes Indiz gesetzgeberischer Nachlässigkeit sind, die man nicht berücksichtigen sollte.

Fest steht, dass der Gesetzgeber mittels der Ausgestaltung der §§ 81 ff. GWB Haftungslücken der §§ 30, 29a OWiG für Kartellrechtsverstöße schließen und eine effektive Sanktionsvollstreckung gegen delinquente Verbände sichern wollte. Systematische Schwierigkeiten und Widersprüche, die auch im Rahmen der §§ 81 ff. GWB entstanden, erinnern an die Unsauberkeiten, die man auch in der Systematik des § 29a OWiG erkennen mag. Auch hier wurden Abschöpfungsmöglichkeiten stetig erweitert, bis Konflikte zur Rechtsnatur der Vorschrift augenscheinlich wurden.

Positive Kehrseite des verstärkten gesetzgeberischen Fokus auf Sanktionsnormen, die ein effektives Vorgehen gegen Unternehmen ermöglichen, ist jedoch, dass der Gesetzgeber, wenn auch zum Teil über verwaltungsbehördliches „soft law", verstärkt Leitlinien zur konkreten Bußgeldbemessung an die Hand gibt und in diesem Zusammenhang für mehr Rechtssicherheit sorgt, als dies bei Betrachtung der allgemeinen Vorschriften des Ordnungswidrigkeitenrechts der Fall war.

bb. Bußgeldbemessung

Die Bemessung der Bußgelder gegen natürliche und juristische Personen ist unterschiedlich vorzunehmen.

i. Unterscheidung natürlicher und juristischer Personen

Die innerhalb des erläuterten Bußgeldrahmens des § 81c Abs. 1 GWB vorzunehmende Bußgeldbemessung gegenüber natürlichen Personen folgt den aus dem allgemeinen Ordnungswidrigkeitenrecht bekannten Grundsätzen und ist – wie auch § 81d Abs. 1 Satz 1 GWB wiederholend klarstellt – an der Schwere und Dauer der maßgeblichen Zuwiderhandlung auszurichten.

Dasselbe gilt grundsätzlich auch für die Bußgeldbemessung gegenüber Verbänden (§ 81c Abs. 2 u. 3; § 81d Abs. 1 Satz 1 GWB), jedoch wurden durch das GWB-Digitalisierungsgesetz in § 81d Abs. 1 Satz 2 GWB Regeln für die Bußgeldbemessung gegenüber Verbänden festgelegt. Nunmehr sollen bei der Bußgeldbemessung gegenüber Verbänden explizit Berücksichtigung finden:

- Art und Ausmaß der Zuwiderhandlung, insbesondere die Größenordnung der mit der Zuwiderhandlung in unmittelbarem oder mittelbarem Zusammenhang stehenden Umsätze (Nr. 1);

- die Bedeutung der von der Zuwiderhandlung betroffenen Produkte und Dienstleistungen (Nr. 2);
- die Art der Ausführung der Zuwiderhandlung (Nr. 3);
- vorausgegangene Zuwiderhandlungen des Unternehmens sowie vor der Zuwiderhandlung getroffene angemessene und wirksame Vorkehrungen zur Vermeidung und Aufdeckung von Zuwiderhandlungen (Nr. 4); und
- das Bemühen des Unternehmens, die Zuwiderhandlung aufzudecken und den Schaden wiedergutzumachen sowie nach der Zuwiderhandlung getroffene Vorkehrungen zur Vermeidung und Aufdeckung von Zuwiderhandlungen (Nr. 5).

§ 81c Abs. 1 Satz 2 Nr. 5 GWB hat damit den Streit, der im Rahmen des § 30 OWiG über die Berücksichtigung eines im Nachgang eines Rechtsverstoßes eingerichteten Compliance-Systems bei der Bußgeldbemessung geführt wird, (zumindest) für das Kartellordnungswidrigkeitenrecht beigelegt.[392]

Neben derartigen allgemeinen ermessensleitenden Vorschriften zur Bußgeldbemessung gegenüber Verbänden bestehen Vorgaben zur Ermittlung des bußgeldrelevanten Gesamtumsatzes des jeweiligen Verbandes i.S.d. nach § 81c Abs. 2 u. 3 GWB im Einzelnen.

Bei der Ermittlung des Gesamtumsatzes ist der weltweite Umsatz aller natürlichen und juristischen Personen sowie Personenvereinigungen, die als wirtschaftliche Einheit operieren (§ 81c Abs. 5 Satz 1 GWB), zugrunde zu legen.[393] Die Höhe des Gesamtumsatzes kann geschätzt werden (§ 81c Abs. 5 Satz 2 GWB).

Soweit sich die Berechnung der umsatzbezogenen Unternehmensgeldbuße nach § 81c Abs. 2-5 GWB im Übrigen nicht aus dem Gesetz ergibt, ermächtigt § 81d Abs. 4 GWB das Bundeskartellamt zum Erlass allgemeiner Verwaltungsgrundsätze über die Ausübung seines Ermessens bei der Bemessung der Geldbuße zur weiteren Konkretisierung der gesetzlichen Vorgaben. Diese Möglichkeit hat das Bundeskartellamt genutzt und im Jahr 2013 Leitlinien für die Bußgeldzumessung in Kartellordnungswidrigkeitenverfahren erlassen,[394] die auch nach Inkrafttreten des GWB-Digitalisierungsgesetzes[395] unter Berücksichtigung der neuen Bußgeldzumessungsbestimmung § 81d GWB fortgelten.[396]

392 Vgl. zur Auswirkung auf den Streitstand im Rahmen von § 30 OWiG, S. 53 f.

393 Vgl. GJW/*Böse*, 2. Aufl. 2017, § 81 GWB Rn. 79.

394 Leitlinien für die Bußgeldbemessung in Kartellordnungswidrigkeitenverfahren vom 25.06.2013.

395 GWB-Digitalisierungsgesetz vom 18.01.2021, BGBl. I Nr. 1 v. 18.02.2021, S. 2 ff.

396 *Bundeskartellamt*, Bekanntmachung vom 19.01.2021, abrufbar unter: https://www.bundeskartellamt.de/SharedDocs/Publikation/DE/Leitlinien/

ii. Beispielhafte Bußgeldbemessung unter Anwendung der Leitlinien des Bundeskartellamtes

Aus der Zusammenschau von Gesetz und Leitlinien des Bundeskartellamts ergeben sich für die Bemessung der umsatzbezogenen Unternehmensgeldbuße die folgenden exemplarisch dargestellten Schritte:

An erster Stelle steht stets die Bestimmung des gesetzlichen Bußgeldrahmens.[397] Die Untergrenze beträgt gemäß § 17 Abs. 1 OWiG EUR 5. Die Obergrenze wie dargelegt[398] bei einem vorsätzlichen Verstoß i.S.v. § 81c Abs. 2 Satz 1 GWB – der hier beispielhaft zugrunde gelegt wird – 10 % des im Geschäftsjahr vor der Behördenentscheidung erzielten Gesamtumsatzes (vgl. § 81c Abs. 2 Satz 2 GWB; § 81 Abs. 4 Satz 2 GWB a.F.).[399]

In einem zweiten Schritt erfolgt sodann die Festsetzung der Geldbuße innerhalb des gesetzlichen Bußgeldrahmens. Dabei orientiert sich das Bundeskartellamt zunächst dicht an den Vorgaben der § 81 Abs. 4 Satz 6 und Abs. 4a Satz 1 GWB a.F. (nunmehr § 81d Abs. 1 Satz 1, Abs. 2 Satz 1 GWB). Es unterscheidet der Nomenklatur nach aber zwischen der „*Ahndungsempfindlichkeit des Unternehmens*“ und „*weiteren tat- und täterbezogenen Umständen*“.[400] Dabei betont das Bundeskartellamt mit Blick auf Letztere, die Sanktion müsse unter „*spezial- und generalpräventiven Gesichtspunkten*“ zu rechtfertigen sein.[401] Konkret wird wie folgt vorgegangen:

- Zur Bestimmung des ermessensrelevanten Bereichs, der für die Einordnung einer umsatzorientierten Unternehmensgeldbuße infrage kommt, betrachtet das Bundeskartellamt den tatbezogenen Umsatz sowie den Gesamtumsatz des Unternehmens.[402] Der Tatumsatz ermögliche die Erfassung des Gewinn- und

Bekanntmachung%20-%20Bu%C3%9Fgeldleitlinien-Juni%202013.html (geprüft am 30.09.2021).

397 Vgl. Leitner/Rosenau/*Greeve*, 2017, § 81 GWB Rn. 103.

398 Vgl. S. 84 f.

399 Leitlinien für die Bußgeldbemessung in Kartellordnungswidrigkeitenverfahren vom 25.06.2013, S. 4.

400 Leitlinien für die Bußgeldbemessung in Kartellordnungswidrigkeitenverfahren vom 25.06.2013, S. 2.

401 Leitlinien für die Bußgeldbemessung in Kartellordnungswidrigkeitenverfahren vom 25.06.2013, S. 2.

402 Leitlinien für die Bußgeldbemessung in Kartellordnungswidrigkeitenverfahren vom 25.06.2013, S. 3.

Schadenspotenzials des Verstoßes, der Gesamtumsatz die Erfassung der Ahnungsempfindlichkeit des jeweiligen Unternehmens.[403]

- Das Bundeskartellamt geht dabei von einem Gewinn- und Schadenspotenzial in Höhe von 10 % des während der Dauer des Kartellverstoßes erzielten tatbezogenen Umsatzes des Unternehmens aus.[404]
- Dem so ermittelten Gewinn- und Schadenspotenzial wird sodann anhand des Gesamtumsatzes des Unternehmens im Vorjahr der zu treffenden Behördenentscheidung (§ 81c Abs. 2 Satz 2 GWB; § 81 Abs. 4 Satz 2 GWB a.F.) ein Multiplikator, welcher der jeweiligen Unternehmensgröße und damit der konkreten Ahndungsempfindlichkeit des Unternehmens Rechnung tragen soll, zugeordnet.[405] Das Produkt von Gewinn- und Schadenspotenzial und ermitteltem Multiplikator stellt ermessensleitend eine Obergrenze für die weitere Bußgeldbemessung dar. Diese wird im Weiteren als weiche Obergrenze bezeichnet.
- Soweit die weiche Obergrenze die gesetzliche Obergrenze in Höhe von 10 % des Gesamtumsatzes des Unternehmens aus dem Vorjahr der Behördenentscheidung nach § 81c Abs. 2 Satz 2 GWB (§ 81 Abs. 4 Satz 2 GWB a.F.) übertrifft, gilt die ebenda bestimmte gesetzliche Obergrenze selbstverständlich fort. Auch wenn das Produkt von Gewinn- und Schadenspotenzial und ermitteltem Multiplikator jedoch unter der gesetzlichen Obergrenze bleibt, behält sich das Bundeskartellamt vor, in Fällen offensichtlich zu niedrig ausfallender Bemessung der Geldbuße, von ihrer selbstständig ermittelten „Obergrenze" abzuweichen.[406]
- Die am Gesamtumsatz des Unternehmens orientierten Faktoren werden durch das Bundeskartellamt wie folgt bestimmt:[407]

Zur Veranschaulichung kann ein einfaches Beispiel dienen. Gegen die X-AG soll eine Geldbuße nach § 81 Abs. 2 GWB (§ 81 Abs. 4 Satz 2 GWB a.F.) ermittelt

403 Leitlinien für die Bußgeldbemessung in Kartellordnungswidrigkeitenverfahren vom 25.06.2013, S. 4.

404 Leitlinien für die Bußgeldbemessung in Kartellordnungswidrigkeitenverfahren vom 25.06.2013, S. 4.

405 Leitlinien für die Bußgeldbemessung in Kartellordnungswidrigkeitenverfahren vom 25.06.2013, S. 4.

406 Leitlinien für die Bußgeldbemessung in Kartellordnungswidrigkeitenverfahren vom 25.06.2013, S. 5.

407 Leitlinien für die Bußgeldbemessung in Kartellordnungswidrigkeitenverfahren vom 25.06.2013, S. 4.

Faktor	**2-3**	**3-4**	**4-5**	**5-6**	**>6**
Gesamtumsatz i.S.d. § 81	≤ EUR 100 Mio.	EUR 100 Mio. bis EUR 1 Mrd.	EUR 1 Mrd. bis EUR 10 Mrd.	EUR 10 Mrd. bis EUR 100 Mrd.	> EUR 100 Mrd.

Bußgeldrahmen	**Multiplikator 1 (10% des tatbezogenen Umsatzes) [„M1"]**	**Multiplikator 2 (Faktor nach vorgehender Tabelle) [„M2"]**	**Ermessensleitende „weiche Obergrenze" (M1 * M2) [„G1"]**	**Bußgeldrahmen gem. Leitlinien des Bundeskartellamts**
EUR 5 bis EUR 80 Mio.	10% von EUR 40 *M1 = EUR 4 Mio.*	Bei einem Gesamtumsatz von EUR 80 Mio. kommen als Faktoren die „*2-3*" infrage (s.o.). In Anbetracht der Nähe zum nächsthöheren Faktorenpaar, Faktor = 3. *M2 = 3*	3 * EUR 4 Mio. = *EUR 12 Mio.*	*EUR 5 bis EUR 12 Mio*

werden. Das Unternehmen hat über die letzten drei Jahre einen tatbezogenen Umsatz in Höhe von EUR 40 Mio. erwirtschaften. In dem der Entscheidung vorhergehendem Geschäftsjahr hat das Unternehmen einen Gesamtumsatz in Höhe von EUR 80 Mio. erwirtschaften.

Lösung des Beispiels (Lösungsschritte von links nach rechts):[408]

408 Vgl. auch, Leitlinien für die Bußgeldbemessung in Kartellordnungswidrigkeitenverfahren vom 25.06.2013, Erläuterungen zu den Leitlinien, S. 4.

cc. Zwischenergebnis

Das vorgenannte Beispiel und die Ausführungen zu den § 81 ff. GWB verdeutlichen insbesondere eines: die Sanktionierung im Rahmen der § 81 ff. GWB folgt einem höchst ausdifferenzierten System. Bei der Bußgeldbemessung gegenüber dem Verband wird der jeweiligen Unternehmensgröße zur Beurteilung der konkreten Ahndungsempfindlichkeit des Unternehmens Rechnung getragen.[409] Der Gesamtumsatz des Unternehmens und der Tatumsatz werden zur Berechnung der Geldbuße gegen Verbände im Konkreten herangezogen.[410] Es geht aus Sicht des Bundeskartellamts richtigerweise ausdrücklich darum, spezial- und generalpräventiven Gesichtspunkten **gegenüber dem jeweiligen Verband** gerecht zu werden.[411]

Zwar ergibt sich hieraus kein dogmatisches Argument für eine Begrenzung eines Organinnenregresses eines derart sanktionierten Verbandes. Wenn das LAG Düsseldorf jedoch in seiner Entscheidung feststellt:

> *„Selbstverständlich trifft der Ordnungsgeber mit einer Bußgeldregelung wie der des § 81 GWB eine Entscheidung, wer die verhängte Buße tragen muss.“*[412],

so kann dem nach Begutachtung der Systematik der § 81 ff. GWB in Zusammenschau mit der in der Praxis gelebten Anwendung der Vorschriften nicht mehr entgegengetreten werden. Jeder rechtliche Mechanismus, der die genaue Auftrennung der Sanktionierung von natürlicher und juristischer Person der § 81 ff. GWB vereitelt, stellt sich in Widerspruch zu Systematik und Telos der Vorschrift selbst.

d. § 120 WpHG

Die Ausdifferenziertheit der §§ 81 ff. GWB mit Blick auf die Sanktionierung juristischer und natürlicher Personen ist kein Einzelfall. Sie steht stellvertretend für einen allgemeinen Trend dahin gehend, die Sanktionierung von Unternehmen genauer sowie weitreichender zu regeln und zu ermöglichen. Dies gilt insbesondere für Vorschriften des Wirtschaftsstrafrechts. Dies kann auch an dem Beispiel des § 120 WpHG beobachtet werden.

---

409 Vgl. S. 90 ff.
410 Vgl. S. 90 ff.
411 Vgl. S. 90.
412 LAG Düsseldorf, Teilurt. v. 20.01.2015, Rs. 16 Sa 459/14, NZKart 2015, 277, 279.

Die Vorschrift lässt Parallelen zu der Systematik der §§ 81 ff. GWB erkennen und verdeutlicht zudem, wie eine verstärkte Ausdifferenzierung von Sanktionsmechanismen gegenüber Unternehmen im deutschen Recht auch auf supranationalen Einfluss zurückzuführen ist.

§ 120 WpHG ist stark nach europäischem Recht determiniert.[413] Die sog. Marktmissbrauchsverordnung,[414] Referenzwerteverordnung,[415] PRIIP-Verordnung,[416] MiFiD-II-Richtlinie,[417] sowie die SFTR-Verordnung[418] haben jeweils die Einführung eigenständiger Geldbußentatbestände in § 120 WpHG veranlasst.[419]

---

413 *Spoerr*, in: Assmann/Schneider/Mülbert (Hrsg.), Wertpapierhandelsrecht, 7. Aufl. 2019, § 120 Rn. 1.

414 Verordnung (EU) Nr. 596/2014 des Europäischen Parlaments und des Rates vom 16. April 2014 über Marktmissbrauch (Marktmissbrauchsverordnung) und zur Aufhebung der Richtlinie 2003/6/EG des Europäischen Parlaments und des Rates und der Richtlinien 2003/124/EG, 2003/125/EG und 2004/72/EG der Kommission Text von Bedeutung für den EWR vom 16.04.2014, ABl. L 173 v. 12.06.2014 (*Market Abuse Regulation*).

415 Verordnung (EU) 2016/1011 des Europäischen Parlaments und des Rates vom 8. Juni 2016 über Indizes, die bei Finanzinstrumenten und Finanzkontrakten als Referenzwert oder zur Messung der Wertentwicklung eines Investmentfonds verwendet werden, und zur Änderung der Richtlinien 2008/48/EG und 2014/17/EU sowie der Verordnung (EU) Nr. 596/2014 vom 08.06.2016, ABl. L 171 v. 29.06.2016 (*Benchmark Regulation*).

416 Verordnung (EU) Nr. 1286/2014 des Europäischen Parlaments und des Rates vom 26. November 2014 über Basisinformationsblätter für verpackte Anlageprodukte für Kleinanleger und Versicherungsanlageprodukte (PRIIP) vom 26.11.2014, ABl. L 352 v. 09.12.2014 (*Packaged Retail and Insurance-Based Investment Products Regulation*).

417 Richtlinie 2014/65/EU des Europäischen Parlaments und des Rates vom 15. Mai 2014 über Märkte für Finanzinstrumente sowie zur Änderung der Richtlinien 2002/92/EG und 2011/61/EU vom 15.05.2014, ABl. L 173 v. 12.06.2014 (*Markets in Financial Instruments Directive II*).

418 Verordnung (EU) 2015/2365 des Europäischen Parlaments und des Rates vom 25. November 2015 über die Transparenz von Wertpapierfinanzierungsgeschäften und der Weiterverwendung sowie zur Änderung der Verordnung (EU) Nr. 648/2012 vom 25.11.2015, ABl. L 337 v. 23.12.2015 (*Securities Financing Transaction Regulation*, VO Nr. 2015/2365).

419 Vgl. zur Zuordnung der einzelnen Tatbestände, *Spoerr*, in: Assmann/Schneider/Mülbert (Hrsg.), Wertpapierhandelsrecht, 7. Aufl. 2019, § 120 Rn. 377.

aa. Systematik

§ 120 WpHG erfasst – von mehreren Seiten zutreffend als geradezu *„inflationär"* bezeichnet – über dreihundert verschiedene Fälle von Verstößen gegen Ge- und Verbote des WpHG als Ordnungswidrigkeiten.[420] Neben den im Kapitalmarktstrafrecht wohl prominentesten Verboten von Insiderhandel und Marktmanipulation (vgl. insofern nur § 120 Abs. 2 Nr. 3; Abs. 15 Nr. 2, 6, 8, 9 WpHG) sind im Rahmen des § 120 WpHG Verstöße gegen so gut wie alle nennenswerten Pflichten des WpHG[421] sowie der Marktmissbrauchsverordnung[422] bußgeldbewehrt. Die § 120 Abs. 18 bis 24 WpHG enthalten zu diesem Zweck diverse Bußgeldkataloge, die empfindliche Geldbußen, insbesondere – über § 30 OWiG –[423] gegen juristische Personen und Personenvereinigungen, ermöglichen.[424]

Für die hier unternommene Untersuchung kommt es vor allem auf die Ermittlung des Schutzzwecks der Vorschrift sowie die Bußgeldbemessung auf Rechtsfolgenseite an. Auf eine kommentarartige Darstellung der Bußgeldtatbestände

420 *Corsten/Wackernagel*, in: Illert/Ghassemi-Tabar/Cordes (Hrsg.), Handbuch Vorstand und Aufsichtsrat, 2018, § 17 Rn. 281; Leitner/Rosenau/*Trüg*, 2017, § 39 WpHG Rn. 4; *Spoerr*, in: Assmann/Schneider/Mülbert (Hrsg.), Wertpapierhandelsrecht, 7. Aufl. 2019, § 120 Rn. 1, welcher insofern von einer *„flächendeckenden"* Geldbußenbewehrung spricht.

421 Vgl. *Spoerr*, in: Assmann/Schneider/Mülbert (Hrsg.), Wertpapierhandelsrecht, 7. Aufl. 2019, § 120 Rn. 3, 9.

422 Verordnung (EU) Nr. 596/2014 des Europäischen Parlaments und des Rates vom 16. April 2014 über Marktmissbrauch (Marktmissbrauchsverordnung) und zur Aufhebung der Richtlinie 2003/6/EG des Europäischen Parlaments und des Rates und der Richtlinien 2003/124/EG, 2003/125/EG und 2004/72/EG der Kommission Text von Bedeutung für den EWR vom 16.04.2014, ABl. L 173 v. 12.06.2014 (*Market Abuse Regulation*).

423 Vgl. hierzu auch WpHG-Bußgeldleitlinien II (Leitlinien zur Festsetzung von Geldbußen im Bereich des Wertpapierhandelsgesetzes (WpHG)), S. 4: *„Die WpHG-Bußgeldleitlinien II gelten für die Festsetzung von Geldbußen nach § 120 Abs. 17, 18 und 24 WpHG gegen natürliche Personen und juristische Personen, deren Verantwortliche in leitender Stellung gegen die bußgeldbewehrten Pflichten des WpHG verstoßen haben (unternehmensbezogene Bußgeldzumessung nach § 30 OWiG)"*.

424 *Corsten/Wackernagel*, in: Illert/Ghassemi-Tabar/Cordes (Hrsg.), Handbuch Vorstand und Aufsichtsrat, 2018, § 17 Rn. 281 ff.

im Einzelnen wird aus diesem Grund sowie in Anbetracht der Masse und Spezialität der einzelnen Tatbestände verzichtet.[425]

Nach zur alten Rechtslage (§ 39 WpHG a.F.) entwickelter überwiegender Auffassung schützen die Ordnungswidrigkeitentatbestände des § 120 WpHG die Funktionsfähigkeit der organisierten Kapitalmärkte.[426] Inwiefern die Individualinteressen der Kapitalanleger lediglich reflexartig oder als eigenständiges Schutzgut berücksichtigt würden, war umstritten.[427] Teilweise wurde auch vertreten die Vorschrift schütze die Marktintegrität selbst.[428]

In Anbetracht der flächendeckenden Regelungen des § 120 WpHG sind nunmehr wohl all diese Schutzzwecke solche des § 120 WpHG (generell ist innerhalb der einzelnen Tatbestände zu unterscheiden).[429]

bb. Bußgeldbemessung

Die §§ 120 Abs. 17-22 u. 24 WpHG bestimmen die Bußgeldrahmen in Abhängigkeit von den jeweiligen tatbestandlichen Verstößen. Sie sind nicht so unübersichtlich strukturiert, wie die Auflistung der tatbestandlichen Verhaltensnormen, welche sie mit Bußgelddrohungen bewehren,[430] füllen jedoch ebenfalls mehrere Seiten.

Sortiert man sie (siehe hierzu die Tabelle auf der nachfolgenden Seite), lassen sich die folgenden Regeln ableiten:

---

425 Vgl. insofern übersichtlich Leitner/Rosenau/*Trüg*, 2017, § 39 WpHG Rn. 7 ff.; GJW/*Diversy/Köpferl*, 2. Aufl. 2017, § 39 WpHG Rn. 3 ff.; mit einer tabellarischen Darstellung, *Spoerr*, in: Assmann/Schneider/Mülbert (Hrsg.), Wertpapierhandelsrecht, 7. Aufl. 2019, § 120 Rn. 46.

426 *Corsten/Wackernagel*, in: Illert/Ghassemi-Tabar/Cordes (Hrsg.), Handbuch Vorstand und Aufsichtsrat, 2018, § 17 Rn. 278; *Waßmer*, in: Fuchs (Hrsg.), Wertpapierhandelsgesetz (WpHG), 2. Aufl. 2016, § 39 Rn. 8.

427 Für eine Einordnung als eigenständiges Schutzgut, *Waßmer*, in: Fuchs (Hrsg.), Wertpapierhandelsgesetz (WpHG), 2. Aufl. 2016, § 39 Rn. 8.

428 GJW/*Diversy/Köpferl*, 2. Aufl. 2017, § 39 WpHG Rn. 5.

429 Vgl. hierzu sowie zu weiteren tatbestandsabhängigen Schutzgütern im Einzelnen, *Böse/Jansen*, in: Schwark/Zimmer (Hrsg.), Kapitalmarktrechts-Kommentar, 5. Aufl. 2020, § 120 WpHG Rn. 3; siehe auch *Hohn*, in: Momsen/Grützner (Hrsg.), Wirtschafts- und Steuerstrafrecht, 2. Aufl. 2020, Kap. 6 § 21 Rn. 26 ff.

430 Vgl. zum Gebot der Normenklarheit in diesem Zusammenhang, *Spoerr*, in: Assmann/Schneider/Mülbert (Hrsg.), Wertpapierhandelsrecht, 7. Aufl. 2019, § 120 Rn. 54.

- Grundsätzlich unterscheiden die Bußgeldtatbestände des § 120 WpHG zwischen natürlichen und juristischen Personen (anders § 120 Abs. 24 WpHG).[431]
- Für natürliche Personen wird grundsätzlich ein starrer Bußgeldrahmen festgelegt. Für juristische Personen wird daneben („*kann über Satz 1 hinaus*") hingegen ein System zweier alternativer Möglichkeiten der Bußgeldbemessung ausgeworfen: So ist regelmäßig zur Bestimmung der Obergrenze des Bußgeldrahmens der höhere Wert von einem starren Betrag und einem prozentual am Umsatz der juristischen Person ausgerichteten Wert heranzuziehen (vgl. § 120 Abs. 17 Satz 2; Abs. 18 Satz 2; Abs. 19 Satz 2; Abs. 20 Satz 2; Abs. 21 Satz 2; Abs. 22 Satz. 2; Abs. 22a Satz 2 WpHG).
- Schließlich wird den so für natürliche wie juristische Personen ermittelten Grenzwerten eine für beide gleichermaßen anwendbare alternative Möglichkeit der Obergrenzenbestimmung zur Seite gestellt. Diese wird grundsätzlich in Form eines x-fachen des aus dem Verstoß gezogenen wirtschaftlichen Vorteils ausgedrückt (vgl. § 120 Abs. 17 Satz 3; Abs. 18 Satz 3; Abs. 19 Satz 3; Abs. 20 Satz 3; Abs. 21 Satz 3; Abs. 22 Satz 3; Abs. 22a Satz 3 WpHG).[432] Auf diese alternative Möglichkeit der Obergrenzenbestimmung darf zurückgegriffen werden, soweit sie über die umsatzbezogene oder starre Obergrenze betragsweise hinausgeht.
- Die festgelegten Höchstwerte sind entlang der zu den §§ 81 ff. GWB aufgezeichneten Leitlinien[433] ebenfalls als Höchst-, und nicht als Kappungsgrenzen zu verstehen.[434]

Im Übrigen unterscheiden sich die Bußgeldtatbestände des § 120 WpHG voneinander teilweise erheblich. Ihnen gemein ist – mit Ausnahme von § 120 Abs. 24 WpHG – allerdings die bewusste Differenzierung zwischen der Sanktionierung natürlicher und juristischer Personen und mit Blick auf die Sanktionierung von Verbänden erkennt man die umsatzbezogenen Vorgaben zur Bußgeldbemessung wieder, wie sie bereits anhand der § 81 ff. GWB erläutert wurden.[435]

---

431 Vgl. auch *ders.*, in: Assmann/Schneider/Mülbert (Hrsg.), Wertpapierhandelsrecht, 7. Aufl. 2019, § 120 Rn. 378.

432 Vgl. auch *ders.*, in: Assmann/Schneider/Mülbert (Hrsg.), Wertpapierhandelsrecht, 7. Aufl. 2019, § 120 Rn. 378 ff.

433 Vgl. S. 85 f.

434 Vgl. BGH, Beschl. v. 26.02.2013, Rs. KRB 20/12, NJW 2013, 1972 ff. = BGHSt 58, 158; *Spoerr*, in: Assmann/Schneider/Mülbert (Hrsg.), Wertpapierhandelsrecht, 7. Aufl. 2019, § 120 Rn. 381.

435 Vgl. S. 88 ff.

Bußgeldtatbestand	Bußgeldrahmen Natürliche Personen	Weiterer Bußgeldrahmen Juristische Personen
Untergrenze nur erwähnt, soweit von § 17 Abs. 1 Hs. 1 OWiG (EUR 5) abweicht. Alle anderen Beträge stellen, sofern nicht anders gekennzeichnet, Obergrenzen dar		
§ 120 Abs. 17 WpHG	Geldbuße bis zu EUR 2 Mio. (Satz 1)	Der höhere Betrag von EUR 10 Mio. (Satz 2 Nr. 1) und 5 Prozent des Gesamtumsatzes, den die juristische Person oder Personenvereinigung im der Behördenentscheidung vorangegangenen Geschäftsjahr erzielt hat (Satz 2 Nr. 2)
	Alternativ (Satz 3): Geldbuße bis zum Zweifachen des aus dem Verstoß gezogenen wirtschaftlichen Vorteils, soweit Obergrenze dann höher als Alternativen	
§ 120 Abs. 18 WpHG	Je nach Verstoß - EUR 5 Mio. - EUR 1 Mio. - EUR 500.000 (Satz 1)	Je nach Verstoß - der höhere Betrag von EUR 15 Mio. und 15 Prozent des Gesamtumsatzes, den die juristische Person oder Personenvereinigung im der Behördenentscheidung vorangegangenen Geschäftsjahr erzielt hat (Satz 2 Nr. 1) - der höhere Betrag von EUR 2,5 Mio. und 2 Prozent des Gesamtumsatzes, den die juristische Person oder Personenvereinigung im der Behördenentscheidung vorangegangenen Geschäftsjahr erzielt hat (Satz 2 Nr. 2) - EUR 1 Mio. (Satz 2 Nr. 3)
	Alternativ (Satz 3): Geldbuße bis zum Dreifachen des aus dem Verstoß gezogenen wirtschaftlichen Vorteils, soweit Obergrenze dann höher als Alternativen	
§ 120 Abs. 19 WpHG	EUR 700.000 (Satz 1)	Der höhere Betrag von EUR 5 Mio. und 3 Prozent des Gesamtumsatzes, den die juristische Person oder Personenvereinigung im der Behördenentscheidung vorangegangenen Geschäftsjahr erzielt hat (Satz 2)
	Alternativ (Satz 3): Geldbuße bis zum Zweifachen des aus dem Verstoß gezogenen wirtschaftlichen Vorteils, soweit Obergrenze dann höher als Alternativen	

Bußgeldtatbestand	Bußgeldrahmen Natürliche Personen	Weiterer Bußgeldrahmen Juristische Personen
Untergrenze nur erwähnt, soweit von § 17 Abs. 1 Hs. 1 OWiG (EUR 5) abweicht. Alle anderen Beträge stellen, sofern nicht anders gekennzeichnet, Obergrenzen dar		
§ 120 Abs. 20 WpHG	EUR 5 Mio. (Satz 1)	10 Prozent des Gesamtumsatzes, den die juristische Person oder Personenvereinigung im der Behördenentscheidung vorangegangenen Geschäftsjahr erzielt hat (Satz 2)
	Alternativ (Satz 3): Geldbuße bis zum Zweifachen des aus dem Verstoß gezogenen wirtschaftlichen Vorteils, soweit Obergrenze dann höher als Alternativen	
§ 120 Abs. 21 WpHG	EUR 5 Mio. (Satz 1)	Je nach Verstoß - der höhere Betrag von EUR 5 Mio. und 10 Prozent des Gesamtumsatzes, den die juristische Person oder Personenvereinigung im der Behördenentscheidung vorangegangenen Geschäftsjahr erzielt hat (Satz 2 Nr. 1) - der höhere Betrag von EUR 15 Mio. und 10 Prozent des Gesamtumsatzes, den die juristische Person oder Personenvereinigung im der Behördenentscheidung vorangegangenen Geschäftsjahr erzielt hat (Satz 2 Nr. 2)
	Alternativ (Satz 3): Geldbuße bis zum Dreifachen des aus dem Verstoß gezogenen wirtschaftlichen Vorteils, soweit Obergrenze dann höher als Alternativen	
§ 120 Abs. 22 WpHG	Je nach Verstoß - EUR 500.000 - EUR 100.000 (Satz 1)	Je nach Verstoß - der höhere Betrag von EUR 1 Mio. und 10 Prozent des Gesamtumsatzes, den die juristische Person oder Personenvereinigung im der Behördenentscheidung vorangegangenen Geschäftsjahr erzielt hat (Satz 2 Nr. 1) - der höhere Betrag von EUR 250.000 und 2 Prozent des Gesamtumsatzes, den die juristische Person oder Personenvereinigung im der Behördenentscheidung vorangegangenen Geschäftsjahr erzielt hat (Satz 2 Nr. 2)
	Alternativ (Satz 3): Geldbuße bis zum Dreifachen des aus dem Verstoß gezogenen wirtschaftlichen Vorteils, soweit Obergrenze dann höher als Alternativen	
§ 120 Abs. 24 WpHG	Je nach Verstoß - EUR 500.000 - EUR 200.000 - EUR 100.000 (Satz 1)	

Spoerr stellt vor diesem Hintergrund in seiner Kommentierung des § 120 WpHG fest, dass die Bußgeldrahmen der Vorschrift solch drakonische Züge angenommen hätten und dass eine stetige Annäherung des „*Verwaltungssanktionsrechts*" an klassische strafrechtliche Strukturen zu verzeichnen sei.[436] In Anbetracht dieser vor allem mit Blick auf Verbände festzustellenden Eskalation der Bußgelddrohungen wurde an der Verfassungsmäßigkeit des § 120 WpHG mit Blick auf dem Verhältnismäßigkeitsgrundsatz gezweifelt.[437]

Betreffend die Bußgeldbemessung gegen Verbände im Allgemeinen gibt § 120 Abs. 23 Satz 1 WpHG je nach Art des Unternehmens (etwa Kreditinstitute; Zahlungsinstitute; Finanzdienstleistungsinstitute; Wertpapierinstitute; Versicherungsunternehmen) vor, welche Gesamtbeträge zur Bestimmung der Gesamtumsätze im Rahmen der Bußgeldtatbestände des § 120 WpHG heranzuziehen sind und nach welchen gesetzlichen Vorgaben diese erstellt werden müssen.

Als allgemeine Regel sieht § 120 Abs. 23 Satz 2 WpHG – auch hier sind Parallelen zu den §§ 81 ff. GWB erkennbar – vor, dass, soweit es sich bei der juristischen Person oder Personenvereinigung um ein Mutterunternehmen oder eine Tochtergesellschaft handelt, anstelle des Gesamtumsatzes der juristischen Person oder Personenvereinigung der jeweilige Gesamtbetrag in dem Konzernabschluss des Mutterunternehmens maßgeblich ist, der für den größten Kreis des Unternehmens aufgestellt wird. Die Berechnung selbst soll den Vorgaben des § 120 Abs. 23 Satz 1 WpHG entsprechen bzw. soweit dies nicht möglich ist, auf vergleichbare Posten des Konzernabschlusses zurückzugreifen (§ 120 Abs. 23 Satz 3 WpHG).

Für die Bußgeldtatbestände der § 120 Abs. 17-22 WpHG findet § 17 Abs. 2 OWiG, welcher die Halbierung der Obergrenze des Bußgeldrahmens für fahrlässiges Handeln vorsieht, soweit die Sanktionstatbestände selbst nicht zwischen vorsätzlichem und fahrlässigem Handeln unterscheiden, nach Maßgabe des § 120 Abs. 25 Satz 1 WpHG keine Anwendung, wobei bestimmte Ordnungswidrigkeiten hiervon in Form einer Gegenausnahme wieder ausgenommen wurden (§ 120 Abs. 25 Satz 2 WpHG).

---

436 Vgl. *Spoerr*, in: Assmann/Schneider/Mülbert (Hrsg.), Wertpapierhandelsrecht, 7. Aufl. 2019, § 120 Rn. 4 ff., der das Ordnungswidrigkeitenrecht als Teil des Verwaltungsrechts einordnet.

437 *Ders.*, in: Assmann/Schneider/Mülbert (Hrsg.), Wertpapierhandelsrecht, 7. Aufl. 2019, § 120 Rn. 14.

cc. Zwischenergebnis

Entsprechend der anhand der §§ 81 ff. GWB dargestellten detaillierten Unterscheidung zwischen der Sanktionierung juristischer und natürlicher Personen veranschaulicht auch § 120 WpHG die grundsätzliche, gesetzgeberische Zielsetzung der parallelen aber **voneinander zu unterscheidenden** Sanktionierung von Verbänden und natürlichen Personen. Die Norm beinhaltet zahlreiche Bußgeldbestände. Mit Ausnahme des § 120 Abs. 24 WpHG unterliegen sie alle einer eigenen abgewogenen Systematik hinsichtlich der Sanktionierung von natürlichen Personen und Verbänden, wie die vorstehende Übersicht verdeutlichte.[438]

§ 120 WpHG dient als weiterer Beleg dafür, dass aufseiten des Gesetzgebers durchaus erhebliche Anstrengungen unternommen werden, eine sinnvolle parallele Sanktionierung von Unternehmen und natürlichen Personen sicherzustellen.

Die Ausgestaltung der §§ 81 ff. GWB mit Blick auf die (freilich noch aufgrund der alten Rechtslage des § 81 GWB a.F.) das erste Mal ein Organinnenregress über eine Verbandsgeldbuße abgelehnt wurde,[439] ist insofern kein Einzelfall. Die Vorschriften sind viel mehr repräsentativ für ein vor allem in den bedeutendsten Teilen des Wirtschaftsstrafrechts i.w.S. einkehrendes zweigleisiges Sanktionssystem.

II. Organhaftung gemäß § 93 Abs. 2 AktG

Gegenstück der ordnungswidrigkeitenrechtlichen Sanktions- bzw. Abschöpfungsnormen ist mit Blick auf diese Dissertation seitens des Gesellschaftsrechts die Vorschrift des § 93 AktG. Sie enthält Sorgfalts-, Treue- und Verschwiegenheitspflichten (Abs. 1) für Vorstände sowie eine flankierende Schadensersatzpflicht (Abs. 2). § 93 Abs. 3 AktG hebt wichtige Fallgruppen einer Pflichtverletzung hervor.[440] Die §§ 93 Abs. 4-6 AktG regeln einzelne Modalitäten der Haftung, wie bspw. Verzichts- oder Vergleichsmöglichkeiten (Abs. 4); die Verfolgungsmöglichkeit durch Gläubiger (Abs. 5) sowie Verjährungsfragen (Abs. 6).[441]

Gemäß § 116 Satz 1 AktG gilt die Vorschrift mit Ausnahme von § 93 Abs. 2 Satz 3 AktG für Aufsichtsratsmitglieder entsprechend. Ebenfalls erfasst werden nach wohl überwiegender Ansicht auch faktische

438 Vgl. S. 98 f.
439 Vgl. S. 17.
440 *Koch*, in: Hüffer/Koch (Hrsg.), Aktiengesetz, 15. Aufl. 2021, § 93 Rn. 4.
441 *Ders.*, in: Hüffer/Koch (Hrsg.), Aktiengesetz, 15. Aufl. 2021, § 93 Rn. 4.

Organmitglieder[442] sowie fehlerhaft bestellte Vorstände, soweit diese ihr Amt ausüben.[443] Die Haftung endet mit wirksamer Beendigung des Vorstandsamtes.[444] § 93 AktG gilt entsprechend für Sparkassenvorstände.[445]

§ 93 AktG dient dem Schutz der Aktionäre.[446] Die teilweise vorgebrachte Überlegung, die Organinnenhaftung bezwecke darüber hinaus auch den Gläubigerschutz,[447] ist umstritten.[448] Die Vorgaben des § 93 AktG sind zwingend und können nach ganz herrschender Meinung weder durch Satzung noch durch Anstellungsvertrag ausgeschlossen oder reduziert werden.[449]

Mit Blick auf die Organinnenhaftung über Verbandsgeldbußen gilt es insbesondere zu untersuchen, inwiefern straf- und ordnungswidrigkeitenrechtliche Verstöße durch Vorstände und Aufsichtsräte auch Pflichtverletzungen im Sinne des § 93 Abs. 2 Satz 1 AktG darstellen und welche Exkulpationsmöglichkeiten insoweit bestehen.

a. Pflichtverletzung

Vorstände haben zunächst gemäß § 93 Abs. 1 Satz 1 AktG die Pflicht, bei ihrer Geschäftsführung die Sorgfalt eines ordentlichen und gewissenhaften Geschäftsleiters anzuwenden. Die Vorgabe ist als Generalklausel formuliert[450] und wird in zahlreichen Einzelvorschriften – vgl. nur §§ 76 Abs. 1, 80, 81,

---

442 Vgl. *Illert/Meyer*, in: Illert/Ghassemi-Tabar/Cordes (Hrsg.), Handbuch Vorstand und Aufsichtsrat, 2018, § 2 Rn. 8; K. Schmidt/Lutter-AktG/*Sailer-Coceani*, 4. Aufl. 2020, § 93 Rn. 2; a.A.: KK-AktG/*Mertens/Cahn*, 3. Aufl. 2010, § 93 Rn. 43.

443 Vgl. BGH, Urt. v. 25.06.2001, Rs. II ZR 38/99, ZIP 2001, 1458, 1459; *Illert/Meyer*, in: Illert/Ghassemi-Tabar/Cordes (Hrsg.), Handbuch Vorstand und Aufsichtsrat, 2018, § 2 Rn. 7; K. Schmidt/Lutter-AktG/*Sailer-Coceani*, 4. Aufl. 2020, § 93 Rn. 2.

444 Vgl. K. Schmidt/Lutter-AktG/*Sailer-Coceani*, 4. Aufl. 2020, § 93 Rn. 2.

445 Vgl. BGH, Beschl. v. 15.09.2014, Rs. II ZR 112/13, WM 2015, 332; K. Schmidt/Lutter-AktG/*Sailer-Coceani*, 4. Aufl. 2020, § 93 Rn. 2.

446 MüKo-AktG/*Spindler*, 5. Aufl. 2019, § 93 Rn. 1.

447 Vgl. MüKo-AktG/*ders.*, 5. Aufl. 2019, § 93 Rn. 1; *Fleischer*, in: Spindler/Stilz (Hrsg.), Kommentar zum Aktiengesetz, 4. Aufl. 2019, § 93 Rn. 2; GroßKomm-AktG/*Hopt/Roth*, 5. Aufl. 2015, § 93 Rn. 29; *Bachmann*, in: Ständige Deputation des Deutschen Juristentages (Hrsg.), Verhandlungen des 70. Deutschen Juristentags Hannover 2014, 2014, E1-E124, E 21.

448 Dagegen, vgl. KK-AktG/*Mertens/Cahn*, 3. Aufl. 2010, § 93 Rn. 5; BGH, Urt. v. 19.02.1990, Rs. II ZR 268/88, BGHZ 110, 342, 359 f. = NJW 1990, 1725; KG, Urt. v. 20.07.2001, Rs. 9 U 1912/00, AG 2003, 324, 325.

449 Vgl. *Koch*, in: Hüffer/Koch (Hrsg.), Aktiengesetz, 15. Aufl. 2021, § 93 Rn. 2.

450 Vgl. *Fleischer*, ZIP 2005, 141, 142.

83 AktG – konkretisiert. Im Übrigen verlangt die Generalklausel, dass der Vorstand in seiner Geschäftsleitung den Anforderungen, die an einen Geschäftsleiter zu stellen sind, der nicht eigenes Vermögen, sondern wie ein Treuhänder fremde Vermögensinteressen verwaltet, entspricht.[451] Maßstab ist ein Vergleichsunternehmen der konkreten Art, also einer vergleichbaren Tätigkeit, Größe und wirtschaftlichen Lage.[452]

Hieraus ergibt sich nach allgemeiner Ansicht für den Vorstand die – für diese Dissertation bedeutsame – Pflicht, bei Ausübung seiner Tätigkeit die gesetzlichen Bestimmungen einzuhalten: die sog. **Legalitätspflicht**.[453] Diese gilt auch, soweit der Gesetzesverstoß im Interesse der Gesellschaft erfolgt und das Entdeckungs- und Verfolgungsrisiko im Verhältnis zum voraussichtlichen Vorteil vernachlässigbar sind.[454] Ein rechtswidriges Verhalten im Außenverhältnis stellt nach ganz herrschender Meinung zugleich eine Pflichtverletzung im Innenverhältnis dar.[455]

Des Weiteren ergibt sich aus § 93 Abs. 1 Satz 1 AktG für den Vorstand die Pflicht, zur **ordnungsgemäßen** Geschäftsführung, das heißt zur sachgerechten Leitung und Überwachung des Unternehmens sowie nach allgemeiner Ansicht zur Einrichtung eines geeigneten Compliance-Systems.[456] Der Vorstand muss im Rahmen seiner ordnungsgemäßen und gewissenhaften Geschäftsführung zudem die **Wirtschaftlichkeit und Zweckmäßigkeit** seiner Leitungsentscheidungen

---

451 Vgl. BGH, Urt. v. 20.02.1995, Rs. II ZR 143/93, BGHZ 129, 30, 34 = NJW 1995, 1290; OLG Düsseldorf, Urt. v. 28.11.1996, Rs. 6 U 11/95, AG 1997, 231, 235; OLG Hamm, Urt. v. 10.05.1995, Rs. 8 U 59/94, AG 1995, 512, 514; OLG Koblenz, Urt. v. 10.06.1991, Rs. 6 U 1650/89, ZIP 1991, 870, 871; *Lutter*, ZIP 2007, 841; *Koch*, in: Hüffer/Koch (Hrsg.), Aktiengesetz, 15. Aufl. 2021, § 93 Rn. 6; K. Schmidt/Lutter-AktG/*Sailer-Coceani*, 4. Aufl. 2020, § 93 Rn. 6.

452 K. Schmidt/Lutter-AktG/*Sailer-Coceani*, 4. Aufl. 2020, § 93 Rn. 6.

453 Vgl. BGH, Urt. v. 27.08.2010, Rs. 2 StR 111/09, NJW 2010, 3458, 3460 = BGHSt 55, 266; BGH, Beschl. v. 13.09.2010, Rs. 1 StR 220/09, NJW 2011, 88, 92 = BGHSt 55, 288; BGH, Urt. v. 15.10.1996, Rs. VI ZR 319/95, ZIP 1996, 2017, 219 = BGHZ 133, 370; K. Schmidt/Lutter-AktG/*Sailer-Coceani*, 4. Aufl. 2020, § 93 Rn. 7; *Fleischer*, ZIP 2005, 141; *Schlechtriem*, in: Kreuzer (Hrsg.), Die Haftung der Leitungsorgane von Kapitalgesellschaften, 1991, S. 9, 21; *Bicker*, AG 2014, 8.

454 Vgl. *Fleischer*, ZIP 2005, 141; *Schlechtriem*, in: Kreuzer (Hrsg.), Die Haftung der Leitungsorgane von Kapitalgesellschaften, 1991, S. 9, 21.

455 Vgl. *Fleischer*, ZIP 2005, 141, 144.

456 Vgl. K. Schmidt/Lutter-AktG/*Sailer-Coceani*, 4. Aufl. 2020, § 93 Rn. 8 f. m.w.N.

berücksichtigen, was vereinfacht oft mit dem Hinweis zusammengefasst wird, der Vorstand dürfe Vermögenswerte der Gesellschaft nicht *„verschwenden“*.[457]

Für die vorliegende Untersuchung ist bedeutsam, dass die Vorschrift des § 93 Abs. 1 AktG **konzernweite Sorgfaltspflichten** des Vorstands des herrschenden Unternehmens begründet (vgl. allerdings die Sondervorgaben der §§ 309, 310 AktG für den Vertragskonzern; § 323 Abs. 1 AktG für die eingegliederte Gesellschaft sowie § 317 Abs. 3, 318 AktG mit Blick auf den faktischen Konzern).[458]

b. Business Judgment Rule

Um in Anbetracht dieses weiten und unbestimmten Pflichtenkatalogs dem naheliegenden Reflex einer wirtschaftlich lähmenden Risikoaversion von Vorständen sowie der Gefahr richterlicher Rückschaufehler vorzubeugen, wurde durch das UMAG die sog. *„Business Judgment Rule“* gesetzlich in § 93 Abs. 1 Satz 2 AktG verankert.[459]

Gemäß § 93 Abs. 1 Satz 2 AktG liegt eine Pflichtverletzung durch ein Vorstandsmitglied nicht vor, wenn das Vorstandsmitglied bei

- einer **unternehmerischen Entscheidung**;
- **vernünftigerweise** annehmen durfte,
- auf der **Grundlage angemessener Informationen**;
- zum **Wohle der Gesellschaft** zu handeln.

Wer den Anforderungen des § 93 Abs. 1 Satz 2 AktG genügt, handelt bereits objektiv pflichtgemäß – ohne dass es auf die Frage eines möglichen *„Verschuldens“* ankommt.[460] Alle Voraussetzungen der Business Judgment Rule bedürfen der Auslegung. Hieran wurde mit Blick auf die praktische Anwendung der Business Judgment Rule Kritik geäußert.

So wurde erstens die Fähigkeit der Gerichte bezweifelt, betriebswirtschaftliche Entscheidungen besser zu beurteilen, als hierfür spezifisch ausgebildete

---

457 Vgl. BGH, Urt. v. 09.12.1996, Rs. II ZR 240/95, NJW 1997, 741 ff.; K. Schmidt/Lutter-AktG/*Sailer-Coceani,* 4. Aufl. 2020, § 93 Rn. 10.

458 Vgl. OLG Düsseldorf, Urt. v. 28.11.1996, Rs. 6 U 11/95, AG 1997, 231, 235; *Koch,* in: Hüffer/Koch (Hrsg.), Aktiengesetz, 15. Aufl. 2021, § 93 Rn. 3; K. Schmidt/Lutter-AktG/*Sailer-Coceani,* 4. Aufl. 2020, § 93 Rn. 4, 12.

459 Entwurf eines Gesetzes zur Unternehmensintegrität und Modernisierung des Anfechtungsrechts (UMAG), BT-Drs. 15/5092, S. 11.

460 K. Schmidt/Lutter-AktG/*Sailer-Coceani,* 4. Aufl. 2020, § 93 Rn. 14; *Lutter,* ZIP 2007, 841, 843.

Spezialisten, die über entsprechende praktische Erfahrungen verfügen.[461] Zweitens wurde Gefahr von Rückschaufehlern bei der Ex-post-Beurteilung unternehmerischer Entscheidungen betont.[462]

Die Unbestimmtheit der Business Judgment Rule führte darüber hinaus zu dogmatischen Unsicherheiten, welche die zugrunde liegende Untersuchung betreffen. Der Ausschluss der Pflichtverletzung knüpft zunächst an das Tatbestandsmerkmal der unternehmerischen Entscheidung an. Im Kontext der Organinnenhaftung über Verbandsgeldbußen ist von besonderem Interesse, inwiefern auch Rechtsverstöße durch Vorstände, solche unternehmerischen Entscheidungen darstellen bzw. auf solchen basieren können.

aa. Vorrang des Legalitätsprinzips gegenüber sog. „nützlichen“ *Pflichtverletzungen*

Im US-amerikanischen Recht wurde bspw. unter dem Stichwort der *„efficient breach of law“* – im deutschen Recht als *„nützliche“* Pflichtverletzung bekannt – diskutiert, inwiefern Rechtsverstöße im Rahmen der Business Judgment Rule zu berücksichtigen seien, die für das Unternehmen im Ergebnis gewinnbringend seien.[463]

Die Regierungsbegründung des UMAG führt hierzu im Zuge der Begründung des § 93 Abs. 1 Satz 2 AktG für das deutsche Recht aus:

> *„Ein Handeln oder Unterlassen ohne eine bewusste unternehmerische Entscheidung fällt nicht unter die Bestimmung. Unternehmerische Entscheidungen sind infolge ihrer Zukunftsbezogenheit durch Prognosen und nicht justiziable Einschätzungen geprägt. Dies unterscheidet sie von der Beachtung gesetzlicher, satzungsmäßiger oder anstellungsvertraglicher Pflichten ohne tatbestandlichen Beurteilungsspielraum“.*[464]

Entsprechend wurde der Vorrang des Legalitätsprinzips in der Literatur einhellig bestätigt: Verbietet die Rechtslage dem Vorstand **eindeutig** eine bestimmte Handlung vorzunehmen, kann er sich, soweit er sich über das Verbot hinwegsetzt,

---

461 Vgl. hierzu *Wagner*, ZHR 178 (2014), 227, 257; *Windbichler*, in: Immenga/Schwintowski/Kollmorgen (Hrsg.), Wirtschaftliches Risiko und persönliche Verantwortung der Manager, 2006, S. 42, 45.

462 Vgl. hierzu *Wagner*, ZHR 178 (2014), 227, 257; *Windbichler*, in: Immenga/Schwintowski/Kollmorgen (Hrsg.), Wirtschaftliches Risiko und persönliche Verantwortung der Manager, 2006, S. 42, 48.

463 Vgl. hierzu instruktiv *Fleischer*, ZIP 2005, 141, 148 ff.; sowie *Bicker*, AG 2014, 8, 9.

464 Entwurf eines Gesetzes zur Unternehmensintegrität und Modernisierung des Anfechtungsrechts (UMAG), BT-Drs. 15/5092, S. 11.

nicht auf die Privilegierung der Business Judgment Rule berufen.[465] Rechtlich gebundene Entscheidungen überlassen dem Vorstand gerade keinen Entscheidungs- und Ermessensspielraum und sind somit keine unternehmerischen Entscheidungen im Sinne des § 93 Abs. 1 Satz 2 AktG.[466]

bb. Berücksichtigung rechtlicher Bewertungsunsicherheiten

Weniger eindeutig ist dies bei rechtlich unsicheren Situationen, welche dem Vorstand ex ante eine unsichere Bewertung der Rechtslage abverlangen. Die überwiegende Ansicht möchte eine solche Bewertungsunsicherheit berücksichtigen. Uneinigkeit besteht über die dogmatische Verortung zwischen Pflichtwidrigkeits- und Verschuldensprüfung. Dass diese zum Teil gravierend unterschiedliche Folgen haben kann, zeigen die § 84 Abs. 3 Satz 1 u. 2 AktG exemplarisch:

> *„Der Aufsichtsrat kann die Bestellung zum Vorstandsmitglied und die Ernennung zum Vorsitzenden des Vorstands widerrufen, wenn ein wichtiger Grund vorliegt. Ein solcher Grund ist namentlich* ***grobe Pflichtverletzung****, Unfähigkeit zur ordnungsmäßigen Geschäftsführung oder Vertrauensentzug durch die Hauptversammlung, es sei denn, daß das Vertrauen aus offenbar unsachlichen Gründen entzogen worden ist.“*
>
> (Hervorhebung nicht im Original)

Der nicht pflichtwidrig handelnde Vorstand muss des Nachts nicht um seinen Posten bangen. Der bloß entschuldigte, aber pflichtwidrig handelnde Vorstand schon.

In der Regierungsbegründung des UMAG zu § 93 Abs. 1 Satz 2 AktG heißt es insofern:

> *„Für illegales Verhalten gibt es keinen „sicheren Hafen“ im Sinne einer haftungstatbestandlichen Freistellung, es kann hier im Einzelfall aber am Verschulden fehlen.“*[467]

Eine gewichtige Ansicht in Literatur und Rechtsprechung versteht dies als deutliches gesetzgeberisches Bekenntnis zu einer Berücksichtigung rechtlicher Unsicherheiten auf Verschuldensebene.[468] Sie beruft sich des Weiteren auf die

---

465 Vgl. *Koch*, in: Hüffer/Koch (Hrsg.), Aktiengesetz, 15. Aufl. 2021, § 93 Rn. 16 ff. m.w.N.

466 Vgl. *ders.*, in: Hüffer/Koch (Hrsg.), Aktiengesetz, 15. Aufl. 2021, § 93 Rn. 16 f.

467 Entwurf eines Gesetzes zur Unternehmensintegrität und Modernisierung des Anfechtungsrechts (UMAG), BT-Drs. 15/5092, S. 11.

468 Vgl. *Koch*, in: Hüffer/Koch (Hrsg.), Aktiengesetz, 15. Aufl. 2021, § 93 Rn. 19; *Buck-Heeb*, BB 2013, 2247, 2254; *Koch*, NZG 2014, 934, 938 f.; *Hauff*, Der Regress von Verbandsgeldbußen im Kapitalgesellschaftsrecht, 2019, S. 80 ff., insb. S. 84; wohl auch *Paefgen*, AG 2014, 554, 560 f.

viel zitierte sog. ISION-Entscheidung[469] des BGH. Diese erörterte die Exkulpationsmöglichkeit eines (unverschuldeten) Rechtsirrtums durch den Vorstand als Schuldfrage:

„An das Vorliegen eines unverschuldeten Rechtsirrtums sind strenge Maßstäbe anzulegen. […] Erforderlich ist viel mehr, dass sich das Vertretungsorgan, das selbst nicht über die erforderliche Sachkunde verfügt, unter umfassender Darstellung der Verhältnisse der Gesellschaft und Offenlegung der erforderlichen Unterlagen von einem unabhängigen, für die zu klärende Frage fachlich qualifizierten Berufsträger beraten lässt und die erteilte Rechtsauskunft einer sorgfältigen Plausibilitätskontrolle unterzieht.“[470]

Tatsächlich sind die Konsequenzen dieser Entscheidung keinesfalls so eindeutig wie vielfach dargelegt. Eine Argumentation gegen eine Verortung von Ermessensentscheidungen bei unsicherer Rechtslage in der Pflichtwidrigkeit bleibt die Entscheidung – ebenso wie ein nachfolgendes Urteil des BGH mit ähnlicher Vorgehensweise –[471] schuldig. Sie bespricht den Rechtsirrtum als allgemeines Haftungsproblem, ohne auf die Sonderlage des § 93 Abs. 1 Satz 1 u. 2 AktG gesondert einzugehen. Die ausgeführten Informationseinholungspflichten an den Vorstand ließen sich problemfrei auch in die Subsumtion der § 93 Abs. 1 Satz 1 u. 2 AktG übertragen. In einem weiteren Beschluss des BGH heißt es so etwa:

„Das Berufungsgericht hat keine Feststellungen dazu getroffen, ob der Beklagte die ihm vorgeworfenen Straftaten begangen hat und ob sie ihrer Art nach gleichzeitig ein pflichtwidriges Verhalten gegenüber der Gesellschaft dargestellt haben […].“[472]

In casu geht der BGH gerade davon aus, dass festgestellte Straftat und pflichtwidriges Verhalten nicht zwingend miteinander verbunden sein müssen. Die dogmatische Verortung rechtlicher Unsicherheiten in Vorstandsentscheidungen als höchstrichterlich geklärt zu sehen, scheint vor diesem Hintergrund voreilig.

Auch die Ansicht, die rechtlich unsichere Entscheidungen auf Verschuldensebene verortet, verkennt nicht, dass der Vorstand grundsätzlich auch bei rechtlichen Beurteilungen Ermessen ausübt. Dabei sei er auch gerade nicht stets verpflichtet, den rechtssichersten Weg zu wählen, sondern könne nach pflichtgemäßem Ermessen auch einen für die Gesellschaft günstigen Standpunkt einnehmen.[473]

---

469 BGH, Urt. v. 20.09.2011, Rs. II ZR 234/09, NZG 2011, 1271 ff.

470 BGH, Urt. v. 20.09.2011, Rs. II ZR 234/09, NZG 2011, 1271, 1273.

471 BGH, Urt. v. 28.04.2015, Rs. II ZR 63/14, NZG 2015, 792, 794 f.

472 BGH, Urt. v. 08.07.2014, Rs. II ZR 174/13, AG 2014, 751, 753.

473 Vgl. *Bicker*, AG 2014, 8, 10.

Eine grundsätzlich unterschiedliche Bewertung der Ausübung eines solchen „rechtlichen“ Ermessens im Rahmen der Vorstandstätigkeit im Gegensatz zu allen anderen risikobehafteten Entscheidungsfindungen ließe sich dann allein damit begründen, dass der Begriff „unternehmerisch“ seinem Wortsinn nach als grundsätzliche Antithese zu dem Begriff „rechtlich“ zu begreifen sei. Ein solches Exklusivitätsverhältnis ergibt die deutsche Sprache aber nicht. Auch eine rechtliche Abwägung zwischen „das ist erlaubt“ versus „das ist nicht erlaubt“ kann – soweit im Rahmen rechtlicher Unsicherheit vorgenommen – dem bloßen Wortsinn nach eine „unternehmerische Entscheidung“ sein. Eine solche „rechtliche Prognose“ ist im Übrigen ebenso viel oder wenig „justiziabel“[474] wie „tatsächliche Prognosen“. Es ist vollkommen unklar, wie tatsächliche und rechtliche Prognosen im Einzelnen voneinander zu unterscheiden wären.[475]

Als anschauliches Beispiel wurde hier etwa die Fortführungsprognose im Rahmen des § 15a InsO genannt, die eine Subsumtion anhand der Beurteilung wiederum komplexer tatsächlicher Umstände abverlangt.[476]

Zum Teil wird gegen eine Legal Judgment Rule[477] ins Feld geführt, der Zweck des § 93 Abs. 1 Satz 2 AktG richterliche Rückschaufehler abzufedern, könne mit Blick auf rechtliche Wertungen nicht greifen. Das Unternehmensorgan könne sich hinsichtlich Rechtsfragen gerade nicht auf einen Erfahrungsvorsprung vor Richtern berufen, wie in üblichen Anwendungsfällen des § 93 Abs. 1 Satz 2 AktG.[478]

Dem ist zu entgegnen, dass auch richterliche Subsumtion – ebenso wie die des Vorstands – die Beurteilung tatsächlicher Sachverhalte abverlangt. Gesteht man diese Schwierigkeit als Ausgangsproblem der Diskussion um die Legal Judgment Rule ein, wäre es inkonsequent und im Übrigen völlig realitätsfern, den „Richter“ von derselben Schwierigkeit freizuzeichnen und als unfehlbaren

---

474 Entwurf eines Gesetzes zur Unternehmensintegrität und Modernisierung des Anfechtungsrechts (UMAG), BT-Drs. 15/5092, 11.

475 Vgl. hierzu auch *Hasselbach/Ebbinghaus*, AG 2014, 873, 875; *Nietsch*, ZGR 44 (2015), 631, 654 f.; siehe des Weiteren *Kaulich*, Die Haftung von Vorstandsmitgliedern einer Aktiengesellschaft für Rechtsanwendungsfehler, 2012, S. 202 ff. mit dem Vorschlag zwischen rechtlichen und außerrechtlichen Gesichtspunkten zu differenzieren und davon abhängig eine Anwendung des § 93 Abs. 1 Satz 2 AktG abzulehnen oder zuzulassen.

476 Vgl. *Cahn*, WM 2013, 1293, 1294.

477 Vgl. mit der – soweit ersichtlich – Einführung der Nomenklatur der „Legal Judgment Rule“ in den Diskurs, *Bürkle*, VersR 2013, 792, 794.

478 Vgl. *Buck-Heeb*, BB 2013, 2247, 2253.

Subsumtionsautomaten und Destillat reiner Rechtsanwendung zu betrachten.[479] Selbst höchstrichterliche Rechtsprechung wird regelmäßig in allen rechtlichen Bereichen aufgegeben oder weiterentwickelt. *Nietsch* führt insofern zutreffend aus: *„Bei Lichte betrachtet sind Rechtslage und Zweckmäßigkeitsgesichtspunkte bei Leitungs- und Geschäftsführungsaufgaben regelmäßig so verzahnt, dass beides als Bestandteil einer einheitlichen Entscheidung gesehen werden muss.“*[480]

Eine gewichtige Ansicht im Schrifttum spricht sich nach alledem für eine Anwendung der Business Judgment Rule gemäß § 93 Abs. 1 Satz 2 AktG in unmittelbarer oder analoger Anwendung auf die Auslegung unbestimmter Rechtsbegriffe aus – zum Teil unter der vorgenannten Nomenklatur der Legal Judgment Rule.[481]

Selbst wenn man jedoch dem Wortlaut der Regierungsbegründung des UMAG bzw. des § 93 Abs. 1 Satz 2 AktG ein sprachliches Exklusivitätsverhältnis von *„rechtlichen“* und *„unternehmerischen“* Entscheidungen entnehmen will, ließe sich der objektive Sorgfaltsmaßstab des § 93 Abs. 1 Satz 1 AktG heranziehen, um Vorstandsentscheidungen hinsichtlich rechtlich unsicherer Subsumtion – je nach Einzelfall – als ordentliche und gewissenhafte Geschäftsführung auf Ebene der Pflichtwidrigkeit zu erfassen und eine Haftung auszuschließen.[482]

Dass hierbei gleichwohl die sonstigen Voraussetzungen des § 93 Abs. 1 Satz 2 AktG einzuhalten wären, insbesondere die Entscheidungsfindung anhand einer angemessenen Informationsgrundlage,[483] ist selbstverständlich. So kann der Vorstand je nach Komplexität der rechtlichen Fragestellung sowie des eigenen Bildungshintergrundes veranlasst sein, internen oder externen Rechtsrat oder sogar die Einschätzung diverser Behörden[484]

---

479 Vgl. auch *Casper*, ZHR 176 (2012), 617, 636.

480 *Nietsch*, ZGR 44 (2015), 631, 654 f.

481 Vgl. *Illert/Meyer*, in: Illert/Ghassemi-Tabar/Cordes (Hrsg.), Handbuch Vorstand und Aufsichtsrat, 2018, § 2 Rn. 35; *Winnen*, Die Innenhaftung des Vorstands nach dem UMAG, 2009, S. 157 ff.; *Nietsch*, ZGR 44 (2015), 631, 652 ff., 656.

482 Instruktiv hierzu *Berger*, Vorstandshaftung und Beratung, 2015, S. 307 ff., 347 ff.; des Weiteren *Bicker*, AG 2014, 8, 10 wohl auch *Cahn*, WM 2013, 1293, 1294 f.: *„Dafür spricht nicht zuletzt auch, dass die Business Judgment Rule keine anderen Haftungsgrundsätze fordert als ohne ihre ausdrückliche Verankerung im Gesetz gelten würden.“*; *Hasselbach/Ebbinghaus*, AG 2014, 873, 874 ff.; *Sander/Schneider*, ZGR 42 (2003), 725, 735 ff.; zur Rechtslage vor Inkrafttreten des UMAG *Fleischer*, ZIP 2005, 141, 149.

483 Vgl. hierzu jüngst ausführlich, OLG Köln, Urt. v. 01.10.2019, Rs. 18 U 34/18, NZG 2020, 110, 113.

484 Vgl. *Hasselbach/Ebbinghaus*, AG 2014, 873, 880.

einzuholen sowie den erhaltenen Rat einer umfassenden Plausibilitätskontrolle zu unterziehen.[485]

Der Wortlaut des UMAG steht der Annahme einer planwidrigen Regelungslücke ebenfalls nicht unmittelbar entgegen, soweit es dort wie bereits lautete:

> *„Für illegales Verhalten gibt es keinen „sicheren Hafen" im Sinne einer haftungstatbestandlichen Freistellung, es kann hier im Einzelfall aber am Verschulden fehlen."*[486]

Rechtlich unsichere Urteile sind nicht gleichzustellen mit *„illegalem Verhalten"*. Während es dem Sinn und Zweck nach einleuchtet bewusst illegalem Verhalten keinen Raum zu lassen, ist diese Wertung mit Blick auf rechtliche Beurteilungsschwierigkeiten wie gezeigt wurde gerade nicht übertragbar.

Wortlaut und Telos des § 93 Abs. 1 Satz 2 AktG legen nach alledem eine Einbeziehung rechtlich unsicherer Entscheidungen unter den Anwendungsbereich der Business Judgment Rule – sei es in unmittelbarer oder mittelbarer Anwendung – nahe.

c. Verschulden

Das Vorstandsmitglied muss seine Pflichten vorsätzlich oder fahrlässig verletzt haben.[487] Der Schuldmaßstab ist gemäß § 93 Abs 1 Satz 1 AktG ein typisierter:[488] Das Vorstandsmitglied muss die Sorgfalt eines ordentlichen und gewissenhaften Geschäftsleiters missachtet haben.[489] Maßgeblich ist, wie ein pflichtbewusster selbstständig tätiger Leiter eines Unternehmens der konkreten Art, der nicht mit eigenen Mitteln wirtschaftet, sondern ähnlich wie ein Treuhänder Vermögensinteressen verpflichtet ist, zu handeln hat.[490]

---

485 Vgl. ausführlicher zu den Anforderungen an die Einholung qualifizierten externen Rats, S. 113 ff.

486 Entwurf eines Gesetzes zur Unternehmensintegrität und Modernisierung des Anfechtungsrechts (UMAG), BT-Drs. 15/5092, S. 11.

487 LG München I, Urt. v. 10.12.2013, Rs. 5 HK O 1387/10, ZIP 2014, 570, 575; *Illert/Meyer*, in: Illert/Ghassemi-Tabar/Cordes (Hrsg.), Handbuch Vorstand und Aufsichtsrat, 2018, § 2 Rn. 57.

488 RG, Urt. v. 28.02.1940, Rs. II 115/39, RGZ 163, 200, 208; MüKo-AktG/*Spindler*, 5. Aufl. 2019, § 93 Rn. 198.

489 MüKo-AktG/*Spindler*, 5. Aufl. 2019, § 93 Rn. 198.

490 Vgl. BGH, Urt. v. 20.02.1995, Rs. II ZR 143/93, BGHZ 129, 30, 34 = NJW 1995, 1290; OLG Düsseldorf, Urt. v. 28.11.1996, Rs. 6 U 11/95, AG 1997, 231, 235; *Koch*, in: Hüffer/Koch (Hrsg.), Aktiengesetz, 15. Aufl. 2021, § 93 Rn. 6.

Neben dem Erfordernis der Pflichtverletzung kommt dem des Verschuldens im Rahmen der Haftung nach § 93 Abs. 2 AktG nur geringe Bedeutung zu. Dies liege richtigerweise daran, dass praktisch nur wenige Situationen denkbar scheinen, in denen zwar eine objektive, aber keine subjektive Pflichtwidrigkeit vorliegt.[491]

Individuelle Unzulänglichkeiten eines Vorstandsmitglieds exkulpieren diesen nicht. Genügen Fähigkeiten oder Kenntnisse eines Vorstandsmitglieds den verlangten Anforderungen nicht, stellt dies keinen Entschuldigungsgrund dar.[492] Das schuldhaft pflichtwidrige Verhalten liegt dann darin, dass das Vorstandsmitglied das Vorstandsamt in seiner konkreten Form trotz mangelnder Befähigung übernommen hat.[493]

aa. Haftung für fremdes Verschulden

Die Haftung nach § 93 Abs. 2 AktG erfasst nur Pflichtverstöße, die das Vorstandsmitglied in eigener Person verschuldet hat. Eine Haftung für Pflichtwidrigkeiten Angestellter nach Maßgabe der §§ 278, 831 BGB scheidet aus, da die Angestellten (grundsätzlich) Erfüllungsgehilfen der Gesellschaft und nicht des jeweiligen Vorstandsmitglieds sind.[494]

§ 831 Abs. 2 BGB findet keine Anwendung, da das Vorstandsmitglied nur seine organschaftlichen Pflichten erfüllt, nicht aber in die Stellung der Gesellschaft als Geschäftsherrin einrückt.[495]

Gleiches gilt für andere Vorstände sowie Prokuristen der Gesellschaft. Diese sind auch im Falle der Gesamtvertretung gemeinsam mit dem jeweils haftenden Vorstandsmitglied nicht jedoch als dessen Erfüllungs- oder Verrichtungsgehilfen tätig.[496] Auch wenn bei Abschluss eines unter Mitwirkung eines Prokuristen geschlossenen Geschäfts ein Schaden entsteht, haftet das Vorstandsmitglied, das

---

491 MüKo-AktG/*Spindler*, 5. Aufl. 2019, § 93 Rn. 198.

492 RG, Urt. v. 28.02.1940, Rs. II 115/39, RGZ 163, 200, 208; MüKo-AktG/*Spindler*, 5. Aufl. 2019, § 93 Rn. 199.

493 Vgl. MüKo-AktG/*Spindler*, 5. Aufl. 2019, § 93 Rn. 199 m.w.N.

494 Vgl. BGH, Urt. v. 13.04.1994, Rs. II ZR 16/93, BGHZ 125, 366, 375 = NJW 1994, 1801; BGH, Urt. v. 20.09.2011, Rs. II ZR 234/09, NZG 2011, 1271, 1273; *Zimmermann*, WM 2008, 433, 436; MüKo-AktG/*Spindler*, 5. Aufl. 2019, § 93 Rn. 202.

495 BGH, Urt. v. 05.12.1989, Rs. VI ZR 335/88, BGHZ 109, 297, 304; BGH, Urt. v. 13.04.1994, Rs. II ZR 16/93, BGHZ 125, 366, 375 = NJW 1994, 1801; MüKo-AktG/*Spindler*, 5. Aufl. 2019, § 93 Rn. 202.

496 Vgl. *Koch*, in: Hüffer/Koch (Hrsg.), Aktiengesetz, 15. Aufl. 2021, § 93 Rn. 46; MüKo-AktG/*Spindler*, 5. Aufl. 2019, § 93 Rn. 202.

der Prokurist ersetzt hat, nicht nach § 278 BGB für diesen. Der Prokurist ist nicht Erfüllungsgehilfe dieses Vorstandsmitglieds, sondern hat im Rahmen der Ersetzung eigene Pflichten erfüllt.[497]

Unberührt bleibt allerdings die Haftung des Vorstandsmitglieds aus eigenem Verschulden, soweit der Gesellschaftsschaden auf eine mangelnde Organisation oder ungenügende Beaufsichtigung der Angestellten zurückzuführen ist.[498]

bb. Grundsätze des Rechtsirrtums

Soweit man entgegen der hier bevorzugten Lösung im Fahrwasser der wohl überwiegenden Ansicht Rechtsirrtümer von Vorstandsmitgliedern nicht auf Ebene der Pflichtwidrigkeit, sondern auf Verschuldensebene berücksichtigen möchte, haben Literatur und Rechtsprechung hierfür besondere Maßstäbe entwickelt.[499]

Ausgangspunkt dessen war eine Entscheidung des fünften Zivilsenats vom 21.12.1995 über die Pflicht eines Wohnungseigentumsverwalters zur Prüfung rechtlicher Zweifelsfragen.[500] Die vormals für Rechtsirrtümer bekannten strengen Maßstäbe, dass derjenige schuldhaft handelt, der seine Interessen trotz zweifelhafter Lage auf Kosten fremder Interessen wahrnimmt,[501] übertrug der fünfte Senat auf die Haftung des Wohnungseigentumsverwalters nicht, denn dieser habe seine Entscheidung in Anbetracht rechtlicher Zweifel gerade nicht im eigenen Interesse, sondern im Interesse Dritter wahrgenommen, deren Geschäft er besorgte.[502] Vor diesem Hintergrund habe der Wohnungseigentumsverwalter einen Beurteilungsspielraum, im Rahmen dessen er nach sorgfältiger und ordnungsgemäßer Prüfung ein eigenes Urteil bilden könnte. Hinsichtlich dieses Urteils könne es ihm nicht mehr angelastet werden, wenn es sich im Nachhinein als irrig herausstellt.[503]

Entsprechend hat der BGH auch mit Blick auf das Vorstandshandeln in der Aktiengesellschaft einen auf Verschuldensebene entlastenden Rechtsirrtum

---

497 Vgl. BGH, Urt. v. 31.03.1954, Rs. II ZR 57/53, BGHZ 13, 61, 64 f. = NJW 1954, 1158; MüKo-AktG/*Spindler*, 5. Aufl. 2019, § 93 Rn. 202; *Koch*, in: Hüffer/Koch (Hrsg.), Aktiengesetz, 15. Aufl. 2021, § 93 Rn. 46.

498 MüKo-AktG/*Spindler*, 5. Aufl. 2019, § 93 Rn. 202.

499 Vgl. hierzu MüKo-AktG/*ders.*, 5. Aufl. 2019, § 93 Rn 44.

500 Vgl. BGH, Beschl. v. 21.12.1995, Rs. V ZB 4/94, NJW 1996, 1216 ff. = BGHZ 131, 346.

501 BGH, Urt. v. 07.03.1972, Rs. VI ZR 169/70, NJW 1972, 1045 f.

502 BGH, Beschl. v. 21.12.1995, Rs. V ZB 4/94, NJW 1996, 1216, 1218 = BGHZ 131, 346.

503 Vgl. BGH, Beschl. v. 21.12.1995, Rs. V ZB 4/94, NJW 1996, 1216, 1218 = BGHZ 131, 346.

des Vorstands angenommen, wenn dieser sich um Ermittlung der zutreffenden Rechtslage bemüht und auf dieser Grundlage einen vertretbaren Rechtsstandpunkt sorgfältig gebildet hat.[504] Die Anforderungen, welche an eine solche sorgfältige Ermittlung eines Rechtsstandpunktes zu stellen sind, sind in der Literatur im Einzelnen umstritten, jedoch hat die höchstrichterliche Rechtsprechung einige Leitlinien herausgearbeitet:

- Der organschaftliche Vertreter, der bei Beurteilung einer Rechtsfrage nicht über ausreichende persönliche Kenntnisse verfügt, muss sich gegebenenfalls extern beraten lassen.[505]
- Zur Einholung ausreichen qualifizierten externen Rats ist erforderlich, dass sich das Vertretungsorgan unter umfassender Darstellung der Verhältnisse der Gesellschaft und Offenlegung der erforderlichen Unterlagen von einem unabhängigen, für die zu klärenden Fragestellungen fachlich qualifizierten Berufsträger beraten lässt.[506] Die formale Qualifikation als Rechtsanwalt genügt als Nachweis fachlicher Qualifikation nicht. Es bedarf spezieller Kenntnis des Beauftragten in dem bzw. einem einschlägigen Rechtsgebiet – der BGH spricht insofern von einem *„fachlich qualifizierten Berufsträger“*.[507]
- Mit Ausnahme besonders einfach gelagerter oder außergewöhnlich eilig einzuholender Rechtsfragen hat der einzuholende Rechtsrat in der Regel schriftlich zu erfolgen.[508]

Gleichwohl gilt es, die Anforderungen an eine gewissenhafte Prüfung nicht zu überspannen. Eine Entlastung aufgrund eines Rechtsirrtums verlangt nicht, dass ein Prüfauftrag ausdrücklich für eine bestimmte Rechtsfrage erteilt wird, sondern nur, dass die Prüfung aus der Sicht des nicht fachkundigen Organs

---

504 Vgl. BGH, Urt. v. 20.09.2011, Rs. II ZR 234/09, NZG 2011, 1271, 1273; BGH, Urt. v. 28.04.2015, Rs. II ZR 63/14, NZG 2015, 792, 794 ff.; *Koch*, in: Hüffer/Koch (Hrsg.), Aktiengesetz, 15. Aufl. 2021, § 93 Rn. 44a.

505 BGH, Urt. v. 14.05.2007, Rs. II ZR 48/06, NJW 2007, 2118, 2120; vgl. auch BGH, Urt. v. 06.06.1994, Rs. II ZR 292/91, BGHZ 126, 181, 199 = NJW 1994, 2220; OLG Düsseldorf, Urt. v. 31.03.1999, Rs. 12 U 176/97, NZG 1999, 944, 946.

506 BGH, Urt. v. 14.05.2007, Rs. II ZR 48/06, NJW 2007, 2118, 2120.

507 BGH, Urt. v. 14.05.2007, Rs. II ZR 48/06, NJW 2007, 2118, 2120; BGH, Urt. v. 20.09.2011, Rs. II ZR 234/09, NZG 2011, 1271, 1273.

508 Vgl. BGH, Urt. v. 20.09.2011, Rs. II ZR 234/09, NZG 2011, 1271, 1273 f.; *Illert/Meyer*, in: Illert/Ghassemi-Tabar/Cordes (Hrsg.), Handbuch Vorstand und Aufsichtsrat, 2018, § 2 Rn. 64; *Koch*, in: Hüffer/Koch (Hrsg.), Aktiengesetz, 15. Aufl. 2021, § 93 Rn. 44b.

die zweifelhafte Frage umfasst. Selbst wenn sich der dem sachkundigen Dritten erteilte Auftrag auf eine anderweitige Aufgabenstellung richtet, kann es das Organ entlasten, wenn es sich nach den Umständen der Auftragserteilung darauf verlassen durfte, die Fachperson habe im Rahmen der anderweitigen Aufgabenstellung auch die zweifelhafte Frage geprüft.[509] Unabhängig von dem Inhalt des Prüfauftrags kann es das Organ auch entlasten, wenn die fachkundige Person nach dem Inhalt der Auskunft die Rechtsfrage tatsächlich geprüft und beantwortet hat. Von einem nicht selbst rechtskundigen Auftraggeber kann grundsätzlich nicht erwartet werden, dass er bestimmte Rechtsfragen formuliert.[510]

Auch die Auskunft spezialisierter Behörden wie etwa der BaFin oder des Bundeskartellamts kann haftungsentlastende Wirkung entfalten.[511] Unsicherheit besteht darüber, inwiefern ein unternehmensinterner Rechtsberater als qualifizierter Rechtsbeistand zur Klärung rechtlicher Zweifelsfragen in Betracht kommt. Teilweise wird in diesem Zusammenhang die Unabhängigkeit unternehmensinterner Rechtsberater angezweifelt.[512] Jedenfalls kann dies nicht als pauschaler Einwand gelten. Mandatierte externe Berater können zunächst in persönlicher Hinsicht dem mandatierenden Vorstand bzw. leitenden Angestellten ebenso nahestehen oder sogar noch näher, als bspw. Syndikusanwälte im eigenen Unternehmen.[513] In sachlicher Hinsicht kann von einem jahrelang mit dem jeweiligen Unternehmen verbundenen externen Rechtsbeistand ebenso eine Besorgnis der Voreingenommenheit ausgehen, wie von einem unternehmensinternen Juristen.

Grundsätzliche Aussagen lassen sich hier gerade nicht treffen. Sehr wohl wird der Vorstand bei Einholung seines Rechtsrats jedoch zu berücksichtigen haben, von wem er diesen einholt und in welchem Verhältnis er zu dieser Fachperson steht – etwa ob eine Vorbefassung des Beraters mit der Sache vorliegt.[514] Bloße

---

509 BGH, Urt. v. 28.04.2015, Rs. II ZR 63/14, NZG 2015, 792, 795; vgl. auch BGH, Urt. v. 27.03.2012, Rs. II ZR 171/10, NZG 2012, 672, 674.

510 BGH, Urt. v. 28.04.2015, Rs. II ZR 63/14, NZG 2015, 792, 795.

511 Vgl. *Koch*, in: Hüffer/Koch (Hrsg.), Aktiengesetz, 15. Aufl. 2021, § 93 Rn. 45; *Illert/Meyer*, in: Illert/Ghassemi-Tabar/Cordes (Hrsg.), Handbuch Vorstand und Aufsichtsrat, 2018, § 2 Rn. 61; mit Blick auf § 17 StGB, BGH, Urt. v. 27.06.2017, Rs. VI ZR 424/16, BeckRS 2017, 118245, Rn. 17.

512 Vgl. *Hahn/Naumann*, CCZ 2013, 156, 161 m.w.N.

513 *Schmidt*, in: Heidel (Hrsg.), Aktienrecht und Kapitalmarktrecht, 5. Aufl. 2020, § 93 AktG Rn. 105.

514 Vgl. auch *Arnold/Rothenburg*, in: Semler/Peltzer/Kubis (Hrsg.), Arbeitshandbuch für Vorstandsmitglieder, 2. Aufl. 2015, S. 444.

Gefälligkeitsgutachten genügen den Ansprüchen der Rechtsprechung an den Vorstand, sich bei Rechtsunsicherheit sorgfältig zu bilden jedenfalls nicht.

Ist ein Rechtsrat eingeholt, entbindet dies den Vorstand nicht von einer zumindest oberflächlichen Plausibilitätskontrolle auf offenkundige Widersprüche und Fehler der eingeholten Auskunft.[515] Das OLG Köln befand in diesem Zusammenhang jüngst, dass je nach Risikogröße die Plausibilitätskontrolle der eingeholten externen Bewertung durch eine interne Abteilung notwendig werden könne.[516] Es steht zu erwarten, dass diese Grundaussage zukünftig besonders auf Unternehmen mit eigenen Rechtsabteilungen angewendet werden wird, sofern diese externen Rechtsgutachten einholen.

Können rechtliche Zweifel schließlich auch nach eingeholtem Rechtsrat nicht ausgeräumt werden, besteht Uneinigkeit darüber, wie aus Vorstandssicht weiter zu verfahren ist. Eine Ansicht möchte dem Vorstand erlauben unter Abwägung möglicher Haftungsrisiken sowie des Ausmaßes der Rechtsunsicherheit einen für die Gesellschaft günstigen Standpunkt einzunehmen[517] – wobei nicht deutlich wird, was dies im Ergebnis heißen mag. Teilweise wird im Sinne einer „Optimierungsthese" die Ermittlung der am besten vertretbaren Rechtsmeinung gefordert[518] – wobei auch hier dies mehr des Rätsels Ursprung als Lösung zu sein scheint.

Zum Teil werden in der Literatur Abwägungsparameter formuliert, um die für die Gesellschaft günstige Rechtsauffassung bzw. den richtigen Umgang mit rechtlicher Unsicherheit zu ermitteln. So habe das Organ die Wahrscheinlichkeit der Rechtmäßigkeit aus Ex-ante-Sicht, das Gewicht der Nachteile, die der AG bei Verzicht auf die fragliche Handlung drohen würden sowie die Schwere der drohenden Rechtsgutsverletzung, sollte sich die eingenommene Rechtsauffassung als fehlerhaft erweisen, abzuwägen.[519]

Teilweise wird wiederum vertreten, der Vorstand sei stets verpflichtet den sichersten Weg einzuschlagen und habe im Zweifel von der geprüften Maßnahme Abstand zu nehmen.[520] Dieser Ansatz ist entgegenzuhalten, dass in zunehmend

---

515 Vgl. *Illert/Meyer*, in: Illert/Ghassemi-Tabar/Cordes (Hrsg.), Handbuch Vorstand und Aufsichtsrat, 2018, § 2 Rn. 63 m.w.N.

516 OLG Köln, Urt. v. 01.10.2019, Rs. 18 U 34/18, NZG 2020, 110, 113.

517 Vgl. zur Berücksichtigung auf Pflichtenebene MüKo-AktG/*Spindler*, 5. Aufl. 2019, § 93 Rn. 97 m.w.N.; i.Ü. *Illert/Meyer*, in: Illert/Ghassemi-Tabar/Cordes (Hrsg.), Handbuch Vorstand und Aufsichtsrat, 2018, § 2 Rn. 66.

518 *Langenbucher*, ZBB 2013, 16, 22 f.

519 Vgl. *Verse*, ZGR 2017, 174, 188 f.; zust. *Lochner/Beneke*, ZIP 2020, 351, 358.

520 *Müller*, DB 2014, 1301, 1306.

komplizierteren Rechtslagen Unternehmen sich entweder der totalen Handlungslosigkeit oder absurden Rechtsanwaltskosten gegenübersehen, die dann jeweils im Tandem für Gutachten sowie Behördenkommunikation anfielen. Des Weiteren hilft auch der Leitsatz des sichersten Weges nicht weiter. Was dieser im Ergebnis beinhaltet, ist doch wieder einer Wertung ausgesetzt.

Und so sehen sich alle Versuche, rechtlich verbleibende Unsicherheiten auf Verschuldensebene einzufangen, doch wieder dem Vorwurf ausgesetzt, im Ergebnis erneut Leerformeln als vermeintlichen Maßstab heranzuziehen. Jede rechtliche Wertung bedient eine tatsächliche Entscheidung des Vorstands: Hü oder Hott? Die vorgeschobenen Leerformeln kehren im Endeffekt nur zur Business Judgment Rule zurück, was erneut darlegt, wie vorzugswürdig eine Lösung auf Pflichtenebene ist.

d. Beweislast

Zunächst besteht auch mit Blick auf die Haftung nach § 93 Abs. 2 AktG der Grundsatz, dass die Partei die Tatsachen zu belegen hat, die den durch sie geltend gemachten Ansprüche ausfüllen.

Über die allgemeine Beweislastumkehr hinsichtlich des Vertretenmüssens aus § 280 Abs. 1 Satz 2 BGB hinaus, obliegt es im Rahmen der Haftung gemäß § 93 Abs. 2 AktG dem jeweiligen Vorstand zu beweisen, im konkreten Fall mit der Sorgfalt eines ordentlichen und gewissenhaften Geschäftsleiters gehandelt zu haben bzw. im Rahmen der Business Judgment Rule entschieden zu haben.

e. Schaden

Für die Schadensbemessung im Rahmen des § 93 Abs. 2 AktG ergeben sich zunächst keine Besonderheiten. Es gelten die Vorschriften des allgemeinen Zivilrechts.[521] Gemäß § 249 BGB ist der Zustand herzustellen, der bestehen würde, wenn der zum Ersatz verpflichtende Umstand nicht eingetreten wäre, einschließlich des entgangenen Gewinns: **Es gilt der Grundsatz der Totalreparation**.[522] Die Berechnung des Schadens richtet sich nach der Differenzhypothese.[523]

---

521 Vgl. OLG Düsseldorf, Urt. v. 28.11.1996, Rs. 6 U 11/95, AG 1997, 231, 237 *Koch*, in: Hüffer/Koch (Hrsg.), Aktiengesetz, 15. Aufl. 2021, § 93 Rn. 47; *Lüneborg/Resch*, NZG 2018, 209, 212.

522 Vgl. MüKo-AktG/*Spindler*, 5. Aufl. 2019, § 93 Rn. 192; *Bayer*, in: Bitter/Lutter/Priester u.a. (Hrsg.), Festschrift für Karsten Schmidt zum 70. Geburtstag, 2009, S. 85, 94; OLG Düsseldorf, Urt. v. 28.11.1996, Rs. 6 U 11/95, AG 1997, 231, 237.

523 Vgl. *Bayer*, in: Bitter/Lutter/Priester u.a. (Hrsg.), Festschrift für Karsten Schmidt zum 70. Geburtstag, 2009, S. 85, 93 f.

Dies ist von Bedeutung. Untersucht man hinsichtlich des Organinnenregresses über Verbandsgeldbußen Möglichkeiten der Haftungsbeschränkung, so untersucht man in erster Linie nicht Möglichkeiten die Steuerungszwecke des § 93 Abs. 2 AktG zu beschränken, sondern es geht dogmatisch um die Einschränkung des Grundsatzes der Totalreparation nach § 249 Abs. 1 BGB.[524]

Ganz vereinzelt wurde mit Blick auf Geldbußen als Schaden überlegt, ob man dieser Problematik zuvorkommen könnte. Unter Rückgriff auf Wortlauterwägungen sowie die Einheit der Rechtsordnung wurde vorgeschlagen, den in der Geldbuße liegenden Vermögensnachteil bereits definitorisch nicht als „Schaden" i.S.d. §§ 249 ff. BGB zu erfassen:

> *„Dahingestellt bleiben kann, ob der in der Geldbuße (nebst Gebühr und Auslagen) liegende Vermögensnachteil überhaupt als Schaden im Sinne der § 249 ff. BGB angesehen werden kann. Diesbezüglich bestehen Bedenken im Hinblick auf das Wesen und den Zweck der Geldbuße (und den damit notwendigerweise verbundenen Nebenkosten, wie Verwaltungsgebühr und Auslagen). […] Es bestünde die ernste Gefahr, dass das Prinzip der Unverbrüchlichkeit der Rechtsordnung in Frage gestellt würde.*"[525]

Dieser Ansatz wurde soweit ersichtlich nicht weiter aufgegriffen. Ihm ist auch entgegenzuhalten, dass es widersprüchlich erscheint, zunächst entsprechend der Differenzhypothese einen Vermögensnachteil festzustellen sowie die dazugehörige Geldbuße als schädigendes Ereignis zu benennen, sodann aber diesen Vermögens„*nachteil*" nicht als „*Schaden*" anzuerkennen. Auch der Verweis auf die Einheit der Rechtsordnung vermag nicht zu helfen, da, soweit die Rechtsordnung tatsächlich uneinheitlich wäre, dies nicht die Lösung, sondern das Problem darstellen würde. Sodann bliebe die eigentliche Fragestellung übrig, zugunsten welcher Rechtssäule dieser Widerspruch aufzulösen wäre.

Im Übrigen wird hinsichtlich der Ersatzfähigkeit von Verbandsgeldbußen ganz überwiegend zwischen dem Ahndungsteil sowie dem Abschöpfungsanteil der Geldbuße unterschieden. Insofern bestand im Schrifttum – zumindest bis zu der Entscheidung des LAG Düsseldorf vom 20.01.2015, welche eine Trendwende auslöste, –[526] weitgehend Einigkeit, der Ahndungsteil der Verbandsgeldbuße sei

---

524 Vgl. hierzu ausführlich, S. 206 ff.; siehe auch *Labusga*, VersR 2017, 394, 396 ff.

525 LAG Rheinland-Pfalz, Urt. v. 26.10.2010, Rs. 3 Sa 497/09, BeckRS 2010, 68132.

526 LAG Düsseldorf, Teilurt. v. 20.01.2015, Rs. 16 Sa 459/14, NZKart 2015, 277 ff.; seitdem haben sich weitere Stimmen für einen Regressausschluss über Verbandsgeldbußen ausgesprochen, vgl. nur *Bunte*, NJW 2018, 123, 125 f.; *Labusga*, VersR 2017, 394 ff. *Grunewald*, NZG 2016, 1121 ff.; *Lotze*, NZKart 2015, 254 ff.; *Thomas*, NZG 2015, 1409, 1410 ff.

vor dem Hintergrund der Differenzhypothese als Schaden zu berücksichtigen,[527] der Abschöpfungsanteil jedoch nicht.[528]

Soweit das Bußgeld der Abschöpfung dient, werde das Gesellschaftsvermögen durch diese nämlich nur insofern gemindert, wie es zuvor aufgrund der ordnungswidrigen Handlung erhöht worden ist.[529] Dies sei bei der Schadensberechnung nach den allgemeinen Regeln im Zuge der Vorteilsanrechnung zu berücksichtigen.[530]

Bußgeldbescheide weisen – soweit sie beides enthalten – Abschöpfungs- und Ahndungsbeträge der Höhe nach genau aus.[531] Eine Differenzierung nach Ahndungs- und Abschöpfungsteil einer Geldbuße im Rahmen eines Schadensersatzposten ist einfach handhabbar. Sie mag, soweit bei der Berechnung des Abschöpfungsteils das Nettoprinzip anzuwenden ist, überzeugen.

Diese Wertungen sind jedoch nicht auf eine Abschöpfung nach § 29a OWiG zu übertragen. Wie im Rahmen der Erläuterungen zu § 29a OWiG gezeigt wurde, sind seit Einführung des Bruttoprinzips bei der Bemessung des Abschöpfungsbetrags nach § 29a OWiG Fallkonstellationen denkbar, in denen eine „Abschöpfung" gegenüber Adressaten den Wortlaut des „wirtschaftlich Erlangten" dergestalt sprengt, dass nach Maßgabe der Vorteilsausgleichung der Betrag der Einziehung nicht durch die bei dem Unternehmen faktisch präsenten bzw. jemals präsent gewesenen Vorteile ausgeglichen wird.[532]

Erkennt man an, dass die Einziehung nach § 29a OWiG zu derartigen Missverhältnissen führen kann, verbietet sich eine allgemeine Unterscheidung des ersatzfähigen Schadens nach Ahndung- und Abschöpfung hinsichtlich § 29a OWiG.

---

527 Vgl. nur *Koch*, in: Hüffer/Koch (Hrsg.), Aktiengesetz, 15. Aufl. 2021, § 93 Rn. 48; MüKo-AktG/*Spindler*, 5. Aufl. 2019, § 93 Rn. 194; *Schöne/Petersen*, AG 2012, 700, 703, jeweils m.w.N.

528 Vgl. *Koch*, in: Hüffer/Koch (Hrsg.), Aktiengesetz, 15. Aufl. 2021, § 93 Rn. 48; MüKo-AktG/*Spindler*, 5. Aufl. 2019, § 93 Rn. 194; *Schöne/Petersen*, AG 2012, 700, 703; zum Ganzen auch *Fleischer*, DB 2014, 345, 348; *Harnos*, Geschäftsleiterhaftung bei unklarer Rechtslage, 2013, S. 100 f.

529 *Schöne/Petersen*, AG 2012, 700, 703.

530 *Dies.*, AG 2012, 700, 703.

531 Vgl. insofern nur den Bußgeldbescheid, welcher der dieser Dissertation als Anreiz dienenden Entscheidung, LAG Düsseldorf, Teilurt. v. 20.01.2015, Rs. 16 Sa 459/14, NZKart 2015, 277 ff. zugrunde lag, im Wesentlichen abgedruckt in BAG, Urt. v. 29.06.17, Rs. 8 AZR 189/15, BeckRS 2017, 118264.

532 Vgl. zum Zusammenhang zwischen Tat und erlangtem Etwas, S. 78 f.

Zumindest die Vermögensabschöpfungen unter Zugrundelegung des Bruttoprinzips erfordern zur genauen Bezeichnung des Schadens nach Maßgabe der Differenzhypothese und der Rechtsfigur der Vorteilsausgleichung eine Einzelfallbetrachtung der beim jeweiligen Verband tatsächlich als illegal erlangten verzeichneten Vermögenswerte in unabhängiger zivilrechtlicher Auslegung. Diese gilt es sodann, dem Abschöpfungsbetrag bilanziell gegenüberzustellen. Mit der Folge, dass Vermögensabschöpfungen nach § 29a OWiG, solange der Begriff des erlangten ‚Etwas' sowie das Bruttoprinzip so weitläufig wie aktuell durch die Praxis gehandhabt werden,[533] durchaus einen Schaden im Sinne der §§ 249 ff. BGB darstellen können.

Der gänzliche Regressausschluss hinsichtlich Verbandsgeldbußen wurde bis zur Entscheidung des LAG Düsseldorf vom 20.01.2015[534] nur vereinzelt vertreten.[535] Prominenterweise vertrat *Dreher* in diesem Zusammenhang einen Regressausschluss zur Wahrung der Sanktionszwecke der Verbandsgeldbuße.[536] Das LAG Düsseldorf ist ihm in seiner Argumentation weitgehend gefolgt.[537] Seitdem befindet sich die Befürwortung eines gänzlichen Regressausschlusses hinsichtlich Verbandsgeldbußen – in Anknüpfung an die Wahrung der Sanktionszwecke sowie die systematische Trennung der Sanktionierung von juristischer und natürlicher Person im Ordnungswidrigkeitenrecht – im Vordringen.[538]

Hervorzuheben ist in diesem Zusammenhang ein Beitrag *Thomas'*, welcher die Beobachtung, ein Organinnenregress über Verbandsgeldbußen würde deren

533 Vgl. extensiv etwa BGH, Urt. v. 18.07.2018, Rs. 5 StR 645/17, NStZ-RR 2018, 278 f.

534 LAG Düsseldorf, Teilurt. v. 20.01.2015, Rs. 16 Sa 459/14, NZKart 2015, 277, 280.

535 Vgl. *Dreher*, in: Dauner-Lieb/Hommelhoff/Jacobs u.a. (Hrsg.), Festschrift für Horst Konzen zum siebzigsten Geburtstag, 2006, S. 85, 103 ff.; ausführlich *Kröger*, Korruptionsschäden, Unternehmensgeldbußen und Imageschäden, 2013, S. 215 ff.; differenzierend aber im Ergebnis auch KK-AktG/*Mertens/Cahn,* 3. Aufl. 2010, § 93 Rn. 56; sympathisierend *Goette*, in: Krieger/Lutter/K. Schmidt (Hrsg.), Festschrift für Michael Hoffmann-Becking zum 70. Geburtstag, 2013, S. 377, 381.

536 Vgl. *Dreher*, in: Dauner-Lieb/Hommelhoff/Jacobs u.a. (Hrsg.), Festschrift für Horst Konzen zum siebzigsten Geburtstag, 2006, S. 85, 103 ff.; siehe auch *ders.*, VersR 2015, 781, 787 f.

537 Vgl. LAG Düsseldorf, Teilurt. v. 20.01.2015, Rs. 16 Sa 459/14, NZKart 2015, 277, 280, mit ausdrücklichem Verweis auf den Beitrag *Drehers* in: Dauner-Lieb/Hommelhoff/Jacobs u.a. (Hrsg.), Festschrift für Horst Konzen zum siebzigsten Geburtstag, 2006, S. 85 ff.

538 Vgl *Thomas*, NZG 2015, 1409 ff.; *Grunewald*, NZG 2016, 1121 ff.; *Lotze*, NZKart 2015, 254, 258; *Labusga*, VersR 2017, 394, 396 ff., insb. 398 f., welche ebenfalls eine „*Höchstpersönlichkeit der Geldbuße*" untersucht; *Bunte*, NJW 2018, 123, 125 f.

Sanktionszwecke unterlaufen, präzisiert. Er stellt fest, dass wenn die Übelzufügung im Rahmen der Geldbuße konditional für die Erreichung der Sanktionszwecke ist, dann durch einen Regressanspruch die Legitimation für die Verhängung der Buße entfiele.[539] Dieser Gedanke wird an anderer Stelle eingehend untersucht und fortgeführt.[540]

f. Geltendmachung

Der BGH hat in der sog. ARAG/Garmenbeck-Entscheidung festgestellt, dem Aufsichtsrat einer AG bei der Durchsetzung von Organhaftungsansprüchen gegen Vorstandsmitglieder stehe kein unternehmerischer Ermessensspielraum zu.[541] Gelange der Aufsichtsrat zu der Erkenntnis, dass der Gesellschaft Schadensersatzansprüche gegen ein Vorstandsmitglied zustehen würden, so bestehe eine grundsätzliche Verfolgungspflicht des Aufsichtsrats.[542] Nur ganz ausnahmsweise würden Gründe des **Gesellschafts**wohls das Absehen von der Geltendmachung solcher Regressansprüche erlauben können.[543] Dann habe der Aufsichtsrat im pflichtgemäßen Ermessen zu entscheiden, ob er die Ansprüche gerichtlich durchsetzen möchte, oder ob er im Sinne des Gesellschaftswohls eine andere, etwa vergleichsweise Lösung anstreben möchte.[544]

Aus der ARAG/Garmenbeck-Entscheidung des BGH ergibt sich zudem eine vorgelagerte Pflicht zur umfassenden Sachverhaltserforschung in tatsächlicher und rechtlicher Hinsicht, sobald der Vorstand Kenntnis über Anhaltspunkte für ein pflichtwidriges Vorstandsverhalten erlangt.[545] Diese Pflicht wird durch die Vorgaben der ISION-Entscheidung flankiert, im Ermangeln eigener Sachkunde

539 *Thomas*, NZG 2015, 1409, 1411.

540 Vgl. S. 182 ff.

541 BGH, Urt. v. 21.04.1997, Rs. II ZR 175/95, NJW 1997, 1926 ff. = BGHZ 135, 244; *Lüneborg/Resch*, NZG 2018, 209, 210.

542 Vgl. BGH, Urt. v. 21.04.1997, Rs. II ZR 175/95, NJW 1997, 1926, 1928 = BGHZ 135, 244; *Lüneborg/Resch*, NZG 2018, 209, 210.

543 Vgl. BGH, Urt. v. 21.04.1997, Rs. II ZR 175/95, NJW 1997, 1926, 1928 = BGHZ 135, 244; *Lüneborg/Resch*, NZG 2018, 209, 210.

544 Vgl. *Lüneborg/Resch*, NZG 2018, 209, 210.

545 *„Dieses Ermessen des Aufsichtsrats kann aber erst dann einsetzen, wenn die gegeneinander abzuwägenden Umstände festgestellt worden sind“*, BGH, Urt. v. 21.04.1997, Rs. II ZR 175/95, NJW 1997, 1926, 1928 = BGHZ 135, 244; *Lüneborg/Resch*, NZG 2018, 209, 210.

qualifizierten Rechtsrat einzuholen.[546] Die Geltendmachung des Anspruchs der Gesellschaft aus § 116 Satz 1; § 93 Abs. 2 AktG gegen pflichtwidrig handelnde Aufsichtsratsmitglieder obliegt spiegelbildlich gemäß § 78 AktG dem Vorstand.[547] Die Grundsätze der ARAG/Garmenbeck-Entscheidung gelten für diesen entsprechend.[548]

Der daneben bestehenden Möglichkeit der Aktionärsklage nach § 148 AktG kommt eine zu vernachlässigende Bedeutung zu.[549]

III. Zwischenergebnis und Gegenüberstellung der einzelnen Tatbestände

Mit § 30 OWiG wurde die Grundvorschrift der Unternehmenssanktionierung in die hier durchgeführte Untersuchung eingeführt. Sie sollte historisch betrachtet die Sanktionierung von Unternehmen einheitlich und abschließend regeln.[550]

Das ist ihr nicht in Gänze gelungen. Zu komplex stellen sich die heutigen Sachverhalte des Wirtschaftslebens dar. Regelungen zur Verbandssanktionierung verteilen sich längst (wieder) auf zahlreiche Spezialgesetze, wo sie hinsichtlich der Bußgeldbemessung sowie des Anwendungsbereichs der Verbandsgeldbuße **weitergehende** Vorgaben treffen.[551] Erhalten bleibt demgegenüber die Funktion des § 30 OWiG als notwendige Vorschrift zur Begründung einer Verbandsverantwortlichkeit in Anknüpfung an Vorwürfe gegen eine für den Verband verantwortlich handelnde natürliche Personen.[552]

Die Rechtsnatur des Vorwurfs, welcher sich sodann gegen den Verband richtet, ist in seiner Ausfüllung umstritten. Es steht jedoch fest, dass den Verband ein originärer Vorwurf als Sanktionsvoraussetzung treffen muss.[553]

---

546 Vgl. BGH, Urt. v. 14.05.2007, Rs. II ZR 48/06, NJW 2007, 2118, 2120; BGH, Urt. v. 20.09.2011, Rs. II ZR 234/09, NZG 2011, 1271, 1273; *Lüneborg/Resch*, NZG 2018, 209, 210.

547 Vgl. nur MüKo-AktG/*Habersack*, 5. Aufl. 2019, § 116 Rn. 8, 77 m.w.N.

548 Vgl. OLG Stuttgart, Urt. v. 08.07.2015, Rs. 20 U 2/14, BeckRS 2015, 14340, Rn. 277 ff.; MüKo-AktG/*Habersack*, 5. Aufl. 2019, § 116 Rn. 8.

549 Vgl. MüKo-AktG/*Spindler*, 5. Aufl. 2019, § 93 Rn. 215; MüKo-AktG/*Habersack*, 5. Aufl. 2019, § 116 Rn. 8.

550 Vgl. S. 25.

551 Vgl. beispielhaft hierzu, S. 82 ff.; 95 ff.

552 Vgl. beispielhaft S. 84; 95.

553 Vgl. S. 37 ff.

Die in diese Arbeit im Übrigen eingeführten Normen des Ordnungswidrigkeitenrechts wiesen insbesondere zweierlei Besonderheiten auf. Erstens teilten alle Vorschriften in ihrer heutigen Fassung einen denkbar weiten Anwendungsbereich miteinander. Die §§ 30, 130 OWiG ermöglichen die Verbandssanktionierung in Anknüpfung an eine auch nur fahrlässige Aufsichtspflichtverletzung eines leitenden Angestellten.[554] § 29a OWiG stellt den Verfolgungsbehörden ein inzwischen derart weitreichendes Instrument der Vermögensabschöpfung zur Seite, dass an der bloß „quasi-kondiktionellen“ Natur der Einziehung nach § 29a OWiG ernsthaft gezweifelt werden muss.[555]

Darüber hinaus sahen die hier exemplarisch dargestellten besonderen Ordnungswidrigkeitentatbestände der § 120 WpHG und § 81a GWB Erweiterungen des Anwendungsbereichs des § 30 OWiG dahin gehend vor, dass auch Rechtsnachfolger (über § 30 Abs. 2a OWiG hinaus) sowie Konzernobergesellschaften als Sanktionsadressaten ausdrücklich erfasst werden.[556]

§ 93 Abs. 2 AktG enthält demgegenüber die zentrale Haftungsnorm für den Organinnenregress gegen Vorstände sowie mittels § 116 AktG gegen Aufsichtsratsmitglieder für pflichtwidriges Verhalten im Rahmen ihrer Amtsausübung. § 93 Abs. 1 AktG stellt dabei Anforderungen an die pflichtgemäße Amtsausübung und führt in § 93 Abs. 1 Satz 2 AktG die aus dem amerikanischen Recht bekannte Business Judgment Rule in das deutsche Recht ein.[557]

In diesem Zusammenhang läuft § 93 AktG nicht konträr zu den erwähnten Normen des Ordnungswidrigkeitenrechts. § 93 Abs. 1 AktG verpflichtet Vorstände und über § 116 AktG auch Aufsichtsratsmitglieder grundsätzlich zu konzernweiter Sorgfalt.[558]

Die Besonderheit des § 93 AktG liegt sodann nicht in der Weite seines Anwendungsbereichs, sondern in der kaum zu beherrschenden Unbestimmtheit der § 93 Abs. 1 und 2 AktG.

Wird es Vorständen bereits im Rahmen des § 130 OWiG nicht leicht fallen genau zu bestimmen, in welchem Ausmaß Aufsichtsmaßnahmen im Unternehmen erforderlich sind, bietet § 93 AktG auch dem um Rechtschaffenheit bemühten Vorstandsmitglied keinen sicheren Hafen.

---

554 Vgl. S. 43.
555 Vgl. S. 76 ff.
556 Vgl. S. 86 f.; 95.
557 Vgl. S. 104 ff.
558 Vgl. S. 104.

Dies soll anhand des Beispiels der Behandlung rechtlich unsicherer Entscheidungen durch Vorstände[559] verdeutlicht werden:

Man unterstelle einen grundsätzlich rechtstreuen Vorstand, der nach rechtlicher Beratung im Unklaren darüber bleibt, in welchem Ausmaß in seinem Unternehmen Aufsichtsmaßnahmen zu treffen sind. Er trifft die aus seiner Sicht notwendigen Aufsichtsmaßnahmen. Er arbeitet wirtschaftlich und implementiert an Aufsichtsstrukturen so viel, wie aus seiner Sicht nötig, nicht jedoch so viel, wie überhaupt möglich. Sodann kommt es trotz seiner Mühen zu illegalem Verhalten in einem seiner Aufsicht unterstehenden Bereich des Unternehmens.

Jedes Vorstandsmitglied kann nun unter dem Damoklesschwert des „Hindsight Bias" darauf hoffen, dass ihm kein fahrlässiges Unterlassen erforderlicher Aufsichtsmaßnahmen zur Last gelegt wird. Je nach Folgenschwere des eingetretenen Rechtsverstoßes ist dies unter praktischen Gesichtspunkten mal mehr, mal weniger wahrscheinlich.

Auf zweiter Ebene mag das besagte Vorstandsmitglied, sofern es zu einem Organinnenregress über eine gleichwohl ergangene Verbandsgeldbuße nach §§ 30, 130 OWiG kommt, der Reihe nach argumentierten:

- Die Beurteilung über Ausmaß und Notwendigkeit von Compliance-Maßnahmen sei eine „unternehmerische Entscheidung" im Sinne des § 93 Abs. 1 Satz 2 AktG, auf welche die Business Judgment Rule Anwendung finde.[560]
- Selbst wenn es sich hierbei um eine „rechtliche" (und nicht um eine unternehmerische) Entscheidung handelt, sei die Business Judgment Rule analog anzuwenden und eine Haftung nach § 93 Abs. 2 AktG scheitere auch unter diesem Gesichtspunkt in Ermangelung einer Pflichtwidrigkeit.[561]
- Jedenfalls aber treffe das Vorstandsmitglied kein Verschulden.[562]

Auf allen Ebenen ist ein glückliches Ende für das grundsätzlich um Rechtstreue bemühte Vorstandsmitglied denkbar, jedoch keinesfalls garantiert.

Klar ist auch: Die Frage, ob der Vorstand in rechtlichen Zweifelsfällen von einem bestimmten Verhalten grundsätzlich Abstand zu nehmen habe oder nicht,[563] trifft im Rahmen dieses Beispiels auf ihre Grenzen.

---

559 Vgl. S. 106 ff.; 112 ff.
560 Vgl. S. 106 ff.
561 Vgl. S. 109.
562 Vgl. S. 112 ff.
563 Vgl. S. 106 ff.; 112 ff.

Denn etwa im Zusammenhang mit Aufsichtsmaßnahmen im Rahmen der §§ 30, 130 OWiG über rechtlich unsichere Entscheidungen als Ausnahmefall zu diskutieren, ist bereits im Ursprung verfehlt. In ihrer gesamten Systematik zwingen die §§ 30, 130 OWiG als zentrale Vorschriften der Verbandssanktionierung zu rechtlich unsicheren Entscheidungen. Ein gesetzlicher „safe harbor" existiert nicht. Einzige Rettungsplanken des Ordnungswidrigkeitenrechts bleiben Normauslegung sowie Einschreitungs- und Rechtsfolgenermessen der Verfolgungsbehörden.

Insbesondere in großen Konzernstrukturen ist es Vorstands- und Aufsichtsratsmitgliedern nicht mehr möglich, sich durch Rechtstreue mit letzter Sicherheit von einem Risiko des Organinnenregresses über Verbandsgeldbußen frei zu halten, ohne den Boden wirtschaftlicher unternehmerischer Tätigkeit komplett zu verlassen.

Letztlich ergibt sich aus dieser Erkenntnis zunächst nicht mehr als ein Plädoyer dafür, der stetigen Ausweitung der Verbandshaftung bei gleichzeitig weit formulierter Vorstandshaftung zumindest in gewissem Umfang Rechtssicherheit bringende „safe harbor" Regelungen zur Seite zu stellen.

Über diesen rechtspolitischen Missstand hinaus begegnet das Verhältnis zwischen Ordnungswidrigkeitenrecht und gesellschaftsrechtlicher Organhaftung nach §§ 93 Abs. 2; 116 AktG systematischen Bedenken:

Eine der bedeutendsten Erkenntnisse der Inbetrachtnahme des § 93 AktG ist, dass die Frage der Begrenzung eines Organinnenregresses originär nicht § 93 AktG, sondern viel mehr die §§ 249 ff. BGB als Vorschriften des allgemeinen Zivilrechts betrifft. Es gilt der Grundsatz der Totalreparation. Jede Haftungsbegrenzung würde den Grundsatz der Totalreparation beschränken.[564]

Der Organinnenregress über Verbandsgeldbußen wiederum läuft, ein zahlungsfähiges Organmitglied unterstellt, deren kriminalpolitischer Zielsetzung entgegen und negiert die gesetzgeberisch gründlich durchdachten und differenziert ausgestalteten Sanktionssysteme hinsichtlich natürlicher und juristischer Personen.[565]

Der durch das LAG Düsseldorf in seiner Entscheidung vom 20.01.2015[566] festgestellte Widerspruch zwischen gesellschaftsrechtlichem Haftungsrecht und Ordnungswidrigkeitenrecht hat sich bestätigt.[567]

---

564 Vgl. S. 116 ff.

565 Vgl. S. 60 ff.; 93; 101.

566 LAG Düsseldorf, Teilurt. v. 20.01.2015, Rs. 16 Sa 459/14, NZKart 2015, 277 ff.

567 Vgl. S. 17.

Im Folgenden gilt es zu untersuchen, wie der Widerspruch der beiden Rechtssäulen aufzulösen ist. Zu diesem Zweck werden zunächst die Steuerungszwecke und -möglichkeiten beider Rechtssäulen aus rechtlicher sowie ökonomischer Sicht untersucht. Danach wird der Versuch unternommen, eine rechtliche Lösung des Konfliktes *de lege lata* zu entwickeln und diese mit bereits vorgelegten Vorschlägen zur Begrenzung der Organinnenhaftung zu vergleichen.

C. Zur Steuerungsfunktion des Rechts

Betrachtet man die Steuerungsfunktion und -geeignetheit rechtlicher Vorschriften, so können die Folgerungen, die man aus einer solchen Betrachtung zieht, Aufschluss darüber geben,

- inwiefern bestimmte rechtliche Vorschriften zu der Erreichung des ihnen gesetzgeberisch unterstellen Ziels geeignet sind; sowie
- inwiefern bestimmte rechtliche Vorschriften geändert oder ausgelegt werden müssten, um eine gesetzgeberisch angestrebte Zielerreichung zu optimieren.

Bezüglich der Thematik der Organinnenhaftung über Verbandsgeldbußen werden aktuell verschiedene legislative Konzepte diskutiert. So enthält etwa der von *Henssler, Hoven, Kubiciel* und *Weigend* vorgestellte sog. *„Kölner Entwurf"* eines Verbandssanktionengesetzes den Vorschlag eines umfassenden Regressausschlusses für Verbände gegen Leitungspersonen oder Mitarbeiter wegen gegen den Verband verhängter Sanktionen nach demselben Gesetzesentwurf.[568]

Der sog. *„Entwurf eines Gesetzes zur Einführung der strafrechtlichen Verantwortlichkeit von Unternehmen und sonstigen Verbänden"*[569] des Landes Nordrhein-Westfalen wiederum enthält eine derartige Vorschrift nicht, ebenso wenig wie die sog. *„Frankfurter Thesen"*[570] von *Jahn, Schmitt-Leonardy* und *Schoop*. Der kürzlich vorgelegte und bereits wieder der Diskontinuität anheimgefallener Regierungsentwurf eines Verbandssanktionengesetzes sah eine solche Spezialregelung ebenfalls nicht vor.[571]

Welche Ziele durch ein gesetzgeberisches Vorgehen im Sinne einer idealen Corporate Compliance konkret angestrebt werden sollten und mit welchen

---

568 Vgl. *Henssler/Hoven/Kubiciel u.a.*, Kölner Entwurf eines Verbandssanktionengesetzes, 2017, abrufbar unter: http://www.jpstrafrecht.jura.uni-koeln.de/sites/iss_juniorprof/Projekte/Koelner_Entwurf_eines_Verbandssanktionengesetzes__2017.pdf, § 10 (geprüft am 30.09.2021).

569 Abrufbar unter *Land Nordrhein-Westfalen*, Entwurf eines Gesetzes zur Einführung der strafrechtlichen Verantwortlichkeit von Unternehmen und sonstigen Verbänden, abrufbar unter: https://www.strafrecht.de/media/files/docs/Gesetzentwurf.pdf (geprüft am 30.09.2021).

570 *Jahn/Schmitt-Leonardy/Schoop*, wistra 2018, 27, 31 Fn. 38.

571 Entwurf eines Gesetzes zur Stärkung der Integrität der Wirtschaft, BT-Drs. 19/23568 (Stand: 21.10.2020).

Mitteln dies geschehen soll, ist unter anderem subjektiven Präferenzen und politischen Meinungen anheimgestellt. Die Rechtswissenschaft und die Ökonomie haben jedoch verschiedene Herangehensweisen der Verhaltenssteuerung erforscht und Aussagen über deren Effektivität und Effizienz getroffen. Das folgende Kapitel untersucht den hierzu bestehenden Forschungsstand mit dem Ziel:

- der Bestimmung von Grundsätzen hinsichtlich des Verhältnisses von Straf- und Zivilrecht als rechtliche Steuerungsinstrumente; sowie
- der Bestimmung von Grundsätzen hinsichtlich einer möglichst effizienten Prävention von Rechtsverstößen in Unternehmen.

I. Verhaltenssteuerung aus rechtsdogmatischer Sicht

Dem Gesetzgeber stehen zur Verhaltungssteuerung von Individuen nach modernem Verständnis drei voneinander zu unterscheidende Rechtssäulen zur Verfügung; nämlich das Strafrecht, das Zivilrecht und das öffentliche Recht. Im Zentrum der Verhaltenssteuerung durch das öffentliche Recht steht das Verwaltungsrecht; im Zentrum des Privatrechts das Haftungs- und Schadensrecht.[572]

Dem Verwaltungs- und Strafrecht werden regelmäßig Vollzugsdefizite nachgesagt. Beide Rechtsgebiete sehen sich dem Einwand ausgesetzt, dass der Vollzug personelle und sachliche Ressourcen erfordert, die notorisch knapp sind und zudem häufig auf Widerstände stoßen würden, die sich über den Rechtsweg oder über die politische Ebene äußern würden.[573]

Das Privatrecht hat demgegenüber den Vorteil, nicht auf das initiale Tätigwerden staatlicher Bediensteter angewiesen zu sein (etwa im Sinne eines Legalitätsprinzips für privatrechtliche Verstöße), sondern es den Parteien des Privatrechts zu überlassen, in welchen Fällen sie den Rechtsweg beschreiten wollen. Werden die Rechtskreise Privater auf der Ebene des Privatrechts erheblich beschränkt, so kümmern sich diese in aller Regel darum, einen Ausgleich zu erhalten. Die hohe „Verfolgungswahrscheinlichkeit“ in solchen Fällen fördert effiziente Abschreckung davor, sich durch rechtswidriges Verhalten privatrechtlichen Regressforderungen auszusetzen.

Kehrseite dessen ist, dass das Privatrecht – insbesondere über das Schadens- und Haftungsrecht – Verhaltensstandards nur ex post regulieren kann. Zudem

572 *Wagner*, AcP 206 (2006), 352, 442 f.
573 *Ders.*, AcP 206 (2006), 352, 441.

ist es darauf angewiesen, dass seine Wirkungen von den handelnden Akteuren zutreffend gesehen und erwartet werden.[574]

Das Strafrecht ist demgegenüber durch den Bestimmtheitsgrundsatz und die damit einhergehende Kalkulierbarkeit des zu erwartenden „Preises" für Rechtsverstöße geprägt. Dies mag einerseits für stärkere Abschreckung sorgen, andererseits könne ein Verbotssubjekt das Sanktionsrisiko ebenso einpreisen und in Kauf nehmen, wenn das Entdeckungsrisiko, etwa aufgrund fehlender staatlicher Ressourcen, besonders gering sei.[575]

Wie sich die rechtlichen Sphären im Einzelnen verhaltenssteuernd zueinander verhalten (sollten) und welche Rechtssäule zur Verhaltenssteuerung grundsätzlich vorzugswürdig sein müsste, lässt sich abstrakt kaum einordnen.[576] Im Einzelnen hängt dies davon ab, wie gut die zentrale Standardsetzung auf administrativer Ebene gelingt und wie im Vergleich dazu die dezentrale Verhaltenssteuerung durch Haftungsregeln abschneidet, oder anders ausgedrückt: wie effizient die staatlichen Behörden der jeweiligen Rechtssäulen arbeiten.[577]

Der Verweis auf die Funktion des Strafrechts als Ultima Ratio[578] schafft jedenfalls keinen automatischen Vorrang des Privatrechts. *Scholl* führt insofern aus: „*Grundsätzlich stellt das im Verhältnis zum Strafrecht mildere zivilrechtliche Schadensrecht das effiziente Mittel zur Verhaltenssteuerung dar.*"[579] Es gilt jedoch zu beachten, dass das mildere Mittel nicht stets das effizientere sein muss. Dies hängt vom Einzelfall ab.

Wagner stellt zutreffend fest: „*Die rechtspolitische Realität entspricht einem ‚policy mix', der verschiedene Steuerungsinstrumente miteinander kombiniert*".[580]

Für die vorliegende Arbeit soll der *policy mix* des nationalen Rechts daraufhin überprüft werden, ob eine Organinnenhaftung über Verbandsgeldbußen **die Steuerungsfunktion der Sanktionsnorm** entsprechend der Vermutung der bisher erarbeiteten Zwischenergebnisse[581] außer Kraft setzt und ob sich hieraus relevante Aussagen hinsichtlich einer möglichen Einschränkung der §§ 249 ff. BGB[582] ergeben. Dabei ist zu berücksichtigen, dass auch den

574 *Ders.*, AcP 206 (2006), 352, 437 f.; siehe auch *Spindler*, AG 2013, 889, 903.
575 Vgl. *Wagner*, AcP 206 (2006), 352 ff.
576 Vgl. *ders.*, AcP 206 (2006), 352, 438.
577 *Ders.*, AcP 206 (2006), 352, 438.
578 Vgl. *Scholl*, Vorstandshaftung und Vorstandsermessen, 2015, S. 100.
579 *Ders.*, Vorstandshaftung und Vorstandsermessen, 2015, S. 100.
580 *Wagner*, AcP 206 (2006), 352, 439; 441.
581 Vgl. S. 121 ff.
582 Vgl. S. 124.

§§ 93, 116 AktG; 249 ff. BGB Steuerungszwecke zukommen können, die zu beachten sind.

a. Präventionsfunktion der Organinnenhaftung

Das Haftungsrecht dient traditionell zwei unterschiedlichen Zwecken, nämlich der Kompensation und der Prävention.[583] Während die Kompensationsfunktion im Sinne des Grundsatzes der Totalreparation die Vermögenseinbuße des Geschädigten ausgleichen soll, bezweckt die Präventionsfunktion den Eintritt derartiger Schäden von vornherein zu vermeiden.[584]

Insbesondere das Verhältnis zwischen dem Kompensationszweck und dem Präventionszweck des § 93 Abs. 2 AktG ist in der gesellschaftsrechtlichen Literatur umstritten.

Zum Teil wird vorgebracht, dass beide Funktionen je nach konkretem Fall unterschiedlich stark wirken und im Vordergrund stehen könnten.[585] Einer anderen Ansicht nach stehe die Kompensationsfunktion im Vordergrund der Organinnenhaftung und jegliche präventive Wirkung sei lediglich eine erwünschte Nebenfolge.[586]

Insbesondere Wagner plädierte für eine herausragende Gewichtung der präventiven Funktion der Organinnenhaftung. Ihm zufolge könne der Kompensationsfunktion im Rahmen der Organinnenhaftung keine sinnvolle Funktion zukommen, da sie für die Gesellschaft stets ein Nullsummenspiel ergebe: Ökonomisch gesehen gebe es keine „*Kompensationsrendite*".[587]

Andere Stimmen verweisen dem entgegnend auf das Haftungsrecht als wichtiges Steuerungsinstrument zu einer sorgfältigen und verantwortungsbewussten Corporate Governance.[588] Dort wo dem Akteur keinerlei Haftung drohe,

---

583 Vgl. GroßKomm-AktG/*Hopt/Roth,* 5. Aufl. 2015, § 93 Rn. 28 f.; Soergel/*Ekkenga/Kuntz,* 13. Aufl. 2014, Vor § 249 Rn. 28; *Wagner*, AcP 206 (2006), 352, 456 ff.; *ders.*, ZHR 178 (2014), 227, 251; *Bachmann*, in: Ständige Deputation des Deutschen Juristentages (Hrsg.), Verhandlungen des 70. Deutschen Juristentags Hannover 2014, 2014, E1-E124, E21; wohl auch *Ramm*, JZ 1988, 489, 492; *Canaris*, JZ 1988, 494, 497; *Seibt/Cziupka*, AG 2015, 93, 106; *Bayer/Scholz*, GmbHR 2015, 449, 452; *Scholl*, Vorstandshaftung und Vorstandsermessen, 2015, S. 95.

584 Vgl. *Wagner*, ZHR 178 (2014), 227, 251.

585 Vgl. *Fleischer*, in: Spindler/Stilz (Hrsg.), Kommentar zum Aktiengesetz, 4. Aufl. 2019, § 93 Rn. 2a.

586 Wohl *Thomas*, NZG 2015, 1409, 1413.

587 Vgl. *Wagner*, ZHR 178 (2014), 227, 254 f.

588 Vgl. *Bayer*, NJW 2014, 2546, 2547.

bestünden auch keinerlei Anreize für diesen, ohne sorgfaltswidrige Verstöße zu arbeiten.[589]

Diese Überlegung lässt jedoch andere Steuerungsinstrumente des Straf-, des Verwaltungs- oder sogar des Gesellschaftsrechts[590] unberücksichtigt, die auch jenseits einer Haftungsnorm bereits eine ausreichende Lenkung hinzu sorgfältigem Vorstandshandeln sichern könnten.

Organhaftung zur Verhaltenslenkung sei – so *Roth* – Ultima Ratio des Gesellschaftsrechts.[591] Sie müsse berücksichtigen, dass zur Verhinderung eines Fehlverhaltens des Vorstands neben der Kontrolle durch den Aufsichtsrat bereits eine Kontrolle durch Berichtspflichten gegenüber der Hauptversammlung und der Öffentlichkeit sowie die Prüfung des Jahresabschlusses der Gesellschaft durch externe Prüfer vorgesehen sei.[592] Teilweise wird auch auf die Funktion zivilrechtlicher Haftung als Ultima Ratio privatrechtlicher Steuerungsinstrumente verwiesen, mit dem Einwand, dass sich diese als Ex-post-Mechanismus nur begrenzt zur Steuerung eigne.[593]

Systematisch betrachtet spricht allerdings auch der in § 93 Abs. 2 Satz 3 AktG verankerte Selbstbehalt von „*mindestens 10 Prozent des Schadens bis mindestens zur Höhe des Eineinhalbfachen der festen jährlichen Vergütung des Vorstandsmitglieds*“ nach § 93 Abs. 2 AktG für eine zumindest erhebliche Verankerung von Präventionszwecken. Andernfalls wäre die Quelle des finanziellen Ausgleichs für die Gesellschaft irrelevant im Falle der Erfüllung einer Kompensationsfunktion.

Auch aus ökonomischer Sicht sei nach *Wagner* das Präventionsziel an die Spitze der Zwecke des Haftungsrechts zu setzen. Danach verfolge das Haftungsrecht einen Steuerungszweck, indem es Anreize für das optimale Maß an Sorgfaltsaufwendungen setze, wobei Letzteres erreicht sei, wenn die Summe aus Schadens- und Vermeidungskosten minimal werde.[594]

Demgegenüber bemüht sich *Fleischer* um eine differenzierte Betrachtungsweise in Abhängigkeit von dem jeweilig zugrunde liegenden Einzelfall und entgegnet dem von *Wagner* vorgebrachten Argument, Aktionäre seien die grundsätzlich geeigneteren Risikoträger in Publikumsgesellschaften.[595]

---

589 Vgl. *Wagner*, ZHR 178 (2014), 227 ff.

590 Vgl. *Roth*, Unternehmerisches Ermessen und Haftung des Vorstands, 2001, S. 31.

591 *Ders.*, Unternehmerisches Ermessen und Haftung des Vorstands, 2001, S. 31.

592 *Ders.*, Unternehmerisches Ermessen und Haftung des Vorstands, 2001, S. 31.

593 Vgl. *Spindler*, AG 2013, 889, 903.

594 *Wagner*, AcP 206 (2006), 352, 451.

595 *Fleischer*, in: Spindler/Stilz (Hrsg.), Kommentar zum Aktiengesetz, 4. Aufl. 2019, § 93 Rn. 2a.

So diene die Organinnenhaftung nach § 93 Abs. 2 AktG allen der vorgenannten Zwecke. Diese kämen aber je nach zugrunde liegendem Sachverhalt unterschiedlich zum Tragen.[596] Allerdings gesteht auch *Fleischer* den vorgenannten Ansichten zugunsten einer vor allem präventiven Funktion der Organinnenhaftung zu, dass bei Verletzungen der Sorgfaltspflicht in Publikumsgesellschaften nicht die Kompensations-, sondern die Präventionsfunktion einer Schadensersatzhaftung von zentraler Bedeutung sei, da hier der vom Organmitglied zu erwartende Ersatz oft in keinem Verhältnis zum erlittenen Schaden stehe.[597]

b. Besonderheiten mit Blick auf die Organinnenhaftung für Verbandsgeldbußen

Soweit es um die Organinnenhaftung für Verbandsgeldbußen geht, kommt es zu verschiedenen Besonderheiten.

aa. D&O-Versicherung hinsichtlich der Organinnenhaftung für Verbandsgeldbußen

Es ist heutzutage gängige Praxis, die Organinnenhaftung durch sog. D&O-Versicherungen (*directors & officers*) abzudecken. Der gesetzliche Selbstbehalt nach § 93 Abs. 2 Satz 3 AktG berücksichtigt dies und trägt dazu bei, dass die Präventionsfunktion der Organinnenhaftung auch nicht durch die gängige Praxis von D&O-Versicherungen entkräftet wird. Die Versicherungen sehen darüber hinaus aber ganz regelmäßig Haftungsausschlüsse verschiedenster Art vor und sind zudem oftmals gedeckelt.[598]

Mit Blick auf die Übernahme von Geldbußen und Geldstrafen wird dies besonders deutlich. Dort spielt die Praxis der D&O-Versicherungen eine zu vernachlässigende Rolle.

So besteht bereits nach wie vor Uneinigkeit darüber, ob die Versicherung von Geldbußen und Geldstrafen sowie der Organinnenhaftung über solche überhaupt rechtlich zulässig ist. Nach herrschender Ansicht im Schrifttum verstoße zumindest die unmittelbare Versicherung von Geldstrafen und Bußgeldern in

---

596 *Ders.*, in: Spindler/Stilz (Hrsg.), Kommentar zum Aktiengesetz, 4. Aufl. 2019, § 93 Rn. 2a.

597 *Ders.*, in: Spindler/Stilz (Hrsg.), Kommentar zum Aktiengesetz, 4. Aufl. 2019, § 93 Rn. 2.

598 HdB-VorstR/*ders.*, 2006, § 12 D&O Versicherung Rn. 9.

Deutschland gegen § 134 BGB[599] bzw. § 138 BGB[600], weil sie den Sanktionszweck des Straf- und Ordnungswidrigkeitenrechts untergrabe.[601]

Es ist umstritten, inwiefern diese Wertung auch auf die Organinnenhaftung über Verbandsgeldbußen übertragbar ist. Teilweise wird auch in diesem Zusammenhang eine Versicherungsfähigkeit mit der Begründung abgelehnt, dass eine solche Versicherung mittelbar zum selben Ergebnis führe, wie eine unmittelbare Versicherung über Verbandsgeldbußen. Aus wirtschaftlicher Sicht würde der Umweg des Regresses letztlich zu einem Versicherungsschutz für das Unternehmen hinsichtlich der Verbandsgeldbuße führen.[602] Insofern wendet *Thomas* jedoch überzeugend ein, dass die Befürworter der generellen Zulässigkeit eines Organinnenregresses über Verbandsgeldbußen hier konsequent sein müssen: Soweit in Verbandsgeldbußen ein gewöhnlicher, ersatzfähiger Schadensposten im Rahmen von § 93 Abs. 2 AktG gesehen werde, könne man diese Wertung auf Ebene des Versicherungsrechts nicht umkehren und dem Schadensposten wieder Bußgeldcharakter beimessen.[603]

Dreher wiederum stellt einen Vergleich zu der inzwischen allgemein als zulässig anerkannten Versicherbarkeit von Schäden aufgrund bedingt vorsätzlicher Pflichtverletzungen an. Einer solchen Versicherung sei zunächst ebenfalls entgegengehalten worden, Präventionsanreize zu normgetreuen Verhalten, entfallen zu lassen.[604] Mit Blick auf die schwierige Abgrenzung von bedingtem Vorsatz und bewusster Fahrlässigkeit sei allerdings eine Versicherung hinsichtlich bedingt vorsätzlich verursachter Schäden durch die Rechtsprechung als zulässig anerkannt worden.[605] Diese Wertung sei nach *Dreher* auf die Versicherbarkeit der Organinnenhaftung hinsichtlich Geldbußen zu übertragen und führe aufgrund des verbleibenden Selbstbehalts nach § 93 Abs. 2 Satz 3 AktG auch zu keiner

---

599 HdB-VorstR/*ders.*, 2006, § 12 D&O Versicherung Rn. 54; *Ihlas*, D & O, 2. Aufl. 2009, S. 73.; *Strasser*, VersR 2017, 65, 71.

600 Vgl. *Strasser*, VersR 2017, 65, 71; *Ihlas*, D & O, 2. Aufl. 2009, S. 548.

601 Vgl. *Ihlas*, D & O, 2. Aufl. 2009, S. 358.

602 Vgl. *Koch*, in: Hoffmann-Becking/Hüffer/Reichert (Hrsg.), Liber Amicorum für Martin Winter, 2011, S. 327, 331; erläuternd auch *Thomas*, NZG 2015, 1409, 1416, jedoch mit eigener, im Ergebnis gegenläufiger Argumentation.

603 Vgl. *Thomas*, NZG 2015, 1409, 1416; so auch *Reuter*, BB 2016, 1283, 1287.

604 Vgl. *Dreher*, VersR 2015, 781, 789.

605 Vgl. BGH, Urt. v. 17.12.2014, Rs. IV ZR 90/13, NJW 2015, 947, 948: „*Wissentlich handelt nur derjenige, der die verletzten Pflichten positiv kennt. Bedingter Vorsatz, bei dem er die in Rede stehende Verpflichtung nur für möglich hält, reicht dafür ebenso wenig aus wie eine fahrlässige Unkenntnis*"; hierzu *Dreher*, VersR 2015, 781, 782 f.; 789.

Konterkarierung der jeweiligen Sanktionszwecke.[606] Ferner ändere die Versicherung nichts daran, dass – sofern man im Zusammenhang mit Verbandsgeldbußen die Zulässigkeit des Regresses unterstellt – jedenfalls eine Verlagerung der mit einer Geldbuße verbundenen wirtschaftlichen Belastung vom Unternehmen weg erfolgt. Denn der insofern verlagernde Regressanspruch bestehe unabhängig von einer wiederum dahinerstehenden Versicherung.[607]

Unabhängig von der rechtlichen Versicherungsfähigkeit ist es jedenfalls gängige Versicherungspraxis, Ausschlussgründe in die D&O-Versicherungswerke aufzunehmen, die im Fall einer Inanspruchnahme von Organen wegen Verbandsgeldbußen regelmäßig einschlägig sind. Einerseits wird üblicherweise der Versicherungsschutz für Haftpflichtansprüche „*wegen*“, „*aufgrund*“, oder im „*Zusammenhang mit*“ Bußgeldern ausgeschlossen – hier kommt es für einen Versicherungsausschluss auf die Formulierung im Einzelnen an.[608] Daneben würden die Versicherungswerke regelmäßig einen Versicherungsausschluss für Haftpflichtansprüche wegen wissentlicher Pflichtverletzungen beinhalten, der sich in diesem Zusammenhang in einem Großteil der Fälle auswirken dürfte.[609]

bb. Zuspitzung der Steuerungsfunktion des § 93 Abs. 2 AktG

Hieraus ergibt sich eine besondere Zuspitzung der haftungsrechtlichen Zwecke im Hinblick auf die Organinnenhaftung über Verbandssanktionen: Wie gezeigt wurde, vereinbart das Haftungsrecht unmittelbar eine Kompensations- und Präventionsfunktion.[610] Die Systematik der Verbandssanktionen in ihrer Gesamtschau geht aber – in Abkehr der statischen Vorgaben des § 30 OWiG – zunehmend dazu über, eine Bemessung der Geldbußen gegenüber juristischen

606 Vgl. *Dreher*, VersR 2015, 781, 789.

607 Vgl. *ders.*, VersR 2015, 781, 789.

608 Vgl. *Heitzer*, Erstattungspflicht des Unternehmensleiters bei Geldbußen gegenüber der Gesellschaft?, 21.07.2015, abrufbar unter: https://www.noerr.com/de/newsroom/news/erstattungspflicht-des-unternehmensleiters-bei-geldbussen-gegenuber-der-gesellschaft (geprüft am 30.09.2021); *Koch*, in: Hoffmann-Becking/Hüffer/Reichert (Hrsg.), Liber Amicorum für Martin Winter, 2011, S. 327, 331.

609 Vgl. *Heitzer*, Erstattungspflicht des Unternehmensleiters bei Geldbußen gegenüber der Gesellschaft?, 21.07.2015, abrufbar unter: https://www.noerr.com/de/newsroom/news/erstattungspflicht-des-unternehmensleiters-bei-geldbussen-gegenuber-der-gesellschaft (geprüft am 30.09.2021); vgl. zur Anwendung von Vorsatz- und Wissentlichkeitsausschlussklauseln in diesem Kontext, *Dreher*, VersR 2015, 781, 789 ff.

610 Vgl. S. 130 ff.

Personen und Personenverbänden an deren Jahresumsatz zu orientieren.[611] Dies hat mehrere Folgen in der Praxis:

- Die am Unternehmenserlös orientierte Haftung wird regelmäßig ein Ausmaß erreichen, welche den Vorstand schon im Rahmen seines Selbstbehalts nach § 93 Abs. 2 Satz 3 AktG existenzvernichtend trifft.
- Dann entfaltet zunächst die Kompensationsfunktion der Organinnenhaftung keine Wirkung. Das Einkommen des Vorstandsmitglieds steht in keinem Verhältnis zum Umsatz der Gesellschaft und wird für daran ausgerichtete Geldbußen kaum aufkommen können. Aufgrund der dargestellten Versicherungspraxis bei Verbandsgeldbußen kommt die D&O-Versicherung in diesem Kontext regelmäßig nicht für den entstandenen Schaden auf.[612]
- Schließlich vermindert sich für Organe der Aktiengesellschaft in Anbetracht eines mit Blick auf Verbandsgeldbußen existenzvernichtenden Haftungs**risikos** die Präventionsfunktion der Organinnenhaftung erheblich. Denn die existenzvernichtende Haftung ist zu sinnvoller präventiver Verhaltenssteuerung nicht fähig.[613] *Wagner* stellt insofern scharf aber treffend fest: „*Verhaltenssteuerung hat mit Vernichtung potentieller Schädiger nichts zu tun*".[614] Aus ökonomischer Sicht solle der (potenzielle) Schädiger seinen Sorgfaltsaufwand nur solange ausdehnen, bis die Grenzkosten einer weiteren Steigerung die Kosten der damit vermiedenen Schäden übersteigen würden.[615] Geht das allgemein einzupreisende Haftungsrisiko ins Unermessliche, so rückt die Einhaltung von Sorgfaltsstandards zur Haftungsvermeidung, als Priorität vollständig an die Stelle der Unternehmensführung im Sinne der Aktionäre und setzt somit – sowohl aus gesellschaftsrechtlicher als auch aus ökonomischer Sicht – völlig unerwünschte Verhaltensanreize.

Hieraus ergibt sich: Ist eine **existenzvernichtende Vorstandsinnenhaftung** für Verbandssanktionen angesichts der konkreten Ausgestaltung der Sanktion als Regelfall angelegt, **so laufen die Steuerungszwecke der Haftung nach § 93 Abs. 2 AktG in diesem Zusammenhang praktisch leer**.

Entsprechend erkannte *Wagner* auch **unterhalb der Schwelle der Existenzvernichtung** die Grenzen einer Präventionswirkung der Organinnenhaftung

---

611 Vgl. S. 88 ff.; 96 ff.
612 Vgl. S. 132 ff.
613 Vgl. *Wagner*, AcP 206 (2006), 352, 457 f. m.w.N.
614 *Ders.*, AcP 206 (2006), 352, 457.
615 *Ders.*, AcP 206 (2006), 352, 457 f.

in der Asymmetrie von Ertrags- und Verlustbeteiligung von Vorständen in der Aktiengesellschaft.[616]

Die Vorschrift des § 93 Abs. 2 AktG durchbreche die Regel, dass Geschäftsleiter persönlich weder an den Gewinnen noch an den Verlusten der Gesellschaft in negativer Hinsicht partizipieren dürften, indem Geschäftsleiter im Fall der Pflichtverletzung für sämtliche Verluste der Gesellschaft aufkämen, während es dabei bleibe, dass eine entsprechende Gewinnbeteiligung nicht bestehe.[617] Zwar bestehe über § 93 Abs. 1 Satz 2 AktG eine Exkulpationsmöglichkeit für jedes Vorstandsmitglied, aber an dieser Stelle ist an die erhebliche Unbestimmtheit der Vorschrift und die damit einhergehende Unsicherheit für ihre Adressaten zu erinnern.[618]

§ 93 Abs. 1 Satz 2 AktG verlangt von Geschäftsleitern ex ante vorauszusehen, wie eine bestimmte Entscheidungssituation ex post von einem Gericht beurteilt werden wird,[619] was praktisch keinen zuverlässigen „safe harbor" für den pflichtbewussten Geschäftsleiter bieten kann.[620] Es stelle sich die Frage, inwiefern „*die Haftung auf den vollen Schaden, mit anderen Worten: das Prinzip der Totalreparation, zu angemessenen und ökonomisch richtigen Ergebnissen führt.*"[621]

II. Ökonomische Analyse des Rechts

Die ökonomische Analyse des Rechts unternimmt die Beantwortung – zumindest des letzten Teils – der unmittelbar vorgenannten Frage. Sie untersucht rechtliche Entscheidungen vor dem Hintergrund der Zielsetzung, dass innerhalb einer Gesellschaft die ihr vorhandenen Mittel so einzusetzen sind, dass möglichst effizient, also bei möglichst geringer Verschwendung von Ressourcen, ein möglichst hoher Grad an Bedürfnisbefriedigung innerhalb der Gesellschaft erreicht werden sollte.[622] Die möglichst effiziente Verteilung von Ressourcen und Nutzen unter den Mitgliedern einer Gesellschaft wird in diesem Zusammenhang unter dem Oberbegriff der Maximierung bzw. Vergrößerung der *gesamtgesellschaftlichen Wohlfahrt* untersucht.[623] Im Zentrum der ökonomischen Analyse des

---

616 *Ders.*, ZHR 178 (2014), 227, 256 f.

617 *Ders.*, ZHR 178 (2014), 227, 257.

618 Vgl. nur S. 106 ff.

619 *Wagner*, ZHR 178 (2014), 227, 259.

620 S. 124.

621 *Wagner*, ZHR 178 (2014), 227, 256.

622 *Schäfer/Ott*, Lehrbuch der ökonomischen Analyse des Zivilrechts, 6. Aufl. 2020, S. XI.

623 Vgl. im Einzelnen *dies.*, Lehrbuch der ökonomischen Analyse des Zivilrechts, 6. Aufl. 2020, S. XI, 11 ff.; *Fezer*, JZ 1986, 817, 819.

Rechts stehen zu diesem Zweck einerseits die Folgenermittlung und andererseits die Folgenbewertung rechtlicher Entscheidungen – sei es auf der Ebene der Gesetzgebung oder der Rechtsprechung.[624]

Als Folgenermittlung wird dem Wortlaut entsprechend die Begutachtung bzw. die Prognose von (antizipierten) Folgen bestimmter Entscheidungen verstanden. Die anschließende Folgenbewertung bezieht sich auf die Analyse, welche der festgestellten Folgen als „Beste" zu wählen ist. Bei dieser Beurteilung handelt es sich um ein Werturteil,[625] zu dessen Erschließung die ökonomische Analyse des Rechts Leitlinien entwickelt hat.

Die Überlegung, die Rechtsanwendung methodisch an ihren Folgen auszurichten, ist keinesfalls der Volkswirtschaftslehre vorbehalten. In der juristischen Auseinandersetzung wurde sie bis heute allerdings nur oberflächlich berücksichtigt.[626] Allein hinsichtlich der Folgenermittlung wurden vereinzelte Versuche unternommen, diese zu einer Rationalisierung wissenschaftlicher Auseinandersetzung heranzuziehen – etwa mit Blick auf besonders emotional aufgeladene Thematiken.[627] Zwar würde die Folgenermittlung an sich die juristische Wertung nicht redundant machen, sie sei aber dazu geeignet diese zu rationalisieren, indem sie etwa Widersprüche zwischen dem Normzweck und den tatsächlichen Folgen aufzeigen könne.[628] Eine solche Form der „juristischen" Folgenermittlung und -bewertung nähert sich allerdings auf Ebene der Rechtsanwendung im Ergebnis an die Methodik – zumindest gründlicher – teleologischer Auslegung sehr nah an und sollte auf legislativer Ebene ohnehin Teil der gesetzgeberischen Feststellung des legitimen Zwecks von Normvorhaben sein.

Eidenmüller stellt in diesem Zusammenhang mit Blick auf die ökonomische Analyse des Rechts fest, dass ihr größter Vorteil dann darin verbleibe, dass sie über eine klar formulierte Konzeption – nämlich der Orientierung am ökonomischen Effizienzkriterium – zum Zwecke der Folgenbewertung und Folgenermittlung verfüge.[629]

---

624 Vgl. *Schäfer/Ott*, Lehrbuch der ökonomischen Analyse des Zivilrechts, 6. Aufl. 2020, S. IX; 3 ff.

625 *Dies.*, Lehrbuch der ökonomischen Analyse des Zivilrechts, 6. Aufl. 2020, S. 12.

626 Vgl. *Eidenmüller*, AcP 197 (1997), 80, 82, welcher feststellt, dass es an einer juristischen Theorie der Folgenbewertung gänzlich fehle.

627 Vgl. *Podlech*, AöR 95 (1997), 185, 197 ff., welcher die Rückführung eines Schlusses auf seine Folgen als „Reduktion" bezeichnet und anhand dieser Reduktion die Sinnhaftigkeit gesetzlicher Normen untersucht; *Rüssmann*, JuS 1975, 352, 357 f.

628 Vgl. *Rüssmann*, JuS 1975, 352, 357.

629 *Eidenmüller*, AcP 197 (1997), 80, 83.

a. Grundannahmen der ökonomischen Analyse des Rechts

Möchte man diesen Vorteil für die hier vorzunehmende Untersuchung fruchtbar machen, gilt es zunächst, verschiedene Grundannahmen, auf welchen die ökonomische Analyse des Rechts als Forschungsfeld basiert, zumindest skizzenhaft zu erfassen:

aa. Entscheidungen und Folgenermittlung

Bestimmte eingetretene oder gewünschte Ereignisse untersucht die ökonomische Analyse des Rechts mit Blick auf die Folgenermittlung anhand des auf *Hempel* und *Oppenheim* zurückzuführenden sog. *deuduktiv-nomoligischen Modells* („*DN-Modell*").[630] Das DN-Modell stellt einem zu erklärenden Ereignis („Explanandum") verschiedene Zusammenhänge entgegen („Explanans"). Letztere unterteilen sich in sog. *Antec Antezedensbedingungen* (A^1; A^2; A^3; etc.) sowie *Gesetzeshypothesen* (G^1; G^2; G^3; etc.).[631] Antezedensbedingungen sind Zustände, die mit dem Eintritt des Explanans einhergehen („*conditions which are realized prior to, or at the same time as, the phenomenon to be explained*");[632] Gesetzeshypothesen beschreiben allgemein anerkannte Gesetzmäßigkeiten, die auf das zu erklärende Ereignis einwirken – etwa Naturgesetze.

Schaubildartig dargestellt ergibt sich das folgende Schema:[633]

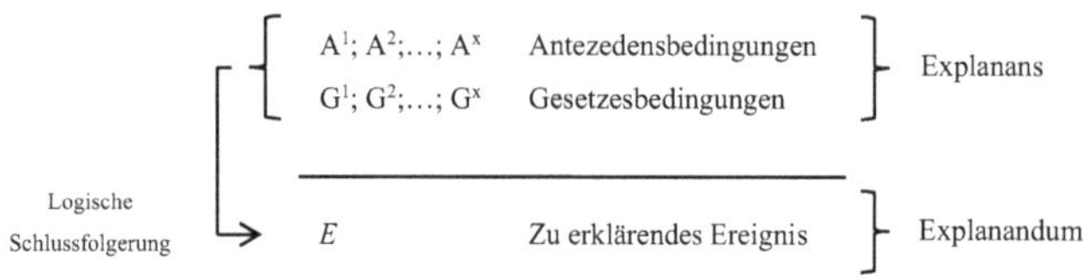

Erläuterndes Beispiel nach Hempel und Oppenheim:[634]

Ein gläsernes Fieberthermometer (Quecksilberthermometer) wird in warmes Wasser (wärmer als Raumtemperatur) getaucht. Zunächst betrifft die Wassertemperatur nur das Glas, welches sich ausweitet, woraufhin der Quecksilberstand

630 Vgl. *Hempel/Oppenheim*, Philosophy of Science 15, Vol. 2 (1948), 135 ff.
631 Vgl. *dies.*, Philosophy of Science 15, Vol. 2 (1948), 135, 137.
632 *Dies.*, Philosophy of Science 15, Vol. 2 (1948), 135, 136.
633 Frei übersetzt nach *dies.*, Philosophy of Science 15, Vol. 2 (1948), 135, 138, dort mit teilweise ausführlicherer Beschreibung.
634 *Dies.*, Philosophy of Science 15, Vol. 2 (1948), 135, 135 f.

sinkt. Erst dann erwärmt auch das Quecksilber und dehnt sich aus, sodass der Thermometerstand ansteigt.

Antezedensbedingungen (u.a.): Quecksilberthermometer aus Glas; warmes Wasser
Gesetzeshypothese (u.a.): Physikalische Gesetze über thermische Ausdehnung und thermische Leitung
Explanandum: Taucht man ein gläsernes Quecksilberthermometer in warmes Wasser, sinkt der Thermometerstand, bevor er ansteigt.

Hängen Explanans und Explanandum tatsächlich zusammen, so unterliegen sie dabei verschiedenen Axiomen:[635]

- das Explanandum folgt logisch aus dem Explanans (sog. Folgerungsbedingung);
- das Explanans enthält allgemeine Gesetze (sog. Gesetzesbedingung);
- das Explanans muss überprüfbar und falsifizierbar sein (sog. Signifikanzbedingung);
- alle Gesetzesaussagen des Explanans sind theoretisch verifiziert (sog. Wahrheitsbedingung).

Die ersten drei Axiome werden unter dem Oberbegriff der logischen Adäquanzbedingungen zusammengefasst. Das Letztgenannte bezeichnet man demgegenüber auch als empirische Adäquanzbedingung.[636]

Anhand des DN-Modells lassen sich – bei Vorliegen der dargelegten Axiome – dann einerseits eingetretene Ereignisse auf ihre Antezedens- und Gesetzesbedingungen zurückführen. Andererseits erlaubt die Kenntnis der Antezedens- und Gesetzesbedingungen auch eine Prognose hinsichtlich des zu erwartenden Explanans.[637]

Dem DN-Modell wurde auch Kritik entgegengebracht. Insbesondere und erwartungsgemäß wurde darauf hingewiesen, dass dieses Modell im Einzelfall Kausalität und Korrelation verwechseln könne. Ein von *Wesley C. Salmon* eingeführtes Beispiel demonstriert diese sog. *Irrelevanz* bestimmter Antezedensbedingungen:[638]

---

635 Vgl. *dies.*, Philosophy of Science 15, Vol. 2 (1948), 135, 137 f.; *Kilgus*, Der Integrationsprozess Kosovos in die Europäische Union, 2018, S. 102 Fn. 283.

636 Vgl. *Hempel/Oppenheim*, Philosophy of Science 15, Vol. 2 (1948), 135, 137, welche von „*Logical conditions of adequacy*" und „*Empiricial condition of adequacy*" sprechen.

637 *Schäfer/Ott*, Lehrbuch der ökonomischen Analyse des Zivilrechts, 6. Aufl. 2020, S. 5 f.

638 Vgl. zur Einordnung in die ökonomische Analyse *Woodward*, The British Journal for the Philosophy of Science 30, No. 1 (1979), 41, 55; *ders.*, Scientific Explanation,

(G) Männer, die regelmäßig die Pille nehmen, werden nicht schwanger.
(A) X ist ein Mann, der regelmäßig die Pille genommen hat.
(E) X wird nicht schwanger.

Irrelevante Antezedensbedingungen aufzudecken bleibt Aufgabe der Empirie und der naturwissenschaftlichen Forschung. Ungeachtet der Kritik an dem DN-Modell bleibt es der Ausgangspunkt ökonomischer Folgenermittlung.

bb. Gesetzeshypothese des Homo oeconomicus

Eine der wichtigsten Gesetzeshypothesen der ökonomischen Theorie besteht in der Annahme, die Menschen würden ihre eigenen, egoistischen Interessen verfolgen und bei Verfolgung dieser Ziele rational vorgehen (sog. methodologischer Individualismus bzw. REM-Hypothese, „*rational egoistischer Mensch*"; engl. REMM-Hypothese, „*resourceful, evaluating, maximizing man*").[639] Rational sei ein Mitteleinsatz, bei dem der Grad der Zielerreichung bei einem gegebenen Mittelvorrat maximiert wird oder bei dem ein bestimmter Zielerreichungsgrad mit einem Minimum an Mitteln erreicht werden kann (optimale Zweck-Mittel-Relation).[640] Nach dem von *Neumann* und *Morgenstern* entwickelten Referenzmodell liege Rationalverhalten vor, wenn ein Entscheidender aus den für ihn wählbaren Zuständen stets jenen auswählt, der in seinem persönlichen Ranking den ersten Platz belege (sog. Maximierung/Erlangen von Maxima).[641]

cc. Folgenbewertung anhand des Zieles der Wohlfahrtsmaximierung

Ergeben verschiedene mögliche Antezedensbedingungen verschiedene prognostizierte Zustände, stellt sich neben dieser sog. Folgenermittlung die Frage

---

24.09.2014, abrufbar unter: https://plato.stanford.edu/entries/scientific-explanation/, Abschn. 2.5 (geprüft am 30.09.2021); *Schäfer/Ott*, Lehrbuch der ökonomischen Analyse des Zivilrechts, 6. Aufl. 2020, S. 7 Fn. 5; Beispiel nach *Salmon*, in: ders. (Hrsg.), Statistical Explanation and Statistical Relevance, 1971, S. 29, 34.

639 *Schäfer/Ott*, Lehrbuch der ökonomischen Analyse des Zivilrechts, 6. Aufl. 2020, S. 107 Fn. 7 unter Verweis auf die in diesem Zusammenhang grundlegende Arbeit, *Kirchgässner*, Homo Oeconomicus, 2008.

640 *Schäfer/Ott*, Lehrbuch der ökonomischen Analyse des Zivilrechts, 6. Aufl. 2020, S. 108.

641 Vgl. *von Neumann/Morgenstern*, A Theory of Games and Economic Behavior, 3. Aufl. 1953, S. 9: „*The individual who attempts to obtain these respective maxima is also said to act ‚rationally'*"; zu den Bedingungen dieser Abwägung im Einzelnen (Dominanz, Vollständigkeit, Transitivität und Unabhängigkeit), vgl. *Schäfer/Ott*, Lehrbuch der ökonomischen Analyse des Zivilrechts, 6. Aufl. 2020, S. 109 ff.

der Folgenbewertung,: „*Welcher Zustand ist der beste?*". Wie bereits angedeutet verfolgt die ökonomische Analyse des Rechts die Zielsetzung einer effizienten Ressourcenallokation zur Vergrößerung der Wohlfahrt in einer Gesellschaft. Wie eine solche Vergrößerung der gesamtgesellschaftlichen Wohlfahrt messbar gemacht werden kann und soll, ist in der Ökonomik umstritten. Für die Zwecke der hier vorgenommenen Untersuchung sollen nur die folgenden ganz grundlegenden Begrifflichkeiten eingeführt werden, da sich für die Wohlfahrtsmaximierung im Sinne des Haftungsrechts ohnehin Besonderheiten ergeben. Es handelt sich um zwar umstrittene aber im Grundsatz anerkannte Regeln zur Sozialwahl zwischen mehreren Zuständen:

- **Pareto-Kriterium:** Wenn jedes Mitglied der Gesellschaft entweder den Zustand x dem von y persönlich vorzieht oder zwischen beiden Zuständen indifferent ist, mindestens aber ein Gesellschaftsmitglied x vorzieht, sollte der Zustand x dem von y sozial vorgezogen werden. Sozialwahlentscheidungen, die diese Bedingung erfüllen, werden als Pareto-superiore-Entscheidungen bezeichnet.[642]
- **Schwaches Pareto-Kriterium:** Wenn jedes Mitglied der Gesellschaft den gesellschaftlichen Zustand x dem von y persönlich vorzieht, ist x auch sozial besser als y.[643]
- **Pareto-optimal bzw. pareto-effizient** ist ein Zustand, in dem niemand bessergestellt werden kann, ohne dass ein anderer sich verschlechtert.[644]
- **Kaldor-Hicks-Kompensationskriterium:** Ein sozialer Zustand x ist gegenüber dem sozialen Zustand y dadurch charakterisiert, dass mindestens ein Gesellschaftsmitglied Zustand x und mindestens ein Gesellschaftsmitglied Zustand y vorzieht. Dann ist der Zustand x sozial besser als der Zustand y, wenn diejenigen, die x präferieren, denjenigen, die y bevorzugen, Entschädigungszahlungen leisten könnten, sodass Letztere zwischen den Zuständen x und y indifferent werden und wenn diejenigen, die die Entschädigung leisten könnten, immer noch den dann entstehenden Zustand gegenüber y präferieren.[645] Dieses Kriterium erfordert allerdings nur, dass die Entschädigung **möglich** ist, nicht, dass ein Ausgleich tatsächlich stattfindet.[646]

642 Vgl. *Schäfer/Ott*, Lehrbuch der ökonomischen Analyse des Zivilrechts, 6. Aufl. 2020, S. 13.
643 Vgl. *dies.*, Lehrbuch der ökonomischen Analyse des Zivilrechts, 6. Aufl. 2020, S. 13.
644 Vgl. *dies.*, Lehrbuch der ökonomischen Analyse des Zivilrechts, 6. Aufl. 2020, S. 14 f.
645 Vgl. *dies.*, Lehrbuch der ökonomischen Analyse des Zivilrechts, 6. Aufl. 2020, S. 20 f.
646 Vgl. *dies.*, Lehrbuch der ökonomischen Analyse des Zivilrechts, 6. Aufl. 2020, S. 21.

Aus dem Kaldor-Hicks-Kompensationskriterium wurden wiederum verschiedene weitere Bewertungsvorschläge abgeleitet, die für die Zwecke dieser Untersuchung jedoch im Einzelnen nicht relevant sind.[647]

dd. Strategische Interaktion (Spieltheorie)

Eine weitere bedeutende Theorie der Ökonomik bzw. Mathematik, welche auch bereits mit Blick auf kartellrechtliche[648] sowie schuldrechtliche[649] Untersuchungen für die juristische Debatte fruchtbar gemacht wurde, ist die sog. Spieltheorie. Die auf *v. Neumann* und *Morgenstern* zurückgehende Spieltheorie untersucht die Entscheidungen verschiedener Entscheidungsträger.[650] Die Interaktionen verschiedener Entscheidungsträger werden dabei als Spiele bezeichnet.[651] Die Spieltheorie erlaubt die Folgenermittlung bestimmter Entscheidungen im Rahmen möglichst realitätsnaher Modelle. Sie eröffnet Juristen die Möglichkeit zu modellieren, inwiefern bestimmte rechtliche Rahmenbedingungen Akteure zu bestimmten Verhaltensweisen veranlassen werden.[652]

Für die Analyse von Spielen ist das Verständnis einiger Grundbegriffe der Spieltheorie erforderlich. Im Rahmen dieser Theorie ist ein Spiel vollständig beschrieben durch:

1. Die Menge der Spieler; bspw. {Spieler 1, Spieler 2}.[653]
2. Die den Spielern zur Verfügung stehenden Strategien (sog. Strategieraum, engl.: *strategy space*).[654] Der Strategieraum gibt die Menge aller möglichen Strategiekombinationen an, die sich aus den Strategien der einzelnen Spieler ergeben.

---

647 Zu der sog. Auktionsentscheidungsregel; dem Vermögensmaximierungsprinzip sowie der Kosten-Nutzen-Rechnung in diesem Zusammenhang, *dies.*, Lehrbuch der ökonomischen Analyse des Zivilrechts, 6. Aufl. 2020, S. 22 f.

648 Vgl. *Schweizer*, Spieltheorie und Schuldrecht, 2015.

649 *Zimmer*, ZHR 154 (1990), 470 ff.; vgl. mit Blick auf das Steuerrecht auch *Eckmann*, DB 1995, 1479 ff.

650 Vgl. *von Neumann/Morgenstern*, A Theory of Games and Economic Behavior, 3. Aufl. 1953, S. 48 ff.

651 *Dies.*, A Theory of Games and Economic Behavior, 3. Aufl. 1953, S. 48 f.; *Schäfer/Ott*, Lehrbuch der ökonomischen Analyse des Zivilrechts, 6. Aufl. 2020, S. 67.

652 Hierzu grundlegend *Baird/Gertner/Picker*, Game Theory and the Law, 2. Aufl. 1994.

653 Vgl. *Schäfer/Ott*, Lehrbuch der ökonomischen Analyse des Zivilrechts, 6. Aufl. 2020, S. 69; *Baird/Gertner/Picker*, Game Theory and the Law, 2. Aufl. 1994, S. 8.

654 *Baird/Gertner/Picker*, Game Theory and the Law, 2. Aufl. 1994, S. 8.

3. Den Auszahlungsraum (engl.: *pay-off*).[655] Dadurch erhalten alle die möglichen Kombinationen von Auszahlungen für alle Spieler und alle Strategiekombinationen.[656]

Die Spieltheorie unterscheidet zwischen unproduktiven Spielen (auch „*Nullsummenspiele*"[657] genannt) einerseits und produktiven Spielen andererseits. Bei Nullsummenspielen ist die Summe der Vor- und Nachteile der Spieler stets gleich null: Der Gewinn des einen ist der Verlust des anderen (bspw. Schach; Situation zwischen Kläger und Beklagtem).[658] Das adäquate Verhalten im Nullsummenspiel ist der Kampf zum Zwecke der Benachteiligung des Gegners bzw. des anderen Spielers.[659] Die Rechtsordnung kann den Charakter von Nullsummenspielen als Kampfspiele nicht aufheben, sondern ihn allenfalls fairer gestalten und in friedliche Formen lenken.[660]

Produktive Spiele zeichnen sich dagegen dadurch aus, dass die Summe der Vorteile aller Spieler größer als null ist.[661] Viele Spiele des alltäglichen Wirtschaftslebens sind solche produktiven Spiele.

Klassisches Lehrbuchbeispiel zur Veranschaulichung dieser Zusammenhänge ist das sog. Gefängnisdilemma, welches in seiner Ausprägung als soziales „*Dilemma*" nach *Tucker*[662] verschiedene binäre Entscheidungsmöglichkeiten zweier Beschuldigter in folgendem Beispiel modelliert:[663]

> *Zwei gefangene Beschuldigte werden getrennt voneinander vernommen. Sie sind beschuldigt, gemeinsam eine Straftat begangen zu haben, welche mit einer Haftstrafe von bis zu sechs Jahren bewehrt ist. Beiden Beschuldigten wird folgendes Angebot unterbreitet:*
> - *Sollte keiner der beiden ein Geständnis ablegen, drohe beiden jeweils eine Haftstrafe von einem Jahr.*
> - *Sollten beide gestehen, drohe beiden eine Haftstrafe von 3 Jahren.*

---

655 *Dies.*, Game Theory and the Law, 2. Aufl. 1994, S. 8; *Schäfer/Ott*, Lehrbuch der ökonomischen Analyse des Zivilrechts, 6. Aufl. 2020, S. 69.

656 *Schäfer/Ott*, Lehrbuch der ökonomischen Analyse des Zivilrechts, 6. Aufl. 2020, S. 69; *Baird/Gertner/Picker*, Game Theory and the Law, 2. Aufl. 1994, S. 8.

657 *Von Neumann/Morgenstern*, A Theory of Games and Economic Behavior, 3. Aufl. 1953, S. 46 f.

658 *Schäfer/Ott*, Lehrbuch der ökonomischen Analyse des Zivilrechts, 6. Aufl. 2020, S. 68.

659 Vgl. *dies.*, Lehrbuch der ökonomischen Analyse des Zivilrechts, 6. Aufl. 2020, S. 68.

660 *Dies.*, Lehrbuch der ökonomischen Analyse des Zivilrechts, 6. Aufl. 2020, S. 68.

661 *Dies.*, Lehrbuch der ökonomischen Analyse des Zivilrechts, 6. Aufl. 2020, S. 68.

662 *Tucker*, The Two-Year College Mathematics Journal 14 (1983), 228 ff.

663 Frei nach *ders.*, The Two-Year College Mathematics Journal 14 (1983), 228.

- *Sollte nur einer der beiden gestehen, der andere wiederum aber nicht, solle der Gestehende freigelassen werden, der Ungeständige aber eine Haftstrafe über sechs Jahre antreten müssen.*

Für die Beschuldigten {(Spieler 1; Spieler 2)} ergibt sich in diesem Beispiel folgender Strategieraum (die *Auszahlung* bzw. der *pay-off* wird mit der Anzahl der drohenden Haftjahre beziffert):

{(Abstreiten, 1; Abstreiten, 1); (Gestehen, 3; Gestehen, 3); (Abstreiten, 6; Gestehen, 0); (Gestehen, 0; Abstreiten, 6)}

bzw. verkürzt

{(1;1); (3;3); (6;0); (0;6)}

Die Strategien (1;1); (6;0) und (0;6) sind in diesem Zusammenhang paretooptimal. Sie lassen sich jeweils nicht für einen Spieler verbessern, ohne den anderen Spieler zugleich zu benachteiligen. Die Strategiekombination (1;1) ist zudem die fairste. Die Spieltheorie untersucht nun, ob beide Beschuldigten bei rationalem Verhalten auch diese Strategiekombination wählen würden. Hierzu wird geprüft, welche Strategie ein sog. ***Nash-Gleichgewicht*** aufweist. Ein Nash-Equilibrium liegt für eine Strategiekombination vor, bei der kein Spieler einen Vorteil davon hat, eine andere Strategie zu wählen, unter der Voraussetzung, dass alle anderen Spieler die durch diese Strategiekombination bezeichnete Strategie wählen:[664]

- Strategiekombination (Abstreiten, 1; Abstreiten, 1): Hier könnten sowohl Spieler 1 als auch Spieler 2 ihre Position verbessern, wenn sie die Strategie *Gestehen* wählen. In diesem Fall liegt kein *Nash-Gleichgewicht* vor.
- Strategiekombination (Abstreiten, 6; Gestehen, 0): Spieler 1 könnte hier seine Position verbessern, indem er ebenfalls die Strategie *Gestehen* auswählt (Gestehen, 3; Gestehen, 3). Auch hier liegt kein *Nash-Gleichgewicht* vor.
- Strategiekombination (Gestehen, 0; Abstreiten, 6): Spieler 2 könnte hier seine Position verbessern, indem er ebenfalls die Strategie *Gestehen* auswählt (Gestehen, 3; Gestehen, 3). Es liegt kein *Nash-Gleichgewicht* vor.
- Strategiekombination (Gestehen, 3; Gestehen, 3): Keiner der beiden Spieler kann seine Position verbessern. Es gibt keinen Anreiz von dieser Strategie abzuweichen. Ein *Nash-Gleichgewicht* liegt also vor.

---

664 *Schäfer/Ott*, Lehrbuch der ökonomischen Analyse des Zivilrechts, 6. Aufl. 2020, S. 70.

Je nachdem ob ein *Nash-Gleichgewicht* pareto-optimal ist oder nicht, spricht man von einem guten oder von einem schlechten Gleichgewicht (engl.: *good/ bad equilibrium*).[665] In dem vorgenannten Beispiel liegt nur ein schlechtes *Nash-Gleichgewicht* vor.

Soweit eine Strategie die Position eines Spielers stets unabhängig von der Strategiewahl des Gegenspielers verbessert – wie hier etwa die Strategie des Gestehens – spricht man von einer **dominanten Strategie**. Die dominante Strategie ist also allen anderen überlegen.[666]

Die Spieltheorie arbeitet davon ausgehend mit folgenden Hypothesen:

- Ein Spieler wird, wann immer möglich, eine dominante Strategie wählen, und solche Strategien, die von alternativen Strategien dominiert werden, nicht wählen.[667]
- Er wird zugleich davon ausgehen, dass andere Spieler ebenfalls so verfahren und davon ausgehen, dass er wiederum sich an dieses Vorgehen hält (engl.: *iterated dominance*).[668]

b. Potenzial der ökonomischen Analyse des Rechts für die zugrunde liegende Untersuchung

Bei der ökonomischen Analyse des Rechts handelt es sich um eine sog. konsequentialistische Sozialtheorie, die ihren Blick auf Entscheidungsfolgen richtet.[669] Laut *Schäfer/Ott* unterscheide sie sich damit *„von Vorstellungen, wonach die einzige Rechtfertigung von Rechtsnormen darin besteht, dass sie verfassungsgemäß zustande gekommen und weiterer Begründung weder bedürftig noch fähig sind.“*[670]

Die Betonung dieses möglichen Vorzugs befreit jedoch nicht von der Vorgabe, dass auch aus Sicht der ökonomischen Analyse des Rechts effiziente Normen und Normanwendungen den Anforderungen nationalen Verfassungsrechts genügen müssen.

---

665 *Dies.*, Lehrbuch der ökonomischen Analyse des Zivilrechts, 6. Aufl. 2020, S. 71 ff.

666 *Dies.*, Lehrbuch der ökonomischen Analyse des Zivilrechts, 6. Aufl. 2020, S. 71.

667 Vgl. *Baird/Gertner/Picker*, Game Theory and the Law, 2. Aufl. 1994, S. 11; zur kritischen Übertragung dieser Überlegung ins Kartellrecht mit Blick auf das Verhältnis verschiedener Wettbewerber im Zwei- wie auch Mehrpersonenverhältnis bei kooperativem und unkooperativem Verhalten vgl. *Zimmer*, ZHR 154 (1990), 470, 479 ff.

668 Vgl. *Baird/Gertner/Picker*, Game Theory and the Law, 2. Aufl. 1994, S. 12.

669 *Schäfer/Ott*, Lehrbuch der ökonomischen Analyse des Zivilrechts, 6. Aufl. 2020, S. XII.

670 *Dies.*, Lehrbuch der ökonomischen Analyse des Zivilrechts, 6. Aufl. 2020, S. XII.

Des Weiteren muss die unter Wohlfahrtsgesichtspunkten effizienteste Normauslegung nicht zugleich auch die sein, die unter Inbetrachtnahme wirtschaftsethischer und sonstiger juristischer Bedenken als wünschenswert anzusehen ist.

Die ökonomische Analyse des Rechts kann mit Blick auf diese Dissertation jedoch zur Klärung der folgenden Fragen beitragen:

- Welche ökonomischen Auswirkungen haben Sanktionsnormen?
- Welche ökonomischen Auswirkungen haben zivilrechtliche Haftungsnormen?

c. Präventivwirkung des Strafrechts aus ökonomischer Sicht

Die ökonomische Analyse des Strafrechts hat in Deutschland bis heute wenig Beachtung gefunden.[671] In den Vereinigten Staaten ist hingegen – insbesondere auf der Grundlage der Arbeiten *Beckers* –[672] ein aktiver Forschungszweig über die ökonomische Analyse des Strafrechts entstanden.

aa. Grundannahmen der ökonomischen Analyse des Strafrechts

Die ökonomische Analyse des Strafrechts bezieht sich heutzutage noch weitgehend auf ein von *Becker* im Jahre 1968 vorgestelltes Modell.[673] Dieser baute auf die – soweit ersichtlich 1843 veröffentlichte – Vorarbeit *Benthams* auf,[674] welcher in diesem Zusammenhang ausführte:

> *„Strafen können zu klein oder zu groß sein; und es gibt ebenso Gründe dafür sie nicht zu klein zu machen, wie es auch welche dafür gibt, sie nicht zu groß zu machen.* [...] *Mit Blick*

---

671 Vgl. umfassend soweit ersichtlich allein *dies.*, Die Präventivwirkung zivil- und strafrechtlicher Sanktionen, 1998; *Kunz*, Die Ökonomik individueller und organisierter Kriminalität, 1976.

672 *Becker*, in: Becker/Landes (Hrsg.), Essays in the Economics of Crime and Punishment, 1974, S. 1 ff., Erstveröffentlichung in *ders.*, Journal of Political Economy Volume 76 Nr. 2 (1968), 169 ff.

673 Vgl. *Becker*, in: Becker/Landes (Hrsg.), Essays in the Economics of Crime and Punishment, 1974, S. 1 ff., Erstveröffentlichung in *ders.*, Journal of Political Economy Volume 76 Nr. 2 (1968), 169 ff.

674 Vgl. nur *Becker*, in: Becker/Landes (Hrsg.), Essays in the Economics of Crime and Punishment, 1974, S. 1, 25 Fn. 35. Zuvor sei die ökonomische Analyse des Strafrechts in der westlichen Wissenschaft so gut wie kaum untersucht gewesen, *ders.*, in: Becker/Landes (Hrsg.), Essays in the Economics of Crime and Punishment, 1974, S. 1, 3; vgl. allerdings zu früheren, allgemeineren Ansätzen zur Entwicklung einer Wohlfahrtstheorie der Kriminalität, *Kunz*, Die Ökonomik individueller und organisierter Kriminalität, 1976, S. 2 ff. m.w.N.

auf die Bestimmung der Grenzen von Strafe auf der Seite des ersteren der beiden Extreme, können wir als Regel bestimmen –

1. Dass der Wert der Strafe in jedem Fall nicht weniger betragen darf, als das was ausreichend ist, um die Gewinne des Verstoßes auszugleichen. Als Gewinn der Straftat versteht sich nicht nur der geldwerte Gewinn, sondern jeder echte oder scheinbare Vorteil, der als Motiv zur Begehung der Straftat gedient hat. Der Gewinn der Straftat, ist die Kraft, welche einen Mann in die Delinquenz drängt: die Strafdrohung ist die Kraft, welche eingesetzt wird um ihn von der Tatbegehung abzuhalten. Ist die erste der beiden Kräfte größer, wird die Tat verübt werden; ist die zweite größer, wird die Straftat nicht begangen werden."[675]

Anhand eines mathematischen Modells untermauerte *Becker* diese Zusammenhänge.

i. Ausgangspunkt: Gesetzeshypothese des rationalen Straftäters

Als wohl erheblichste Gesetzeshypothese seines Modells etablierte *Becker* das Bild eines rationalen Straftäters – wenn auch noch nicht unter Verwendung dieser Nomenklatur.[676] Demnach werde jede strafbare Handlung begangen, weil sich der Delinquent durch die Straftat einen höheren Gewinn verspreche, als er meine, durch alternativen Einsatz der Zeit, die er zur Tatbegehung nutze, gewinnen zu können: „*einige Personen werden daher nicht ‚Kriminelle', weil ihre grundsätzliche Motivation sich voneinander unterscheidet, sondern weil sich ihre Nutzen und Kosten unterscheiden*".[677]

Zwar unterschied auch er dahin gehend, dass ein optimales Verhältnis von Strafe und Abschreckung von der Risikogeneigtheit des Tatgeneigten im Einzelfall abhänge.[678] Grundsätzlich nähert sich das Modell aber weitgehend dem von *Neumann & Morgenstern* begründeten Bild des Homo oeconomicus an.[679] Vor dieser Gesetzeshypothese stellte *Becker* unter anderem folgende Thesen auf:

---

675 Frei übersetzt aus dem Englischen nach, *Bentham*, in: Bowring (Hrsg.), The Works of Jeremy Bentham / published under the superintendence of his executor, John Bowring, vol. 1, 1843, S. 365, 399.

676 Vgl. hierzu auch *Entorf*, in: Ott/Schäfer (Hrsg.), Die Präventivwirkung zivil- und strafrechtlicher Sanktionen, 1998, S. 1, 4 ff.; *Schmidtchen*, in: Ott/Schäfer (Hrsg.), Die Präventivwirkung zivil- und strafrechtlicher Sanktionen, 1998, S. 49, 53.

677 Frei übersetzt aus dem Englischen, vgl. *Becker*, in: Becker/Landes (Hrsg.), Essays in the Economics of Crime and Punishment, 1974, S. 1, 9.

678 Vgl. *ders.*, in: Becker/Landes (Hrsg.), Essays in the Economics of Crime and Punishment, 1974, S. 1, 17 f.

679 Vgl. *Eide/Aasness/Skjerpen*, Economics of Crime, 1994, S. 47; zur Figur des Homo oeconomicus, vgl. S. 140.

Erstens bringe jede Tat dem Täter einen gewissen Nutzen (***G***) und der gesamtgesellschaftlichen Wohlfahrt (in der Regel) einen gewissen Schaden (***H***) ein, wobei davon auszugehen sei, dass ab einem bestimmten Punkt bei wiederholter Anzahl der Tatbegehungen (***O***) geringere Grenzerträge durch den Täter erzielt würden, bei zeitgleicher Steigerung der Grenzkosten für die gesamtgesellschaftliche Wohlfahrt, sodass:[680]

- **G** abhängig sei von der Anzahl der Tatbegehungen = *G(O)*;
- **H** abhängig sei von der Anzahl der Tatbegehungen = *H(O)*;
- Die Nettokosten[681] für die gesamtgesellschaftliche Wohlfahrt (***D***) in Abhängigkeit von der Anzahl der Tatbegehungen stehen würden = (***D(O)***)= *H(O) - G(O)*;[682]
- Soweit man die Funktionen nun nach ihren Grenzkosten bzw. -nutzen (1. Ableitung) und ihren Hoch- bzw. Tiefpunkten (2. Ableitung) ableite, sich ergebe: **G‘ > 0**; **H‘ > 0**; aber **G“ < 0** und **H“ > 0**, womit schließlich **D“ = H“ - G“ > 0.**

Zweitens würden Strafen (***f***) von potenziellen Delinquenten als mögliche „Preise“ für ihre Vergehen wahrgenommen. Verschiedene Strafdrohungen seien durch Umrechnung in äquivalente Geldwerte messbar zu machen. So würden sich die Kosten einer Gefängnisstrafe etwa als Summe der entfallenen Einkünfte in dieser Zeit, zuzüglich des dem Verlust von Konsum und Freiheit beizumessenden Geldwertes bestimmen.[683]

---

680 Vgl. *Becker*, in: Becker/Landes (Hrsg.), Essays in the Economics of Crime and Punishment, 1974, S. 1, 6.

681 Vereinzelt ist der Gedanke, den kriminellen Nutzengewinn als Wohlfahrtsgewinn im volkswirtschaftlichen Sinne zu verstehen auf Kritik gestoßen, vgl. etwa *Stigler*, Journal of Political Economy 78 (1970), 526, 527; hierzu auch *Entorf*, in: Ott/Schäfer (Hrsg.), Die Präventivwirkung zivil- und strafrechtlicher Sanktionen, 1998, S. 1, 6. Jedenfalls mit Blick auf das klassische Bild der Unternehmenskriminalität, wo durch Straftaten erzielte Vorteile sehr häufig einen eindeutigen finanziellen Gegenwert haben, sofern sie denn nicht sowieso bereits unmittelbar finanzieller Natur sind, erscheint die Herangehensweise *Beckers* sinnvoll.

682 Vgl. ausführlicher zu dem dahinterstehenden Gedanken, dass die Kosten einer Straftat für die gesamtgesellschaftliche Wohlfahrt sich entsprechend aus den Kosten der Delinquenten addiert um die Kosten anderer Gesellschaftsmitglieder bzw. subtrahiert um deren Gewinn (jeweils pro Straftat) zusammensetzen würden, *Becker*, in: Becker/Landes (Hrsg.), Essays in the Economics of Crime and Punishment, 1974, S. 1, 13.

683 Vgl. *ders.*, in: Becker/Landes (Hrsg.), Essays in the Economics of Crime and Punishment, 1974, S. 1, 12 f.

Drittens gelte: Je mehr Ressourcen zum Zweck der Aufklärung von Straftaten investiert würden, desto wahrscheinlicher (***P***) werde die Verurteilung von Straftätern pro Straftat.[684]

Aus diesen Annahmen ergebe sich der folgende Zusammenhang:

> *„Da nur verurteilte Delinquenten bestraft werden, bestehen faktisch „preisliche Diskriminierung" und Unsicherheit: Soweit verurteilt, bezahlt er [der Delinquent] f_j [= Strafe i.w.S. pro Vergehen] pro abgeurteiles Vergehen,* ***während er ansonsten nichts zahlt. Ein Anstieg von entweder*** p_j ***[Wahrscheinlichkeit der Verurteilung pro Vergehen]*** **oder** f_j ***würde den erwarteten Nutzen eines Vergehens reduzieren und somit die Anzahl der Vergehen reduzieren, da entweder die Wahrscheinlichkeit den „höheren Preis" „zahlen" zu müssen oder der „Preis" selbst sich erhöhen würden.***"[685]
>
> (Hervorhebung und geklammerte Einschübe nicht im Original)

Anders ausgedrückt: Potenzielle Delinquenten begehen keine Straftaten, wenn ihr persönlicher Nutzen aus der Straftat gleich oder geringer zu bewerten ist als die Kombination von Strafdrohung und Entdeckungswahrscheinlichkeit, also wenn **G** ≤ ***fp***, wobei zum vollständigen Ausgleich der Netto-Kosten für die gesamtgesellschaftliche Wohlfahrt **f** = ***D/P*** betragen muss.[686]

ii. Gesetzeshypothese kostenfreier Aufklärung und Verurteilung von Straftaten (simple model)

Becker führt zur Besprechung optimaler Sanktionshöhen sodann eine weitere Gesetzeshypothese ein. Er untersucht die Effizienz der Strafprävention vor dem Hintergrund eines optimalen Verhältnisses von Sanktionshöhe (***f***) und Aufklärungswahrscheinlichkeit (***P***) unter der Bedingung, dass die Kosten der Aufklärung und Verurteilung von Straftaten (***C***) gleich null seien.[687] Diese Gesetzeshypothese wurde zum Teil als *einfaches Modell* (*„simple model*") bezeichnet.[688]

---

684 Vgl. *ders.*, in: Becker/Landes (Hrsg.), Essays in the Economics of Crime and Punishment, 1974, S. 1, 7.

685 Frei übersetzt aus dem Englischen, vgl. *ders.*, in: Becker/Landes (Hrsg.), Essays in the Economics of Crime and Punishment, 1974, S. 1, 10.

686 Vgl. hierzu auch zusammenfassend *Arlen*, in: Harel/Hylton (Hrsg.), Research Handbook on the Economics of Criminal Law, 2012, S. 144, 155.

687 Vgl. *Becker*, in: Becker/Landes (Hrsg.), Essays in the Economics of Crime and Punishment, 1974, S. 1, 25.

688 *Arlen*, in: Harel/Hylton (Hrsg.), Research Handbook on the Economics of Criminal Law, 2012, S. 144, 156 ff.

Soweit (*f'*) = die Höhe der durch eine Straftat verursachten Kosten für die gesamtgesellschaftliche Wohlfahrt und (*f*) = das Strafmittel sei, gebe es einen Koeffizienten (***b***) mittels welchen (*f'*) = bf sei.[689] Bei monetären Sanktionen sei (***b***) = ~0. Es bedürfe nämlich einer Sanktionshöhe, die exakt den durch den Straftäter angerichteten Schaden ausgleiche. Nach dessen *Strafzahlung* bestünden keine Kosten für die gesamtgesellschaftliche Wohlfahrt fort.[690] Für nicht monetäre Strafen gelte entsprechend $b > 1$.[691] Nicht monetäre Strafen mögen zwar Strafzwecke verfolgen (Prävention, Vergeltung etc.), schaffen jedoch aus ökonomischer Sicht keinen wohlfahrtstechnischen **Ausgleich** (ihnen kann sehr wohl je nach konkretem Fall ein ökonomischer Wert beigemessen werden).

Unter diesen Rahmenbedingungen des *einfachen Modells* würden sich die Nettokosten durch Straftaten für die gesamtgesellschaftliche Wohlfahrt auf null senken lassen, soweit erstens nur mittels monetärer Sanktionen (*fines*) bestraft werde und zweitens durch die Strafdrohung auch eine optimale Anzahl von Straftaten erreicht werden könne, bei welcher die Grenzkosten durch Straftaten dem Grenzwert von Strafen entsprächen.[692]

Becker beweist, dass unter Berücksichtigung seiner Gesetzeshypothesen, eine Steigerung von (***P***) abschreckender wirkt und zu einem erheblicheren Rückgang von Straftaten führt als eine prozentual äquivalente Steigerung von (*f*),[693] wobei er auch die Relevanz weiterer äußerer Umstände (***u***) berücksichtigt. So kann bspw. ein Anstieg an möglichen legalen Erwerbsalternativen oder eine Zunahme an *Rechtstreue* etwa durch verbesserte Bildung ebenfalls zu einer Verringerung der Gesamtanzahl verübter Straftaten führen.[694]

Auf dieser Prämisse aufbauend wurden zahlreiche weitere Modelle zur Steuerung und Prävention von Straftaten aus Sicht eines rationalen Delinquenten

---

689 *Becker*, in: Becker/Landes (Hrsg.), Essays in the Economics of Crime and Punishment, 1974, S. 1, 13.

690 *Ders.*, in: Becker/Landes (Hrsg.), Essays in the Economics of Crime and Punishment, 1974, S. 1, 13.

691 Vgl. *ders.*, in: Becker/Landes (Hrsg.), Essays in the Economics of Crime and Punishment, 1974, S. 1, 14.

692 Vgl. *ders.*, in: Becker/Landes (Hrsg.), Essays in the Economics of Crime and Punishment, 1974, S. 1, 25 f.; siehe hierzu auch *Schmidtchen*, in: Ott/Schäfer (Hrsg.), Die Präventivwirkung zivil- und strafrechtlicher Sanktionen, 1998, S. 49, 55.

693 Vgl. *Becker*, in: Becker/Landes (Hrsg.), Essays in the Economics of Crime and Punishment, 1974, S. 1, 11.

694 *Ders.*, in: Becker/Landes (Hrsg.), Essays in the Economics of Crime and Punishment, 1974, S. 1, 10 f.

entwickelt, die sich in ihrer Kernaussage jedoch nicht wesentlich von den Erkenntnissen *Beckers* unterscheiden.[695]

bb. Besonderheiten des Unternehmensstrafrechts

Arlen unternahm prominenterweise auf der Arbeit *Beckers* aufbauend eine ausführliche ökonomische Analyse des Unternehmensstrafrechts.[696] Nach ihrer Definition umfasst das Unternehmensstrafrecht („*corporate crime[s]*") solche Straftaten, die durch Beschäftigte eines Unternehmens im Rahmen ihrer Beschäftigung mit dem Ziel der Förderung des Unternehmens begangen wurden.[697] Dies umfasse insbesondere Korruptionsstraftaten zum Zwecke der Auftragserlangung, welche schwerpunktartig Gegenstand ihrer Untersuchung gewesen seien, während andere *White-collar*-Straftaten, die im deutschen Strafrecht weitläufig unter die Definition des Wirtschaftsstrafrechts gefasst werden, nicht untersucht wurden.[698]

Arlen beschäftigte sich mit der Bestimmung des aus ökonomischer Sicht optimalen Verhältnisses zwischen strafrechtlicher Verantwortung des Unternehmens und strafrechtlicher Verantwortung der für das Unternehmen handelnden natürlichen Personen.[699]; also genau mit der Fragestellung, die den Kern dieser Arbeit trifft.

Die Arbeit *Arlens* berücksichtigt, dass Unternehmen die sozialen Kosten und Erträge von (Unternehmens-)Straftaten als mögliche Anstifter, mögliche Aufklärer oder sogar Opfer beeinflussen.[700]

i. Anwendung des einfachen Modells *auf Unternehmensstraftaten*

Vorab gilt es bei der Abschreckung von Unternehmensstraftaten zwischen der Tatbegehung durch Delinquenten, welche für das Unternehmen tätig werden und

695 Vgl. *Eide/Aasness/Skjerpen*, Economics of Crime, 1994, S. 53 ff.

696 *Arlen*, in: Harel/Hylton (Hrsg.), Research Handbook on the Economics of Criminal Law, 2012, S. 144 ff.

697 *Dies.*, in: Harel/Hylton (Hrsg.), Research Handbook on the Economics of Criminal Law, 2012, S. 144 ff.

698 Vgl. *dies.*, in: Harel/Hylton (Hrsg.), Research Handbook on the Economics of Criminal Law, 2012, S. 144, 191.

699 *Dies.*, in: Harel/Hylton (Hrsg.), Research Handbook on the Economics of Criminal Law, 2012, 144.

700 Vgl. *dies.*, in: Harel/Hylton (Hrsg.), Research Handbook on the Economics of Criminal Law, 2012, S. 144, 156; *Arlen/Kraakman*, N.Y.U.L. Rev. 72 (1997), 687, 693.

zugleich gänzlich oder anteilig Unternehmensinhaber sind (etwa Gesellschafter-Geschäftsführer einer GmbH) einerseits und den Angestellten öffentlich gehandelter Unternehmen wie der AG andererseits zu unterscheiden.

Erstere stehen nicht im Mittelpunkt der hier durchgeführten Untersuchung und werden nur kurz angesprochen: Die Besonderheit bei Straftaten durch Gesellschafter-Geschäftsführer besteht darin, dass diese dazu tendieren, Unternehmensstraftaten zu begehen, um zunächst unmittelbar den Unternehmensprofit zu steigern und selbst über die entsprechende Steigerung des Wertes ihrer Firmenanteile zu profitieren (***B***).[701] Eine aus ökonomischer Sicht die Straftat neutralisierende monetäre Strafe sähe nach dem *Becker-Modell* dann wie folgt aus:[702]

- Für den Fall, dass die Vertragsgestaltung unter den Unternehmenseigentümern dazu führe, dass Unternehmensstraftaten stets zu begehen seien, wenn das Unternehmen als Ganzes profitiere und der Delinquent selbst den gesamten Nutzen (***B***) hieraus erhalte: (***f***) = *D/P* gerichtet gegen den jeweiligen Gesellschafter-Geschäftsführer.
- Soweit es einen anteiligen Gewinnausgleich unter den Unternehmenseigentümern für die aus Unternehmensstraftaten erzielten Profite gebe (***f***) = αD/*P* gerichtet gegen den jeweiligen Gesellschafter-Geschäftsführer, wobei (***α***)*dem Anteil der Firma entspricht, den der Delinquent innehat.*
- In beiden Fällen wäre ein vollständiger ökonomischer Ausgleich der Straftat auch durch alleinige Sanktionierung des Unternehmens in der Höhe *f* = *D/P* möglich, mit dem gleichen Ergebnis.

Unter dieser Prämisse ist der jeweilige risikoneutrale Gesellschafter-Geschäftsführer also tatgeneigt, solange (***B***) > *(f)(P)* bzw. (***αB***) > *(f)(P)*, wenn (***f***) = H/P.

Ein anderes Bild ergibt sich bei Straftaten durch Angestellte öffentlich gehandelter Unternehmen – wie etwa der deutschen Aktiengesellschaft.[703] Die oben dargestellten Formeln erweitern sich hier um Variablen, da Profit der Firma und Profit des angestellten Delinquenten aus der Straftat nicht kongruent sind.

---

701 *Arlen*, in: Harel/Hylton (Hrsg.), Research Handbook on the Economics of Criminal Law, 2012, S. 144, 157.

702 Vgl. *dies.*, in: Harel/Hylton (Hrsg.), Research Handbook on the Economics of Criminal Law, 2012, S. 144, 157 f.

703 Vgl. in diesem Zusammenhang speziell zur Vorstands- bzw. Managerhaftung aus ökonomischer Sicht *Kraakman*, Yale L.J. 93 (1984), 857 ff.

Der angestellte Delinquent selbst profitiert meist nur mittelbar – etwa durch Gehaltserhöhungen, Jobsicherheit oder einem besseren Status innerhalb des Unternehmens (***b***).[704] Daneben stehen als weitere Variablen der Gewinn des Unternehmens aus der Straftat (***B***) sowie zusätzliche Nettokosten, die der Firma neben den allgemeinen Kosten der Straftat für die gesamtgesellschaftliche Wohlfahrt (***D***) unmittelbar durch den Vorgang der Tatbegehung entstanden sind (=D_c). Die oben genannten Formeln sind sodann dahin gehend anzupassen, erstens den Unterschied zwischen sozialem Gewinn der Straftat für das Unternehmen und privatem Gewinn der Straftat für den Delinquenten zu berücksichtigen und zweitens die zusätzlichen Nettokosten des Unternehmens neben den Wohlfahrtseinbußen durch das jeweilige Vergehen aufzunehmen:[705] Zum Ausgleich des Schadens der Straftat für die gesamtgesellschaftliche Wohlfahrt hat der Staat dann grundsätzlich eine Sanktion in Höhe von (f) = ($D + D_c$)/P zu implementieren.[706]

Wenn der Staat aber in der Lage ist, Strafen ohne Kosten gegenüber natürlichen Personen durchzusetzen und somit rationale Straftäter von Straftaten abzuhalten, so kann sich kein Wohlfahrtsgewinn daraus ergeben, Unternehmen durch eigene Sanktionen zur Implementierung von *Compliance-Maßnahmen*[707] anzuhalten.[708] Eine eigene *Unternehmensstrafbarkeit* ist im Rahmen des *einfachen Modells* nur dann erforderlich, wenn der Staat gar keine Strafen gegen natürliche Personen durchsetzt und anstelle des Staates die Unternehmen ihre eigenen Mitarbeiter nach den gleichen Maßstäben, wie es sonst der Staat getan hätte, bestrafen.[709]

---

704 Vgl. *Arlen*, in: Harel/Hylton (Hrsg.), Research Handbook on the Economics of Criminal Law, 2012, S. 144, 158.

705 Vgl. *dies.*, in: Harel/Hylton (Hrsg.), Research Handbook on the Economics of Criminal Law, 2012, S. 144, 158.

706 Vgl. *dies.*, in: Harel/Hylton (Hrsg.), Research Handbook on the Economics of Criminal Law, 2012, S. 144, 158.

707 Die ökonomische Forschung in den Vereinigten Staaten unterteilt diese in die auch in Deutschland bekannten Kategorien der Präventions- und Überwachungsmaßnahmen (*prevention measures & policing measures*), vgl. *dies.*, in: Harel/Hylton (Hrsg.), Research Handbook on the Economics of Criminal Law, 2012, S. 144, 159; *Arlen/Kraakman*, N.Y.U.L. Rev. 72 (1997), 687, 693.

708 Vgl. *Arlen*, in: Harel/Hylton (Hrsg.), Research Handbook on the Economics of Criminal Law, 2012, S. 144, 159.

709 *Dies.*, in: Harel/Hylton (Hrsg.), Research Handbook on the Economics of Criminal Law, 2012, S. 144, 160.

Die Erkenntnis, der Staat habe unter der Prämisse des *einfachen Modells* – solange die Wohlfahrtskosten in beiden Fällen dieselben sind – keine Präferenz zwischen Individual- und *Unternehmensstrafbarkeit*, wird in der amerikanischen Forschung als Neutralitätsprinzip beschrieben (*Neutrality Principle*).[710]

ii. Erweiterung des Becker-Modells

Es liegt auf der Hand, dass die Gesetzeshypothesen des *einfachen Modells* nicht realitätsnah sind. Der Staat muss sehr wohl Ressourcen zur Aufklärung und Aburteilung von Straftaten aufwenden. Zudem sind natürliche Personen als Delinquenten im Kontext des Unternehmensstrafrechts regelmäßig nicht solvent genug, um den von ihnen verursachten Schaden für die gesamtgesellschaftliche Wohlfahrt auszugleichen, was darauf zurückzuführen ist, dass Unternehmen in ihren Gehaltszahlungen regelmäßig lediglich das eigene Haftungsrisiko für Sanktionen abschichten, das häufig geringer ist, als der gesamtgesellschaftliche Schaden durch selbige.[711]

Ein vollständiges Verlagern von Strafen in nicht monetäre Strafmittel – etwa Gefängnisstrafen oder Bewährung – kommt aus ökonomischer Sicht zu Zwecken der Wohlfahrtsmaximierung nicht in Betracht. Dies folgt allein schon daraus, dass bspw. die Lebensdauer der Delinquenten die Möglichkeit des Strafmaßes beschränkt.[712]

Gefängnisstrafen sind erst dann wirtschaftlich sinnvoll, wenn die maximal mögliche Geldbuße verhängt und vollstreckt ist und zur Tilgung des aus einem Gesetzesverstoß resultierenden Wohlfahrtsschadens nicht ausgereicht hat.[713] Dies folgt zunächst daraus, dass unter Wohlfahrtsgesichtspunkten die Vollstreckung finanzieller Sanktionen kostengünstiger ist als die Vollstreckung von Haftstrafen.[714]

Mit Blick auf das Verhältnis von Unternehmen und Angestellten verbleibt ein ökonomisch sinnvoller Anwendungsbereich für die Haftstrafe aber dann, wenn

---

710 Vgl. *dies.*, in: Harel/Hylton (Hrsg.), Research Handbook on the Economics of Criminal Law, 2012, S. 144, 160; ohne diese exakte Bezeichnung zum Prinzip selbst vgl., *Segerson/Tietenberg*, JEEM 23 (1992), 179, 187.

711 Vgl. *Arlen*, in: Harel/Hylton (Hrsg.), Research Handbook on the Economics of Criminal Law, 2012, S. 144, 162, 168; *Sykes*, Yale L.J. 93 (1984), 1231, 1241 ff.

712 *Arlen*, in: Harel/Hylton (Hrsg.), Research Handbook on the Economics of Criminal Law, 2012, S. 144, 163.

713 Vgl. hierzu *Polinsky/Shavell*, in: Rasmusen (Hrsg.), Game Theory and the Law, 2007, S. 457, 463.

714 *Dies.*, in: Rasmusen (Hrsg.), Game Theory and the Law, 2007, S. 457 ff.

ein finanzielles Vorgehen gegen den delinquenten Angestellten aufgrund dessen wirtschaftlicher Leistungsfähigkeit unmöglich ist und das Unternehmen - selbst bei optimalen regulatorischen Anreizen und Bemühtheit der Unternehmensführung - **nicht in der Lage ist**, den Angestellten zu rechtmäßigem Handeln anzuhalten (Angestellter handelt trotz Drohung von Schadensersatzforderungen oder Gehaltskürzungen rechtswidrig).

Über die Annahme des *simple model* hinaus ist der Staat in der Praxis zur Aufklärung von Unternehmensstraftaten regelmäßig auf die Kooperation des jeweiligen Unternehmens angewiesen bzw. sind Unternehmen regelmäßig in der Lage, Sachverhalte im eigenen Umfeld zielgerichteter und mit geringerem Ressourcenaufwand aufzuklären, als der Staat dies an ihrer Stelle tun könnte.[715]

Unterstellt man also die - weitaus realistischere - Gesetzeshypothese, dass der Staat Ressourcen aufwenden muss, um Strafen durchzusetzen sowie die Gesetzeshypothese, dass natürliche Personen regelmäßig nicht zum Ausgleich des Wohlfahrtsschadens durch Unternehmensstraftaten in der Lage sind, so sei der Staat des Weiteren darauf angewiesen, Anreize an Unternehmen zu richten, um ein optimales Maß an Compliance durchzuführen.[716]

Vor dieser Prämisse geht die ökonomische Forschung davon aus, dass ein System bloßer Individualstrafbarkeit nur dann gegenüber Unternehmen optimale Anreize mit Blick auf Strafbarkeitsprävention setzet, **wenn erstens angestellte Delinquenten sodann immer die vollen Wohlfahrtskosten ihrer Tat tragen würden und zweitens Unternehmen die erwarteten Kosten ihrer Angestellten durch Ex-ante-Gehaltszahlungen tragen würden.**[717]

Wie bereits gezeigt wurde, entspricht dies jedoch regelmäßig nicht der Wirklichkeit.

Selbst wenn man davon ausgehen würde, dass ein Unternehmen, ohne dass staatliche Anreize hierzu gesetzt würden, **von sich aus** das optimale Maß an Compliance betreiben würde **und** der jeweilige Delinquent **solvent genug sei, genau für das Sanktionsniveau aufzukommen**, das rechnerisch für diesen Fall

---

715 *Arlen*, in: Harel/Hylton (Hrsg.), Research Handbook on the Economics of Criminal Law, 2012, S. 144, 163; *Arlen/Kraakman*, N.Y.U.L. Rev. 72 (1997), 687, 693.

716 *Arlen*, in: Harel/Hylton (Hrsg.), Research Handbook on the Economics of Criminal Law, 2012, S. 144, 167.

717 Vgl. *dies.*, in: Harel/Hylton (Hrsg.), Research Handbook on the Economics of Criminal Law, 2012, S. 144, 168; *Segerson/Tietenberg*, JEEM 23 (1992), 179, 182 ff., insb. 186 f.; zum Ganzen auch *Polinsky/Shavell*, International Journal of Law and Economics 13 (1993), 239, 246-253, welche jedoch den Aspekt alleiniger Individualhaftung für Sanktionen nicht speziell untersuchen.

anzuwenden wäre, wäre ein System (faktisch) reiner Individualstrafbarkeit – nach einem Beispiel von *Arlen* – noch nicht einmal kostenneutral:[718]

Man stelle sich ein Unternehmen vor, das mittels optimaler Compliance, welche Kosten i.H.v. ***(K)*** *verursacht, die Verurteilungswahrscheinlichkeit* ***(p)*** *um das Dreifache erhöht und damit die Nettokosten für die gesamtgesellschaftliche Wohlfahrt* ***(D)*** *durch Straftaten um den Faktor* ***(x)*** *reduziert. Nur für exakt diesen Zustand entspräche die staatliche Sanktionshöhe* ***(f)*** *der Solvenz der Delinquenten* ***(S)****, also* ***(f) = (S)****. Ein Absenken von K würde unmittelbar zu einer Steigerung von* ***(f)*** *führen, sodass* ***(f)*** *> S. Dann käme es zu folgendem – politisch unerwünschtem – Ergebnis:*

- Zustand mit optimaler Compliance: ***(f)*** = D(x)/3p = S; wobei **K > 0**
- Zustand ohne jegliche Compliance: ***(f)*** = *D/p* > S; wobei **K = 0**

Das Unternehmen kann seinen Gewinn dadurch steigern, dass es seine Compliance-Maßnahmen verringert oder sogar abschafft, soweit das Gehalt des Delinquenten das Sanktionsrisiko – realitätsnah unterstellt – nicht umfassend einpreist.[719]

Aus ökonomischer Sicht kann nach alledem nur ein Sanktionssystem, das sowohl natürliche als auch juristische Personen präventiv trifft, optimale Anreize zur Verminderung von Delinquenz in Unternehmen bieten.

cc. *Spieltheorie und Strafrecht*

Auch die Forschung im Bereich der Spieltheorie stützt diese bisher dargestellten Ergebnisse der ökonomischen Analyse des Rechts, auch wenn sie soweit ersichtlich nicht in die gleiche Tiefe hinsichtlich der Sanktionsallokation im Verhältnis von Unternehmens- und Individualsanktionierung vorgedrungen ist.

So wurde zunächst *Beckers simple model* ebenfalls unter der Überschrift der Spieltheorie durch *Birmingham* untersucht und nachgezeichnet bzw. gespielt,[720] wobei das grundlegende Spiel leicht nachvollziehbar ist. Es wird von zwei Spielern ausgegangen: dem Individuum einerseits und dem Staat in seiner

---

718 Vgl. *Arlen*, in: Harel/Hylton (Hrsg.), Research Handbook on the Economics of Criminal Law, 2012, S. 144, 168.

719 Ebenfalls hätte ein Unternehmen dann kein Interesse an optimaler Compliance, wenn der Zuwachs an Unternehmenshaftung durch Aufklärung von Straftaten die Abschreckungswirkung im Unternehmen übersteigen und somit einen Nettoverlust einbringen würde, vgl. hierzu *Arlen/Kraakman*, N.Y.U.L. Rev. 72 (1997), 687, 708.

720 *Birmingham*, Cornell Law Review 56 (1970; 1971), 57 ff.; zu *Beckers simple model*, vgl. S. 149 ff.

Gesamtheit andererseits.[721] Jedem Spieler wird nun jeweils eine binäre Entscheidungsmöglichkeit zugestanden:[722]

Das Individuum kann ein Delikt begehen[723] oder von der Begehung absehen. Der Staat kann eine Strafe gegenüber dem Delinquenten festsetzen oder von der Festsetzung absehen.

Die daraus resultierenden Entscheidungen lassen sich sodann wie folgt bezeichnen:

a^1 = Individuum sieht von Deliktbegehung ab
b^1 = Individuum begeht Delikt
a^2 = Staat bestraft Individuum nicht
b^2 = Staat bestraft Individuum

Jeder Kombinationsmöglichkeit komme dabei ein eigenes Ergebnis zu,

	a^2	b^2
a^1	u	u-w
b^1	u+v	u+v-w

wobei:

u = Nutzen von legalem unbestraften Verhalten für das Individuum
v = Nutzen der Deliktbegehung unabhängig von der Möglichkeit einer Strafe für das Individuum
w = Einbuße / Verlust des Individuums bei Erleiden einer Strafe unabhängig von der Begehung oder Nichtbegehung eines Deliktes

Das Model *Birminghams* führt an dieser Stelle hinsichtlich des heutigen Wirtschaftsstrafrechts ein bedeutsames Spiel ein: die Entscheidungskombination $\mathbf{a^1b^2}$.

Diese erfasst solche Fälle, in denen sich das Individuum nicht zur Deliktbegehung entscheidet und gleichwohl eine staatliche Sanktion erleidet.

721 Beispiel nach *ders.*, Cornell Law Review 56 (1970; 1971), 57, 58 ff.
722 *Ders.*, Cornell Law Review 56 (1970; 1971), 57, 58.
723 Frei übersetzt nach *ders.*, Cornell Law Review 56 (1970; 1971), 57, 58: „*commission or noncommission of the proscribed act*".

Selbstverständlich legt ein jeder Rechtsstaat Wert darauf, unschuldige Individuen nicht zu bestrafen. Im deutschen Rechtssystem hat diese Maxime unter dem in Art. 20 Abs. 3 GG sowie Art. 1 Abs. 1 GG verankerten Rechtsgrundsatz *nulla poena sine culpa* Verfassungsrang.[724]

Jedoch gilt es erstens zu bedenken, dass als Strafen bzw. Sanktionen im ökonomischen Sinne auch bereits Risikozuweisungen sowie das Aufbürden von Geldstrafen oder von Haftung gesehen werden können und zweitens, dass die Abgrenzung von Schuld und Unschuld, von Verschulden zu Fahrlässigkeit sowie von Pflichtmäßigkeit und Pflichtwidrigkeit im Einzelfall schwerfallen kann:

> *„Die Entscheidung des Staates ein jedes Individuum zu bestrafen oder nicht zu bestrafen, wird normalerweise Teil einer Funktion sein, die davon abhängt ob das Individuum den jeweiligen Akt begangen hat; das es nicht gänzlich so ist, ist oftmals der Unfähigkeit angemessen zwischen Verantwortlichkeit und Unschuld zu unterscheiden zuzuschreiben.“*[725]

Auf dieses grundlegende Modell aufbauend führt *Birmingham* weitere Variablen zur Inbetrachtnahme der Wahrscheinlichkeiten von Tatentschluss des Individuums einerseits und Aufdeckung bzw. Sanktionierung durch den Staat andererseits ein[726] und nähert sich so an die Ergebnisse *Beckers* an,[727] mit unter anderem den folgenden Ergebnissen:[728]

- Die angedrohte Strafhöhe könne den potenziellen Delinquenten ebenso abschrecken, wie die Erhöhung der Strafwahrscheinlichkeit.[729]
- Die Abschreckungsintensität steige mit Höhe der Strafe, wobei Strafmaximierung nicht zwingend sinnvoll sei, soweit sie andere Gesichtspunkte der Wohlfahrt außer Betracht lässt.[730] Eine Vergrößerung des Nutzens aus legalem Verhalten für Individuen (**u**) könne etwa zu einer Verringerung des Nutzens einer Tatbegehung (**v**) einhergehen.[731]

---

724 Zu dem Grundsatz im Allgemeinen, BVerfG, Beschl. v. 25.10.1966, Rs. 2 BvR 506/63, NJW 1967, 195, 331 = BVerfGE 20, 323.

725 Frei übersetzt nach *Birmingham*, Cornell Law Review 56 (1970; 1971), 57, 59: „*The decision of the state to punish or not to punish any individual will normally be in part a function of whether he has committed the proscribed act; that it is not completely so is often attributable to the inability to distinguish adequately culpability from innocence*“.

726 Vgl. *ders.*, Cornell Law Review 56 (1970; 1971), 57, 59 ff.

727 Vgl. insofern S. 149 ff.

728 *Birmingham*, Cornell Law Review 56 (1970; 1971), 57, 62.

729 *Ders.*, Cornell Law Review 56 (1970; 1971), 57, 62, 70 ff.

730 *Ders.*, Cornell Law Review 56 (1970; 1971), 57, 62.

731 *Ders.*, Cornell Law Review 56 (1970; 1971), 57, 62.

In einer weiteren relevanten Untersuchung von *Guttel* und *Medina* wurde auf spieltheoretischer Basis modelliert, inwiefern das Anheben oder Absenken von Sanktionsdrohungen Delinquenz in dem Sinne verlagern könne, als dass eine Veränderung der Sanktionsdrohung ein Absenken von Delinquenz in einem bestimmten Sektor bzw. gegen eine bestimmte Opfergruppe nach sich ziehen könne, bei gleichzeitigem und kausal bedingtem Anstieg von Delinquenz in einem anderen Sektor bzw. gegen eine andere bestimmte Opfergruppe.[732]

Das Modell kam zu dem Ergebnis, dass – soweit in einem Staat eine effektive Strafverfolgung gesichert sei – härtere Sanktionen weniger gefährdete Opfergruppen gegenüber von vornherein mehr gefährdeten Opfergruppen bevorzugen.[733] Auch dieses Modell bestätigte, dass die Erhöhung der Sanktion bei ökonomischer Betrachtung mit einem Rückgang der strafbewehrten Delinquenz einhergeht.[734]

III. Zwischenergebnis

Ihrer bloßen Wirkung nach können aus juristischer wie auch aus ökonomischer Sicht demnach sowohl Strafen als auch das zivilrechtliche Schadens- und Haftungsrecht von rechtswidrigem Verhalten abschrecken.[735] Sie sind unter Abschreckungsgesichtspunkten Substitute.[736] Der genaue *policy mix*[737] ist dem Gesetzgeber überlassen. Ein eindeutiger Vorrang der einen Rechtssäule vor der anderen, den man zu einem systematischen Argument verdichten könnte, hat sich nicht ergeben.

---

732 *Guttel/Medina*, Review of Law and Economics 3 (2007), 407 ff.

733 *Dies.*, Review of Law and Economics 3 (2007), 407, 408.

734 *Dies.*, Review of Law and Economics 3 (2007), 407, 418.

735 *Ott/Schäfer*, in: dies. (Hrsg.), Die Präventivwirkung zivil- und strafrechtlicher Sanktionen, 1998, 135 ff.; *Schmidtchen*, in: Ott/Schäfer (Hrsg.), Die Präventivwirkung zivil- und strafrechtlicher Sanktionen, 1998, S. 49, 61; vgl. auch *Curti*, in: Ott/Schäfer (Hrsg.), Die Präventivwirkung zivil- und strafrechtlicher Sanktionen, 1998, S. 71 ff.; *Dewees/Duff/Trebilcock*, Exploring the Domain of Accident Law, 1996.

736 *Schmidtchen*, in: Ott/Schäfer (Hrsg.), Die Präventivwirkung zivil- und strafrechtlicher Sanktionen, 1998, S. 49, 62.

737 Vgl. S. 129.

Allerdings stößt das Zivilrecht gegenüber strafrechtlicher Ahndung doch in wenigen Punkten an fixe Grenzen, auch wenn diese Überlegungen wiederum auf allgemeine Logik und nicht auf Empirie zurückgreifen[738]:

Erstens seien die Wirkungsmöglichkeiten wirksamer Schadensersatzregimes durch das Vermögen des Haftungsadressaten begrenzt. Das Strafrecht im weiteren Sinne könne aber darüber hinaus durch weitergehende Sanktionen steuernd tätig werden.[739] Hier sind zahlreiche Gestaltungsmöglichkeiten denkbar. Hinsichtlich natürlicher Personen kann der Staat etwa auf die Androhung von Freiheitsstrafe als Steuerungsvehikel zurückgreifen. Mit Blick auf die Verbandssanktionierung sind die Optionen ebenfalls zahlreich. So ließe sich bspw. eine bestimmte Unternehmenssanktionierung mit Nebenfolgen, etwa in Form von Eintragungen in bestimmte „*naming and shaming*"-Listen (Korruptionsregister; Gewerbezentralregister) oder eines Ausschlusses von öffentlichen Aufträgen bzw. bestimmten Handelsplätzen, verbinden.

Zweitens würden unter alleinigem Rückgriff auf Schadensersatzvorkehrungen zur Verhaltenssteuerung fehlgeschlagene Versuche, die keinen Schaden verursacht haben, nicht erfasst werden können. Teil einer effizienten Verhaltenssteuerung ist es aber richtigerweise auch, die erwarteten Kosten bloßer Versuche zu steigern.[740]

Drittens würde der Schadensersatz dann nicht zur Abschreckung ausreichen, wenn der wirtschaftliche Schaden geringer ist, als der Gewinn des Täters unter darüber hinausreichenden Gesichtspunkten.[741]

Dieser letzte Punkt verknüpft juristische und ökonomische Bedenken.

Tatsächlich hat die Ökonomie eindeutiger als die generelle Betrachtung der rechtlichen Steuerungszwecke von Ordnungswidrigkeitenrecht und zivilrechtlichem Haftungsrecht belegt, dass ein **effizientes Sanktionssystem** zur Vermeidung von Unternehmensdelinquenz sich **wirtschaftlich sowohl gegen natürliche wie auch juristische Personen bzw. Verbände richten muss.**[742]

---

738 Zu den Unsicherheiten in der Untersuchung des Zusammenwirkens von Zivil- und Strafrecht hinsichtlich ihrer Verhaltenssteuerung vgl. bereits, *Kirchner*, in: Ott/Schäfer (Hrsg.), Die Präventivwirkung zivil- und strafrechtlicher Sanktionen, 1998, S. 108, 109 ff.

739 *Schmidtchen*, in: Ott/Schäfer (Hrsg.), Die Präventivwirkung zivil- und strafrechtlicher Sanktionen, 1998, S. 49, 65.

740 *Ders.*, in: Ott/Schäfer (Hrsg.), Die Präventivwirkung zivil- und strafrechtlicher Sanktionen, 1998, S. 49, 63.

741 *Ders.*, in: Ott/Schäfer (Hrsg.), Die Präventivwirkung zivil- und strafrechtlicher Sanktionen, 1998, S. 49, 64.

742 Vgl. S. 154 ff.

Ließe eine Gesellschaft zu, dass eine Unternehmenssanktionierung durch schadensersatzrechtliche Umlegung auf eine natürliche Person umgangen werden könnte, so würde sie ökonomisch sinnvolle Anreize zur Umsetzung optimaler Corporate Compliance vereiteln und einen ineffizienten Weg der Verhaltenssteuerung mit Blick auf die Prävention von Unternehmensdelinquenz beschreiten.

Die Betrachtung der Steuerungsfunktion des Strafrechts i.w.S. sowie des zivilrechtlichen Haftungsrechts aus ökonomischer Sicht hat den bereits festgestellten gesetzessystematischen Widerspruch des Organinnenregresses zum Ordnungswidrigkeitenrecht bestätigt.[743]

Bezieht man die so gewonnenen Erkenntnisse auf die verschiedenen in dieser Arbeit eingeführten Systeme der Bußgeldbemessung, ergibt sich die folgende zusammenfassende Gegenüberstellung von Ordnungswidrigkeitenrecht und Haftungsrecht, wobei die dort aufgeführten Bezeichnungen wie folgt zu verstehen sind: *(+) = Geldbuße ergeht; (-) = Geldbuße ergeht nicht; (€) = starre Geldbuße (Ahndungsteil); (∞) = Umsatzbezogene Geldbuße (Ahndungsteil).*

743 Vgl. S. 121 ff.

	Nat. Pers. (-) | Jur. Pers. (+/€)	Nat. Pers. (+/€) | Jur. Pers. (+/€)	Nat. Pers. (-) | Jur. Pers. (+/∞)	Nat. Pers. (+) | Jur. Pers. (+/∞)
Praxisbezogene Erwartungen unter der Prämisse der Zulässigkeit eines Organinnenregresses über Verbandsgeldbußen	- Gänzliche Erstattung des Ahndungsteils der Geldbuße ist unwahrscheinlich, aber möglich - Regress trifft natürliche Person in der Regel intensiv - Spezialprävention hinsichtlich Unternehmen (-), weil Sekundärsanktion weitestgehend umgeleitet - Spezialprävention hinsichtlich natürlicher Person i.d.R. (-) weil überschießende Haftung ineffiziente Verhaltensanreize setzt - Generalprävention (-) weil Angst vor empfindlicher überschießender Haftung ineffiziente Verhaltensanreize setzt - Kompensationsfunktion des Schadensersatzes wird möglicherweise erfüllt	- Gänzliche Erstattung des Ahndungsteils der Geldbuße ist unwahrscheinlich, aber möglich - Natürliche Person ist aufgrund desselben Sachverhalts bereits persönlich sanktioniert - Regress trifft natürliche Person in der Regel sehr intensiv bis existenzvernichtend - Spezialprävention hinsichtlich Unternehmen (-), weil Sekundärsanktion weitestgehend umgeleitet - Spezialprävention hinsichtlich natürlicher Person i.d.R. (-) weil überschießende Haftung ineffiziente Verhaltensanreize setzt - Generalprävention (-) weil Angst vor empfindlicher überschießender Haftung ineffiziente Verhaltensanreize setzt - Kompensationsfunktion des Schadensersatzes wird i.d.R. weitestgehend erfüllt	- Ahndungsteil der Geldbuße wird i.d.R. nicht vollumfänglich erstattet - Regress trifft natürliche Person i.d.R. existenzvernichtend - Spezialprävention hinsichtlich Unternehmen (+), weil Sekundärsanktion kaum umgeleitet - Spezialprävention hinsichtlich natürlicher Person (-), weil existenzvernichtende Haftung ineffiziente Verhaltensanreize setzt - Generalprävention (-), weil Angst vor existenzvernichtender Haftung ineffiziente Verhaltensanreize setzt - Kompensationsfunktion des Schadensersatzes wird i.d.R. nicht erfüllt	- Ahndungsteil der Geldbuße wird i.d.R. nicht vollumfänglich erstattet - Natürliche Person ist aufgrund desselben Sachverhalts bereits persönlich sanktioniert - Regress trifft natürliche Person i.d.R. existenzvernichtend - Spezialprävention hinsichtlich Unternehmen (+), weil Sekundärsanktion kaum umgeleitet - Spezialprävention hinsichtlich natürlicher Person (-), weil existenzvernichtende Haftung ineffiziente Verhaltensanreize setzt - Generalprävention (-) weil Angst vor existenzvernichtender Haftung ineffiziente Verhaltensanreize setzt - Kompensationsfunktion des Schadensersatzes wird i.d.R. nicht erfüllt

D. Das verbindende Element zwischen Sanktion und Sanktionsadressat

Möchte man vor dem Hintergrund der bereits erarbeiteten Ergebnisse den Grundsatz der Totalreparation im Zusammenhang mit dem Organinnenregress über Verbandsgeldbußen derart beschränken, dass die gesetzgeberisch intendierte Wirkung des Ordnungswidrigkeitenrechts nicht unterlaufen wird,[744] so bedarf es eines dogmatischen Anknüpfungspunktes für eine solche Einschränkung.

Ein solcher Anknüpfungspunkt müsste aus juristischer Sicht die Aussage treffen, dass gegenüber einem bestimmten Adressaten ausgesprochene Sanktionen des Straf- bzw. Ordnungswidrigkeitenrechts eine Adressatenbindung innehätten.

Ein solcher ausdrücklicher Rechtsgrundsatz hat sich in der strafrechtlichen Forschung soweit ersichtlich noch nicht etabliert. In einigen juristischen Debatten, welchen zumindest im weitesten Sinne ebenfalls die Frage einer Adressatenbindung bestimmter Sanktionen zugrunde lag, wurde in diesem Zusammenhang jedoch teilweise von einer sog. „Höchstpersönlichkeit" von Sanktionen gesprochen.

Die Begrifflichkeit wurde im Übrigen jedoch dogmatisch nicht weiter untermauert. Dessen nimmt sich im Folgenden diese Arbeit an.

I. Die Höchstpersönlichkeit von Straf- bzw. Bußgeldzahlungen

Die sog. „Höchstpersönlichkeit" von Straf- bzw. Bußgeldzahlungen wurde als Begrifflichkeit vor allem im Zuge der Debatten um die freiwillige Übernahme von Geldstrafen durch Dritte[745] sowie die Abschaffung des § 30 StGB a.F., welcher eine Vollstreckung von Geldstrafen in den Nachlass vorsah, verwendet.[746]

Die zugrunde liegende Idee ist simpel und bedeutet zunächst nichts anderes als den Hinweis, dass Sanktionen rechtlich eng mit dem Sanktionsadressaten verknüpft seien. Während diese Begrifflichkeit also zur Veranschaulichung der Diskurse akzeptiert wurde, wurde sie dennoch bis heute nicht dogmatisch

744 Vgl. S. 121 ff.
745 Hierzu, S. 169 ff.
746 Hierzu, S. 167 ff.

verankert und vielleicht auch deswegen als Argument geschwächt und teilweise bereits totgesagt. In einer jüngsten Dissertation zur Frage der Vorstandsinnenhaftung wiederholte *Brommer* in Anlehnung an *Habersack*[747] insofern:

> *„Als Argument für einen unbeschränkten Regress bei Bußgeldern wird angeführt, die gegenteilige, einen Regressausschluss befürwortende Auffassung führe die überwunden geglaubte Lehre von der Höchstpersönlichkeit von Strafzahlungen wieder ein.“*[748]

Nun fällt es entsprechend leicht eine Begrifflichkeit abzulehnen, die als Leerformel und nicht als eigenständiges Argument verstanden wird. Dies ist ein Missverständnis. Sowohl historisch als auch dogmatisch ist die Höchstpersönlichkeit von Strafe als eigenständiger Rechtsgrundsatz zu begreifen.

a. Historische Entwicklung

Die Überlegung, dass hoheitliche Sanktionen einen untrennbaren Adressatenbezug aufweisen, ist nicht neu. Sie wurde im 19. und 20. Jahrhundert zwar nicht als selbstständiges Problem, wohl aber als Randfrage verschiedener anderer Debatten diskutiert.

Als Einstieg in diese Diskussionen kann *Bindings* Aussage aus dem Jahr 1885 dienen:

> *„Ist die Strafe aber eine höchst persönliche Leistung des Delinquenten, so ist es verboten 1. dass er sich selbst der Strafe entziehe. Die Selbstbegünstigung etwa in Gestalt der Flucht aus dem Gefängnis ist pflichtwidrig, wenn auch in einfacher Form mit Strafe verschont; 2. dass ein Andrer statt des Schuldigen die Strafe, sei es auch nur eine Geldstrafe, freiwillig auf sich nehme oder gar vom Gesetze für subsidiär haftbar erklärt wird. Es giebt keine gewillkürte oder gesetzlich vorgeschriebene Stellvertretung in die Strafe.“*[749]

Soweit seinerzeit dogmatische Ausnahmen von diesem Grundsatz bestanden, wurden diese in der Literatur kritisch betrachtet und sind bis heute zum größten Teil sukzessive aus der Rechtsordnung getilgt worden. Allein das Aussterben dieser Anomalien – sei es auch ohne ausdrücklichen Hinweis auf eine höchstpersönliche Natur von Strafe – belegt den Reflex, dass dort wo eine hoheitliche

---

747 *Habersack*, in: Lorenz (Hrsg.), Karlsruher Forum 2009: Managerhaftung, 2010, S. 5, 33.

748 *Brommer*, Die Beschränkung der Rechtsfolgen der Vorstandsinnenhaftung, 2016, S. 35 mit Verweis auf *Werner*, CCZ 2010, 143, 147, welcher den Begriff jedoch nicht explizit verwendet.

749 *Binding*, Handbuch des Strafrechts; Neuausdruck 1991, 1885; 1991, S. 485.

Strafe vom Delinquenten weggeleitet wird, grundsätzliche Wertungsprobleme entstehen.

So sah das Partikularrecht vor der Reichsgründung in § 147 lit. c Satz 2 des Vereinszollgesetzes von 1869[750] eine Art der solidarischen Haftung für die Geldsumme von 500 bis 5000 Talern aller Teilnehmer einer Versicherungsgesellschaft vor, die gebildet wurde, um „*Kontrebandirer und Defraudanten zu versichern*“[751]:

> „*Außerdem unterliegen die zum Zwecke der Versicherung angelegten Fonds der Versicherungsgesellschaft der Konfiskation. Kann die Konfiskation nicht vollstreckt werden, so ist an deren Stelle auf Erlegung einer Geldsumme von fünfhundert bis fünftausend Thalern zu erkennen, für welche sämmtliche Theilnehmer solidarisch verhaftet sind.*“[752]

Die Haftung traf jeden Betroffenen originär mit Strafnatur.[753] *Goltdammer* besprach verschiedene Urteile über eine derartige „*solidarische Haftung*“ – mit Blick auf die Systematik des Strafrechts – besonders kritisch und stellte fest, dass die Sanktion die „*strafrechtlichen Grundsätze*“ nicht mehr ausführe.[754] Eine solidarische Haftung möge zwar „*zu einer Zivillage des Fiskus führen, von einer solidarischen Verpflichtung als Strafe kann aber nicht die Rede sein*“.[755]

Auch *Binding* bemerkte kritisch, dass die Übertragung der Strafe auf Dritte bzw. der solidarische Eintritt in die Strafe(n) durch Dritte entweder verleugne, dass die Strafe in einem festen Verhältnis zur Schuld stehe, oder dass von zwei gleich Schuldigen jeder selbstständig straffällig sei.[756]

Selbstverständlich fand das Gesetz dennoch Anwendung. Demnach widersetzte sich ein entgegenstehendes Urteil vom 13. März 1865 allen systematischen Bedenken soweit ersichtlich mit der bloßen Feststellung, dass – sofern ein Konfiskationsobjekt nicht mehr auffindbar sei – die Defraudanten gemeinschaftlich für dessen Wert haften würden, bzw. die Delinquenten für den Fall, dass der

---

750 Verordnet „*von Wilhelm, von Gottes Gnaden König von Preußen etc. […] im Namen des Norddeutschen Bundes, nach erfolgter Zustimmung des Bundesrathes des Deutschen Zollvereins und des Deutschen Zollparlaments*“, vgl. Vereinszollgesetz vom 01.07.1869, Bundesgesetzblatt des Norddeutschen Bundes Bd. 1869, Nr. 30, 317.

751 *Binding*, Handbuch des Strafrechts; Neuausdruck 1991, 1885; 1991, S. 488 f.

752 Vereinszollgesetz vom 01.07.1869, Bundesgesetzblatt des Norddeutschen Bundes Bd. 1869, Nr. 30, S. 317, 360.

753 Vgl. *Binding*, Handbuch des Strafrechts; Neuausdruck 1991, 1885; 1991, S. 489; *Goltdammer*, GA 13 (1865), 407, 411 f.

754 Aus dem Altdeutschen übertragen nach *Goltdammer*, GA 13 (1865), 407, 411.

755 Aus dem Altdeutschen übertragen nach *ders.*, GA 13 (1865), 407, 411.

756 *Binding*, Handbuch des Strafrechts; Neuausdruck 1991, 1885; 1991, S. 488.

Wert nicht mehr feststellbar wäre, mit einer Geldbuße zu belegen seien.[757] Auf strafrechtliche Grundsätze wurde nicht eingegangen.

Noch einen Schritt weiter ging § 151 GewO in der Fassung von 1883,[758] welcher vorsah, dass im Falle der Begehung einer Straftat durch den Stellvertreter eines Gewerbetreibenden, der Gewerbetreibende selbst gleichermaßen zu bestrafen sei, wenn die Übertretung mit dessen Vorwissen begangen wurde.[759] Diese schlichte Ausweitung von Strafe auf Dritte war systemfremd und die dogmatische Begrenzung der Folgen schwierig. So wurde vertreten, dass § 151 GewO sich nur auf Tatbestände der Gewerbeordnung beziehen dürfe, was jedoch umstritten blieb.[760]

Erwähnt sei schließlich auch das Steuer- und Zollstrafrecht des 19. Jahrhunderts, welches bezüglich verschiedener Geldstrafen für Zoll- und Steuervergehen vorsah, dass im Falle des Scheiterns der Vollstreckung einer Geldstrafe in das Vermögen des Sanktionsadressaten mangels entsprechender Vermögenswerte zum Teil zu dem Schuldner in geschäftlichen oder verwandtschaftlichen Beziehungen stehende Personen subsidiär in die Haftung genommen werden konnten.[761]

757 Vgl. *Goltdammer*, GA 13 (1865), 407, 411 f.

758 Bekanntmachung, betreffend die Redaktion der Gewerbeordnung für das Deutsche Reich vom 01.07.1883, Deutsches Reichsgesetzblatt Bd. 1883, Nr. 15, S. 177, 239: *„Sind polizeiliche Vorschriften von dem Stellvertreter eines Gewerbetreibenden bei Ausübung des Gewerbes übertreten worden, so trifft die Strafe den Stellvertreter, ist die Uebertretung mit Vorwissen des verfügungsfähigen Vertretenen begangen worden, so verfallen beide der gesetzlichen Strafe. Ist an eine solche Uebertretung der Verlust der Konzession, Approbation oder Bestallung geknüpft, so findet derselbe auch als Folge der von dem Stellvertreter begangenen Uebertretung statt, wenn diese mit Vorwissen des verfügungsfähigen Vertretenen begangen worden. Ist dies nicht der Fall, so ist der Vertretene bei Verlust der Konzession, Approbation u. s. w. verpflichtet, den Stellvertreter zu entlassen.“*

759 Noch deutlicher lautete die Vorschrift nach Änderung durch das Gesetz, betreffend Abänderung der Gewerbeordnung vom 01.07.1891, Deutsches Reichsgesetzblatt Bd. 1891, Nr. 18, S. 261, 287: *„Der Gewerbetreibende ist neben denselben strafbar, wenn die Uebertretung mit seinem Vorwissen begangen ist oder wenn er bei der nach den Verhältnissen möglichen eigenen Beaufsichtigung des Betriebes, oder bei der Auswahl oder der Beaufsichtigung der Betriebsleiter oder Aufsichtspersonen es an der erforderlichen Sorgfalt hat fehlen lassen.“*

760 Vgl. *Frank*, ZStW 37 (1916), 28, 32 f.

761 Vgl. nur Vereinszollgesetz vom 01.07.1869, Bundesgesetzblatt des Norddeutschen Bundes Bd. 1869, Nr. 30, S. 317, 361, § 153; Gesetz wegen Erhebung der Brausteuer vom 31.05.1872, Deutsches Reichsgesetzblatt Bd. 1872, Nr. 16, S. 153, 165, § 38;

Die dargestellten Normen wären heute nur noch schwerlich vorstellbar. Eine Erklärung, warum diese zumindest seinerzeit geduldet wurden, könnte allerdings darin zu sehen sein, dass sich das Verständnis der Geldstrafe als Sanktion mit originärer Strafnatur erst im Laufe des 20. Jahrhunderts endgültig festigte.[762] Erkennt man an, dass davor zumindest Unsicherheit über die Natur von Geldstrafen zwischen zivilistischer Obligation und hoheitlicher Strafe bestand, mag dies vielleicht die dogmatisch erheblichen Abweichungen von dem heute vorherrschenden Verständnis von Strafe erklären.

Zwei weitere Anomalien mit Blick auf die Höchstpersönlichkeit von Strafe hielten sich jedoch hartnäckiger und erfordern eine hervorgehobene Betrachtung, da in ihrem Kontext die Begrifflichkeit der Höchstpersönlichkeit erstmals regelmäßig verwendet wurde.

aa. Die Vollstreckung einer Geldstrafe in den Nachlass gem. § 30 StGB a.F.

Eine lange andauernde Ausnahmeerscheinung[763] des deutschen Strafrechts in diesem Sinne war die Regelung des § 30 StGB a.F., welche bis zur Neuverkündung des StGB 1975[764] vorsah: „*In den Nachlaß kann eine Geldstrafe nur dann vollstreckt werden, wenn das Urteil zu Lebzeiten des Verurteilten rechtskräftig geworden war.*“

§ 30 StGB a.F. war vor seiner Abschaffung erheblicher Kritik ausgesetzt. So stellte bereits *von Liszt* 1908 fest, dass sich aus dem Strafzweck die höchstpersönliche Natur des Strafanspruchs, und damit die Forderung, dass die Strafe die Person des Schuldigen treffe, ergebe.[765] Es sei demnach „*eine nicht zu billigende Ausnahme, wenn das StGB, im Anschluss an die deutschen Landesrechte, in § 30 die Vollstreckung von Geldstrafen in den Nachlaß anordnet, sofern das Urteil (dem der Strafbefehl gleichsteht) bei Lebzeiten des Verurteilten rechtskräftig geworden war.*“[766]

Gesetz, betreffend die Besteuerung des Tabaks vom 16.07.1879, Deutsches Reichsgesetzblatt Bd. 1879, Nr. 27, S. 245, 257, § 43.

762 Vgl. *von der Decken*, ZStW 12 (1893), 119, 121 ff.; *Brüggemann*, GA 1968, 161; *Hillenkamp*, in: Küper (Hrsg.), Festschrift für Karl Lackner zum 70. Geburtstag am 18. Februar 1987, 1987, S. 455, 460.

763 Vgl. zur Ausnahmefunktion des § 30 StGB a.F. *Brüggemann*, GA 1968, 161, 163.

764 Vgl. Bekanntmachung der Neufassung des Strafgesetzbuches (StGB) vom 02.01.1975, BGBl. I Nr. 1 v. 07.01.1975.

765 *Von Liszt*, Lehrbuch des Deutschen Strafrechts, 16. Aufl. 1908, S. 284.

766 *Ders.*, Lehrbuch des Deutschen Strafrechts, 16. Aufl. 1908, S. 284.

Schmidt pflichtete dem in dem gleichen Werk an anderer Stelle bei und betonte, dass die Geldstrafe ein Übel sei, das den Verbrecher betreffe, und dass eine solidarische Haftung mehrerer zu Geldstrafen verhafteter Teilnehmer genau wie eine Vollstreckung von Geldstrafen in den Nachlass dogmatisch nicht in Betracht kommen solle.[767]

Die Regelung verschwand 1975 mit der Neuverkündung des StGB ohne besondere gesetzgeberische Begründung, und § 459c Abs. 3 StPO regelt nunmehr, dass das Vollstreckungsverfahren mit dem Tod des Sanktionierten endet.[768] Die Gesetzesbegründung zu § 459c Abs. 3 StPO erklärt: „*Das in Absatz 3 enthaltene Vollstreckungshindernis (vgl. auch § 101 OWiG) bezweckt dagegen den Schutz der Erben des Verurteilten vor einer Geldschuld, die den Strafzwecken einer Geldstrafe nicht mehr dienen kann.*"[769] § 101 OWiG enthält eine entsprechende Regelung mit Blick auf Geldbußen. Allein für Nebenfolgen besteht keine äquivalente Regelung.[770]

Der Gesetzesbegründung nach geht es also um die Erreichbarkeit von Strafzwecken. Ein Teil der Literatur stimmt dem im Wortlaut zu,[771] wobei dabei vereinzelt nicht allgemein auf die Strafzwecke verwiesen wird, sondern auf einen „*personale[n] Strafzweck*", der nach dem Tod des Verurteilten nicht mehr durch die Geldstrafe zu erreichen sei.[772] Einige Literaturstimmen gehen jedoch noch weiter über den Wortlaut der Gesetzesbegründung hinaus und sprechen in diesem Zusammenhang von einer Höchstpersönlichkeit[773] der Strafe als Regelungsgrund des § 459c Abs. 3 StPO.

---

767 In *ders.*, Lehrbuch des Deutschen Strafrechts, 16. Aufl. 1908, S. 393, Ausführungen soweit ersichtlich von *Schmidt*, Eberhard.

768 Vgl. *Hillenkamp*, in: Küper (Hrsg.), Festschrift für Karl Lackner zum 70. Geburtstag am 18. Februar 1987, 1987, S. 455, 460 mit dem Hinweis, dass durch Entfallen des § 30 StGB a.F. auch die gesetzliche Stütze der damals teilweise vertretenen Einordnung der Geldstrafe als zivilrechtliche Obligation entfallen sei, siehe hierzu auch *von der Decken*, ZStW 12 (1893), 119, 121 ff.; *Brüggemann*, GA 1968, 161.

769 Entwurf eines Einführungsgesetzes zum Strafgesetzbuch (EGStGB), BT-Drs. 7/550, S. 310.

770 KK-StPO/*Appl*, 8. Aufl. 2019, § 459c Rn. 9 f.

771 Vgl. SK-StPO/*Paeffgen/Greco*, 5. Aufl. 2020, § 459c Rn. 9; KMR-StPO/*Stöckel*, 104. EGL Stand: Februar 2021, § 459c Rn. 9.

772 SK-StPO/*Paeffgen/Greco*, 5. Aufl. 2020, § 459c Rn. 9.

773 Vgl. KK-StPO/*Appl*, 8. Aufl. 2019, § 459c Rn. 9, „*Der Erbe kann nicht für die höchstpersönliche Strafe in Anspruch genommen werden*"; LR-StPO/*Graalmann-Scheerer*, 26. Aufl. 2010, § 459c Rn. 12, „*[…], dass die Geldstrafe – wie jede andere Strafe – eine den Täter höchstpersönlich treffende Reaktion auf seinen Gesetzesverstoß darstelle*"; SSW-StPO/*Hanft*, 4. Aufl. 2020, § 459c Rn. 6, „*Eine Vollstreckung der Geldstrafe in*

Eine dogmatische Verankerung dieser Höchstpersönlichkeit von Strafe erfolgt im Zuge dessen zwar nicht, jedoch wird deutlich, dass das sprachliche Verständnis einer Höchstpersönlichkeit von Strafe eng mit einer Adressatenbindung der Strafzwecke verknüpft ist.

bb. Die freiwillige Übernahme von Geldstrafen durch Dritte

Besonders deutlich wurde dies im Rahmen des Streits um die freiwillige Übernahme von Geldstrafen durch Dritte. Die Frage, ob die Übernahme von Geldstrafen durch Dritte den Tatbestand der Strafverteilung gemäß § 285 StGB – bzw. früher der Begünstigung gemäß § 257 StGB a.F. – erfüllt, war über die gesamte Dauer des letzten Jahrhunderts umstritten.[774] Inzwischen geht zumindest die Rechtsprechung davon aus, dass dies nicht der Fall sei.[775]

Der zweite Strafsenat führte hierzu in seiner Grundsatzentscheidung vom 07.11.1990[776] drei Argumente ins Feld, welche zu den Bedenken der damalig vertretenen Ansichten von Literatur und Rechtsprechung Stellung nahmen.

Erstens werde der Wortlaut des § 258 StGB mit Blick auf Art. 103 Abs. 2 GG überspannt, würde man auch die Vereitelung von Strafzwecken – etwa durch nachträgliches Erstatten der Geldbuße – unter die Vollstreckungsvereitelung subsumieren.[777]

Zweitens könne es, soweit man eine Übernahme von Geldstrafen durch Dritte gemessen an einer Vereitelung von Strafzwecken ablehne, anders als in der Literatur zum Teil vorgeschlagen,[778] keinen Unterschied machen, ob eine Geldstrafe sogleich durch einen Dritten bezahlt werde oder später dem Sanktionsadressaten durch den Dritten im Rahmen eines Darlehens zugeführt werde.[779] Dies liefe

---

den Nachlass ist wegen des höchstpersönlichen Charakters der Sanktion gem. Abs. 3 unzulässig"; Graf-StPO/*Coen*, 3. Aufl. 2018, § 459c Rn. 4, „*Eine Vollstreckung der höchstpersönlichen Strafe in den Nachlass findet nicht statt*".

774 Vgl. mit einem Überblick zum Schrifttum der ersten Hälfte des 20. Jahrhunderts *Stree*, JZ 1964, 588 sowie *Noack*, Ist die Mitwirkung Dritter bei der Bezahlung fremder Geldstrafen als Strafvereitelung gemäß § 258 II StGB anzusehen?, 1978, S. 100 ff. m.w.N.

775 Vgl. BGH, Urt. v. 07.11.1990, Rs. 2 StR 439/90, NJW 1991, 990 ff. = BGHSt 37, 226; OLG Schleswig, Urt. v. 22.06.2004, Rs. 11 U 165/02, BeckRS 2004, 10896.

776 BGH, Urt. v. 07.11.1990, Rs. 2 StR 439/90, NJW 1991, 990 ff. = BGHSt 37, 226.

777 BGH, Urt. v. 07.11.1990, Rs. 2 StR 439/90, NJW 1991, 990, 992 f. = BGHSt 37, 226; a.A. *Hillenkamp*, JR 1992, 74, 76 sowie im Ergebnis wohl auch OLG Frankfurt a.M., Beschl. v. 05.11.1987, Rs. 1 Ws 194/87, StV 1990, 112 f.

778 Insofern differenzierend *Stree*, JZ 1964, 588, 569 f.; zustimmend *Brüggemann*, GA 1968, 161, 165.

779 BGH, Urt. v. 07.11.1990, Rs. 2 StR 439/90, NJW 1991, 990, 993 = BGHSt 37, 226.

sonst auf eine willkürliche Privilegierung des klugen Täters hinaus, obwohl der Sache nach die gleiche Abwendung der unmittelbar fühlbaren Auswirkungen des Strafübels vom Verurteilten erfolge.[780]

Drittens sei das Verbot der nachträglichen Schenkung von Geldwerten ein untragbarer Eingriff in private Beziehungen und enthalte das Risiko, sozial adäquates Verhalten unter Strafe zu stellen.[781] Die Konsequenz wäre die generelle Straflosigkeit der Übernahme von Geldbußen durch Dritte.[782]

Mit seinem Urteil widersprach der zweite Strafsenat der Rechtsprechung des Reichsgerichts,[783] dessen Ansicht bis zu einer abweichenden Entscheidung des Bayerischen Obersten Landesgerichts vom 14.07.1964[784] sogar als einhellig empfunden wurde,[785] sowie einigen Literaturmeinungen, welche eine nachträgliche Übernahme von Geldstrafen durch Dritte als strafbar einstuften.[786]

Die Ausführungen des zweiten Strafsenats stießen vereinzelt auf Widerspruch,[787] wurden im Übrigen aber überwiegend angenommen und haben sich nunmehr als herrschende Ansicht etabliert.[788] Insbesondere die Wortlautgrenze des § 258 StGB

---

780 Vgl. BGH, Urt. v. 07.11.1990, Rs. 2 StR 439/90, NJW 1991, 990, 993 = BGHSt 37, 226; *Engels*, Jura 1981, 581.

781 Vgl. BGH, Urt. v. 07.11.1990, Rs. 2 StR 439/90, NJW 1991, 990, 993 = BGHSt 37, 226. So bereits zuvor *Preisendanz*, in: Strafgesetzbuch, 29. Aufl. 1975, § 258 III. 3.; *Schmidhäuser*, Strafrecht, besonderer Teil, 2. Aufl. 1983, S. 252.

782 Vgl. zustimmend in einer zivilrechtlichen Streitigkeit OLG Schleswig, Urt. v. 22.06.2004, Rs. 11 U 165/02, BeckRS 2004, 10896. Im Ergebnis unter kritischer Würdigung des Wortlautarguments auch beipflichtend *Wodicka*, NStZ 1991, 487 f.

783 Vgl. RG, Urt. v. 21.09.1897, Rs. Rep. 1946/97, RGSt 30, 232, 235.

784 Vgl. BayObLG, Urt. v. 14.07.1964, Rs. RReg. 2 St 693/63, NJW 1964, 2120 f.

785 *Zipf*, MDR 1965, 632 f. mit dem Hinweis, dass die Verhängung einer Geldstrafe in einer Höhe, die die Übernahme durch Dritte erforderlich mache, ein bloßes Problem der Strafanpassung sei und bei einer zutreffenden, auf den Verurteilten abstellenden Höhe entgegen BayObLG, Urt. v. 14.07.1964, Rs. RReg. 2 St 693/63, NJW 1964, 2120 die Geldstrafe zur Wahrung der Strafzwecke nicht durch Dritte übernommen werden dürfe.

786 Vgl. *Lehmann*, GA 19 (1871), 784 ff.; m.E. nach in diesem Kontext regelmäßig zu Unrecht erwähnt *von der Decken*, ZStW 12 (1893), 119 ff.

787 Insbesondere *Hillenkamp*, JR 1992, 74 ff.; *Mitsch*, JA 1993, 304, 304 f.; gegen eine Straflosigkeit der unmittelbaren Drittzahlung von Geldstrafen auch LK-StGB/*Walter*, 12. Aufl. 2010, § 258 Rn. 51.

788 Vgl. nur *Fischer*, in: Strafgesetzbuch, 68. Aufl. 2021, § 258 Rn. 32; *Krey*, JZ 1991, 889 (unter Aufgabe seiner zuvor abweichenden Ansicht); *Müller-Christmann*, JuS 1992, 379, 382; *Kapp*, NJW 1992, 2796, 2797; *Hoffmann/Wißmann*, StV 2001, 249; sowie LK-StGB/*Walter*, 12. Aufl. 2010, § 258 Rn. 48, welcher dies trotz teilweisen Widerspruchs gegen die Lösung des zweiten Strafsenats anerkennt. Ebenfalls zustimmend

wurde unter Berücksichtigung von Art. 103 Abs. 2 GG als schlagendes Argument akzeptiert.[789] Soweit die rechtspolitische Konsequenz dennoch als nicht hinnehmbar empfunden wurde, wurde zum Teil die Einführung eines Tatbestands gefordert, welcher die nachträgliche Erstattung von Geldstrafen ausdrücklich sanktionieren sollte.[790]

Einer der ausdrücklichsten Widersprüche gegen die Ansicht des zweiten Strafsenats wurde von *Hillenkamp* geäußert,[791] welcher auch zuvor bereits die Umwälzbarkeit von Geldstrafen unter dem Oberbegriff der „Höchstpersönlichkeit" der Geldstrafe ausführlich untersucht hatte.[792] Während die Begrifflichkeit der Höchstpersönlichkeit in der übrigen Literatur zwar verwendet, aber über die Aussage hinaus, dass eine Geldstrafe zu ihrem Adressaten gehöre, nicht ausgefüllt wurde, untersuchte *Hillenkamp* die Höchstpersönlichkeit aus rechtlicher und faktischer Sicht als eigenständigen Grundsatz.

Sein Verständnis einer Höchstpersönlichkeit der Geldstrafe entsprang dem Gedanken, dass sich eine – für ihn wohl selbstverständliche – Adressatenbindung der Strafe insbesondere aus der persönlichen Strafzumessung sowie der Verwirklichung der Strafzwecke ergebe.[793] Dem stehe die gelebte Praxis diametral gegenüber, sodass es sogar der Regelfall sei, dass Geldstrafen im Nachhinein nicht allein von der Person getragen werden, gegen welche sie verhängt wurden.[794]

Erneut tritt also eine Verknüpfung der Strafzwecke mit dem Begriff der Höchstpersönlichkeit von Strafe in Erscheinung. Auch hier jedoch ohne

in einer zivilrechtlichen Streitigkeit OLG Schleswig, Urt. v. 22.06.2004, Rs. 11 U 165/02, BeckRS 2004, 10896. Im Ergebnis unter kritischer Würdigung des Wortlautarguments auch beipflichtend *Wodicka*, NStZ 1991, 487 f.

789 Vgl. *Noack*, StV 1990, 113, 114; *Krey*, JZ 1991, 889 f.; *Lagodny*, Strafrecht vor den Schranken der Grundrechte, 1996, S. 133; *Müller-Christmann*, JuS 1992, 379, 382. Kritisch diesbezüglich *Hillenkamp*, JR 1992, 74 ff.; *Wodicka*, NStZ 1991, 487 f.

790 Vgl. *Scholl*, NStZ 1999, 599, 605; *Vierhaus*, ZRP 1992, 161, 162.

791 *Hillenkamp*, JR 1992, 74 ff.

792 *Ders.*, in: Küper (Hrsg.), Festschrift für Karl Lackner zum 70. Geburtstag am 18. Februar 1987, 1987, S. 455 ff.

793 Vgl. *ders.*, in: Küper (Hrsg.), Festschrift für Karl Lackner zum 70. Geburtstag am 18. Februar 1987, 1987, S. 455 ff.

794 Vgl. *ders.*, in: Küper (Hrsg.), Festschrift für Karl Lackner zum 70. Geburtstag am 18. Februar 1987, 1987, S. 455, insb. 464 ff.; so wohl auch *Mitsch*, JA 1993, 304 mit der Aussage, dass die Höchstpersönlichkeit des Straferleidens bei der Geldstrafe (faktisch) nicht gewährleistet sei.

Begründung dahin gehend, in welchem Verhältnis die Strafzwecke zu einer Adressatenbindung der Strafe stehen.

cc. *Vertragliche Zusicherung der Übernahme von Geldbußen und Geldstrafen durch den Arbeitgeber*

Von der freiwilligen *nachträglichen* Übernahme von Geldstrafen ist die *Zusicherung der zukünftigen Übernahme* möglicher Geldstrafen und Geldbußen gegen Mitarbeiter durch ein Unternehmen als Arbeitgeber – mag sie auch freiwillig sein – streng zu unterscheiden.

Derartige Vereinbarungen werden nach ganz einhelliger Meinung der Rechtsprechung und Literatur unter Verweis auf § 138 BGB als grundsätzlich unwirksam betrachtet.[795]

Die Sittenwidrigkeit derartiger Zusagen ergebe sich unter mehreren Gesichtspunkten.

Erstens seien sie geeignet, dem Zweck von Straf- und Bußgeldvorschriften zuwiderzulaufen, indem sie die Präventionswirkung dieser Vorschriften aushebeln und die Hemmschwelle des Arbeitnehmers, Straftaten oder Ordnungswidrigkeiten zu begehen, herabsetzen würden.[796]

Zweitens scheint die Rechtsprechung auf in dem grundsätzlichen Verhalten eines Arbeitgebers, im eigenen wirtschaftlichen Interesse seine

795 Vgl. BAG, Urt. v. 25.01.2001, Rs. 8 AZR 465/00, NJW 2001, 1962, 1963; wohl der Entscheidung des BAG entsprechend, LAG Köln, Urt. v. 29.02.2012, Rs. 9 Sa 1464/11, BeckRS 2012, 69448, wobei die Sittenwidrigkeit einer Übernahmeklausel über Geldbußen hier im Ergebnis dahinstehen konnte; LAG Rheinland-Pfalz, Urt. v. 26.10.2010, Rs. 3 Sa 497/09, BeckRS 2010, 68132, wobei hier allenfalls eine konkludente Übernahmezusage im Raum stand; *Grunewald*, NZG 2016, 1121, 1122; a.A. *Kapp*, NJW 1992, 2796, 2797 f.; zum Ganzen MüKo-BGB/*Armbrüster*, 8. Aufl. 2018, § 138 Rn. 42. Die in diesem Zusammenhang ebenfalls viel zitierte Entscheidung LAG Düsseldorf, Teilurt. v. 20.01.2015, Rs. 16 Sa 459/14, NZKart 2015, 277, 279 äußert sich zur Sache der freiwilligen *Zusage* einer Übernahme von Geldbußen im Einzelnen anders als teilweise dargestellt nicht, sondern bespricht den allgemeinen Forschungsstand, „*wonach ein Arbeitgeber nicht verpflichtet ist, dem Arbeitnehmer Bußgelder zu erstatten*". Auch LAG Hamm, Urt. v. 20.12.1991, Rs. 18 Sa 506/91, BeckRS 1991, 30983102 lehnte bereits das Vorliegen einer vertraglichen Zusicherung der Übernahme von Geldbußen ab und beschäftigte sich – obwohl in diesem Zusammenhang ebenfalls viel zitiert – nicht weiter mit einer etwaigen Rechtmäßigkeit.

796 Vgl. BAG, Urt. v. 25.01.2001, Rs. 8 AZR 465/00, NJW 2001, 1962, 1963; LAG Hamm, Urt. v. 30.07.1990, Rs. 19 (14) Sa 1824/89, NJW 1991, 861 f.; *Holly/Friedhofen*, NZA 1992, 145, 148 f.; MüKo-BGB/*Armbrüster*, 8. Aufl. 2018, § 138 Rn. 42.

Arbeitnehmer zur Vernachlässigung von Rechtsvorschriften zu veranlassen, ein sittenwidriges Verhalten zu erkennen, unabhängig von den möglicherweise eingeschränkten Zwecken der dadurch schlussendlich konterkarierten Straf- und Bußgeldvorschriften.[797]

Während früher ebenfalls darüber nachgedacht wurde in derartigen Zusagen eine strafbare Begünstigung zu sehen,[798] mit der Folge, dass nicht nur § 138 BGB, sondern auch § 134 BGB einschlägig wären, gehen Rechtsprechung und Literatur heute davon aus, dass die Tatbestände der Begünstigung bzw. Strafvereitelung nicht einschlägig seien[799] und § 134 BGB nur Anwendung finde, soweit in der Übernahmezusage über Geldstrafen bzw. Geldbußen eine psychische Beihilfehandlung zu sehen sei (vgl. auch § 257 Abs. 3 Satz 1 StGB).[800]

Eine in der Literatur teilweise vorgebrachte Einschränkung der Annahme der Sittenwidrigkeit vertraglicher Übernahmeklauseln über Geldbußen bzw. -strafen auf Vorsatztaten wird nur noch vereinzelt vertreten[801] und hat sich im Übrigen nicht durchgesetzt.[802]

Hier äußert sich erneut die Problematik, dass vonseiten des Strafrechts kein fester Rechtsgrundsatz vorliegt, mit welchem die Vertreter einer strengeren Adressatenbindung von Geldbußen und -strafen argumentieren könnten. *Rehbinder* führte insofern treffend aus:

> „*Ein flankierender Schutz des Strafrechts über § 138 BGB wäre eher zu vertreten, wenn die Höchstpersönlichkeit der Geldstrafe strafrechtlich ernster genommen wird. Es ist nicht die Aufgabe des Zivilrechts, in Einschränkung des Freiheitsraums des Bürgers ohne Anordnung des Gesetzgebers Funktionen zu übernehmen, die das Strafrecht selbst aufgegeben hat.*“[803]

---

797 Vgl. BAG, Urt. v. 25.01.2001, Rs. 8 AZR 465/00, NJW 2001, 1962, 1963.

798 So zunächst das BAG in einem Obiter Dictum, vgl. BAG, Urt. v. 28.05.1960, Rs. 2 AZR 548/59, BAGE 9, 243, 249; besprochen und offengelassen, BGH, Urt. v. 06.04.1964, Rs. II ZR 11/62, NJW 1964, 1270, 1272 = BGHZ 41, 223.

799 Vgl. BGH, Urt. v. 07.11.1990, Rs. 2 StR 439/90, NJW 1991, 990 ff. = BGHSt 37, 226; MüKo-BGB/*Armbrüster,* 8. Aufl. 2018, § 134 Rn. 61; *Kapp*, NJW 1992, 2796, 2797.

800 Vgl. umfassend hierzu bereits *Holly/Friedhofen*, NZA 1992, 145, 148 ff.; siehe auch MüKo-BGB/*Armbrüster,* 8. Aufl. 2018, § 134 Rn. 61; *Rehbinder*, ZHR 148 (1984), 555, 565 ff.

801 Vgl. *Kapp*, NJW 1992, 2796, 2798.

802 Vgl. *Armbrüster/Schilbach*, r+s 2016, 109, 112; MüKo-BGB/*Armbrüster,* 8. Aufl. 2018, § 138 Rn. 42 unter Abkehr von seiner in der Vorauflage geäußerten Auffassung, MüKo-BGB a.F./*ders.*, 7. Aufl. 2015, § 138 Rn. 42, wo er noch für eine Beschränkung auf Vorsatztaten plädierte; zusammenfassend ohne eigene Stellungnahme *Dreher*, VersR 2015, 781, 792 f.

803 *Rehbinder*, ZHR 148 (1984), 555, 556.

dd. Anspruch auf Erstattung einer Geldbuße bzw. Geldstrafe bei Vorliegen eines besonderen Grundes

Nachdem bereits das Reichsgericht die Verlagerung von Geldbußen auf Berater zugelassen hatte,[804] setzte sich auch der BGH mit der Frage der Erstattungspflicht von Beratern über durch Fehlberatung verursachte Geldbußen auseinander.

In einem grundlegenden Fall (sog. Kontokorrentfall) wendete sich eine Bankkundin als Klägerin gegen die sie betreuende Bank, bei welcher sie ein Konto unterhielt. Über diese Bank hatte sie eine devisenrechtlich unzulässige Überweisung veranlasst, die die Bank, trotz besseren Wissens über die rechtliche Unzulässigkeit, ausführte.[805] Die Klägerin selbst habe dabei – so der zweite Zivilsenat des BGH seinerzeit – „*höchstens fahrlässig*", die Angestellten der beklagten Bank hingegen „*vorsätzlich*" gehandelt, wobei der Bezugspunkt des durch den BGH festgestellten Verschuldens nicht eindeutig zu erkennen ist.[806] Der BGH stellte fest, dass es der Bank obliegen würde, die Klägerin auf rechtliche Bedenken aufmerksam zu machen, die sie in Anbetracht eines ihr erteilten Auftrags habe.[807] Auf dieser Grundlage hielt der BGH eine Ersatzpflicht der Bank für nicht ausgeschlossen:[808]

> *„Auch wenn das der Fall wäre, steht nichts entgegen, einen Erstattungsanspruch für eine bereits gezahlte Strafe jedenfalls dann zu bejahen, wenn ein Dritterden Täter zu einer Straftat nicht nur durch einen unverbindlichen Rat oder durch eine unerlaubte Handlung veranlaßt hat, sondern durch schuldhafte Verletzung einer vertraglichen Verpflichtung, deren Inhalt dahin ging, den Täter vor der Begehung einer solchen Straftat durch Warnungen oder ähnliche Hinweise zu schützen."*[809]

In einer weiteren Entscheidung, die ebenfalls die Ersatzpflicht eingesetzter Berater betraf, entschied der BGH, dass ein Steuerberater, der für die Verhängung einer Geldbuße gegen seinen Mandanten wegen Falschberatung verantwortlich war, dazu verpflichtet sein könne, seinem Mandanten das Bußgeld zu ersetzen.[810]

Der BGH stellte dabei zunächst fest, dass es dem Steuerberater obliege, seinen Mandanten davor zu bewahren, sich durch Überschreitung des rechtlich zulässigen Rahmens der steuerstrafrechtlichen Verfolgung auszusetzen.[811] Zwar

---

804 Vgl. nur RG, Urt. v. 10.06.1942, Rs. III 14/42, RGZ 169, 267, 268 ff.
805 BGH, Urt. v. 31.01.1957, Rs. II ZR 41/56, NJW 1957, 586 = BGHZ 23, 222.
806 BGH, Urt. v. 31.01.1957, Rs. II ZR 41/56, NJW 1957, 586 = BGHZ 23, 222.
807 BGH, Urt. v. 31.01.1957, Rs. II ZR 41/56, NJW 1957, 586 = BGHZ 23, 222.
808 BGH, Urt. v. 31.01.1957, Rs. II ZR 41/56, NJW 1957, 586 = BGHZ 23, 222.
809 BGH, Urt. v. 31.01.1957, Rs. II ZR 41/56, NJW 1957, 586 = BGHZ 23, 222.
810 BGH, Urt. v. 14.11.1996, Rs. IX ZR 215/95, NJW 1997, 518.
811 BGH, Urt. v. 14.11.1996, Rs. IX ZR 215/95, NJW 1997, 518, 519.

könne der jeweilige Steuerpflichtige keinen Ersatz verlangen, soweit er vorsätzlich gegen steuerliche Pflichten verstoße; etwas anderes ergebe sich jedoch für den Fall, dass der Steuerpflichtige sich leichtfertig auf den Rat seines Steuerberaters verlasse.[812]

In diesem Fall habe der Steuerpflichtige zwar seine steuerlichen Pflichten, sich selbst ein zutreffendes Bild über die steuerlich zutreffende Lage zu machen sowie seinen Steuerberater ordnungsgemäß zu überwachen, mit der Folge vernachlässigt, dass er dem Staat nach öffentlichem Recht zu haften habe, jedoch habe der Steuerberater sodann auch seine Vertragspflichten zur ordnungsgemäßen Beratung verletzt und müsse daher seinem Mandanten den daraus entstandenen Vermögensschaden ersetzen.[813]

Der BGH verkannte dabei nicht, dass der Sinn und Zweck einer verhängten straf- bzw. ordnungswidrigkeitenrechtlichen Sanktion es erfordere, dass der Sanktionsadressat das verhängte Übel in eigener Person zu tragen habe. Er verwies in Anbetracht der Rechtsprechung zur nachträglichen Erstattungsfähigkeit von Geldstrafen[814] sowie der Zusicherung der Übernahme von Geldstrafen bzw. Geldbußen[815] aber darauf, dass zivilrechtliche Haftung und strafrechtliche Fragen strikt voneinander zu trennen seien.[816] Für den durch den BGH zu entscheidenden Sachverhalt komme es allein darauf an, ob sich ein Ersatzanspruch aus den Regeln des Bürgerlichen Rechts ergebe.[817]

Diese Argumentation wurde durch ein späteres Urteil des BGH vom 15.04.2010 bekräftigt.[818] Das LAG Hamm beschrieb den durch den BGH in seiner *Kontokorrententscheidung*[819] eingeschlagenen Weg zutreffend wie folgt:

> „*Die Abwälzung der Strafe bzw. Buße bedarf stets eines besonderen Rechtsgrundes. Erstattungsansprüche eines mit Geldstrafe bzw. -buße Belegten wurden bisher – soweit ersichtlich – nur dann in Betracht gezogen, wenn der in Anspruch Genommene vertraglich verpflichtet war, den Täter gerade vor dem Rechtsverstoß und damit vor Bestrafung zu bewahren (vgl. BGHZ 23, 222 = NJW 1957, 586 m.w.Nachw.).*“[820]

---

812 BGH, Urt. v. 14.11.1996, Rs. IX ZR 215/95, NJW 1997, 518, 519.
813 BGH, Urt. v. 14.11.1996, Rs. IX ZR 215/95, NJW 1997, 518, 519.
814 Vgl. S. 169 ff.
815 Vgl. S. 172 f.
816 Vgl. BGH, Urt. v. 14.11.1996, Rs. IX ZR 215/95, NJW 1997, 518, 519.
817 Vgl. BGH, Urt. v. 14.11.1996, Rs. IX ZR 215/95, NJW 1997, 518, 519.
818 BGH, Urt. v. 15.04.2010, Rs. IX ZR 189/09, DStR 2010, 1695 f.
819 BGH, Urt. v. 31.01.1957, Rs. II ZR 41/56, NJW 1957, 586 = BGHZ 23, 222.
820 LAG Hamm, Urt. v. 30.07.1990, Rs. 19 (14) Sa 1824/89, NJW 1991, 861.

Der BGH bestand und besteht demnach im Zusammenhang mit der Ersatzpflicht von Beratern über durch Fehlberatung verursachte Sanktionszahlungen ihrer Mandanten auf eine strikte Trennung von Zivil- und Strafrecht unter Anerkennung, dass ein solcher Sanktionsregress durchaus Ziele des Straf- und Ordnungswidrigkeitenrechts konterkarieren könne. Soweit dieses Vorgehen kritisiert wird, geschieht dies unter verstärkten Verweis auf eben diese Zwecke des Strafrechts im weiteren Sinne.[821]

ee. Regress von Vereinsstrafen des DFB

Im Zusammenhang mit der Untersuchung der Adressatenbindung strafrechtlicher Sanktionen i.w.S. wird des Weiteren auf die Rechtsprechung zum Vereinsstrafenregress gegen Störer bei Fußballspielen durch Fußballvereine hingewiesen. Ihr liegen Fälle zugrunde, in welchen Fußballvereine durch den DFB im Wege der Vereinsstrafe gemäß der Rechts- und Verfahrensordnung des Deutschen Fußball-Bundes e.V. für das Verhalten ebensolcher Störer sanktioniert wurden.[822]

Rechtsgrundlage der Haftung der Fußballvereine sind § 44 der Satzung des DFB und §§ 1 Abs. 4, 9a der Rechts- und Verfahrensordnung des DFB.[823]

§ 44 Abs. 2 der Satzung des DFB zählt verschiedene Strafmöglichkeiten auf, sowohl gegen einzelne Spieler als auch gegen Fußballvereine. Der Strafenkatalog sieht unter anderem Geldstrafen gegen natürliche Personen und Verbände vor, wobei § 44 Abs. 2 lit. c der Satzung des DFB tatsächlich einheitlich von einer Geldstrafe spricht und in seiner Nomenklatur nicht zwischen natürlichen Personen und Vereinen als Sanktionsadressaten unterscheidet. Hinsichtlich der Bemessung wiederum unterscheidet die Norm sehr wohl. Natürliche Personen können mit einer Geldstrafe von bis zu EUR 100.000 belegt werden. Die Verbände können in einer Höhe von bis zu EUR 250.000 sanktioniert werden. § 44 Abs. 3 der Satzung des DFB sieht vor, dass derartige Strafen auch nebeneinander verhängt werden können. Eine Ahndung der Vereine setzt keine Vorwerfbarkeit voraus.

So verwundert es nicht, dass auch in diesem Zusammenhang genau die Bedenken geäußert wurden, die heute rund um die Diskussion hinsichtlich der

---

821 Vgl. *Grunewald*, NZG 2016, 1121, 1123.

822 *Ruttmann*, Die Versicherbarkeit von Geldstrafen, Geldbußen, Strafschadensersatz und Regressansprüchen in der D&O-Versicherung, 2014, S. 142 f.

823 *Hein*, JA 2017, 582 ff.

Haftung für Verbandsgeldbußen durch Organe eine Rolle spielen. Entsprechend bemerkte *Hein*:

> *„Fraglich ist grundsätzlich, ob festgestellte Schadenspositionen im vollen Umfang auf den Störer abgewälzt werden können. Berücksichtigungswürdig erscheint hier die Tatsache, dass die Vereinsstrafe auf Basis der wirtschaftlichen Leistungsfähigkeit eines Großunternehmens ermittelt wird. Eine vollständige Abwälzung der Strafe würde daher bei einem durchschnittlichen Störer zur Existenzvernichtung führen.“*[824]

i. Rechtsnatur der Vereinsstrafe

Die Rechtsnatur der Vereinsstrafe ist umstritten. Die Debatte knüpft eng an die dogmatische Einordnung von Vereinssatzungen im Zivilrecht an, welche ebenfalls umstritten ist. Hinsichtlich der rechtlichen Einordnung von Vereinssatzungen haben sich, grob unterteilt, zwei Lager gebildet, deren Theorien im Widerspruch zueinander stehen.

Nach der sog. Normentheorie (auch korporationsrechtliche Auffassung genannt) handelt es sich bei der Vereinssatzung um objektive Rechtssetzung, die sowohl von der staatlichen Gesetzgebung als auch von der rechtsgeschäftlichen Privatautonomie unterschieden werden muss.[825] Die Auffassung geht auf die von *Otto von Gierke* begründete Genossenschaftstheorie zurück[826] und leitet eine originäre Rechtssetzungsbefugnis der Vereine aus der Vereinsautonomie her. Zum Teil wird dabei eine Parallele zur Aufstellung von Tarifverträgen und Betriebsvereinbarungen gesucht. Die Anhänger dieser korporationsrechtlichen Betrachtungsweise rechnen dem Verein demnach eine Art *„selbstständige Strafgewalt“* zu.[827] So formulierte *v. Gierke*:

---

824 *Ders.*, JA 2017, 582, 584.

825 MüKo-BGB/*Leuschner*, 8. Aufl. 2018, § 25 Rn. 13.

826 Vgl. *Gierke*, Die Genossenschaftstheorie und die deutsche Rechtsprechung, 1887, S. 717 ff.

827 Vgl. nur die frühere Rechtsprechung, BGH, Urt. v. 27.02.1954, Rs. II ZR 17/53, NJW 1954, 833, 834 m.w.N.: *„Bei einem Verein liegen die Verhältnisse grundsätzlich anders. Dem Verein kommt eine selbständige Vereinsgewalt zu, die der Staat gelten läßt. Bei ihm unterwerfen sich die Mitglieder durch den Eintritt in den Verein dieser Vereinsgewalt, die im Bereich der Vereinssphäre Wirksamkeit entfaltet und insoweit grundsätzlich autonom ist“*; *Meyer-Cording*, Die Vereinsstrafe, 1957, S. 65; differenzierend zum Strafcharakter des Vereinsausschlusses *Reuter*, NJW 1987, 2401 ff.; zusammenfassend *Hadding/van Look*, ZGR 1988, 270, 274.

„Insbesondere giebt es keinen Verein, der nicht einen Vereinszwang übte und Vereinsstrafen verhängte. Mag auch der Zwang nur ein indirekter sein und die Strafe in dem Ausschluss gipfeln, so tritt doch stets ein Ganzes seinem Gliede autoritativ gegenüber.“[828]

„Wie die staatliche Gesetzgebung und die staatliche Rechtsprechung, so gehören auch alle Handlungen körperschaftlicher Autonomie und körperschaftlicher Selbstgerichtsbarkeit nothwendig dem inneren Gemeinleben an.“[829]

Im Gegensatz dazu steht die Vertragstheorie, welche die Gründung des Vereins durch Errichtung der Satzung vertraglich deutet und die Vereinsautonomie als Ausfluss der Privatautonomie versteht.[830] Die Mitglieder des Vereins stünden zu diesem sowie zu jeweils anderen Mitgliedern gerade nicht in einem Unterordnungsverhältnis, sondern partnerschaftlich, privatrechtlich auf gleicher Ebene.[831]

Der Verein als Satzungsgesellschaft unterscheide sich von anderen Personengesellschaften, die als Vertragsgesellschaften gestaltet sind, nicht rechtsprinzipiell: Beide Gesellschaftsformen würden private Zweckgemeinschaften ermöglichen, wobei ihr Unterschied darin bestehe, dass Mitglieder bei Vertragsgesellschaften typischerweise näher mit dem gemeinschaftlichen Zweck verbunden seien, als dies in Satzungsgesellschaften der Fall sei.[832] Es handele sich gleichermaßen um Organisationsverträge zivilrechtlicher Gemeinschaften.[833] Zudem sei § 25 BGB nicht mit den tarifrechtlichen Vorschriften des Arbeitsrechts zu vergleichen und nicht als Ermächtigungsgrundlage zur autonomen und gerichtlich nur eingeschränkt überprüfbaren Rechtsetzung zu deuten.[834]

Die aktuelle Rechtsprechung sowie Teile der Literatur vertreten – zumindest im Ergebnis – eine sog. modifizierte Normentheorie, nach welcher die Satzung zunächst einen von den Gründern geschlossenen Vertrag darstelle. Mit ihrer Feststellung löse sich die Satzung von ihren Gründern auf und werde objektives Recht, wenn auch ohne

828 *Gierke*, Die Genossenschaftstheorie und die deutsche Rechtsprechung, 1887, S. 719.
829 *Ders.*, Die Genossenschaftstheorie und die deutsche Rechtsprechung, 1887, S. 720.
830 Vgl. MüKo-BGB/*Leuschner*, 8. Aufl. 2018, § 25 Rn. 13 m.w.N., 14, mit eigener Stellungnahme im Sinne der Vertragstheorie; *Lutter*, AcP 180 (1980), 84, 94.
831 *Lutter*, AcP 180 (1980), 84 ff.
832 Vgl. *ders.*, AcP 180 (1980), 84, 95.
833 *Hadding*, in: Lutter/Stimpel/Wiedemann (Hrsg.), Festschrift für Robert Fischer, 1979, S. 165, 189.
834 *Hadding/van Look*, ZGR 1988, 270, 275.
835 Vgl. BGH, Urt. v. 12.12.1985, Rs. III ZR 200/84, NJW-RR 1986, 866, 867; RG, Urt. v. 27.02.1915, Rs. V 404/14, RGZ 86, 283, 284; RG, Urt. v. 18.02.1932, Rs. VIII 537/31, RGZ 135, 243, 245; siehe auch BayObLG, Urt. v. 14.01.1977, Rs. RReg. 2 Z 246/75,

Rechtsnormcharakter[835];[836]

> *„Denn dem nichtrechtsfähigen Verein kommt im Gegensatz zur bürgerlich-rechtlichen Gesellschaft eine selbständige Organisationsgewalt zu (BGHZ 13, 5 [11]) und seine Satzung verliert ihren Vertragscharakter und wird kraft Korporationsrechts zur Verfassung, sobald der Verein ins Leben tritt.*“[837]

Je nach rechtlicher Einordnung der Vereinssatzung ergeben sich auch unterschiedliche Ansichten hinsichtlich der rechtlichen Einordnung des Instruments der *Vereinsstrafe*. Die wohl herrschende Ansicht[838] ordnet die Vereinsstrafe entlang der Normentheorie ein und betrachtet sie als originäre Strafe eigener Art, welche sich aus der objektiven Rechtsetzungsbefugnis der Vereine als Ausfluss der Vereinsautonomie ergibt. Es handele sich um ein eigenständiges verbandsrechtliches Institut, das auf der Vereinsautonomie beruhe.[839]

Befürworter der Vertragstheorie wiederum sehen in der Vereinsstrafe konsequenterweise eine Art der Vertragsstrafe.[840]

BayObLGZ 1977, 6, 9 f., mit der Feststellung, dass die Satzung auch nicht als Statut i.S.d. § 293 ZPO einzuordnen sei.

836 Vgl. BGH, Urt. v. 06.03.1967, Rs. II ZR 231/64, NJW 1967, 1268 ff. = BGHZ 47, 172; BGH, Urt. v. 14.03.1968, Rs. II ZR 52/66, NJW 1968, 1131 = BGHZ 49, 396; *Wagner*, in: Schimke/Dauernheim (Hrsg.), Handbuch Vereins- und Verbandsrecht, 14. Aufl. 2018, Kap. 2 Rn. 368; differenzierend *Hadding*, in: Lutter/Stimpel/Wiedemann (Hrsg.), Festschrift für Robert Fischer, 1979, S. 165, 175 f.

837 BGH, Urt. v. 04.10.1956, Rs. II ZR 121/55, NJW 1956, 1793; vgl. dies fortführend BGH, Urt. v. 06.03.1967, Rs. II ZR 231/64, NJW 1967, 1268, 1270 = BGHZ 47, 172: „*Mit ihrem Inkrafttreten wird sie ebenso von der Person und dem Willen der Mitglieder des sie beschließenden Vereinsorgans gelöst und zu einer eigenständigen körperschaftsrechtlichen Norm des Vereinslebens […]*“.

838 Als solche auch bereits im Jahr 2000 wahrgenommen, vgl. Soergel/*Hadding*, 13. Aufl. 2000, § 25 Rn. 37.

839 Vgl. BGH, Hinweisbeschl. v. 27.06.2017, Rs. II ZR 5/16, WM 2017, 2068, 2069 f.; BGH, Urt. v. 04.10.1956, Rs. II ZR 121/55, NJW 1956, 1793; BGH, Urt. v. 02.12.2002, Rs. II ZR 1/02, DStR 2003, 1087, 1088; BeckOK-BGB/*Schöpflin*, 57. Ed. Stand: 01.02.2021, § 25 Rn. 43.

840 Vgl. Soergel/*Hadding*, 13. Aufl. 2000, § 25 Rn. 38; *Hadding/van Look*, ZGR 1988, 270, 275; *van Look*, Vereinsstrafen als Vertragsstrafen, 1990, 134 ff.; *Böttícher*, ZfA 1970, 3, 45; *Janßen*, Rechtsschutz gegen vereins- und verbandsrechtliche Sanktionen, 2004, S. 20 ff.; nicht eindeutig, jedenfalls aber entschieden gegen die Einordnung der Vereinsstrafgewalt als Ausfluss der Vereinsautonomie *Flume*, in: Bettermann/Zeuner (Hrsg.), Festschrift für Eduard Bötticher zum 70. Geburtstag am 29. Dezember 1969, 1969, S. 101, 115.

Es besteht Einigkeit darüber, dass der Strafgewalt der Vereine Grenzen gesetzt sind. Unzulässig seien Strafen, die körperlich oder entwürdigend wirken. Ebenso würden keine Strafen durch den Verein verhängt werden dürfen, die ausschließlich dem staatlichen Strafrecht vorbehalten seien (z.B. Freiheitsentzug).[841]

Der Vertragsstrafe werden den originären Strafzwecken vergleichbare Zwecke zugeschrieben. Ebenso wie der Staat, sei auch die Vereinigung darauf angewiesen, durch die Strafe zu Sühne- und vor allem zu Präventionszwecken mit ihren sozialethischen Anforderungen unvereinbare Verhaltensweisen zu ahnden und Strafen zu normieren.[842] Dies spiegelt sich in der in diesem Zusammenhang ergangenen Rechtsprechung wider:

ii. Rechtsprechung

In einem für diese Arbeit besonders nennenswerten Fall ging es um den Erstattungsanspruch eines Lizenzfußballverbandes gegen ein Vereinsmitglied als Störer. Der BGH ließ eine solche Regressnahme zu.[843] Zwischen dem Stadionbesucher und dem Veranstalter sei ein sog. Zuschauervertrag zustande gekommen, in welchen die Vorgaben der Stadionordnung miteinbezogen seien.[844] Werde gegen die einbezogene Stadionordnung oder gegen vertragliche Nebenpflichten des Zuschauervertrags i.S.v. § 241 Abs. 2 BGB verstoßen, so komme ein vertraglicher Schadensersatzanspruch in Betracht, etwa nach den Grundlagen der *culpa in contrahendo* oder nach

---

841 MüKo-BGB/*Leuschner*, 8. Aufl. 2018, § 25 Rn. 72.

842 Vgl. MüKo-BGB a.F./*Reuter*, 7. Aufl. 2015, § 25 Rn. 35; differenzierend insofern *Schlosser*, Vereins- und Verbandsgerichtsbarkeit, 1972, S. 44 ff.

843 Vgl. BGH, Versäumnisurt. v. 22.09.2016, Rs. VII ZR 14/16, NJW 2016, 3715, 3175 = BGHZ 211, 375.

844 Vgl. BGH, Versäumnisurt. v. 22.09.2016, Rs. VII ZR 14/16, NJW 2016, 3715, 3716 = BGHZ 211, 375; vgl. auch OLG Rostock, Urt. v. 28.04.2006, Rs. 3 U 106/05, NJW 2006, 1819, 1820, mit dem Hinweis, dass auch bei Unterstellung eines Vertrages zwischen Zuschauer und Gesellschaft des Stadionbetreibers dieser Schutzwirkungen zugunsten Dritter mit gleichem Pflichteninhalt entfalten würde; LG Rostock, Urt. v. 16.06.2005, Rs. 9 O 328/04, NJW-RR 2006, 90, 91; unter Verweis auf ein Schuldverhältnis nach § 311 Abs. 2 Nr. 3 BGB mit Nebenpflichten nach § 241 Abs. 2 BGB, vgl. LG Köln, Urt. v. 08.04.2015, Rs. 7 O 231/14, BeckRS 2015, 6603; AG Lingen, Urt. v. 17.02.2010, Rs. 4 C 1222/09, NJW-RR 2010, 757, 758, in analoger Anwendung des § 311 Abs. 2 Nr. 3 BGB; AG Berlin-Lichtenberg, Urt. v. 08.02.2010, Rs. 3 C 156/09, BeckRS 2016, 19492, auch mit Blick auf die Einbeziehung des Gastvereins in den Vertrag mit Schutzwirkungen zugunsten Dritter zwischen Zuschauer und Veranstalter; insofern a.A. LG Hannover, Urt. v. 26.05.2015, Rs. 2 O 289/14, BeckRS 2015, 14524; siehe auch *Unger*, Die Haftung des Fußballveranstalters bei Zuschauerausschreitungen, 2015, S. 71.

§ 280 Abs. 1 BGB (i.V.m. dem Zuschauervertrag bzw. § 241 Abs. 2 BGB).[845] Der BGH verweist zudem auf die Anspruchsgrundlage des § 826 BGB.[846]

Teilweise wird in diesem Zusammenhang vorgebracht, dass Vereinsstrafen aufgrund ihrer Präventionszwecke mit staatlichen Geldbußen vergleichbar seien.[847] *Ruttmann* verweist zur Veranschaulichung dessen auf die folgende Feststellung des OLG Rostock:[848]

> *„Zwar bestand das Ziel der Verurteilung darin, den Kl. zum Schutz der Schiedsrichter und der Mannschaften zu angemessenen Sicherheitsbemühungen zu veranlassen, dies zu bewerten und zu kontrollieren. Mit diesem Anliegen ist nur begrenzt zu vereinbaren, dass der vom Sportgericht bestrafte Verein die Strafe auf Dritte abwälzt, denn der Präventivzweck wird in aller Regel nur erreicht, wenn der Bestrafte die verhängte Strafe selbst erleidet und nicht Dritte, mögen diese auch Veranlasser sein, auf Ersatz in Anspruch nimmt.“*[849]

Das LG Köln entgegnete dem in einer Entscheidung vom 08.04.2015:

> *„Insbesondere kann der Ansicht des Beklagten nicht gefolgt werden, dass es der Klägerin wegen des Strafcharakters der gegen sie verhängten Strafe nach Treu und Glauben verwehrt sei, diese Strafe auf ihre Zuschauer abzuwälzen (vgl. OLG Rostock, Urteil vom 28.04.2006 - 3 U 106/05; LG Karlsruhe, Urteil vom 29.05.2012 - 8 O 78/12).“*[850]

Das LG Köln begründete seine Entscheidung damit, dass bereits der Sache nach Vereinsstrafen nicht mit Kriminalstrafen zu vergleichen seien. So würden Vereinsstrafen keine Vorwerfbarkeit voraussetzen, welche den Verein selbst treffen müsste. Zudem habe in dem konkreten Fall sogar der DFB selbst einen Regress gegen die natürlichen Personen unter Präventionsgesichtspunkten vorgeschlagen.[851]

Grunewald schlägt in diesem Zusammenhang einen vermittelnden Weg vor. In das Vertragsverhältnis zwischen Zuschauer und Lizenzverein sei auf dem

---

845 Vgl. BGH, Versäumnisurt. v. 22.09.2016, Rs. VII ZR 14/16, NJW 2016, 3715, 3716 = BGHZ 211, 375; OLG Rostock, Urt. v. 28.04.2006, Rs. 3 U 106/05, NJW 2006, 1819, 1820 f.

846 BGH, Versäumnisurt. v. 22.09.2016, Rs. VII ZR 14/16, NJW 2016, 3715, 3718 = BGHZ 211, 375; zustimmend *Martens*, NJW 2016, 3691, 3692.

847 *Ruttmann*, Die Versicherbarkeit von Geldstrafen, Geldbußen, Strafschadensersatz und Regressansprüchen in der D&O-Versicherung, 2014, S. 143.

848 *Ders.*, Die Versicherbarkeit von Geldstrafen, Geldbußen, Strafschadensersatz und Regressansprüchen in der D&O-Versicherung, 2014, S. 142.

849 OLG Rostock, Urt. v. 28.04.2006, Rs. 3 U 106/05, NJW 2006, 1819, 1820.

850 LG Köln, Urt. v. 08.04.2015, Rs. 7 O 231/14, BeckRS 2015, 6603; nicht so eindeutig zuvor OLG Rostock, Urt. v. 28.04.2006, Rs. 3 U 106/05, NJW 2006, 1819, 1820 widersprechend, LG Karlsruhe, Urt. v. 29.05.2012, Rs. 8 O 78/12, BeckRS 2013, 205.

851 Vgl. LG Köln, Urt. v. 08.04.2015, Rs. 7 O 231/14, BeckRS 2015, 6603.

Wege einer ergänzenden Vertragsauslegung eine Vereinbarung dahin gehend zu erkennen, dass der Verein es nicht versuchen werde, die gegen ihn gerichtete Sanktion – je nachdem welche Zielrichtung seitens des DFB zu erkennen sei – gegenüber dem in Regress zu bringen.[852]

Spätestens an dieser Stelle muss man eingestehen, dass sich nur noch wenige Parallelen zum Organinnenregress über hoheitliche Sanktionen ziehen lassen. Das Verhältnis zwischen Staat und Bürger ist hinsichtlich des hoheitlichen Strafmonopols gerade nicht vertraglich geprägt.

Die Kritik, eine Umverlagerung von Vereinsstrafen würde deren Präventivzwecke unterlaufen, war allerdings sehr wohl aus den bereits dargestellten Problemkreisen bekannt und hat sich wiederholt.

b. Dogmatische Verortung

Bei historischer Betrachtung fällt demnach auf, dass dort, wo zivilrechtliche Vorgaben oder faktisches Handeln die *Zwecke* von ordnungswidrigkeitenrechtlichen; strafrechtlichen Sanktionen oder vergleichbar wirkenden Sanktionen vereitelten, regelmäßig Störgefühle entstanden, die juristisch aufgearbeitet wurden. Teilweise wurden diese Zwecke konkret als Strafzwecke benannt, teilweise wurde allgemeiner von einer Vereitelung der *präventiven Zwecke* oder noch allgemeiner des Sinnes und Zwecks der Sanktionierung gesprochen.

Nicht besprochen wurde allerdings, was es eigentlich bedeuten möge, käme man zu dem Ergebnis, dass eine Vorschrift einer anderen oder sogar der gleichen Rechtssäule den Zweck einer straf- oder ordnungswidrigkeitenrechtlichen Sanktion vereiteln würde. Die Frage hängt eng mit der Einordnung der Sanktionszwecke zusammen. Was bedeutet eine Vereitelung von Sanktionszwecken überhaupt? Muss diese Konsequenzen haben? Es ist notwendig zu besprechen, weshalb die Sanktionszwecke immer wieder zur Belegung einer Adressatenbindung von Sanktionen herangezogen werden und welche dogmatische Funktion diesen abstrakt zukommt, ohne auf einzelne Sanktionszwecke in Konkretum abzustellen.

Hierzu gilt es zunächst festzuhalten: Die Verhängung einer angedrohten Sanktion in einem Verfahren gegen einen Täter sowie die Vollstreckung der verhängten Sanktion erfolgen im Sinne des Rechtsgüterschutzes.[853] Dieser stellt die originäre Aufgabe des Strafrechts dar.[854] Spricht man von Strafzwecken und

852 Vgl. *Grunewald*, NZG 2016, 1121, 1124.

853 MüKo-StGB/*Radtke*, 4. Aufl. 2020, Vorbemerkung zu § 38 Rn. 28.

854 MüKo-StGB/*ders.*, 4. Aufl. 2020, Vorbemerkung zu § 38 Rn. 28.

differenziert diese in der weiteren Forschung entlang der bekannten Leitlinien (etwa Vergeltung, Prävention, Sühnefunktion etc.), so versucht man zu bestimmen, welche Zwecke man aus rechtlicher Sicht im Dienste des Rechtsgüterschutzes anerkennen möchte und welche nicht. Strafzwecke sind denklogisch keine Selbstzwecke. Viel mehr wird anhand ihrer abschließend die Art und Weise der Zielerreichung und nicht das Ziel (Rechtsgüterschutz) bestimmt. Eine strafende Rechtsanwendung, die offenkundig keinem anerkannten Strafzweck dienlich sein kann, dient dann auch nicht dem Rechtsgüterschutz.

Die Konsequenz dessen ist nicht im Straf- oder Ordnungswidrigkeitenrecht, sondern aus Sicht des Verfassers im Verfassungsrecht zu suchen. **Denn dient eine sanktionierende Rechtsanwendung – die zwangsläufig stets einen Grundrechtseingriff in Grundrechte des Sanktionsadressaten darstellt – nicht mehr dem Rechtsgüterschutz, weil ihre Wirkung von Gesetzes wegen vereitelt wird, so gilt es zu prüfen, ob ihr sodann auch ihre verfassungsrechtliche Rechtfertigung mit Blick auf eben diesen Grundrechtseingriff entfällt.** Aus dieser Überlegung ergibt sich für den Verfasser die folgende Arbeitshypothese:

Die Höchstpersönlichkeit von (Geld-)Strafen bzw. -bußen stellt einen verfassungsrechtlichen Rechtsgrundsatz dar, welcher sich aus den Grundrechten des unmittelbaren Sanktionsadressaten sowie den Strafzwecken und dem Verhältnismäßigkeitsgrundsatz als Ausflüsse des Rechtsstaatsprinzips ableitet.

Kehrt man für einen Moment zu dem konkreten Thema der vorliegenden Dissertation – der Regressfähigkeit von Verbandsgeldbußen – zurück, konzentrierte sich die bisherige Auseinandersetzung vor allem auf die Frage, inwiefern eine Beschränkung des Regresses im Rahmen des § 93 Abs. 2 AktG eine systemwidrige Ausnahme von dem Grundsatz der Totalreparation darstellen könne bzw. inwiefern eine uneingeschränkte Anwendung des Grundsatzes der Totalreparation Wertungen des Ordnungswidrigkeitenrechts aushebeln würde.

Richtigerweise muss man eine kritische Untersuchung aber vorverlagern und fragen, inwiefern die dem Regress zugrunde liegende Sanktion selbst noch verfassungsrechtlichen Anforderungen genügen könnte, würde die Rechtsordnung systematisch zugleich deren zivilrechtliche Weiterverlagerung **auslösen**. Auslösen umschreibt in diesem Zusammenhang die *ipso iure* eintretende Weiterleitung eines Sanktionsübels gegen einen Dritten, ohne dass eine weitere Zwischenhandlung nach Sanktionsverhängung für den Eintritt einer solchen Weiterverlagerung erforderlich ist.

Diese Frage ist auch nicht aufgrund der im Rahmen der Diskussion um die freiwillige Übernahme von Geldstrafen durch Dritte gesammelten Erkenntnisse obsolet;[855] denn der Verbandssanktionsregress gegen Organmitglieder rückt ein gänzlich anderes systematisches Problem in den Mittelpunkt.

Anders als häufig wahrgenommen, ist nämlich nicht die Freiwilligkeit der Sanktionsübernahme das maßgebliche Abgrenzungskriterium zu der Problematik der bereitwilligen Übernahme von Geldstrafen, sondern die **Kausalität**. Ein Schadensersatzanspruch nach Art. 93 Abs. 2 AktG setzt selbstverständlich einen Schaden voraus. Dieser entsteht kausal und objektiv zurechenbar, **durch und mit** Verhängung der Geldbuße gegen eine juristische Person und löst somit, wie *Thomas* richtigerweise in die Debatte einführt, andere Bedenken aus:

> *„Da aber die Verbindung der Buße mit dem Adressatenvermögen konditional für die Übelszufügung ist und da die Übelszufügung wiederum konditional für die Erreichung der Sanktionszwecke ist, entfiele durch einen Regressanspruch die Legitimation für die Verhängung der Buße überhaupt."*[856]

Der Begriff „*konditional*" beschreibt in diesem Zusammenhang nicht allein den Kausalzusammenhang im Sinne der *Sine-qua-non*-Formel, sondern ist wohl synonym als „zwingende Voraussetzung für" zu lesen. Der Unterschied dieser beiden Betrachtungen ergibt wie folgt: Die *Sine-qua-non*-Formel untersucht, ob eine Bedingung hinweggedacht werden kann, ohne dass der untersuchte Erfolg in seiner *konkreten Gestalt* entfiele.

Würde man diese Formel auf das oben dargestellte Zitat anwenden, so wäre weiterhin denkbar, dass eine Sanktion auch bei fehlender Verknüpfung ihres Übels mit dem Adressaten ihren Zweck erfüllen würde. Nur eben nicht in der konkreten Gestalt, wie es bei Hinzudenken der Übelverknüpfung der Fall gewesen wäre. Sie könnte dadurch – je nach konkreter Ausgestaltung – gleichwohl legitimierbar bleiben.

Für die hier durchgeführte Untersuchung ist die Verknüpfung von Sanktionsübel und Adressat aber als eine Bedingung gemeint, die bei ihrem Wegdenken den Erfolg – nämlich die Verwirklichung der Strafzwecke – nicht nur in seiner *konkreten Gestalt*, sondern derart entfallen ließe, dass die verfassungsmäßige Rechtfertigung der Sanktion entfiele.

Kehrt man nun ins Abstrakte zurück, so lässt sich für die nachfolgende Untersuchung ein weiterer Untersuchungsmaßstab aufrufen. Nach überwiegender Ansicht ist eine freiwillige Übernahme von Geldstrafen trotz einer Höchstpersönlichkeit von Strafzahlungen **zu dulden**.[857] Mit Blick auf die aktuelle

---

855 Vgl. S. 169 ff.

856 *Thomas*, NZG 2015, 1409, 1411.

857 Vgl. S. 169 ff.

Problematik des Organinnenregresses ist die Frage aber eine andere: nämlich ob eine Durchbrechung der Höchstpersönlichkeit von Strafe hoheitlich **ausgelöst** werden darf.

Wie oben dargestellt soll zur Beantwortung dieser Frage untersucht werden, inwiefern eine solche Umleitung von Strafe deren verfassungsrechtliche Rechtfertigung berührt.

Hierfür gilt es, drei Schritte zu unternehmen:

Erstens bedarf es einer genauen Bestimmung des für diese Frage relevanten Grundrechtseingriffs.

Zweitens gilt es den Maßstab zu definieren, welcher an die Prüfung eines solchen Eingriffs zu richten ist.

Drittens kann die Prüfung der Verfassungsmäßigkeit selbst erfolgen.

aa. Bestimmung des relevanten Grundrechtseingriffs

Seit Inkrafttreten des Grundgesetzes wurde das Verhältnis von Straf- und Verfassungsrecht insbesondere seit der Arbeit *Tiedemanns*[858] (1991) sowie der ausführlichen Untersuchung *Lagodnys*[859] (1996) wieder verstärkt besprochen,[860] nachdem es zuvor nur wenig Beachtung gefunden hatte.[861]

Grob unterteilt lässt sich das Zusammenwirken von materiellem Straf- und Verfassungsrecht in zwei Sphären untersuchen: der Strafgesetzgebung auf der einen Seite und der Rechtsanwendung durch Behörden und Richter auf der anderen Seite. Für die Zwecke dieser Arbeit kommt es auf die Letztere an, denn diese Arbeit untersucht Fallkonstellationen (Begrenzung des Organregresses

858 *Tiedemann*, Verfassungsrecht und Strafrecht, 1991.

859 *Lagodny*, Strafrecht vor den Schranken der Grundrechte, 1996.

860 Vgl. nur *Kaspar*, Verhältnismäßigkeit und Grundrechtsschutz im Präventionsstrafrecht, 2014; *Haffke*, in: Schünemann/Achenbach/Bottke u.a. (Hrsg.), Festschrift für Claus Roxin zum 70. Geburtstag am 15. Mai 2001, 2001, S. 955 ff.; *Appel*, Verfassung und Strafe, 1998; *Stächelin*, Strafgesetzgebung im Verfassungsstaat, 1998; zuvor allerdings auch schon *Paulduro*, Die Verfassungsmäßigkeit von Strafrechtsnormen, insbesondere der Normen des Strafgesetzbuches, im Lichte der Rechtsprechung des Bundesverfassungsgerichts, 1992.

861 So auch *Kaspar*, Verhältnismäßigkeit und Grundrechtsschutz im Präventionsstrafrecht, 2014, S. 32 f.; *Tiedemann*, Verfassungsrecht und Strafrecht, 1991, S. 4. Vgl. zu früheren Darstellungen insb. *Stree*, Deliktsfolgen und Grundgesetz, 1960; *Sax*, in: Bettermann/Nipperdey/Scheuner (Hrsg.), Die Grundrechte, 1959, S. 909 ff.

über Verbandsgeldbußen) für die *de lege lata* keine gesetzliche Spezialregelung besteht. Juristische Probleme treten sodann in der Anwendung von Vorschriften auf, die bei ihrer Anwendung in anderen Fällen, nicht die gleichen Probleme zutage fördern.

i. *Unterscheidung und Konnex von Primär- und Sekundärsanktion unter Berücksichtigung verbandssanktionsrechtlicher Besonderheiten*

Auf der Ebene der Rechtsanwendung wird im Strafrecht ganz überwiegend zwischen den Elementen des Schuldspruchs einerseits sowie des darauffolgenden Strafübels andererseits, als voneinander zu trennende Grundrechtseingriffe unterschieden.[862] Zum Teil werden diese als sog. *Primär- und Sekundärsanktion* bezeichnet und voneinander getrennt.[863] Die Primärsanktion bezeichnet dann die richterliche Feststellung einer sanktionswürdigen Verantwortlichkeit; die Sekundärsanktion das verhängte Straf- bzw. Sanktionsübel.

Über das Verhältnis dieser beiden Eingriffe und die daraus resultierenden Anforderungen an eine verfassungsrechtliche Prüfung besteht Uneinigkeit.

Nach *Appel* sei der Schuldspruch selbst das entscheidende strafrechtliche Element. Die Auferlegung eines materiellen Übels werde nur dadurch Teil einer strafrechtlichen Sanktion, da zuvor der Vorhalt einer defizitären Einstellung zur Norm vorgenommen wurde. Hieraus ergebe sich, dass aufseiten des Strafübels mehr Flexibilität bestehe als aufseiten des Schuldspruchs selbst (Absehen von Strafe, Lockerung des Vollzugs, etc.).[864] Er knüpft damit an bekannte Überlegungen an. Etwa dem von *Lange* hinsichtlich der Geldstrafe vorgebrachten Einwand, dass sich die Vollstreckung der Geldstrafe von der Begleichung zivilrechtlicher

---

862 Im Einzelnen umstritten, vgl. im Ergebnis für einen eigenständigen Eingriffscharakter des Schuldspruchs unter Verwendung zum Teil voneinander abweichender Begrifflichkeiten *Kaspar*, Verhältnismäßigkeit und Grundrechtsschutz im Präventionsstrafrecht, 2014, S. 621 ff.; *Holz*, Justizgewähranspruch des Verbrechensopfers, 2007, S. 38; *Geiger*, Die Rechtsnatur der Sanktion, 2006, S. 33 ff.; *Böse*, in: Hefendehl/von Hirsch/Wohlers (Hrsg.), Die Rechtsgutstheorie, 2003, S. 89 ff.; *Kudlich*, JZ 2003, 127, 129; *Appel*, Verfassung und Strafe, 1998, S. 500 ff. (unterscheidet zwischen „Primär- und Sekundärsanktion"); a.A. *Deckert*, Strafwürdigkeit und Strafgesetzgebung, 2009, S. 109; nicht eindeutig, im Ergebnis aber wohl differenzierend *Stächelin*, Strafgesetzgebung im Verfassungsstaat, 1998, S. 112 ff.

863 *Holz*, Justizgewähranspruch des Verbrechensopfers, 2007, S. 37.

864 *Appel*, Verfassung und Strafe, 1998, S. 500.

Schulden nur aufgrund der sozialethischen Missbilligung des Schuldspruchs unterscheide.[865]

Diesem Vorbringen entgegnet *Kaspar* unter Verweis auf *Weigend*[866] zurecht, dass üblicherweise neben dem reinen Schuldspruch (etwa § 60 StGB), ein weiteres Strafübel verhängt werde, welches für den Betroffenen ganz klar im Vordergrund stehe: nicht der Schuldspruch, sondern der unter Umständen mehrjährigen Freiheitsentzug sei der greifbare, intensive und somit offensichtlich besonders legitimationsbedürftige Grundrechtseingriff.[867]

Holz formulierte insoweit, dass üblicherweise eben nicht der eigenständige Charakter des Unwerturteils als Strafe wahrgenommen werde, sondern dies nur für die Zufügung des Zwangsmittels, die sog. Sekundärsanktion, gelte.[868]

Diese Überlegungen *Kaspars* und *Holz* müssen erst recht für das Ordnungswidrigkeitenrecht gelten; denn das Ordnungswidrigkeitenrecht unterscheidet sich vom Strafrecht in diesem Zusammenhang dadurch, dass die Gewichtung der Primärsanktion (Feststellung der **vorwerfbaren** Verwirklichung eines Ordnungswidrigkeitentatbestands) und einer aufgrund dessen verhängten Sekundärsanktion (Geldbuße) von der Gewichtung zwischen Schuldspruch und Kriminalstrafe abweicht.

Die Geldbuße selbst hat zwar repressiven Charakter, ihr fehlt jedoch das mit der Strafe notwendigerweise verbundene sozialethische Unwerturteil – dem Betroffenen wird die Zuwiderhandlung nicht als Wertverletzung vorgeworfen.[869] Im Ordnungswidrigkeitenrecht greift die Feststellung von Vorwerfbarkeit als Primärsanktion demnach im Vergleich zur Sekundärsanktion geringfügiger in die Grundrechte des Betroffenen ein.

---

865 Vgl. *Lange*, in: Bockelmann/Kaufmann/Klug (Hrsg.), Festschrift für Karl Engisch zum 70. Geburtstag, 1969, S. 621, 622; siehe erwidernd *Hillenkamp*, in: Küper (Hrsg.), Festschrift für Karl Lackner zum 70. Geburtstag am 18. Februar 1987, 1987, S. 455, 460 f. mit dem Hinweis, dass der *„legitime Strafzweck empfindlich litte, wenn nach dem Urteil nichts mehr dafür bürgte, daß den Verurteilten die Strafe höchstpersönlich trifft"*.

866 *Weigend*, in: Frisch/v.Hirsch/Albrecht (Hrsg.), Tatproportionalität, 2003, S. 199, 205.

867 Vgl. *Kaspar*, Verhältnismäßigkeit und Grundrechtsschutz im Präventionsstrafrecht, 2014, S. 625.

868 Vgl. *Holz*, Justizgewähranspruch des Verbrechensopfers, 2007, S. 37.

869 Göhler-OWiG/*Gürtler/Thoma*, 18. Aufl. 2021, Vor § 1 Rn. 9; vgl. auch *Krenberger/Krumm*, in: Ordnungswidrigkeitengesetz, 6. Aufl. 2020, § 1 Rn. 5; Gassner/Seith-OWiG/*Gassner*, 2. Aufl. 2020, Einleitung Rn. 4; KK-OWiG/*Mitsch*, 5. Aufl. 2018, § 17 Rn. 7.

Dies gilt auch hinsichtlich der Sanktionierung von Unternehmen nach § 30 OWiG. Der mit einer Geldbuße gemäß § 30 OWiG einhergehende Vorwurf gegen das zu sanktionierende Unternehmen enthält ebenfalls kein ethisches Unwerturteil.[870]

Hieraus ergibt sich das folgende Zwischenergebnis:

- Primärsanktion und Sekundärsanktion stellen voneinander zu trennende Grundrechtseingriffe dar. Als Primärsanktion versteht sich im Zusammenhang mit einem Sanktionsausspruch die Feststellung einer sanktionswürdigen Verantwortlichkeit des Sanktionsadressaten. Der Begriff der Sekundärsanktion bezeichnet das im Anschluss verhängte und vollstreckte Sanktionsübel.
- Die Sekundärsanktion stellt im Verhältnis zur Primärsanktion (regelmäßig) den schwerer wiegenden Grundrechtseingriff dar.
- Dies muss insbesondere im Ordnungswidrigkeitenrecht sowie hinsichtlich § 30 OWiG gelten, wo mit der Verhängung der Geldbuße keine mit einem kriminalstrafrechtlichen Schuldspruch vergleichbare Feststellung sozialethisch missbilligten Verhaltens einhergeht.

Die genaue Qualifizierung der hier unterschiedenen Grundrechtseingriffe erfolgt nach einer Übertragung dieser Vorüberlegungen auf den als Arbeitshypothese verwendeten Grundsatz der Höchstpersönlichkeit von Sanktionen.

ii. Übertragung der Vorüberlegungen auf das Prinzip der Höchstpersönlichkeit von Strafe

Strafrechtsdogmatisch besteht zwischen Primär- und Sekundärsanktion in zweierlei Hinsicht ein **Konnex**. Erstens gilt im Straf- sowie im Ordnungswidrigkeitenrecht: Die richterliche Feststellung eines Vorwurfs auf Primärebene ist **Voraussetzung** des Strafübels auf sekundärer Ebene. Zweitens ist das Sekundärübel grundsätzlich gegen den Adressaten der Primärsanktion zu richten. Auch diesbezüglich besteht ein Zusammenhang zwischen Primär- und Sekundärsanktion: Die Vollstreckung der Sekundärsanktion durch den Staat ist nur gegen den Adressaten der Primärsanktion möglich. Der Ausspruch der Primärsanktion gegen eine natürliche oder juristische Person ist umgekehrt zwingende Voraussetzung für die Vollstreckung der Sekundärsanktion gegen dieselbe. Aus der Primärsanktion resultiert ein **Adressatenbezug der Sekundärsanktion**.

Dieser **Adressatenbezug der Sekundärsanktion** stützt dogmatisch das viel zitierte, aber nie verortete Prinzip der Höchstpersönlichkeit von Strafe. Er wird

870 Vgl. S. 38.

dann verletzt, wenn die Sekundärsanktion faktisch nicht den Adressaten der Primärsanktion trifft. Höchstpersönlichkeit von Strafe bedeutet dann nichts anderes, als dass ein verhängtes Strafübel diejenige Person zu treffen hat, gegenüber welcher es aufgrund einer vorhergehenden Feststellung von Verantwortung festgelegt wurde.

Ein faktisches Fehlgehen der Feststellung von Schuld; Vorwerfbarkeit bzw. Verbandsverantwortlichkeit[871] (Primärsanktion) ist nicht vorstellbar. Wohl ist der Fall vorstellbar, dass ein Richter einen Unschuldigen verurteilt. Sodann ist die Primärsanktion fehlerbehaftet. Sie geht indes jedoch nicht fehl, weil sie genau das Rechtssubjekt trifft, welches der Richter mit der Feststellung von Schuld erreichen wollte. Das Gleiche gilt mit Blick auf die Feststellung eines Vorwurfs – etwa gegenüber einer juristischen Person.

Ein faktisches Fehlgehen der Sekundärsanktion hingegen ist im Falle von Geldstrafen- und Geldbußen denkbar und wurde historisch gesehen immer wieder – wenn auch unter erheblichen Bedenken – toleriert.[872] Auch ein Organinnenregress führt faktisch zu einem Fehlgehen der Sekundärsanktion.

Die Tatsache, dass die zivilrechtliche Haftung nur eine solche natürliche Person berühren kann, die auch ein Verschulden trifft, ändert nichts an dem Fehlgehen strafrechtlicher Individualisierung. Sinn und Zweck eines Strafübels ist es nicht ein Strafübel frei in die Welt zu entlassen, sondern dies als Sekundärsanktion dem Adressaten der Primärsanktion zuzuordnen. Trifft die natürliche Person ein eigener Vorwurf, so sieht das Strafrecht Möglichkeiten vor, diese neben der juristischen Person eigenständig zu sanktionieren. Insofern ist streng zwischen staatlicher Sanktionierung aufgrund eines Zurückbleibens des Individuums gesellschaftlichen Erwartungen auf der einen Seite und Pflichtverstößen gegenüber den Erwartungen eines privatrechtlichen Verbandes zu unterscheiden.

iii. Relevante Grundrechte

Für die Geldstrafe gegen eine natürliche Person ist die Frage nach den berührten Grundrechten bekannt. Nach wohl noch vorherrschender Auffassung tangiere eine Geldstrafe im Verfassungsrecht Art. 2 Abs. 1 GG und – bis zur Grenze der wirtschaftlichen Erdrosselung[873] – nicht den Schutzbereich von Art. 14 GG, weil

---

871 Vgl. S. 42.

872 Vgl. S. 169 ff.

873 Vgl. BVerfG, Beschl. v. 31.05.1988, Rs. 1 BvL 22/85, BVerfGE 78, 232, 243; BVerfG, Beschl. v. 31.05.1990, Rs. 1 BvL 12, 13/88, 2 BvR 1436/87, BVerfGE 82, 159, 190; BVerfG, Beschl. v. 25.09.1992, Rs. 2 BvL 5, 8, 14/91, BVerfGE 87, 153, 169; *Lagodny*,

es sich um eine bloße Geldzahlungspflicht handele und Art. 14 nicht das Vermögen als solches schütze.[874] Eine entgegenstehende Auffassung vertritt einen Eingriff in das Eigentumsgrundrecht des Art. 14 Abs. 1 GG.[875] Nach *Kaspar* sei im Falle von Geldstrafen zudem das allgemeine Persönlichkeitsrecht des Bestraften betroffen, indem jede Strafe – wie der Schuldspruch selbst – ein Element der Missbilligung aufweise.[876]

Diese Grundsätze ließen sich auf die Geldbuße gegen **natürliche** Personen übertragen.[877] Diese ergeht losgelöst von einem sozialen Unwerturteil.[878] Eine Verletzung des allgemeinen Persönlichkeitsrechts kommt nur schwerlich in Betracht, wobei *Lagodny* darauf hinweist, dass jede *Strafe* unweigerlich die Ehre des Sanktionsadressaten berühre.[879]

Für die Beurteilung der Verhältnismäßigkeit eines Grundrechtseingriffs durch Strafe bedarf es keiner Festlegung. Wie *Kaspar* richtig ausführt, unterscheidet sich der Prüfungsmaßstab der benannten Grundrechte im Hinblick auf die verhältnismäßige Einschränkung nicht in relevanter Weise.[880]

Strafrecht vor den Schranken der Grundrechte, 1996, S. 133; *Grabitz*, AöR 1973, 568, 598.

874 *Lagodny*, Strafrecht vor den Schranken der Grundrechte, 1996, S. 133; so auch *Appel*, Verfassung und Strafe, 1998, S. 591; *Gallwas*, MDR 1969, 892, 893; *Grabitz*, AöR 1973, 568, 598; *Kudlich*, JZ 2003, 127, 129.

875 Insofern ohne Begründung, *Stächelin*, Strafgesetzgebung im Verfassungsstaat, 1998, S. 114; wohl auch, *Paulduro*, Die Verfassungsmäßigkeit von Strafrechtsnormen, insbesondere der Normen des Strafgesetzbuches, im Lichte der Rechtsprechung des Bundesverfassungsgerichts, 1992, S. 332; vgl. auch BVerfG, Beschl. v. 22.06.1995, Rs. 2 BvL 37/91, BVerfGE 93, 121, 137, wonach öffentlich-rechtliche Zahlungspflichten an Art. 14 Abs. 1 GG zu messen seien.

876 Vgl. *Kaspar*, Verhältnismäßigkeit und Grundrechtsschutz im Präventionsstrafrecht, 2014, S. 627, 629; wohl auch *Lagodny*, Strafrecht vor den Schranken der Grundrechte, 1996, S. 134 mit Blick auf die Geldbuße.

877 *Lagodny*, Strafrecht vor den Schranken der Grundrechte, 1996, S. 134.

878 Vgl. S. 38; 187.

879 *Lagodny*, Strafrecht vor den Schranken der Grundrechte, 1996, S. 134.

880 Vgl. *Kaspar*, Verhältnismäßigkeit und Grundrechtsschutz im Präventionsstrafrecht, 2014, S. 629 unter Verweis auf *Lindner*, Theorie der Grundrechtsdogmatik, 2005, S. 484 Fn. 12, welcher insofern ausführt „*Ob man Geldleistungspflichten dem Art. 2 Abs. 1 GG oder dem Art. 14 Abs. 1 GG zuordnet – in beiden Fällen greift der Regel-Ausnahme-Mechanismus und das Gebot der verfassungsrechtlichen Rechtfertigung der Interessenrelativierung*“.

Diffiziler wird die noch wenig untersuchte Einordnung der Auferlegung von (strafrechtlichen) Geldzahlungspflichten gegen **juristische** Personen (des Privatrechts), welche über Art. 19 Abs. 3 GG Schutzsubjekte von Grundrechten sein können, soweit diese ihrem Wesen nach auf juristische Personen anwendbar sind. Art. 19 Abs. 3 GG erweitert den grundrechtlichen Schutz allerdings nur auf **inländische** juristische Personen.

Hinsichtlich der mit Blick auf natürliche Personen besprochenen Grundrechte ist eine Anwendung auf inländische juristische Personen nur bezüglich des allgemeinen Persönlichkeitsrechts fraglich. Nach überwiegender Auffassung finde das allgemeine Persönlichkeitsrecht i.S.v. Art. 2 Abs. 1 GG über Art. 19 Abs. 3 GG Anwendung auf juristische Personen.[881] Allerdings sei das Schutzniveau im Vergleich zu betroffenen natürlichen Personen abgesenkt, da juristische Personen sich nicht auf die Schutzverstärkung des Art. 1 Abs. 1 GG berufen könnten.[882] Der verbleibende Schutz ziele auf die Wahrung des guten Rufs in wirtschaftlicher und sonstiger Hinsicht, ohne, dass rein ideelle Belange zu berücksichtigen seien.[883]

Viele Schutzgewährleistungen, welche bei natürlichen Personen vom allgemeinen Persönlichkeitsrecht umfasst wären, werden bei juristischen Personen jedenfalls aber über speziellere Grundrechte vermittelt.[884] So schütze etwa Art. 12 Abs. 1 GG – soweit bei Tatsachenbehauptungen und Werturteilen von dritter Seite der finanzielle Aspekt des Selbstdarstellungsrechts im Vordergrund stehe – inländische juristische Personen als spezielleres Grundrecht.[885] Auch Art. 14 GG ist auf inländische juristische Personen anwendbar.[886] Schließlich schützt Art. 2 Abs. 1 GG die wirtschaftliche Betätigungsfreiheit inländischer

881 Maunz/Dürig/*Di Fabio*, Stand: 92. EL 2020, Art. 2 Abs. 1 Rn. 224 m.w.N.; vgl. auch BGH, Urt. v. 08.07.1980, Rs. VI ZR 177/78, BGHZ 78, 24 f.; BVerwGE, Urt. v. 23.05.1989, Rs. 7 C 2.87, BVerwGE 82, 76, 78; kritisch insofern *Jarass*, NJW 1989, 857, 860.

882 Maunz/Dürig/*Di Fabio*, Stand: 92. EL 2020, Art. 2 Abs. 1 Rn. 224.

883 Maunz/Dürig/*ders.*, Stand: 92. EL 2020, Art. 2 Abs. 1 Rn. 224.

884 Vgl. Maunz/Dürig/*ders.*, Stand: 92. EL 2020, Art. 2 Abs. 1 Rn. 225.

885 Maunz/Dürig/*ders.*, Stand: 92. EL 2020, Art. 2 Abs. 1 Rn. 225; vgl. auch Maunz/Dürig/*Scholz*, Stand: 92. EL 2020, Art. 12 Rn. 106 f.; BVerfG, Beschl. v. 01.03.1967, Rs. 1 BvR 46/66, BVerfGE 21, 207, 208 f.

886 Maunz/Dürig/*Papier/Shirvani*, Stand: 92. EL 2020, Art. 14 Rn. 332 ff.; Maunz/Dürig/*Remmert*, Stand: 92. EL 2020, Art. 19 Abs. 3 Rn. 102.

juristischer Personen des Privatrechts, die nicht ausschließlich in staatlicher Hand sind.[887]

Reuter weist zudem darauf hin, dass bei der Bebußung einer juristischen Person auch die Belastung der Anteilseigner als relevanter Grundrechtseingriff zu berücksichtigen sei.[888] Dies ist zumindest nicht ausgeschlossen. Eine die Gesellschaft betreffende Verhaltenspflicht kann messbare Auswirkungen auf den Wert der Gesellschaftsanteile und damit auf die grundrechtlich gesicherten Interessen der privaten Gesellschafter haben.[889]

Grundsätzlich ergeben sich demnach bei der Einordnung der Grundrechtseingriffe gegen inländische juristische Personen durch Geldbußen zwei Besonderheiten im Vergleich zur Betrachtung solcher Eingriffe gegen natürliche Personen: Erstens wird Art. 12 GG regelmäßig zu berücksichtigen sein. Zweitens kommt das allgemeine Persönlichkeitsrecht zugunsten inländischer juristischer Personen – wenn überhaupt – nur stark abgeschwächt zur Geltung.

Die erheblichere Komplikation entsteht an anderer Stelle. Mit Blick auf ausländische Personen des Privatrechts hat das BVerfG inzwischen festgestellt, dass juristische Personen, die ihren Sitz in einem anderen Mitgliedstaat der Union haben, Träger materieller Grundrechte des Grundgesetzes sein können.[890] Soweit eine ausländische juristische Person dann eine Verletzung von Grundrechten geltend machen kann, solle sie sich nicht auf Deutschengrundrechte berufen können, sondern auf das allgemeine Freiheitsrecht in unionsrechtskonformer Auslegung.[891]

Allerdings bleiben juristische Organisationen aus Drittstaaten nicht grundrechtsberechtigt.[892]

---

887 Vgl. Maunz/Dürig/*Di Fabio*, Stand: 92. EL 2020, Art. 2 Abs. 1 Rn. 10 m.w.N.; st. Rspr., vgl. nur BVerfG, Urt. v. 14.12.1965, Rs. 1 BvR 413, 416/60, BVerfGE 19, 206, 215 f.; BVerfG, Beschl. v. 25.01.1984, Rs. 1 BvR 272/81, BVerfGE 66, 116, 130.

888 *Reuter*, BB 2016, 1283, 1288 ff.

889 Vgl. Maunz/Dürig/*Remmert*, Stand: 92. EL 2020, Art. 19 Abs. 3 Rn. 36.

890 Vgl. BVerfG, Beschl. v. 19.07.2011, Rs. 1 BvR 1916/09, BVerfGE 129, 78, 94 ff. = NJW 2011, 3428; BeckOK-GG/*Enders*, 46. Ed. Stand: 15.02.2021, Art. 19 Rn. 37; *Sasse*, EuR 2012, 628, 639 f.

891 Vgl. BVerfG, Beschl. v. 04.11.2015, Rs. 2 BvR 282/13, 2 BvQ 56/12, BeckRS 2016, 41179, Rn. 10; hierzu kritisch BeckOK-GG/*Enders*, 46. Ed. Stand: 15.02.2021, Art. 19 Rn. 38.

892 Maunz/Dürig/*Remmert*, Stand: 92. EL 2020, Art. 19 Abs. 3 Rn. 88; BVerfG, Urt. v. 14.07.1999, Rs. 1 BvR 2226/94, 2420/95, 2437/95, BVerfGE 100, 313, 364 unter Bezug auf BVerfG, Beschl. v. 01.03.1967, Rs. 1 BvR 46/66, BVerfGE 21, 207, 208 f.; BVerfG NVwZ 2008, 670.

Entscheidendes Abgrenzungskriterium für die Beurteilung einer juristischen Person als inländisch oder ausländisch soll nach Maßgabe des BVerfG sowie der überwiegenden Literaturansicht der Ort der tatsächlichen Hauptverwaltung des Unternehmens sein.[893] Dies beurteilt sich anhand des tatsächlichen Zentrums ihrer Aktionen, was für jede fragliche juristische Person selbstständig und unabhängig – etwa vom Sitz einer Konzernmutter – zu prüfen und festzustellen ist.[894]

Juristische Personen mit Sitz in Drittstaaten könnten sich wegen Verstößen der Bundesrepublik Deutschland dann allein auf den Schutz der Grundrechtecharta der Europäischen Union und der EMRK berufen. Während der EMRK in Deutschland nur den Rang eines einfachen Bundesrechts hat, ist die Charta der Grundrechte der EU verbindlicher. Die EU-Grundrechte gehen als Teil des primären EU-Rechts allem nationalen Recht vor, sodass das nationale Recht, das gegen die EU-Grundrechte verstößt, nicht anwendbar ist.[895] Das ist von allen nationalen Stellen zu beachten, insbesondere von Gerichten und Behörden.[896] Der Vorrang der EU-Grundrechte greift auch im Verhältnis zum nationalen Verfassungsrecht, welches gegebenenfalls EU-grundrechtskonform auszulegen ist.[897] Allerdings kommt die GRC nur zur Anwendung, soweit deren Mitgliedsstaaten bzw. deren Organe und Stellen Unionsrecht anwenden.

Schutz für juristische Personen vermitteln mit Blick auf Geldbußen insbesondere Art. 16 und 17 GRC sowie Art. 1 Abs. 1 Satz 1 des Zusatzprotokolls zur Konvention zum Schutz der Menschenrechte und Grundfreiheiten. Der Eigentumsschutz der Art. 17 GRC und Art. 1 EMRKZusProt – welche über Art. 52 Abs. 3 GRC eng miteinander verknüpft sind[898] – ist teilweise weiter als derjenige des Art. 14 GG; ob Geldzahlungspflichten den Schutzbereich berühren, ist allerdings fraglich.[899] Jedenfalls von Sanktionszahlungen berührt, ist der

---

893 Maunz/Dürig/*Remmert*, Stand: 92. EL 2020, Art. 19 Abs. 3 Rn. 78; BVerfGE 21, 207, 208 f.; 23, 229, 236; BVerfG NJW 2002, 1485, 1485; BVerfG, Beschl. v. 27.12.2007, Rs. 1 BvR 853/06, NVwZ 2008, 670 f.

894 BeckOK-GG/*Enders*, 46. Ed. Stand: 15.02.2021, Art. 19 Rn. 36; BVerfG, Beschl. v. 27.12.2007, Rs. 1 BvR 853/06, NVwZ 2008, 670, 671.

895 *Jarass*, in: Charta der Grundrechte der Europäischen Union, 4. Aufl. 2021, Einleitung Rn. 66.

896 *Jarass*, in: Charta der Grundrechte der Europäischen Union, 4. Aufl. 2021, Einleitung Rn. 66.

897 *Jarass*, in: Charta der Grundrechte der Europäischen Union, 4. Aufl. 2021, Einleitung Rn. 66 ff.

898 Vgl. auch *Sasse*, EuR 2012, 628, 631.

899 Dagegen etwa *Jarass*, NVwZ 2006, 1089, 1090; nicht eindeutig EuGH, Urt. v. 17.07.1997, Rs. C-248/95, 249/95, EuZW 1998, 178, 182.

Schutzbereich des Art. 16 GRC,[900] welchem auch juristische Personen unabhängig von dem Ort ihres Sitzes unterfallen.[901]

Art. 49 GRC bestimmt zudem abstrakt grundlegende rechtsstaatliche Anforderungen für die Androhung und Verhängung von Strafen.[902] Nach Art. 49 Abs. 3 GRC müssen Strafen dem Grundsatz der Verhältnismäßigkeit entsprechen. Die Mitgliedstaaten werden gemäß Art. 51 Abs. 1 Satz 1 GRC zwar nur verpflichtet, soweit sie Unionsrecht durchführen, dies ist aber auch dann der Fall, wenn nationale Straf- bzw. Sanktionsvorschriften zur direkten oder indirekten Durchsetzung von Unionsrecht angewandt werden.[903] Der Begriff der Strafe in Art. 49 GRC ist dabei weit zu verstehen und umfasst neben strafrechtlichen Maßnahmen auch die Verhängung von Sanktionen durch die Verwaltung.[904] Erfasst werden repressive Sanktionen wegen der Verantwortlichkeit einer juristischen Person von einigem Gewicht.[905]

Zusammengefasst ergibt sich also folgendes Bild: Sämtliche Repressionen, welche durch nationale Stellen gegen natürliche und juristische Personen der Europäischen Union verhängt werden, müssen als Grundrechtseingriffe im Rahmen einer Verhältnismäßigkeitsprüfung besonders berücksichtigt werden.

Die Herstellung eines Gleichlaufs bereitet allein hinsichtlich juristischer Personen mit Verwaltungssitz in Drittstaaten Probleme. Sofern Sanktionen gegen sie nicht dem Anwendungsbereich der GRC unterfallen, können sie jedenfalls als Verletzungen der EMRK eingeordnet werden. Auch dies wäre im Rahmen einer Verhältnismäßigkeitsprüfung zu berücksichtigen.

---

900 *Jarass*, in: Charta der Grundrechte der Europäischen Union, 4. Aufl. 2021, Art. 16 Rn. 13; EuGH, Urt. v. 30.07.1996, Rs. C-84/95, Slg. Bd. I, 1996, 3953, Rn. 22: „*Zunächst hat jede Sanktionsmaßnahme definitionsgemäß Auswirkungen, die die Eigentumsrechte und die freie Berufsausübung beeinträchtigen, und schädigt dadurch Parteien, die für die Situation, die zum Erlaß der Sanktionen geführt hat, nicht verantwortlich sind*“, bestätigt in EuGH, Beschl. v. 13.11.2000, Rs. C-317/00, Slg. Bd. I, 2000, 9541, Rn. 59.

901 *Jarass*, in: Charta der Grundrechte der Europäischen Union, 4. Aufl. 2021, Art. 16 Rn. 12.

902 *Jarass*, in: Charta der Grundrechte der Europäischen Union, 4. Aufl. 2021, Art. 49 Rn. 3.

903 *Jarass*, in: Charta der Grundrechte der Europäischen Union, 4. Aufl. 2021, Art. 49 Rn. 4.

904 *Jarass*, in: Charta der Grundrechte der Europäischen Union, 4. Aufl. 2021, Art. 49 Rn. 7; EuG, v. 08.10.2008, Rs. T-69/04, Slg. Bd. II, 2008, 2567, Rn. 2.

905 *Jarass*, in: Charta der Grundrechte der Europäischen Union, 4. Aufl. 2021, Art. 49 Rn. 7.

bb. Verfassungsrechtlicher Prüfungsmaßstab – Schranken (abstrakt)

Der Verhältnismäßigkeitsgrundsatz begrenzt – unabhängig von einem konkreten Grundrechtseingriff – als Ausfluss des Rechtsstaatsprinzips jede hoheitliche Maßnahme, um so das Übermaßverbot jeden staatlichen Handelns zu garantieren.[906] Dies gilt insbesondere für Grundrechtseingriffe.

Eingriffe in Rechtsgüter müssen sich gleichermaßen am Grundsatz der Verhältnismäßigkeit messen lassen und einem legitimen Zweck in geeigneter, erforderlicher und angemessener Weise dienen. Insofern besteht über die dogmatische Struktur des Verhältnismäßigkeitsprinzips Einigkeit.[907]

Mit Blick auf die Eingriffe in die Grundrechte-Charta der Europäischen Union ergibt sich kein anderer Maßstab. Die Prüfung der Verhältnismäßigkeit erfolgt in der Rechtsprechung des EuGH im Ergebnis, wenn auch mit Abstrichen, anhand der Überprüfung eines verfolgten legitimen Zweckes, welcher durch ein geeignetes, erforderliches und angemessenes Mittel anzustreben ist.[908]

Ob eine Repression als Strafe im engeren Sinne oder als ordnungswidrigkeitenrechtliche Geldbuße ausgestaltet ist, wirkt sich auf die hier vorgenommene Betrachtung der Anforderungen, die an eine verfassungsrechtliche Rechtfertigung eines Grundrechtseingriffs durch eine bestimmte Sanktion zu stellen sind, nicht aus. Dem Erfordernis einer verfassungsrechtlichen Rechtfertigung dem Grunde nach müssen jedoch Grundrechtseingriffe aufgrund strafrechtlicher Normen ebenso genügen, wie solche nach ordnungswidrigkeitenrechtlichen Vorschriften. Unterschiede ergeben sich aber hinsichtlich der Gemeinwohlinteressen, die durch die Sanktion verfolgbar wären (so kommt etwa der Schuldausgleich als Sanktionszweck im Ordnungswidrigkeitenrecht nicht in Betracht).[909]

---

906 Vgl. Maunz/Dürig/*Grzeszick*, Stand: 92. EL 2020, Art. 20 VII. Rn. 107.

907 Vgl. BVerfG, 15.12.1983 v. 15.12.1983, Rs. 1 BvR 209 u.a., BVerfGE 65, 1, 54; BVerfG, Beschl. v. 08.10.1985, Rs. 1 BvL 17, 19/83, BVerfGE 70, 278, 286; BVerfG, Beschl. v. 26.04.1995, Rs. 1 BvL 19/94, 1 BvR 1454/94, BVerfGE 92, 262, 273; Maunz/Dürig/*Grzeszick*, Stand: 92. EL 2020, Art. 20 VII. Rn. 110.

908 Vgl. *Jarass*, in: Charta der Grundrechte der Europäischen Union, 4. Aufl. 2021, Art. 52 Rn. 34 ff. m.w.N.

909 Vgl. *Lagodny*, Strafrecht vor den Schranken der Grundrechte, 1996, S. 288.

Auch Art. 49 GRC stellt an Sanktionen in Verwaltungsverfahren zwar geringere Anforderungen als in Strafverfahren.[910]; der Grundsatz der Verhältnismäßigkeit gilt jedoch gleichermaßen.[911]

cc. Legitimer Zweck – Sanktionszwecke als Gemeinwohlinteressen

Der mit dem Ausspruch eines Sanktionsübels verfolgte legitime Zweck bzw. die verfolgten Gemeinwohlinteressen sind im Einzelnen streitig. Zunächst kommen die Strafzwecke, welche zumindest auch der Sanktionsnorm selbst zugrunde liegen können, infrage.[912]

Ohne die Frage zulässiger Strafzwecke im Einzelnen aufzutun, sind dies die positive und negative Generalprävention, die Spezialprävention und der Zweck des Schuldausgleichs,[913] wobei insbesondere die Zwecke der Generalprävention und des Schuldausgleichs in ihrer verfassungsrechtlichen Rechtfertigung immer wieder angezweifelt werden. Das BVerfG hat sich hierzu nicht festgelegt, scheint jedoch keinen der benannten Zwecke evident abzulehnen.[914] Mit Ausnahme des

---

910 *Jarass*, in: Charta der Grundrechte der Europäischen Union, 4. Aufl. 2021, Art. 49 Rn. 7; EuG, Urt. v. 08.07.2008, Rs. T-99/04, Slg. Bd. II, 2008, 1501, Rn. 113.

911 Vgl. EuGH, Urt. v. 12.07.2001, Rs. C-262/99, Slg. Bd. 1, 2001, 5547, Rn. 67, 71; EuGH, Urt. v. 15.10.2002, Rs. C-238/99 u.a., Slg. Bd. 1, 2002, 8375, Rn. 609 ff.; EuG, Urt. v. 15.03.2006, Rs. T-15/02, Slg. Bd. II, 2006, 497, Rn. 170.

912 Vgl. zu den Strafzwecken der Sanktionsnorm im Verhältnis zu denen der Verhaltensnorm *Lagodny*, Strafrecht vor den Schranken der Grundrechte, 1996, S. 290 mit Hinweis auf die Ansicht, dass der Rechtsgüterschutz die Verhaltensnorm legitimiere, während die Strafzwecke erst die Sanktionsnorm legitimieren würden. Siehe dazu *Frisch*, Vorsatz und Risiko: Grundfragen des tatbestandsmäßigen Verhaltens und des Vorsatzes, zugleich ein Beitrag zur Behandlung außertatbestandlicher Möglichkeitsvorstellungen, 1983, S. 118 ff.; *Tiedemann*, NJW 1993, 23, 26 f.; sowie mit Bezug auf die Verhaltensnorm allein *ders.*, in: Arzt/Fezer/Weber u.a. (Hrsg.), Festschrift für Jürgen Baumann zum 70. Geburtstag, 1992, S. 7, 11 f.; vgl. mit einer einheitlichen Betrachtung der Rechtfertigung von Sanktionsnorm und Sanktion selbst, *Schmidt*, Grundrechte als verfassungsunmittelbare Strafbefreiungsgründe, 2008, 105 ff.

913 Vgl. *Streng*, Strafrechtliche Sanktionen, 3. Aufl. 2012, S. 10 ff.; *Lagodny*, Strafrecht vor den Schranken der Grundrechte, 1996, S. 290 sowie *Kaspar*, Verhältnismäßigkeit und Grundrechtsschutz im Präventionsstrafrecht, 2014, S. 631 ff. jeweils m.w.N.

914 Vgl. BVerfG, Urt. v. 21.06.1977, Rs. 1 BvL 14/76, BVerfGE 45, 187, 253 f.; *Kaspar*, Verhältnismäßigkeit und Grundrechtsschutz im Präventionsstrafrecht, 2014, S. 699 ff.

Schuldausgleiches sind die vorgenannten Sanktionszwecke auch alle auf Repressionen des Ordnungswidrigkeitenrechts zu übertragen.[915]

Während *Kaspar* überzeugend darlegt, dass das Sanktionsübel als entscheidender Grundrechtseingriff eigene, vor allem generalpräventive Strafzwecke verfolgt,[916] macht *Appel* geltend, das Sanktionsübel selbst – die sog. Sekundärsanktion – erschöpfe ihren Zweck in der Rehabilitation der infrage gestellten Verhaltensnorm sowie des damit verbundenen symbolischen Ausgleichs des durch einen Rechtsbruch erlangten Freiheitsvorteils.[917] Die Unterscheidung *Appels* scheint eine rein begriffliche zu sein. Denn wenn Zweck des Strafübels ist, die Zwecke der verletzten Verhaltensnorm zu rehabilitieren, so partizipiert das Strafübel zwangsläufig auch an der Verwirklichung der durch die Verhaltensnorm angestrebten präventiven Zwecke.

Dies scheint *Appel* auch selbst zuzugestehen, wenn er schreibt: „*Die auch mit der Sekundärsanktion untrennbar verbundenen general- und spezialpräventiven Zwecke müssen von vornherein auf jene begrenzt sein, die einen Bezug zur Normverletzung und zur Rehabilitierung der Norm aufweisen.*“[918] Letztendlich geht es ihm wohl um die schlichte Aussage, dass der mit einem Strafübel verfolgte legitime Zweck sich nicht an beliebigen präventiven Zwecken ausrichten dürfe, sondern sich an den Zwecken der zuvor verletzten Verhaltensnorm zu orientieren habe.[919] Dies steht nicht im Widerspruch zu der Ansicht *Kaspars*, soweit dieser der Sekundärsanktion generalpräventive Zwecke zuordnet, ist damit nämlich nicht erklärt, in welche Richtung diese wirken. *Appel* formuliert insofern keine von *Kaspar* abweichende Zwecksetzung der Sekundärsanktion, sondern ergänzt diese inhaltlich, indem er deren Schutzrichtung ausformuliert und präziser erfasst.

Denn wenn sich das Strafübel als Sekundärsanktion streng an der Rehabilitation der verletzten Verhaltensnorm orientiert, so weitet sich der Zweck der Sekundärsanktion denklogisch auf den mit der Verhaltensnorm verknüpften Rechtsgüterschutz aus. Den Präventionszwecken der Sekundärsanktion wird so eine Stoßrichtung zugeordnet. So formulierte *Lagodny* etwa bereits mit Blick

---

915 Vgl. *Lagodny*, Strafrecht vor den Schranken der Grundrechte, 1996, S. 288.

916 Vgl. *Kaspar*, Verhältnismäßigkeit und Grundrechtsschutz im Präventionsstrafrecht, 2014, S. 631 ff., insb. S. 703 ff.

917 Vgl. *Appel*, Verfassung und Strafe, 1998, S. 591.

918 *Ders.*, Verfassung und Strafe, 1998, S. 592.

919 Vgl. *ders.*, Verfassung und Strafe, 1998, S. 527.

auf das Verhältnis von Verhaltens- und Sanktionsnorm: „*Der zu untersuchende Strafzweck und dazu eingesetzte Mittel, müssen geeignet, erforderlich und im engeren Sinne verhältnismäßig sein, um ein Mittel zum Schutz gerade des Rechtsguts (oder des „Gemeinwohlinteresses") im grundrechtlichen Sinne zu sein, das die Verhaltensvorschrift legitimiert.*"[920]

Letztendlich würde eine logische Aufspaltung von Sanktion und deren Anlass keinen Sinn machen, wenn sie in der Wahrnehmung der Bevölkerung doch stets wieder in einen Zusammenhang gerückt würden. Die öffentliche Wahrnehmung sorgt dafür, dass Repressionen stets im Verhältnis zu dem gemachten Vorwurf der Sanktionsnorm und der Verletzung der Verhaltensnorm beurteilt werden. Die Sekundärsanktion dient somit zwangsläufig, ob man dies dogmatisch möchte oder nicht, der Bestätigung der verletzten Verhaltensnorm und somit dem Rechtsgüterschutz und erfüllt zugleich general- und spezialpräventive Strafzwecke. Der Mehrwert des Ansatzes *Appels* liegt sodann nicht in der generellen Bestimmung der abstrakten Zwecke von Primär- und Sekundärsanktion, sondern in deren Konkretisierung, die eine normorientierte Verhältnismäßigkeitsprüfung ermöglicht.

Auf die Frage, in welchem Verhältnis diese verfolgten Gemeinwohlinteressen bei Verhängung einer strafrechtlichen Sanktion – abstrakt untersucht – stehen sollten, kommt es hier nicht an. Wichtig ist nur, dass der Gesetzgeber im Rahmen seines Spielraums nicht gehindert ist, verschiedene Zwecke zu verfolgen. Inwiefern er dies tut, wird anhand entsprechender Sanktionen im Einzelfall zu betrachten sein.

dd. Geeignetheit

Das angewandte staatliche Mittel muss zur Verfolgung eines bestimmten Zweckes geeignet sein. Hierzu genügt, dass das Mittel die Wahrscheinlichkeit erhöht, dass der angestrebte Erfolg zumindest teilweise eintritt bzw., dass mithilfe des Mittels der gewünschte Erfolg gefördert werden kann.[921]

---

920 Vgl. *Lagodny*, Strafrecht vor den Schranken der Grundrechte, 1996, S. 291; siehe auch *Günther*, Strafrechtswidrigkeit und Strafunrechtsausschluss, 1983, S. 186 f.

921 Vgl. BVerfG, Urt. v. 22.05.1963, Rs. 1 BvR 78/56, BVerfGE 16, 147, 183; BVerfG, Beschl. v. 16.03.1971, Rs. 1 BvR 52, 665, 667, 754/66, BVerfGE 30, 292, 316; BVerfG, Beschl. v. 10.05.1972, Rs. 1 BvR 286, 293, 295/65 33, 171, 187; BVerfG, Beschl. v. 10.04.1997, Rs. 2 BvL 45/92, BVerfGE 96, 10, 23 ff.; Maunz/Dürig/*Grzeszick*, Stand: 92. EL 2020, Art. 20 VII. Rn. 112.

Die Geeignetheit eines angeordneten Strafübels lässt sich ebenso wie der legitime Zweck nicht abstrakt bestimmen. *Lagodny* betonte in Bezug auf die Verhältnismäßigkeit der Sanktionsnorm (aus gesetzgeberischer Perspektive), dass nicht nach abstrakter Geeignetheit zu fragen sei, sondern nach einer konkret rechtsgutsbezogenen Geeignetheit, „*mithin nach sektoraler Geeignetheit. [...] Es kommt mit anderen Worten nicht auf eine generelle Erreichbarkeit von Abschreckung oder Spezialprävention durch das Strafrecht an, sondern auf eine konkret rechtsgutsbezogene*".[922]

Diese rechtsgutsbezogene Geeignetheitsprüfung ergibt sich gleichermaßen für das Strafübel, welches unweigerlich der Feststellung der Verantwortlichkeit des Sanktionssubjekts sowie der – im Hinblick auf § 30 OWiG mittelbar – verletzten Verhaltensnorm verbunden ist.

Auf den ersten Blick erscheint die Geeignetheit als dogmatisch richtiger Anknüpfungspunkt, zur Verortung des Einwandes, dass kriminalpolitische Sanktionszwecke mit einem Strafübel von vornherein nicht erreichbar seien, soweit mit dem Strafausspruch auch *ipso iure* die Weiterverlagerung der Sekundärsanktion ausgelöst wird.

Allerdings gilt es den Maßstab zu beachten, welcher an die Geeignetheitsprüfung zu stellen ist. Der Richter bzw. die jeweiligen Verwaltungsbehörden orientieren sich bei ihrer Sanktionsverhängung an dem durch den Gesetzgeber vorgegebenen Strafmaß. Bezüglich dieses Strafmaßes kommt dem Gesetzgeber eine erhebliche Einschätzungsprärogative zu.[923]

Bestünden aus Sicht des Gesetzesanwenders hinsichtlich einer anvisierten Sanktion vor diesem Hintergrund dennoch überhaupt keine Zwecke, die mit dem Mittel der Sanktion zu verfolgen wären, so sei dies durch den Rechtsanwender schon an früherer Stelle – vor Sanktionsverhängung – zu berücksichtigen.[924]

Auch bei Betrachtung von Sanktionsübeln, die *ipso iure* im Zeitpunkt ihrer Verhängung von dem Sanktionsadressaten wegverlagert werden, ist eine **gänzliche** Ungeeignetheit zur Förderung von Sanktionszwecken nicht anzunehmen.

Ein Unternehmen, welches sich einer Sanktion über einen Anspruch aus § 93 Abs. 2 AktG gegen ein Vorstandsmitglied faktisch entledigt, hätte im Vorfeld dennoch verschiedene Übel der Sanktion getragen; etwa den Reputationsschaden, der mit einer möglichen Veröffentlichung der Sanktion verbunden wäre,

922 *Lagodny*, Strafrecht vor den Schranken der Grundrechte, 1996, S. 292.
923 Vgl. BVerfG, Beschl. v. 13.02.1973, Rs. 2 BvL 8/71, BVerfGE 34, 261, 266.
924 Vgl. *Kaspar*, Verhältnismäßigkeit und Grundrechtsschutz im Präventionsstrafrecht, 2014, S. 825.

sowie die finanzielle Lastentragung bis zur Erstattung durch das Vorstandsmitglied und dessen Insolvenzrisiko bis zu diesem Zeitpunkt. Auch ein mit Sanktionsverhängung *ipso iure* vollständig weiterverlagertes Sanktionsübel verliert also seine Wirkung gegenüber dem Sanktionsadressaten bei praxisnaher Betrachtung nie vollständig und wird nicht offensichtlich ungeeignet zur Erreichung der *Strafzwecke* im weiteren Sinne. Dies begründet sich daraus, dass auch im Falle einer Weiterverlagerung des Sanktionsübels (Sekundärsanktion), die Feststellung von Verantwortlichkeit (Primärsanktion) weiterhin den ursprünglichen Adressaten betrifft.

So erklärt sich die These, dass – wenn es um die einzelfallbezogene Anwendung und nicht um den Erlass von Gesetzen gehe – die Erforderlichkeit und Angemessenheit im engeren Sinne die Verhältnismäßigkeitsprüfung dominieren würden.[925] *Streng* spricht insofern von der *„bescheidene[n] Rolle“*, die die Geeignetheitsmaxime in der Rechtsanwendung einnehme.[926]

ee. Erforderlichkeit

Die Erforderlichkeit bestimmt den Grundsatz, dass der legitime Zweck durch den Staat bei der Wahl zwischen zwei gleichwertigen Mitteln zur Zweckerreichung stets das die geschützte Rechtsposition am wenigsten beeinträchtigende, mildeste Mittel zu wählen habe.[927] Soweit ein milderes Mittel in Betracht kommt, gilt es zu beachten, dass dieses zur Zweckerreichung auch ebenso geeignet sein muss, wie die überprüfte eingriffsintensivere Maßnahme.[928] Wenn man, wie hier notwendig, nur die Erforderlichkeit der Strafrechtsanwendung, nicht die der Strafnorm selbst, in Betracht nimmt, wird sich für die Zwecke dieser Arbeit wenig gewinnen lassen. Die Erforderlichkeit einer Sanktionierung muss zwangsläufig eng mit den Tatbestandsvoraussetzungen jeder angewendeten Norm zusammenhängen, denn diesen liegt die gesetzgeberische Wertung zugrunde,

---

925 So Maunz/Dürig/*Grzeszick*, Stand: 92. EL 2020, Art. 20 VII. Rn. 123 mit Verweis auf BVerfG, Beschl. v. 14.12.2001, Rs. 2 BvR 1565/94 u.a., NVwZ 2002, 1499, 1500 f.; BVerfG, Beschl. v. 29.02.2000, Rs. 2 BvR 347/00, DVBl. 2000, 695, 696; BVerwGE, Beschl. v. 01.10.1997, Rs. 1 WB 15.97, BVerwGE 113, 148, 149 f.

926 *Streng*, Strafrechtliche Sanktionen, 3. Aufl. 2012, S. 186; vgl. auch *Schmidt*, Grundrechte als verfassungsunmittelbare Strafbefreiungsgründe, 2008, S. 111.

927 Vgl. Maunz/Dürig/*Grzeszick*, Stand: 92. EL 2020, Art. 20 VII. Rn. 113 ff.; *Schmidt*, Grundrechte als verfassungsunmittelbare Strafbefreiungsgründe, 2008, S. 112.

928 Vgl. *Schmidt*, Grundrechte als verfassungsunmittelbare Strafbefreiungsgründe, 2008, S. 112.

dass bei Vorliegen der Tatbestandsvoraussetzungen auch die Anwendung der Norm erforderlich ist. Insofern kommt bereits dem Gesetzgeber eine weite Einschätzungsprärogative zu.[929]

Wendet eine Behörde oder ein Gericht eine Norm bei Vorliegen ihrer Tatbestandsvoraussetzungen an, so kommt ein Abstreiten der Erforderlichkeit dieser Anwendung – selbst soweit der angewendete Tatbestand Ermessen einräumt, höchstens in kaum vorstellbaren Fällen ganz evident unrechter Vorschriften in Betracht. Im Zusammenhang mit der Höchstpersönlichkeit der Sanktionen wirkt sich die Erforderlichkeit als Schranke der Sanktionsverhängung als Grundrechtseingriff nicht aus.

ff. Angemessenheit bzw. Verhältnismäßigkeit im engeren Sinne

So verbleibt schließlich nur die Angemessenheit bzw. die Verhältnismäßigkeit im engeren Sinne zur Verortung einer Höchstpersönlichkeit von Strafe. Das Prinzip besagt, dass eine staatliche Maßnahme nicht außer Verhältnis zum Zweck bzw. Ziel der Maßnahme stehen dürfe.[930] Die Grundrechtsverletzung müsse in einem angemessenen Verhältnis zu dem Gewicht und zur Bedeutung des Grundrechts stehen.[931] Welche Belange in eine solche Verhältnismäßigkeitsprüfung einzubeziehen sind, ist abstrakt schwer zu umgrenzen. Das BVerfG hält eine wertende verfassungsrechtliche Entscheidung im jeweiligen Einzelfall für erforderlich, ohne im Übrigen allgemeingültige Grundsätze zu bestimmen.[932]

Das Maß der den Einzelnen treffenden Belastung müsse in einem vernünftigen Verhältnis zu den der Allgemeinheit erwachsenden Vorteilen stehen.[933]

Fraglich ist in diesem Zusammenhang, ob bei der Beurteilung der Folgewirkungen eines Grundrechtseingriffs über die betroffenen Rechte des Eingriffsadressaten auch in einer übergeordneten Ansicht die berührten Belange Dritter einzubeziehen sind. *Appel* stellt mit Blick auf Sanktionen als Grundrechtseingriffe in zustimmungswürdiger Weise fest:

929 Vgl. nur BVerfG, Beschl. v. 09.03.1994, Rs. 2 BvL 43, BVerfGE 90, 145, 173; BVerfG, Urt. v. 30.03.2004, Rs. 2 BvR 1520/01 u.a., BVerfGE 110, 226, 262.

930 Vgl. Maunz/Dürig/*Grzeszick*, Stand: 92. EL 2020, Art. 20 VII. Rn. 117 ff.

931 Vgl. BVerfG, Beschl. v. 16.03.1971, Rs. 1 BvR 52, 665, 667, 754/66, BVerfGE 30, 292, 316 f.; BVerfG, Beschl. v. 20.06.1984, Rs. 1 BvR 1494/78, BVerfGE 67, 157, 173 = NJW 1985, 121; Hofmann/Henneke-GG/*Hofmann*, 14. Aufl. 2018, Art. 20 Rn. 73.

932 BVerfG, Beschl. v. 15.05.1995, Rs. 2 BvL 19/91 u.a., BVerfGE 92, 277, 327; Hofmann/Henneke-GG/*Hofmann*, 14. Aufl. 2018, Art. 20 Rn. 73.

933 Vgl. Hofmann/Henneke-GG/*Hofmann*, 14. Aufl. 2018, Art. 20 Rn. 73.

> *„Nur im Falle einer Makro-Perspektive ist es möglich, die Auswirkungen und gesellschaftlichen ‚Kosten' eines Normverstoßes für die Freiheitrechte – normkonform sich verhaltender – Dritter und die Allgemeinheit zu konkretisieren. Können diese Folgewirkungen nicht mit Blick auf den Einzelfall und den einzelnen Straftäter, sondern allein in größeren Zusammenhängen bestimmt werden, kann auch die Verhältnismäßigkeit von Sekundärsanktionen nicht nur an den Folgen für einzelne Straftäter gemessen werden, sondern bedarf einer Gesamtbetrachtung"*[934]

Dieser Wertung ist bereits in Anbetracht des durch das BVerfG vorgegebenen Maßstabs, die Belastung, die den Einzelnen treffen, in ein vernünftiges Verhältnis zu den Vorteilen, die der Allgemeinheit erwachsen, setzen zu müssen, denklogisch beizupflichten: Denn jeder durch einen Eingriff betroffene Dritte ist Teil der Allgemeinheit, deren *Vorteile* aus dem jeweiligen Grundrechtseingriff zu berücksichtigen sind.

Vor dem Hintergrund dieses – wenn auch zweifelsohne nicht sehr bestimmten – Maßstabs ist die Angemessenheit einer Verbandsgeldbuße zu beurteilen, infolge welcher ein Organinnenregressanspruch entsteht.

Zu diesem Zweck ist zunächst an den grundlegenden Unterschied dieser Situation zu Fällen der freiwilligen nachträglichen Erstattung von Geldbußen zu erinnern.[935] Die nachträgliche Erstattung von Geldbußen oder Geldstrafen an den Sanktionsadressaten durch Dritte lässt nicht an der Angemessenheit der ursprünglich ausgesprochenen Sanktion zweifeln. Eine verhältnismäßige finanzielle Sanktion wird nicht dadurch unverhältnismäßig, dass sie später – **ohne, dass eine gesetzliche Pflicht diesbezüglich bestünde** – durch einen Dritten übernommen wird. Denn hier hat der Staat seine Pflicht gewahrt, ein Strafübel angemessen – also verhältnismäßig im engeren Sinne – zuzuordnen.

Der Anspruch nach § 93 Abs. 2 AktG gegen ein Organmitglied eines Unternehmens entsteht, inklusive der grundsätzlichen Durchsetzungspflicht bezüglich des Anspruchs,[936] jedoch **unmittelbar** in der juristischen Sekunde der Sanktionsverhängung, **durch** die Sanktionsverhängung selbst. Der Organinnenregress unterscheidet sich dann von der nachträglichen freiwilligen Übernahme von Sanktionen durch Dritte dadurch, dass *ipso iure* mit Verhängung des Sanktionsübels dieses zugleich von dem zugrunde liegenden Vorwurf gegen den Sanktionsadressaten[937] getrennt und von Rechts wegen einem Dritten zugeordnet

934 *Appel*, Verfassung und Strafe, 1998, S. 592.
935 Vgl. S. 169 ff.
936 Vgl. S. 120 f.
937 Vgl. S. 37 ff.

wird. Dann kommt es schaubildlich dargestellt zu der folgenden rechtlichen Situation:

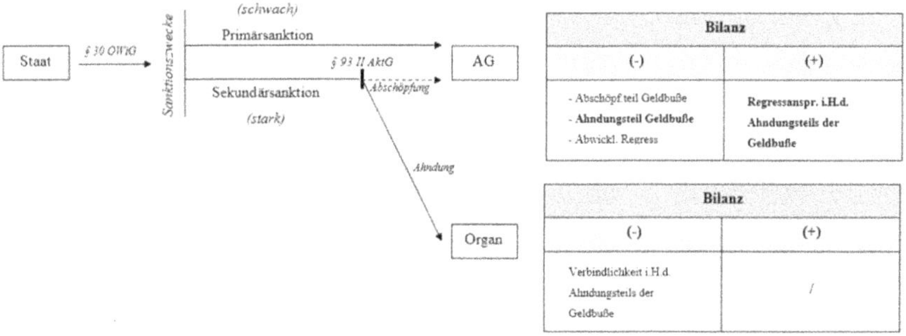

Wie man sehen kann, würden die Sanktionszwecke der ausgesprochenen Verbandsgeldbuße mit Ausnahme der Ausgleichsfunktion des Abschöpfungsanteils der Geldbuße leerlaufen. Dogmatisch betrachtet würde der Sanktionsadressat einen Erstattungsanspruch in voller Höhe des Ahnungsanteils zeitgleich mit der Ahndung selbst vonseiten des Staates „geschenkt" bekommen. Er wäre dann nur noch durch die mittelbar erwachsenden Abwicklungskosten dieses Anspruchs belastet.

Darauf, dass der Anspruch faktisch oftmals nicht erfüllt werden wird,[938] kommt es an dieser Stelle nicht an. Der rechtliche Anspruch erwächst zunächst in voller Höhe. Bei der abstrakten Beurteilung der rechtlichen Systematik ist dann auch ein zahlungsfähiges Regressziel zu unterstellen.

Für eine Verbandsgeldbuße, die einen Organinnenregressanspruch begründet, würde dann gelten:

- Der mit dem Ahnungsanteil der Geldbuße verfolgte Zweck wird dogmatisch betrachtet nicht mehr erreicht (mit Ausnahme der zur Abwicklung des Anspruchs notwendigen Abwicklungskosten, welche fortwirken).
- Der Allgemeinheit entstehen dahin gehend Vorteile, dass ein zu Unrecht erhaltener Vorteil im Rahmen des Abschöpfungsanteils der Geldbuße beim Unternehmen neutralisiert wird. Ihr entstehen jedoch in Abzug zu bringende Nachteile, wenn die Sanktion zugleich einen Dritten als Teil der Allgemeinheit in einer unverhältnismäßigen Weise belastet. Die Unverhältnismäßigkeit ergibt sich bei systematischer Betrachtung daraus, dass die Bußgeldbemessung

938 Vgl. S. 162.

im Ordnungswidrigkeitenrecht speziell auf Verbände ausgerichtet ist[939] und die parallel für natürliche Personen zu bemessende Sanktion, soweit sie finanzieller Art ist, in systematisch angelegter Regelmäßigkeit bei Weitem übertrifft.[940] Der natürlichen Person neben dem Risiko eigener Sanktionierung auch noch den Ahndungsteil der in gleichem Sachzusammenhang ergehenden Verbandsgeldbuße rechtlich zuzuordnen, erscheint bei Wertung dieser Aspekte unverhältnismäßig.

Die Unangemessenheit einer Verbandssanktion, die einen Organinnenregress ermöglicht, folgt bereits aus der mangelnden Erreichung der Sanktionszwecke allein. Der Staat darf keine Repression aussprechen, die ihren Zweck offenkundig weitestgehend verfehlt. Möchte man die unverhältnismäßige Belastung eines Dritten, wie es hier für richtig befunden wird, in die Betrachtung mit einbeziehen, verstärkt dies lediglich die ohnehin zu treffende Wertung.

Der Staat muss unter Umständen **Zustände dulden** (freiwillige Erstattung von Geldbußen), die er selbst **nicht anordnen** darf (Ausfüllung eines gesellschaftsrechtlichen Regressanspruches über Verbandsgeldbußen).

Würde man der Einziehung nach § 29a OWiG entgegen der herrschenden Ansicht[941] – aber wie in dieser Arbeit vertreten – Sanktionscharakter (oder sanktionsähnlichen Charakter) zusprechen und dann konsequenterweise Teilbeträge der Einziehung als *zunächst* ersatzfähigen Schaden i.S.v. § 93 Abs. 2 AktG einordnen,[942] wären die hier, mit Blick auf § 30 OWiG entwickelten Grundsätzen, konsequenterweise auch auf die Einziehung nach § 29a OWiG zu übertragen.

gg. Zwischenergebnis

Aus den oben dargestellten Abwägungen lassen sich die folgenden Schlüsse ziehen:

Das Prinzip der Höchstpersönlichkeit von Sanktionen im weiteren Sinne ergibt sich aus der Verbindung zwischen dem Vorwurf, welcher jeder staatlichen Sanktion zugrunde liegen muss,[943] als sog. Primärsanktion einerseits und dem daran anknüpfenden Sanktionsübel als sog. Sekundärsanktion andererseits.[944]

---

939 Vgl. S. 121 ff.
940 Vgl. nur S. 45 ff.; 90 ff.; 96 ff.
941 Vgl. S. 75 ff.
942 Vgl. S. 116 ff.
943 Vgl. S. 37 ff.
944 Vgl. S. 186 ff.

Eine staatliche Sanktion stellt einen Grundrechtseingriff dar. Dieser ist nicht verhältnismäßig im engeren Sinne, wenn die Adressatenbindung, welche sich aus der Primärsanktion ergibt, vereitelt wird, indem *ipso iure* mit Sanktionsverhängung das Übel der Sekundärsanktion faktisch nicht auch den Adressaten der Primärsanktion trifft.

In diesem Zusammenhang existiert eine Adressatenbindung von Sanktionen, die hinsichtlich des Organinnenregresses über Verbandsgeldbußen im klaren Widerspruch zu einer *ipso iure* eintretenden **Umleitung auch nur des Ahndungsteils** einer Verbandsgeldbuße als **maßgebliches** Sanktionsübel steht. Maßgebliches Sanktionsübel ist die Geldbuße als Sekundärsanktion deshalb, weil im Ordnungswidrigkeitenrecht die Primärsanktion in Form eines Vorwurfs gegen den Sanktionsadressaten wertneutral und schwach ist. Den Sanktionszwecken wird im Ordnungswidrigkeitenrecht gerade über die Vollstreckung des Sanktionsübels gedient.[945] Dies gilt auch bezüglich § 30 OWiG.[946]

Soweit das Prinzip der Höchstpersönlichkeit von Strafe einer Umleitung von Sanktionen entgegensteht, sind dem zuwiderlaufende Vorschriften verfassungskonform auszulegen und gegebenenfalls teleologisch zu reduzieren.

Fraglich ist dann, ob das Zivilrecht Einfallstore für eine derartige Auslegung bietet. Ist dies nicht der Fall, so wäre eine Rechtsanwendung des § 30 OWiG in den Fällen, in welchen ein Organinnenregress über Verbandsgeldbußen ausgelöst wird bzw. aus Sicht des Rechtsanwenders ausgelöst „*werden kann*", mit Blick auf das im Ordnungswidrigkeitenrecht vorherrschende Opportunitätsprinzip versperrt (§ 47 Abs. 1 OWiG). Der an die Grundrechte gebundene staatliche Rechtsanwender darf keine verfassungswidrigen Sanktionen aussprechen. Dies gilt insbesondere, wenn ihm – wie es im Ordnungswidrigkeitenrecht der Fall ist – eine Wahl diesbezüglich gelassen wird.

Untersucht man das Zivilrecht auf Ansatzpunkte für eine Lösung, die den Staat nicht eines maßgeblichen Sanktionsinstruments berauben würde, so muss diese Untersuchung ihren Ausgangspunkt in einer Betrachtung des Grundsatzes der Totalreparation finden.

---

945 Vgl. S. 188.
946 Vgl. S. 187 f.

II. Der Grundsatz der Totalreparation

Gemäß § 249 Abs. 1 BGB gilt: „*Wer zum Schadensersatz verpflichtet ist, hat den Zustand herzustellen, der bestehen würde, wenn der zum Ersatz verpflichtende Umstand nie eingetreten wäre.*“

§ 249 Abs. 1 BGB gilt als allgemeine Norm des Schadensrechts, soweit keine Sonderbestimmungen bestehen, für alle privatrechtlichen Schadensersatzverpflichtungen;[947] auch § 93 Abs. 2 AktG.[948]

a. Grundsatz der Totalreparation

Anhand dieser Vorschrift werden zwei Grundsätze des Schadensrechts verortet, welche trotz häufig synonymer Verwendung voneinander zu trennen sind. Gemeint sind der Grundsatz der Totalreparation und das Prinzip der zivilrechtlichen Differenzhypothese.

Ersterer bestimmt den **Umfang** des zu ersetzenden Schadens derart, dass der Schädiger dem Geschädigten stets den gesamten entstandenen Schaden zu ersetzen habe, ohne dass die haftungsbegründenden Umstände bei der Bemessung des Ersatzumfangs berücksichtigt würden.[949]

Anhand des zweiten Prinzips erfolgt die **Berechnung** des zu ersetzenden Schadens. Die Differenzhypothese besagt, dass der zu ersetzende Schaden durch einen Vergleich des tatsächlich bestehenden Zustandes mit dem hypothetischen Zustand, der ohne Eintritt des schädigenden Ereignisses bestünde, zu ermitteln ist.[950] Hieraus ergibt sich, die nach dem Wortlaut äußerste Begrenzung der Ersatzpflicht auf solche Schäden, die ohne das schädigende Ereignis nicht eingetreten wären – die schädigende Handlung muss als *condicio sine qua non* für den Schaden äquivalent kausal sein.[951]

---

947 Vgl. Soergel/*Ekkenga/Kuntz,* 13. Aufl. 2014, Vor § 249 Rn. 2; Jauernig-BGB/*Teichmann,* 18. Aufl. 2021, Vorb. zu den §§ 249-253 Rn. 1.

948 Vgl. OLG Düsseldorf, Urt. v. 28.11.1996, Rs. 6 U 11/95, AG 1997, 231, 237; *Koch*, in: Hüffer/Koch (Hrsg.), Aktiengesetz, 15. Aufl. 2021, § 93 Rn. 47; K.Schmidt/Lutter-AktG/*Sailer-Coceani,* 4. Aufl. 2020, § 93 Rn. 36.

949 *Bartelt*, Beschränkung des Schadensersatzumfangs durch das Übermaßverbot?, 2004, S. 1.

950 Vgl. *Honsell/Harrer*, JuS 1991, 441, 442; *Bartelt*, Beschränkung des Schadensersatzumfangs durch das Übermaßverbot?, 2004, S. 29.

951 Vgl. *Bartelt*, Beschränkung des Schadensersatzumfangs durch das Übermaßverbot?, 2004, S. 29. Zur äquivalenten Kausalität als äußerste Grenze der Schadensersatzpflicht vgl. BGH, Urt. v. 11.05.1951, Rs. I ZR 106/50, BGHZ 2, 139, 140 f.; *Bartelt*,

i. Inkorporation des Prinzips der Totalreparation in das BGB

Historisch lässt sich § 249 Abs. 1 BGB auf § 14 des Teilentwurfs zum Obligationenrecht (TE-OR) Nr. 15 von *von Kübel* zurückführen, welcher in Abs. 1 Folgendes vorsah: „*Die Erstattung des in Folge unerlaubten Verhaltens von dem Beschädiger verursachten Vermögensschadens umfaßt sowohl die Vermögenseinbuße, welche der Beschädigte erlitten hat, als auch den ihm entgangenen Gewinn.*“[952]

Die Grundidee des § 14 Abs. 1 TE-OR, nämlich, dass unter einer Verpflichtung zum Schadensersatz stets die Verpflichtung zur Zahlung des ganzen Interesses zu verstehen sei, wurde durch keinen Antrag angegriffen.[953] § 14 Abs. 1 TE-OR mündete schließlich[954] in § 218 Abs. 1 BGB-E I – mit folgendem Wortlaut: „*Ist der Schadensersatz zu leisten, so umfaßt der zu ersetzende Schaden sowohl die erlittene Vermögenseinbuße als auch den entgangenen Gewinn.*“[955]

Auch ihm lag die Ersetzung des ganzen Interesses als Motiv zugrunde.[956] Besonders spannend ist jedoch ein anderes Argument, welches in diesem Zusammenhang angeführt wurde: „*Der Entwurf verwirft hiermit die […] aufgestellte Abstufung des Umfanges je nach Art oder dem Grade des Verschuldens. Die Heranziehung moralisierender oder strafrechtlicher Gesichtspunkte […] muss bei der Bestimmung der zivilrechtlichen Folgen unerlaubten, widerrechtlichen Verhaltens*

Beschränkung des Schadensersatzumfangs durch das Übermaßverbot?, 2004, S. 29 f.; *Lange/Schiemann*, Schadensersatz, 3. Aufl. 2003, S. 82 ff.

952 *Jakobs/Schubert*, Die Beratung des Bürgerlichen Gesetzbuchs, §§ 241-432, 1978, S. 81.

953 Vgl. *dies.*, Die Beratung des Bürgerlichen Gesetzbuchs, §§ 241-432, 1978, S. 93.

954 Vgl. zuvor §§ 158 Abs. 1 und Abs. 2 der Redaktionsvorlage für den Redaktionsausschuss der 1. Kommission *von Pape* (1881 ff.) in: *dies.*, Die Beratung des Bürgerlichen Gesetzbuchs, §§ 241-432, 1978, S. 93; §§ 158 Abs. 1 und Abs. 2 der Zusammenstellung der sachlich beschlossenen Bestimmungen des Obligationenrechts nach den Beschlüssen des Redaktionsausschusses der 1. Kommission (1882-1884) in: *dies.*, Die Beratung des Bürgerlichen Gesetzbuchs, §§ 241-432, 1978, S. 94; sowie §§ 218 f. des Entwurfs eines Bürgerlichen Gesetzbuchs in der Fassung der ersten Lesung der Redaktionskommission in: *Redaktionskommission BGB*, Entwurf eines bürgerlichen Gesetzbuches für das Deutsche Reich, Erste Lesung, 1888, S. 50; hierzu *Jakobs/Schubert*, Die Beratung des Bürgerlichen Gesetzbuchs, §§ 241-432, 1978, S. 93 ff.

955 *Redaktionskommission BGB*, Entwurf eines bürgerlichen Gesetzbuches für das Deutsche Reich, Erste Lesung, 1888, S. 50.

956 Motive zu dem Entwurfe eines Bürgerlichen Gesetzbuches für das Deutsche Reich, 1888, S. 17.

durchaus ferngehalten werden.“[957] Dies bedeutete die ausdrückliche Abkehr von dem bis zum Ende des 19. Jahrhunderts im Preußischen Allgemeinen Landrecht vorherrschenden Gradationssystem, das den Umfang des Schadensausgleichs vom Grad des Verschuldens abhängig machte, sodass der vorsätzlich handelnde Schädiger in größerem Umfang Schadensersatz zu leisten habe, als ein anderer, der dieselbe Verletzung durch leichte Fahrlässigkeit verursacht habe.[958]

Bis die Endfassung des § 249 Abs. 1 BGB – in welchem das Prinzip der Totalreparation schließlich verankert wurde – zum 01.01.1900 mit dem Bürgerlichen Gesetzbuch in Kraft trat, durchlief die Vorschrift im Rahmen verschiedener Beratungen – offensichtlich – noch diverse Veränderungen.[959] Der Gedanke der Totalreparation blieb jedoch unberührt, wobei der Vorschlag einer Einschränkung der Totalreparation unter Billigkeitsgesichtspunkten im Reichstag ausdrücklich abgelehnt wurde.[960] Mit Ausnahme der Mitverschuldensberücksichtigung des § 254 BGB sah das BGB somit keine Einschränkung des Grundsatzes der Totalreparation vor.[961]

Auch in den Diskussionen um den späteren § 823 BGB[962] wurde eine Bestimmung des Schadensersatzes durch richterliches Ermessen anhand der

---

957 Motive zu dem Entwurfe eines Bürgerlichen Gesetzbuches für das Deutsche Reich, 1888, S. 17 f. m.w.N. hinsichtlich des hiervon abweichenden preußischen Rechts (Hervorhebung durch den Bearbeiter).

958 *Wagner*, AcP 206 (2006), 352, 456 f.; *Ebert*, Pönale Elemente im deutschen Privatrecht, 2004, 112 ff.

959 Vgl. zu den Beratungen der Vorkommission des Reichsjustizamtes, der 2. Kommission, des Bundesrates sowie schließlich des Reichstages *Bartelt*, Beschränkung des Schadensersatzumfangs durch das Übermaßverbot?, 2004, S. 32 ff. m.w.N.

960 Vgl. *Jakobs/Schubert*, Die Beratung des Bürgerlichen Gesetzbuchs, §§ 241-432, 1978, S. 108; *Enneccerus/von Buchka/Bachem u. a.* (Hrsg.), Bericht der Reichstagskommission über den Entwurf eines Bürgerlichen Gesetzbuches und Einführungsgesetzes, 1896; 2000, S. 56 f.; *Bartelt*, Beschränkung des Schadensersatzumfangs durch das Übermaßverbot?, 2004, S. 35.

961 *Bartelt*, Beschränkung des Schadensersatzumfangs durch das Übermaßverbot?, 2004, S. 36; vgl. auch *Raiser*, JZ 1963, 462.

962 Zuvor § 704 in: *Redaktionskommission BGB*, Entwurf eines bürgerlichen Gesetzbuches für das Deutsche Reich, Erste Lesung, 1888 sowie § 746 in: *Rallow/Künkel/Eccius*, Beilageheft I: Entwurf eines Bürgerlichen Gesetzbuchs für das Deutsche Reich. Zweite Lesung. Nach den Beschlüssen der Redaktionskommission. I Buch. Allgemeiner Teil, 1892, S. 191.

Umstände des Einzelfalls sowie der Größe des Verschuldens vorgeschlagen und verworfen.[963]

Eine historische Untersuchung der Entstehung des Grundsatzes der Totalreparation weist demnach deutlich auf, dass dieser nach dem Willen seiner gesetzgeberischen Väter mit dem bewussten Ziel der unbeschränkten Anwendung ohne Rücksicht auf die äußeren Umstände konzipiert wurde.

ii. Systematische und teleologische Betrachtung des Prinzips der Totalreparation

Aus teleologischer Sicht dient der Grundsatz der Totalreparation zunächst dem Ziel, einen Ausgleich für den erlittenen Schaden zu verschaffen.[964]

Die gleichzeitige Förderung der speziellen Zwecksetzung des jeweiligen Haftungstatbestandes sei nach *Bartel* eine unbeabsichtigte Nebenfolge der Totalreparation.[965] Auch mögliche präventive Auswirkungen seien rein tatsächlicher Natur und keine rechtlich intendierten Nebenzwecke.[966]

Überwiegend werden dem Schadensersatz und damit wohl implizit auch dem Grundsatz der Totalreparation jedoch sehr wohl präventive Zwecke vor dem Hintergrund zugesprochen, dass nicht nur die Tatsache der Haftung selbst, sondern auch der Umfang der Haftung zur Verhaltenssteuerung führe.[967] Dies wurde bereits eingehend an anderer Stelle, bei vergleichender Betrachtung der Steuerungszwecke von Straf- und Zivilrecht besprochen.[968]

Schließlich verhält sich der Grundsatz der Totalreparation systematisch-teleologisch betrachtet auch als Rechtsfortsetzung des vom Schuldner verletzten Rechtes, indem es an dessen Stelle tritt, bis ein gleichwertiger Ausgleich herbeigeführt wurde.[969] Eine Straffunktion

---

963 *Achilles/Gebhard/Spahn* (Hrsg.), Protokolle der Kommission für die zweite Lesung des Bürgerlichen Gesetzbuches, 1898, S. 574.

964 Vgl. Soergel/*Ekkenga/Kuntz,* 13. Aufl. 2014, Vor § 249 Rn. 26; *Bartelt*, Beschränkung des Schadensersatzumfangs durch das Übermaßverbot?, 2004, S. 38.

965 *Bartelt*, Beschränkung des Schadensersatzumfangs durch das Übermaßverbot?, 2004, S. 38.

966 Vgl. *ders.*, Beschränkung des Schadensersatzumfangs durch das Übermaßverbot?, 2004, S. 38.

967 Vgl. Soergel/*Ekkenga/Kuntz,* 13. Aufl. 2014, Vor § 249 Rn. 28; *Wagner*, AcP 206 (2006), 352, 456 ff.; wohl auch *Ramm*, JZ 1988, 489, 492; *Canaris*, JZ 1988, 494, 497.

968 Vgl. S. 128 ff.

969 Vgl. Soergel/*Ekkenga/Kuntz,* 13. Aufl. 2014, Vor § 249 Rn. 29.

enthält das Schadensersatzrecht nach ganz überwiegender Auffassung nicht.[970]

b. Einschränkung des Grundsatzes der Totalreparation durch § 254 BGB

Im allgemeinen Privatrecht schränkt insbesondere § 254 BGB den Grundsatz der Totalreparation ein, indem er das Mitverschulden des Schadensgläubigers anrechnet und die Ersatzpflicht der Schadensersatzschuldner mindert. Neben den bei der Gefährdungshaftung zumeist bestehenden Haftungshöchstsummen – etwa § 12 StVG – enthält § 254 BGB die einzige Ausnahme von dem das Schadensersatzrecht beherrschenden Grundsatz, dass der Schaden entweder ganz oder gar nicht zu ersetzen ist.[971]

c. Einschränkung des Grundsatzsatzes der Totalreparation durch die Rechtsprechung

Die sog. Adäquanztheorie wird vielfach auf die Vorarbeit *von Bars* zurückgeführt, welcher darstellte, dass das „*Vorhersehen eines Erfolges*", für jemanden der denselben verursachte habe, zwar „*nicht prinzipiell entscheidend, gleichwohl aber nicht gleichgültig*" sei,[972] und – zumindest eingeschränkt[973] - auf ein Element der Vorhersehbarkeit eines Erfolgseintritts als Voraussetzung der Zurechenbarkeit eines Erfolges abstellte.[974]

Zu ungefähr der gleichen Zeit ist auch das Wirken *von Buris* zu erwähnen, unter dessen Mitwirkung als Richter am Reichsgericht im Jahr 1880 auch die erste reichsgerichtliche Entscheidung mit Blick auf die Adäquanztheorie erging[975] und welcher in einer noch früheren Veröffentlichung folgendes Beispiel ausführte: „*Läßt ein Zweiter in die aus dem zerstörten Damme hervorbrechenden Fluthen den Inhalt eines Wassertrogs auslaufen, so kann, wenn schon die*

970 Vgl. Soergel/*dies.*, 13. Aufl. 2014, Vor § 249 Rn. 31 m.w.N.
971 Vgl. MüKo-BGB/*Oetker*, 8. Aufl. 2019, § 254 Rn. 2 m.w.N.
972 *Von Bar*, Die Lehre vom Kausalzusammenhang im Recht, besonders im Strafrecht, [1971]1871, S. 18.
973 Vgl. *ders.*, Die Lehre vom Kausalzusammenhang im Recht, besonders im Strafrecht, [1971]1871, S. 21.
974 Vgl. *ders.*, Die Lehre vom Kausalzusammenhang im Recht, besonders im Strafrecht, [1971]1871, S. 19.
975 Vgl. RG, Urt. v. 12.04.1880, Rs. Rep. 570/80, RGSt 1, 373 ff.

Wassermasse hierdurch vergrößert wird, doch von einer Mitwirksamkeit keine Rede sein.“[976]

Trotz der – anhand der Gesetzgebungsmaterialien nachvollziehbaren –[977] wohl eindeutigen Entscheidung des Gesetzgebers gegen eine Einschränkung des Grundsatzes der Totalreparation auf *adäquat* kausal verursachte Schäden gab bereits kurz nach dem Inkrafttreten des BGB *Traeger* einen entscheidenden Impuls zugunsten der sog. Adäquanztheorie.[978]

Traeger destillierte diese und weitere Ausführungen[979] über eine Einschränkung der äquivalenten Kausalität[980] zu einer Definition, wonach ein Umstand dann adäquate Bedingung des Erfolgs sei, wenn er „*die objektive Möglichkeit eines Erfolges von der Art des eingetretenen generell in nicht unerheblicher Weise erhöht.*“[981] Zur Beurteilung sei das gesamte Erfahrungswissen maßgeblich, welches „*dem einsichtigsten Menschen*“ zum Zeitpunkt des schädigenden Ereignisses zur Verfügung gestanden habe.[982]

Inzwischen werden unter der Adäquanztheorie insbesondere zwei Prüfungssätze verstanden. Nach der Ersten soll Adäquanz vorliegen, „*wenn eine Handlung oder Unterlassung im allgemeinen und nicht nur unter besonders eigenartigen, ganz unwahrscheinlichen und nach dem regelmäßigen Verlauf der Dinge außer Betracht zu lassenden Umständen zur Herbeiführung des eingetretenen Erfolgs*

---

976 *Von Buri*, Ueber Causalität und deren Verantwortung, 1873, S. 69; teilweise wird die Adäquanztheorie in Form der Bedingungstheorie auch auf *ders.*, Zur Lehre von der Teilnahme an dem Verbrechen und der Begünstigung, 1860, zurückgeführt, siehe so etwa *Lindenmaier*, ZHR 113 (1950), 207, 213; vgl. ebenfalls grundlegend *von Kries*, sowohl im Allgemeinen in: *von Kries*, Vierteljahrsschrift für wiss. Phil. 12 (1888), 179, 181 ff., als auch mit Blick auf *von Buri* konkret in: *ders.*, Vierteljahrsschrift für wiss. Phil. 12 (1888), 393, 399 ff.

977 Vgl. S. 206 ff.

978 Vgl. *Traeger*, Der Kausalbegriff im Straf- und Zivilrecht, 1904, S. 159; siehe hierzu Soergel/*Ekkenga/Kuntz*, 13. Aufl. 2014, Vor § 249 Rn. 128.

979 *Rümelin*, AcP 90 (1900), 171, 202 ff.; vgl. auch mit einem Überblick zur historischen Entwicklung *Lange/Schiemann*, Schadensersatz, 3. Aufl. 2003, S. 82 ff. sowie *Lindenmaier*, ZHR 113 (1950), 207, 266 ff. m.w.N.

980 Vgl. *Traeger*, Der Kausalbegriff im Straf- und Zivilrecht, 1904, S. 130 ff.

981 *Ders.*, Der Kausalbegriff im Straf- und Zivilrecht, 1904, S. 159; in diese Richtung auch bereits, *von Buri*, Ueber Causalität und deren Verantwortung, 1873, S. 69; kritisch, *Lindenmaier*, ZHR 113 (1950), 207, 217 ff., 229 ff. m.w.N.

982 *Traeger*, Der Kausalbegriff im Straf- und Zivilrecht, 1904, S. 159.

geeignet gewesen ist".[983] Nach der zweiten Formulierung setzt Adäquanz voraus, *„dass die objektive Möglichkeit eines Erfolges von der Art des eingetretenen allgemein erhöht oder begünstigt wird*",[984] wobei die Rechtsprechung im Zuge der Adäquanzprüfung auch immer wieder hiervon abweichende Formulierungen verwendete, die inhaltlich jedoch auf die gleiche erweiterte Billigkeitsprüfung hinausliefen.[985] Wie der BGH im Jahr 1951 zutreffend ausführte, geht es nämlich um die *„Ermittlung der Grenze [...], bis zu der dem Urheber einer Bedingung eine Haftung für ihre Folgen billigerweise zugemutet werden kann.*"[986]

Unabhängig von der konkreten Wahrscheinlichkeit des Schadenseintritts, knüpft die jüngere – ursprünglich von *Rabel* für das Vertragsrecht vorgeschlagene[987] – Lehre vom Schutzzweck der Norm an der Anspruchsnorm selbst an und rekurriert darauf, dass diese nicht auf den Schutz aller erdenklichen Schäden abziele, sondern nur mit Blick auf bestimmte Schäden geschaffen wurde, sodass auch nur diese aus der Norm ersetzt werden können würden.[988]

Soweit sprachlich auf den sog. „Rechtswidrigkeitszusammenhang" mit der Frage abgestellt wird, ob das anspruchsbegründende Verhalten gerade zur Abwendung des eingetretenen Erfolgs verboten worden ist, ergibt sich – sofern der Ersatzpflicht ein rechtswidriges Verhalten zugrunde liegt – das gleiche

---

983 RG, Urt. v. 22.06.1931, Rs. VI 46/31, RGZ 133, 126, 127; vgl. auch BGH, Urt. v. 23.10.1951, Rs. I ZR 31/51, BGHZ 3, 261, 267; BGH, Urt. v. 25.09.1952, Rs. III ZR 322/51, BGHZ 7, 198, 204; BGH, Urt. v. 14.10.1971, Rs. VII ZR 313/69, BGHZ 57, 137, 141; BGH, Urt. v. 09.10.1997, Rs. III ZR 4/97, BGHZ 137, 11, 19; *Lorenz*, in: Schuldrecht I, Allgemeiner Teil, 21. Aufl. 2015, Rn. 681.

984 RG, Urt. v. 15.02.1913, Rs. 358/12, RGZ 81, 359, 361 m.w.N.; vgl. mit dem Maßstab, dass das infrage stehende Ereignis nicht *„außerhalb aller Wahrscheinlichkeit*" liegen dürfe RG, Urt. v. 23.11.1936, Rs. VI 199/36, RGZ 152, 397, 401. Siehe zum Ganzen auch *Lorenz*, in: Schuldrecht I, Allgemeiner Teil, 21. Aufl. 2015, Rn. 681; *Lange/Schiemann*, Schadensersatz, 3. Aufl. 2003, S. 86.

985 Vgl. nur BGH, Urt. v. 15.06.1983, Rs. IV a ZR 209/81, NJW 1984, 41 (*„nur ein äußerlicher und zufälliger Zusammenhang*"); BGH, Urt. v. 09.03.1965, Rs. VI ZR 218/63, BGHZ 43, 178, 181 („nicht außer aller Lebenserfahrung"); BGH, Urt. v. 26.06.1972, Rs. III ZR 144/70, BGHZ 59, 139, 144 (*„im Rahmen normaler Entwicklung*").

986 BGH, Urt. v. 23.10.1951, Rs. I ZR 31/51, BGHZ 3, 261, 267; vgl. hierzu auch *Raiser*, JZ 1963, 462, 463; BGH, Urt. v. 24.04.1952, Rs. III ZR 100/51, NJW 1952, 1010 f.; BGH, Urt. v. 17.10.1955, Rs. III ZR 84/54, BGHZ 18, 286 ff.

987 Vgl. *Rabel*, Das Recht des Warenkaufs: eine rechtsvergleichende Darstellung, 1, 1957; 1963, S. 495 ff.; *Schack*, JZ 1986, 305, 306.

988 Vgl. *Lorenz*, in: Schuldrecht I, Allgemeiner Teil, 21. Aufl. 2015, Rn. 682; *Raiser*, JZ 1963, 462, 464 f.

Ergebnis, nämlich die Einschränkung des Grundsatzes der Totalreparation, wobei *Lorenz* die Formulierung über den „*Schutzbereich*“ der Norm aufgrund des weiteren Anwendungsbereichs für vorzugswürdig hält.[989]

Jedenfalls wurden historisch betrachtet Adäquanzgesichtspunkte seit jeher dazu verwendet, außerhalb jeglicher Lebenserfahrung oder jeglicher Regelungsziele der Haftungsnorm stehende Haftungsfälle maßvoll zu korrigieren.

d. Einschränkung des Grundsatzes der Totalreparation anhand des verfassungsrechtlichen Übermaßverbots

Einen dritten Weg – welcher im Ergebnis auf eine gerichtliche Billigkeitsprüfung hinausliefe – zeichnete schließlich das BVerfG vor. Es bemerkte in einer Entscheidung vom 13.08.1998 im Zuge der Verwerfung einer unzulässigen Vorlage nach Art. 100 Abs. 1 GG durch das OLG Celle[990] mit Blick auf die Minderjährigenhaftung nach § 828 BGB a.F., dass es den Zivilgerichten freistehe, eine übermäßige Belastung des minderjährigen Schädigers mithilfe des § 242 BGB zu verhindern.[991] Inwiefern in diesem Sinne das Übermaßverbot, welches dem Verhältnismäßigkeitsgrundsatz als Ausfluss des Rechtsstaatsprinzips entspringt,[992] den Grundsatz der Totalreparation allgemein berührt, und begrenzen kann, wurde ausführlich zuletzt – aufbauend auf verschiedenen Werken *Canaris*‘[993] – von *Bartelt* untersucht.[994] Die Beantwortung bedarf einer mehrgliedrigen Herangehensweise. Erstens gilt es festzustellen, inwiefern die Zivilgerichtsbarkeit an Grundrechte **gebunden** ist. Zweitens bedarf es einer Festlegung

---

989 Vgl. *Lorenz*, in: Schuldrecht I, Allgemeiner Teil, 21. Aufl. 2015, Rn. 682; *Lange/Schiemann*, Schadensersatz, 3. Aufl. 2003, S. 98 ff.; *Schack*, JZ 1986, 305, 307.

990 OLG Celle, Urt. v. 26.05.1989, Rs. 4 U 53/88, NJW-RR 1989, 791 ff., welches eine Haftungsbeschränkung für Minderjährige annahm, jedoch davon abhängig machte, dass eine Entschädigung von Dritter Seite garantiert sei; vgl. zu diesem Punkt kritisch aber im Ergebnis beipflichtend *Kuhlen*, JZ 1990, 273 ff.; anders *Canaris*, JZ 1990, 679, 681, welcher auch eine Haftungsreduzierung in Abhängigkeit von der Ersatzpflichtig- und -fähigkeit Dritter im Ergebnis bejaht, allerdings nur, weil diese in eine bei Haftungsbemessung notwendige Verhältnismäßigkeitsprüfung einzubeziehen sei.; siehe auch OLG Celle, Urt. v. 17.10.2001, Rs. 9 U 159/01, VersR 2002, 241 f.

991 BVerfG, Beschl. v. 13.08.1998, Rs. 1 BvL 25/96, NJW 1998, 3557, 3558.

992 Vgl. Maunz/Dürig/*Grzeszick*, Stand: 92. EL 2020, Art. 20 VII. Rn. 107.

993 Insbesondere *Canaris*, JuS 1989, 161 ff.; *ders.*, Grundrechte und Privatrecht, 1999.

994 *Bartelt*, Beschränkung des Schadensersatzumfangs durch das Übermaßverbot?, 2004, S. 159 ff.

der Abwägungsparameter im Rahmen der Verhältnismäßigkeitsprüfung, die dem Grundsatz der Totalreparation zwingend zugrunde liegen.

aa. Grundrechtliche Bindung der Zivilgerichtsbarkeit

Für die Einordnung der grundrechtlichen Bindung der Zivilgerichtsbarkeit gilt es zunächst zwei Begrifflichkeiten voneinander abzugrenzen, deren synonyme Verwendung zu Verwirrung führen kann.[995] Es geht um die von *Canaris* vorgeschlagene und hier verwendete Trennung der „*unmittelbaren Drittwirkung*" von der „*unmittelbaren Geltung*" der Grundrechte.[996] Die unmittelbare Drittwirkung bezeichnet demnach Fälle, in denen sich die Grundrechte – wie im Falle von Art. 9 Abs. 3 Satz 2 GG – unmittelbar gegen Subjekte des Privatrechts richten; die unmittelbare Geltung wiederum solche Fälle, in denen die Grundrechte für Organe des Staates unmittelbare Anwendung finden.[997]

Richtigerweise sind mit wenigen Ausnahmen – etwa Art. 9 Abs. 3 Satz 2 GG – die Grundrechte im Grundsatz als Eingriffsverbote auf Akte von Privatrechtssubjekten nicht anwendbar, sodass eine unmittelbare Drittwirkung von Grundrechten insofern nicht besteht.[998]

Etwas anderes gilt jedoch bezüglich der unmittelbaren Geltung der Grundrechte für die Privatrechtsgesetzgebung. Der Gesetzgeber ist bei Erlass privatrechtlicher Vorschriften, wie bei jedem Rechtssetzungsverfahren, an die Grundrechte gebunden.[999] Art. 1 Abs. 3 GG lautet insoweit: „*Die nachfolgenden Grundrechte binden Gesetzgebung, vollziehende Gewalt und Rechtsprechung als unmittelbar geltendes Recht.*"

So ergibt es sich, dass auch die Privatrechtsrechtsprechung zwingend an Grundrechte gebunden ist. Während über die Bindung an sich weitestgehend Einigkeit besteht, ist das Ausmaß der Bindung umstritten: Überwiegend wird eine mittelbare Bindung der Zivilrechtsprechung an Grundrechte vertreten, welche sich über eine sog. Ausstrahlungswirkung in der Auslegung zivilrechtlicher Normen – insbesondere der Generalklauseln – durch die Gerichtsbarkeit

---

995 Vgl. *Canaris*, Grundrechte und Privatrecht, 1999, S. 35.

996 *Ders.*, Grundrechte und Privatrecht, 1999, S. 35.

997 *Ders.*, Grundrechte und Privatrecht, 1999, S. 35 f.

998 Vgl. *ders.*, JuS 1989, 161, 162.

999 *Ders.*, JuS 1989, 161, 162; a.A. *Rupp*, AöR 101 (1976), 161, 170 ff.; *Kopp*, in: Baltl (Hrsg.), Walter Wilburg zum 70. Geburtstag, 1975, S. 141, 149 insb. hinsichtlich des österreichischen Rechts, gleichwohl unter Auswertung deutscher Rechtsquellen; zumindest kritisch auch *Hubmann*, JZ 1975, 639, 640.

auswirkt und so zu einer Berücksichtigung von Grundrechten bei der Anwendung einfachen Rechts führt.[1000] Als Argument für eine solche nur mittelbare Bindung wird zum einen angeführt, das BVerfG würde ansonsten zu einer zivilrechtlichen Superrevisionsinstanz verklärt, wäre die gesamte Zivilrechtsprechung einer verfassungsrechtlichen Überprüfung zugänglich.[1001]

Dagegen ist jedoch anzuführen, dass eine solche Aufspaltung der Grundrechtsbindung von Legislative und Judikative zu willkürlichen Ergebnissen führen würde. Dem Gesetzgeber stünde es frei, eine staatliche Grundrechtsbindung gezielt zu umgehen, würde er zivilrechtliche Normen nur möglichst unbestimmt formulieren, sodass ein erheblicher Auslegungsspielraum für die Gerichtsbarkeit entstünde.[1002] Gesetzgeber und Rechtsprechung nehmen Einfluss auf den Inhalt zivilrechtlicher Normen in der Rechtspraxis und – so wird zutreffend geltend gemacht –, seien dann auch gleichsam einer grundrechtlichen Bindung zu unterwerfen.[1003] Dies gilt insbesondere, indem auch die Judikative im Wege der Rechtsfortbildung effektiv Aufgaben der Legislative ausfüllt.[1004]

Erhebliche Abweichungen mit Blick auf die hier zugrunde liegende Prüfung ergibt die Unterscheidung jedoch nicht. Eine Verletzung der Ausstrahlungswirkung im Privatrecht liege demnach vor, wenn Entscheidungen der Zivilgerichte *„Auslegungsfehler erkennen lassen, die auf einer grundsätzlich unrichtigen Auffassung von der Bedeutung eines Grundrechts, insbesondere vom Umfang seines Schutzbereichs, beruhen und auch in ihrer materiellen Bedeutung für den konkreten Rechtsfall von einigem Gewicht sind“*,[1005] bzw. wenn *„bei Auslegung und*

1000 Vgl. Jarass/Pieroth-GG/*Jarass*, 16. Aufl. 2020, Vorb. vor Art. 1 Rn. 33, Art. 1 Rn. 52 ff.; BVerfG, Beschl. v. 23.04.1986, Rs. 2 BvR 487/80, BVerfGE 73, 261, 269; BVerfG, Beschl. v. 01.07.1987, Rs. 2 BvR 478, 962/86, BVerfGE 76, 143, 161; BVerfG, Urt. v. 06.02.2001, Rs. 1 BvR 12/92, BVerfGE 103, 89, 100; BVerfG, Beschl. v. 19.07.2011, Rs. 1 BvR 1916/09, BVerfGE 129, 78, 102 = NJW 2011, 3428.

1001 Vgl. BVerfG, Urt. v. 15.01.1958, Rs. 1 BvR 400/51, BVerfGE 7, 198, 207.

1002 Vgl. *Bartelt*, Beschränkung des Schadensersatzumfangs durch das Übermaßverbot?, 2004, S. 168.

1003 Vgl. *Canaris*, JuS 1989, 161, 162 f.; *Bartelt*, Beschränkung des Schadensersatzumfangs durch das Übermaßverbot?, 2004, S. 168.

1004 Vgl. *Bartelt*, Beschränkung des Schadensersatzumfangs durch das Übermaßverbot?, 2004, S. 168 f.

1005 BVerfG, Beschl. v. 07.02.1990, Rs. 1 BvR 26/84, BVerfGE 81, 242, 253; st.Rspr. vgl. nur BVerfG, Urt. v. 12.12.2000, Rs. 1 BvR 1762, 1787/95, BVerfGE 102, 347, 362; BVerfG, Urt. v. 06.02.2001, Rs. 1 BvR 12/92, BVerfGE 103, 89, 100; BVerfG, Beschl. v. 19.07.2011, Rs. 1 BvR 1916/09, BVerfGE 129, 78, 102 = NJW 2011, 3428; Jarass/Pieroth-GG/*Jarass*, 16. Aufl. 2020, Art. 1 Rn. 56.

Anwendung des Privatrechts Grundrechte zu beachten waren, wenn der Schutzbereich der zu beachtenden Grundrechte unrichtig oder unvollkommen bestimmt oder ihr Gewicht unrichtig eingeschätzt worden ist, so dass darunter die Abwägung der beiderseitigen Rechtspositionen im Rahmen der privatrechtlichen Regelung leidet, und wenn die Entscheidung auf Fehlern beruht."[1006]

Für die hier zugrunde liegende Untersuchung ergeben sowohl die Ansicht einer unmittelbaren Geltung der Grundrechte für die Judikative als auch die einer nur mittelbaren Ausstrahlungswirkung der Grundrechte in das Privatrecht die gleiche Konsequenz: Der Weg zu einer Überprüfung grundrechtlicher Eingriffe aufgrund des Grundsatzes der Totalreparation ist entweder schon abstrakt oder aber mittelbar über Einfallstore für eine Auslegung in Anbetracht der Ausstrahlungswirkung der Grundrechte – wie bspw. § 242 BGB – eröffnet.

bb. Konsequenz für die Einschränkung des Grundsatzes der Totalreparation

Das BVerfG wählte in seiner eingangs erwähnten Entscheidung vom 13.08.1998[1007] mit der Öffnung des § 249 BGB hinzu einer Haftungsbeschränkung gegenüber Minderjährigen mittels § 242 BGB somit einen dogmatisch gangbaren Weg, welcher im Einklang mit der Annahme einer mittelbaren Ausstrahlungswirkung der Grundrechte steht.

Der Gedanke knüpft an die von *Canaris* auf Art. 2 Abs. 1 GG i.V.m. Art. 1 Abs. 1 GG und das verfassungsrechtliche Übermaßverbot gestützte Idee des § 242 BGB als schadensersatzrechtliche Reduktionsklausel bei für den Schädiger ruinösen oder katastrophalen Ersatzpflichten an.[1008] Über diese würde die Berücksichtigung von Fällen möglich, in welchen das Ausgleichsinteresse des Gläubigers außerhalb jeglichen Verhältnisses zu einem, unter Umständen den

---

1006 BVerfG, Beschl. v. 19.04.2005, Rs. 1 BvR 1644/00, 188/03, BVerfGE 112, 332, 358 f.; st. Rspr. BVerfG, Beschl. v. 23.10.2013, Rs. 1 BvR 1842/11, BVerfGE 134, 204, 234; Jarass/Pieroth-GG/*Jarass,* 16. Aufl. 2020, Art. 1 Rn. 56; ähnlich BVerfG, Beschl. v. 24.03.1998, Rs. 1 BvR, BVerfGE 97, 391, 401; BVerfG, Urt. v. 15.12.1999, Rs. 1 BvR 653/96, BVerfGE 101, 361, 388; grundlegend BVerfG, Urt. v. 15.01.1958, Rs. 1 BvR 400/51, BVerfGE 7, 198, 205 ff.

1007 BVerfG, Beschl. v. 13.08.1998, Rs. 1 BvL 25/96, NJW 1998, 3557, 3558.

1008 Vgl. *Canaris,* JZ 1987, 993, 995 f., 1001 f.; *ders.*, JZ 1988, 494, 497; *ders.*, JuS 1989, 161, 161 f.; dem Gedanken ebenfalls folgend ohne Verweis auf *Canaris*, vgl. *Hoffmann*, NJW 2012, 1393, 1398; zur mittelbaren Wirkung der Grundrechte über zivilrechtliche Generalklauseln im Allgemeinen *Canaris*, AcP 184 (1984), 201, 222 ff.

Schuldner bis auf die Grenze des Existenzminimums drückenden, Schadensersatzanspruch stünde – etwa wenn der Geschädigte aufgrund seiner wirtschaftlichen Potenz auf die Ersatzleistung nicht angewiesen wäre.[1009] *Canaris* erweiterte damit seinen ursprünglichen Gedanken, wonach sich aus der Schutzgebotsfunktion für Richter kein Übermaßverbot, sondern nur ein Untermaßgebot hinsichtlich eines Mindestmaßes an grundrechtlichem Schutze ergebe.[1010]

Im Ergebnis wirkt es sich für die konkrete Untersuchung nicht aus, ob gegen eine existenzvernichtende Haftung mit Blick auf das Gebot des Erhalts eines Existenzminimums oder auf das Verbot der Auslöschung desselben argumentiert wird.

Ramm kritisierte den Vorschlag eines Übermaßverbots unter anderem mit dem Hinweis, dass die – für die Erhaltung des sozialen Friedens notwendige[1011] – Präventivwirkung des Schadensausgleichs verloren gehe, würde man ihn einzelfallabhängig reduzieren.[1012] Diesen Einwand ließ *Canaris* zu Recht nicht gelten. Erstens seien Fälle vorstellbar, in welchen das Ausgleichsinteresse des Gläubigers auch trotz des Korrektivs des § 242 BGB eine ruinöse Haftung des Schuldners erfordere. Zweitens bleibe jedenfalls stets ein ganz erheblicher Sockelbetrag durch den Schuldner zu tragen, über welchen das entscheidende Gericht etwaige Präventionszwecke angemessen berücksichtigen könne.[1013]

Dieser Vorschlag von *Canaris* über eine Haftungsbegrenzung mittels § 242 BGB wurde vor der Entscheidung des BVerfG vom 13.08.1998[1014] bereits durch das LG Bremen angewandt,[1015] stieß aber in der Literatur auch auf Kritik, soweit die generelle Öffnung – insbesondere der deliktischen Haftung – hin zu einer allgemeinen Reduktionsmöglichkeit als zu weit betrachtet wurde.[1016]

1009 *Canaris*, JZ 1987, 993, 1001.

1010 *Ders.*, AcP 184 (1984), 201, 245.

1011 Hierzu auch *Bartelt*, Beschränkung des Schadensersatzumfangs durch das Übermaßverbot?, 2004, S. 186.

1012 *Ramm*, JZ 1988, 489, 492.

1013 *Canaris*, JZ 1988, 494, 497.

1014 BVerfG, Beschl. v. 13.08.1998, Rs. 1 BvL 25/96, NJW 1998, 3557 f.

1015 LG Bremen, Urt. v. 15.02.1991, Rs. 6 O 2866/89, 1218/90, NJW-RR 1991, 1432, 1433 f. unter Verweis auf BVerfG, Beschl. v. 13.05.1986, Rs. 1 BvR 1542/84, NJW 1986, 1859 ff. = BVerfGE 72, 155.

1016 Vgl. *Schiemann*, in: Lorenz (Hrsg.), Karlsruher Forum 1999, 1999, S. 5, 10; *Looschelders*, VersR 1999, 141, 148 ff.; *Medicus*, AcP 192 (1992), 35, 65 ff.

Ausführlich setzte danach *Bartelt* nach einem Verweis auf die in jede Abwägung einzustellenden legitimen Zwecke der Schadenshaftung[1017] die Prüfung hinsichtlich der Frage fort, inwiefern die Intensität, mit welcher zivilrechtlichen Haftung ein Haftungssubjekt trifft, im Rahmen einer verfassungsrechtlichen Prüfung der Haftung als Grundrechtseingriff zu berücksichtigen sei. Auch er schloss sich *Canaris* insofern an, dass die zivilrechtliche Haftung – trotz der Vollstreckungsschutzvorschriften der ZPO – und die Möglichkeit der Restschuldbefreiung[1018] im Insolvenzrecht dazu führen könne, dass der Schädiger nahezu sein gesamtes bisheriges Vermögen durch die Ersatzpflicht verliere und somit besonders erheblich in seiner allgemeinen Handlungsfreiheit nach Art. 2 Abs. 1 GG berührt werde.[1019] Gegen eine zuzügliche Berücksichtigung des Sozialstaatsprinzips spreche aus seiner Sicht allerdings, dass dieses die Voraussetzungen für ein „*menschenwürdiges Dasein*“[1020] absichere und diesem Gebot bereits durch die Schutzvorschriften der ZPO entsprochen werde, ohne dass es einer weiteren Einschränkung des Haftungsrechts vor dem Hintergrund des Sozialstaatsprinzips bedürfe.[1021]

Dieser Ansicht ist entgegenzuhalten, dass die als Schutzmechanismen vorgeschlagenen Vorschriften des zivilrechtlichen Vollstreckungsrechts auf Vollstreckungsebene zu spät eingreifen. Die Sicherung des Übermaßverbots zivilrechtlicher Haftung unterliegt bereits im Zeitpunkt der Entscheidung über die Haftung der Prüfung und darf nicht von einer zuzüglichen, zukünftigen richterlichen Entscheidung abhängig gemacht werden. Die Garantie der Berücksichtigung des Übermaßverbots und der daran anknüpfenden Sicherung

---

1017 *Bartelt*, Beschränkung des Schadensersatzumfangs durch das Übermaßverbot?, 2004, 176 ff.

1018 Vgl. auch *Looschelders*, VersR 1999, 141, 149 hinsichtlich der Haftung Minderjähriger im Deliktsrecht: „*Denn die Restschuldbefreiung genügt dem berechtigten Interesse des Schädigers an der Vermeidung ruinöser Haftpflicht nur dann, wenn die Rechtsordnung ihm die Möglichkeit gibt, diesen Mindeststandard durch den Abschluß einer Haftpflichtversicherung zu ergänzen […]*“.

1019 *Bartelt*, Beschränkung des Schadensersatzumfangs durch das Übermaßverbot?, 2004, S. 194.

1020 Vgl. *ders.*, Beschränkung des Schadensersatzumfangs durch das Übermaßverbot?, 2004, S. 196 f.; BVerfG, Beschl. v. 29.05.1990, Rs. 1 BvL 20, 26, 184 u. 4/86, BVerfGE 82, 60, 80.

1021 Vgl. *Bartelt*, Beschränkung des Schadensersatzumfangs durch das Übermaßverbot?, 2004, S. 196 f.; vgl. hierzu auch BGH, Urt. v. 21.12.1993, Rs. VI ZR 103/93, NJW 1994, 852, 855.

des Sozialstaatsprinzips muss in dessen Prüfung im Rahmen der richterlichen Entscheidung über die zivilrechtliche Haftung selbst ergehen.[1022]

e. Zwischenergebnis

Auch die Zivilgerichtsbarkeit ist bei ihrer Rechtsanwendung an die Grundrechte gebunden.[1023] Soweit man nicht die unmittelbare Geltung der Grundrechte für die Zivilrechtsprechung annimmt, bietet § 242 BGB ein Einfallstor für die mittelbare Berücksichtigung grundrechtlicher Wertungen zur Begrenzung des Grundsatzes der Totalreparation. Insofern wurde in Rechtsprechung und Literatur das Übermaßverbot zur Vermeidung existenzvernichtender Haftung als Korrektiv herangezogen.[1024] Das Übermaßverbot ist Ausdruck des Verhältnismäßigkeitsgrundsatzes, der jedes staatliche Handeln begrenzt.[1025]

Hinsichtlich einer möglichen Begrenzung des Organinnenregresses ergibt sich dann Folgendes:

Erstens ließe sich das Übermaßverbot – über § 242 BGB oder in unmittelbarer Anwendung –[1026] dazu heranziehen, einen **existenzvernichtenden** Organinnenregress über Verbandsgeldbußen einzelfallabhängig in Anbetracht offensichtlich unverhältnismäßiger **Haftungsbeträge** maßvoll zu reduzieren. Dies wäre ein Schritt in die richtige Richtung; die hier vertretene Adressatenbindung der Verbandsgeldbuße[1027] wäre damit jedoch nicht vollständig gewahrt.

Zu diesem Zweck wird der folgende Vorschlag unterbreitet:

Mit Blick auf die Adressatenbindung der Verbandsgeldbuße wurde festgestellt, dass eine Verbandsgeldbuße, die *ipso iure* mit ihrer Verhängung vom Sanktionsadressaten weggeleitet wird, nicht verhältnismäßig im engeren Sinne sei.[1028] Dies ergab sich bereits aus der mangelnden Fähigkeit einer solchen Geldbuße, die mit ihr verfolgten Sanktionszwecke zu erfüllen.[1029]

1022 Vgl. insofern differenzierend, tendenziell aber mit a.A. mit Blick auf die verfassungsrechtliche Begründung der Haftungsbegrenzung der Arbeitnehmerhaftung durch BAG GS, Beschl. v. 12.06.1992, Rs. GS 1/89, NZA 1993, 547, 549 f.; *Marhold*, JZ 1993, 910, 912.

1023 Vgl. S. 214 ff.

1024 Vgl. S. 216 ff.

1025 Vgl. nur BVerfG, Beschl. v. 16.01.1979, Rs. 2 BvL 4/77, BVerfGE 50, 125, 133 = NJW 1979, 1037; BVerfG, Beschl. v. 15.05.1995, Rs. 2 BvL 19/91 u.a., BVerfGE 92, 277, 327.

1026 Vgl. S. 216.

1027 Vgl. S. 204 f.

1028 Vgl. S. 201 ff.

1029 Vgl. S. 203.

Nun stellt sich die spiegelbildliche Frage. Bei der Beurteilung der Begrenzung der Organinnenhaftung innerhalb bzw. anhand des Grundsatzes der Totalreparation mittels des Übermaßverbots kommt es auf die verfassungsrechtliche Rechtfertigung der Belastung des Regressadressaten an. Für diesen ergibt sich ein Verstoß gegen das Übermaßverbot als Ausdruck des Verhältnismäßigkeitsgrundsatzes nach hier vertretener Ansicht bereits **unabhängig von dem Betrag der Regressforderung** aus der Wertung, dass ihm bei Gewährung der Regressforderung vonseiten des Staates faktisch ein Sanktionsübel zugeordnet werden würde, bezüglich dessen den Regressadressaten kein **staatlicher Vorwurf** trifft; denn der Verbandsgeldbuße liegt ein Vorwurf des Staates zugrunde, der sich **ausschließlich** gegen den Verband richtet.[1030] Insofern überschneiden sich Übermaßverbot und Schuldgrundsatz der Wirkung nach.[1031] Woran man im Endeffekt der Bezeichnung nach anknüpft, mag dahinstehen. Die Wertung ist dieselbe:

Die Umleitung des Sanktionsübels durch den Organinnenregress führt mit Blick auf die Rechtfertigung der Sanktion zu einem **Defizit** hinsichtlich der Effektivität der Sanktion zur Erreichung der anvisierten Sanktionszwecke. Spiegelbildlich führt sie hinsichtlich der Organinnenhaftung zu einem **Überschuss** an Haftung, den es in Anbetracht des Grundsatzes der Verhältnismäßigkeit zu korrigieren gilt.

Zusammenfassend gilt somit:

- Dem Grundgedanken einer umfassenden Kompensation durch § 249 BGB zur Herstellung von Rechtsfrieden kommt besonderes Gewicht zu, welches nur unter besonderen Umständen begrenzt werden darf. Grundsätzlich sind dem deutschen Rechtssystem Beschränkungen des Grundsatzes der Totalreparation mit Ausnahme maßvoller Korrekturen anhand der Kausalitätslehren fremd.[1032]
- Der Grundsatz der Totalreparation ist jedoch im Einzelfall an entgegenstehendem Verfassungsrecht – etwa dem verfassungsrechtlichen Übermaßverbot – zu messen.[1033]

1030 Vgl. S. 37 ff.
1031 Vgl. in diesem Zusammenhang auch, BVerfG, Beschl. v. 16.01.1979, Rs. 2 BvL 4/77, BVerfGE 50, 125, 133 = NJW 1979, 1037.
1032 Vgl. S. 206 ff.
1033 Vgl. S. 214 ff.

- Auf diesem Wege kommt ein Regressausschluss unter Beachtung der in dieser Arbeit dargestellten Adressatenbindung eines staatlichen Sanktionsübels sowie des Grundrechtsschutzes des Regressadressaten in Betracht.

E. Bisherige Vorschläge zur Haftungsbegrenzung der Organinnenhaftung unter Einschränkung des Grundsatzes der Totalreparation

In diesem Zusammenhang wurden bereits verschiedene Vorschläge zur Beschränkung der Organinnenhaftung unterbreitet.

Im Fahrwasser der Argumentation von *Canaris* über die Heranziehung des § 242 BGB als allgemeine Billigkeitsklausel zur Einschränkung des Grundsatzes der Totalreparation[1034] wurden konkret mit Blick auf die Beschränkung der Organinnenhaftung vergleichbare Vorschläge gemacht; teilweise unter expliziter Inbezugnahme des Grundsatzes der Totalreparation, teilweise losgelöst, ohne Bewusstsein diesen Grundsatz im Ergebnis gleichwohl einschränken zu wollen.

Während sich in nach dem aktuellen Forschungsstand ganz überwiegend[1035] für eine Beschränkung der Organinnenhaftung überhaupt ausgesprochen wird – so vielfältig die Lösungsvorschläge zu diesem Ziel auch sein mögen –, stellt die Gruppe derer, die in Abhängigkeit von der Steuerungsfunktion der konkreten Unternehmensgeldbuße für einen gänzlichen Regressausschluss über Verbandsgeldbußen plädieren, weiterhin eine – wenn auch seit der Entscheidung des LAG Düsseldorf vom 20.01.2015[1036] im Vordringen befindliche – Mindermeinung dar.[1037]

1034 Vgl. S. 213 ff.

1035 Zumindest mit Blick auf den Bußgeld- und Sanktionsbereich von „hM" sprechend, *Koch*, in: Hüffer/Koch (Hrsg.), Aktiengesetz, 15. Aufl. 2021, § 93 Rn. 51b.

1036 LAG Düsseldorf, Teilurt. v. 20.01.2015, Rs. 16 Sa 459/14, NZKart 2015, 277.

1037 *Dreher*, in: Dauner-Lieb/Hommelhoff/Jacobs u.a. (Hrsg.), Festschrift für Horst Konzen zum siebzigsten Geburtstag, 2006, S. 85, 103 ff.; *ders.*, VersR 2015, 781, 787 f.; KK-AktG/*Mertens/Cahn,* 3. Aufl. 2010, § 93 Rn. 56; *Thomas*, NZG 2015, 1409 ff.; *Grunewald*, NZG 2016, 1121 ff.; *Lotze*, NZKart 2015, 254, 258; wohl auch *Goette*, in: Krieger/Lutter/K.Schmidt (Hrsg.), Festschrift für Michael Hoffmann-Becking zum 70. Geburtstag, 2013, S. 377, 381; ausführlich *Kröger*, Korruptionsschäden, Unternehmensgeldbußen und Imageschäden, 2013, S. 215 ff.; *Labusga*, VersR 2017, 394, 396 ff., welche ebenfalls eine „*Höchstpersönlichkeit der Geldbuße*" untersucht.

Im Übrigen wird für eine differenziertere bzw. einzelfallabhängigere Beschränkung der Organinnenhaftung im Allgemeinen plädiert:

I. Einführung einer Härteklausel in das allgemeine Schadensrecht

In diesem Sinne sprach sich *Bachmann* in seinem umfassenden Gutachten zur Reform der Organhaftung anlässlich des 70. Deutschen Juristentages für die Einführung einer Härteklausel in das allgemeine Schadensrecht aus, wonach das Gericht dem Schuldner nach billigem Ermessen Ratenzahlung oder Stundung gewähren sowie die Forderung ausnahmsweise auf einen „*zumutbaren*" Betrag herabsetzen könne.[1038]

Bereits auf vorhergehenden Deutschen Juristentagen war die Einführung einer gerichtlichen Schadensminderungsmöglichkeit – wenn auch nur in Abhängigkeit von dem Verschulden des Ersatzpflichtigen, nämlich soweit diesem lediglich leichte Fahrlässigkeit zur Last falle –, besprochen worden.[1039] Auf dem 43. Deutschen Juristentag widmeten sich zwei Referate dem Thema „*Empfiehlt es sich, die Haftung für schuldhaft verursachte Schäden zu begrenzen? Kann für den Umfang der Schadensersatzpflicht auf Schwere des Verschuldens und die Tragweite der verletzten Norm abgestellt werden?*"[1040]

Präzise wurde in diesem Zusammenhang insbesondere Bundesrichter *Hauss*, welcher sich für die Schaffung einer rechtlichen Befugnis für Richter zur Schadensminderung aussprach, soweit ein offenbares Missverhältnis zwischen Haftungsgrund und sehr hohem, und zwar noch adäquatem, aber sehr fernliegendem Schaden bestehe und wenn die Belastung des Schädigers mit dem vollen Schadensausgleich unter Berücksichtigung des Einzelfalls unbillig erscheine.[1041]

1038 Vgl. *Bachmann*, in: Ständige Deputation des Deutschen Juristentages (Hrsg.), Verhandlungen des 70. Deutschen Juristentags Hannover 2014, 2014, E1-E124, E58, E32; zustimmend und mit einem Vorschlag einer entsprechenden Härteklausel für den Arbeitnehmer im Arbeitsrecht samt Formulierungsvorschlag, vgl. *Otto*, in: Ständige Deputation des Deutschen Juristentages (Hrsg.), Verhandlungen des sechsundfünfzigsten Deutschen Juristentages, 1986, E1-E94, E92 f.

1039 *Lange*, in: Ständige Deputation des Deutschen Juristentages (Hrsg.), Verhandlungen des dreiundvierzigsten Deutschen Juristentages, 1960, S. 2, 60.

1040 *Ständige Deputation des Deutschen Juristentages* (Hrsg.), Verhandlungen des dreiundvierzigsten Deutschen Juristentages, 1962, VI.

1041 *Hauss*, in: Ständige Deputation des Deutschen Juristentages (Hrsg.), Verhandlungen des dreiundvierzigsten Deutschen Juristentages, 1962, C24-C45, C38.

Auch er wollte allerdings die Haftungsbeschränkung nicht auf Fälle vorsätzlicher oder grob fahrlässiger Schadensverursachung ausdehnen.[1042] Er schlug für das allgemeine Schadensrecht folgende Klausel vor:

> *„Bei Schäden; die im Verhältnis zu dem vom Schuldner zu vertretenden Verhalten besonders gross oder fernliegend sind, kann der Richter die Ersatzpflicht mindern; wenn die Belastung des Schuldners mit dem vollen Schadensausgleich nach den Umständen grob unbillig wäre. Das gilt nicht, wenn die Haftung des Schuldners auf vorsätzlichem oder grob fahrlässigem Verschulden beruht“.*[1043]

Hauss möchte so dem Risiko begegnen, den Richter an die festen Vorgaben der Kausalität und der Zurechnung nach dem BGB zu binden, und somit eine „*Fessel für die sachgemässe Erfassung des Einzellfalls*“ zu schaffen.[1044] Auf der anderen Seite erkennt er:

> *„Die andere Versuchung ist nicht minder groß: Sie besteht darin, dass der Richter vorschnell in den freien Raum des § 242 BGB und in ein verschwommenes Billigkeits- oder Zumutbarkeitsdenken ausweicht. […] Die Entscheidung beruht dann letztlich auf einer subjektiven und nicht mehr überprüfbaren Billigkeitserwägung des einzelnen Richters.“*[1045]

Er verortet den Kernpunkt der Problematik ebenso wie diese Arbeit:[1046]

> *„Die in unserem Thema gestellte Frage* ***rüttelt an dem das deutsche Haftungsrecht beherrschenden Grundprinzip****, das besagt,* ***der Schadensschuldner habe die volle Wiedergutmachung zu leisten****.“*[1047]
>
> (Hervorhebungen nicht im Original)

Die Einführung von Härteklauseln zur sinnvollen Begrenzung der Organinnenhaftung bietet einen gangbaren Weg zur maßvollen Begrenzung der Organinnenhaftung. Der Kritik verbleibender Rechtsunsicherheit ist mit Skepsis zu begegnen; denn eine sinnvolle gesetzliche Begrenzung der Organinnenhaftung,

---

1042 *Ders.*, in: Ständige Deputation des Deutschen Juristentages (Hrsg.), Verhandlungen des dreiundvierzigsten Deutschen Juristentages, 1962, C24-C45, C39.

1043 *Ders.*, in: Ständige Deputation des Deutschen Juristentages (Hrsg.), Verhandlungen des dreiundvierzigsten Deutschen Juristentages, 1962, C24-C45, C45.

1044 *Ders.*, in: Ständige Deputation des Deutschen Juristentages (Hrsg.), Verhandlungen des dreiundvierzigsten Deutschen Juristentages, 1962, C24-C45, C31.

1045 *Ders.*, in: Ständige Deputation des Deutschen Juristentages (Hrsg.), Verhandlungen des dreiundvierzigsten Deutschen Juristentages, 1962, C24-C45, C25.

1046 Vgl. S. 121 ff.; 206 ff.

1047 *Hauss*, in: Ständige Deputation des Deutschen Juristentages (Hrsg.), Verhandlungen des dreiundvierzigsten Deutschen Juristentages, 1962, C24-C45.

die der Gerichtsbarkeit nicht einen gewissen Abwägungsspielraum zubilligen würde, ist kaum vorstellbar. Eine gesetzliche Begrenzung der Organinnenhaftung müsste ansonsten eine schier unmöglich zu überblickende Anzahl von Einzelfällen antizipieren, abwägen und aufzählen. In diesem Zusammenhang wäre der Einführung einer dem Rechtsanwender Spielraum zugestehenden Härteklausel zumindest zuzugestehen, dass diese die Komplexität und Vielfalt der möglichen Anwendungsfälle anerkennt und dort Raum zur Einzelfallbetrachtung schafft, wo er notwendig ist.

Besonders kritische Einzelfälle, die einer Sonderregelung bedürfen würden, könnten im Rahmen der Vorschrift dann – bei Beibehaltung von Flexibilität im Übrigen – noch immer enumerativ speziell geregelt werden. Insofern wäre vor dem Hintergrund der Ergebnisse dieser Arbeit ein gänzlicher Ausschluss des Organinnenregresses über Verbandsgeldbußen zu befürworten.

II. Übertragung der Grundsätze des innerbetrieblichen Schadensausgleichs

Ausführlich besprochen wurde des Weiteren eine Haftungsbegrenzung der Organinnenhaftung unter Anwendung der richterrechtlichen Grundsätze des sog. „*innerbetrieblichen Schadensausgleichs*“ bzw. der „*betrieblich veranlassten Tätigkeit*“.

Die Grundsätze der betrieblich veranlassten Tätigkeit gehen in ihrer heute angewandten Form auf eine Grundsatzentscheidung des Großen Senats des BAG vom 27.09.1994 zurück.[1048] Sie besagen, dass ein Arbeitnehmer für Schäden, die er bei der Verrichtung seiner Tätigkeiten fahrlässig verursacht hat, „*in aller Regel*“[1049] wie folgt abgestuft hafte: Bei nur leichter Fahrlässigkeit scheide eine Haftung des Arbeitnehmers aus; bei grober Fahrlässigkeit hafte der Arbeitnehmer vollumfänglich; bei mittlerer Fahrlässigkeit sei der Schaden zwischen Arbeitnehmer und Arbeitgeber quotal zu verteilen, wobei die Gesamtumstände von Schadensanlass und Schadensfolgen nach Billigkeitsgründen und Zumutbarkeitsgesichtspunkten gegeneinander abzuwägen seien.[1050]

1048 BAG GS, Beschl. v. 27.09.1994, Rs. GS 1/89, NJW 1995, 210 f.

1049 Vgl. so bereits BAG GS, Beschl. v. 25.09.1957, Rs. GS 4 (5)/56, NJW 1958, 235, 239 = BAGE 5, 1.

1050 Vgl. BAG GS, Beschl. v. 27.09.1994, Rs. GS 1/89, NJW 1995, 210, 211; GmS-OGB, Beschl. v. 21.09.2013, Rs. GmS-OGB 1/93, BeckRS 1994, 1009; BAG GS, Beschl. v. 25.09.1957, Rs. GS 4 (5)/56, NJW 1958, 235 ff. = BAGE 5, 1; sowie BAG, Urt. v. 19.03.1959, Rs. 2 AZR 402/55, NJW 1959, 1796 ff. = BAGE 7, 290; ErfK/*Preis*,

Bis zu dieser Entscheidung war die Haftungsbegrenzung in ständiger Rechtsprechung auf gefahrgeneigte (Arbeits-)Tätigkeiten beschränkt.[1051] Dogmatisch wurde sie zunächst mit der Fürsorgepflicht des Arbeitgebers gegenüber dem Arbeitnehmer sowie dem grundrechtlichen Schutz – etwa des Existenzminimums – des Arbeitnehmers begründet.[1052] Die neue Rechtsprechung rekurriert in analoger Anwendung des § 254 BGB, auf das dem Arbeitgeber zuzuordnende Betriebs- und Organisationsrisiko und wägt dieses Risiko gegen die schuldhafte Schadensverursachung durch den Arbeitnehmer ab.[1053]

Es ist ganz überwiegend anerkannt, dass die Haftungsbegrenzung für betriebliche veranlasste Tätigkeiten nicht auf Organmitglieder anzuwenden ist.[1054] Einerseits wird hierfür die fehlende Weisungsgebundenheit der Organmitglieder im Vergleich zu Arbeitnehmern vorgebracht: Im Unterschied zum Arbeitnehmer könne das Organmitglied selbst entscheiden, ob eine bestimmte unternehmerische Tätigkeit überhaupt durchgeführt werde.[1055] Andererseits bestehe für eine Übertragung der Rechtsfigur auf die Organinnenhaftung ein dogmatisches Hindernis: Der Gesetzgeber habe – anders als im Arbeitsrecht seit jeher gefordert –[1056] für die Vorstandshaftung mittels des § 93 Abs. 1 Satz 2 AktG eine Spezialregelung geschaffen, die nicht durch richterrechtliche Rechtsfortbildung ersetzt werden dürfe.[1057]

---

21. Aufl. 2021, § 619a BGB Rn. 13 ff.; BeckOK-ArbR/*Hesse*, 59. Ed. Stand: 01.03.2021, § 619a BGB Rn. 5.

1051 Vgl. BAG GS, Beschl. v. 25.09.1957, Rs. GS 4 (5)/56, NJW 1958, 235, 236 = BAGE 5, 1; vgl. zur historischen Entwicklung MüKo-BGB/*Henssler*, 8. Aufl. 2020, § 619a Rn. 5 ff.

1052 BAG GS, Beschl. v. 25.09.1957, Rs. GS 4 (5)/56, NJW 1958, 235, 236 f. = BAGE 5, 1.

1053 Vgl. BAG GS, Beschl. v. 27.09.1994, Rs. GS 1/89, NJW 1995, 210, 211 ff.; BGH, Urt. v. 21.12.1993, Rs. VI ZR 103/93, NJW 1994, 852, 854; BeckOK-ArbR/*Hesse*, 59. Ed. Stand: 01.03.2021, § 619a BGB Rn. 5.

1054 Vgl. nur BGH, Urt. v. 27.02.1975, Rs. II ZR 112/72, WM 1975, 467, 469; mit Blick auf das Vereinsrecht, BGH, Urt. v. 05.12.1983, Rs. II ZR 252/82, NJW 1984, 789, 790; *Bayer*, in: Bitter/Lutter/Priester u.a. (Hrsg.), Festschrift für Karsten Schmidt zum 70. Geburtstag, 2009, S. 85, 97; *Fleck*, in: Dieterich/Gamillscheg/Wiedemann (Hrsg.), Festschrift für Marie Luise Hilger und Hermann Stumpf, 1983, S. 197, 215 f.; *Koch*, AG 2012, 429; *Schneider*, in: Hadding/Immenga/Mertens u.a. (Hrsg.), Festschrift für Winfried Werner zum 65. Geburtstag am 17. Oktober 1984, 1984, S. 795, 800; *Bastuck*, Enthaftung des Managements, 1986, S. 80 ff.

1055 *Hoffmann*, NJW 2012, 1393, 1397.

1056 Vgl. ErfK/*Preis*, 21. Aufl. 2021, § 619a BGB Rn. 1 m.w.N.

1057 Vgl. *Koch*, AG 2012, 429, 435.

Dem ersten Einwand ist entgegenzuhalten, dass er die Realität der Organtätigkeit unterschlägt. Organe der Aktiengesellschaft können in ihrer Tätigkeit die Business Judgment Rule in Anspruch nehmen.[1058] Ihnen werden regelmäßig ex ante schwierige und in ihrer Konsequenz nicht bis ins letzte Detail vorhersehbare Einschätzungen tatsächlicher und rechtlicher Art abverlangt. Diese können wiederum mit einem ruinösen Haftungsrisiko verbunden sein. Hinzu treten für Vorstände heutzutage kaum mehr zu überblickende Compliance-Anforderungen, die einem ständigen Wandel unterworfen sind. *Hoffmann* stellt insofern vollkommen zutreffend fest, dass die Vorstellung der Vorstandshaftung als im Vergleich zur Arbeitnehmerhaftung *„selbstgewähltes Schicksal"*, nicht zutreffe.[1059]

Dem zweiten, dogmatischen Einwand begegnet *Koch* mit dem Hinweis, dass die Spezialregelung des § 93 Abs. 1 Satz 2 AktG nicht die Anwendung der Grundsätze des innerbetrieblichen Schadensausgleichs auf Vorstände im Bereich der *„mittleren Fahrlässigkeit"* sperre[1060] und § 93 Abs. 1 Satz 2 AktG im Übrigen auch keine für die Vorstandshaftung abschließende Regelung enthalte.[1061] Mit Blick auf die hier zugrunde liegende Untersuchung relevant und zutreffend führt *Koch* aus: *„Besonders deutlich wird dies im sanktionsbewehrten Bereich, wo im Hinblick auf die gesetzlichen Vorgaben schon eine unternehmerische Entscheidung verneint wird, und zwar ungeachtet der Frage, welche Schwierigkeiten der Subsumtionsakt aufwerfen mag."*[1062]

Jedenfalls hat sich ungeachtet beider Bedenken eine gewichtige Literaturansicht gebildet, die dem Ergebnis nach für eine generelle Übertragung der Haftungsbeschränkung nach den Grundsätzen der betrieblich veranlassten Tätigkeit auf die Organinnenhaftung nach § 93 Abs. 2 AktG eintritt.[1063] Die mit der Arbeitnehmersituation vergleichbare Lage wird unter anderem darin gesehen, dass die durch Organmitglieder begangenen Verstöße regelmäßig nicht aus einem – ausschließlich – eigennützigen Verhalten herrühren würden, sondern

---

1058 Vgl. S. 104 ff.

1059 *Hoffmann*, NJW 2012, 1393, 1397.

1060 Vgl. *Koch*, AG 2012, 429, 436.

1061 Vgl. *ders.*, AG 2012, 429, 438.

1062 *Ders.*, AG 2012, 429, 438.

1063 Vgl. *Bayer*, in: Bitter/Lutter/Priester u.a. (Hrsg.), Festschrift für Karsten Schmidt zum 70. Geburtstag, 2009, S. 85, 97; *Hopt*, ZIP 2013, 1793, 1804; *Wilhelmi*, NZG 2017, 681 ff.; zumindest offen für eine derartige Lösung, *Bachmann*, ZIP 2017, 841, 851; *Spindler*, AG 2013, 889, 894.

aus einer betrieblichen Sphäre.[1064] Auch bestehen zwischen Organmitgliedern und Unternehmen eine dem Verhältnis von Arbeitnehmer und Arbeitgeber vergleichbare Schutzbedürftigkeit und Diskrepanz zwischen unternehmerischem Risiko und unternehmerischer Chancenbeteiligung, solange das jeweilige Organmitglied nicht auch erhebliche Gesellschaftsanteile hält.[1065]

Schließlich wird regelmäßig auf eine Rücksichtnahme- bzw. Fürsorgepflicht der Aktiengesellschaft verwiesen.[1066] Teilweise wird aus dieser Fürsorgepflicht gefolgert, die Haftungsbegrenzung sei nicht allein auf gerichtlicher Ebene zu beachten, sondern binde bereits den Aufsichtsrat – bzw. im Falle von §§ 116 Satz 1, 93 Abs. 2 Satz 1 AktG spiegelbildlich den Vorstand –[1067] bei Geltendmachung von Schadensersatzansprüchen gegen das jeweils andere Organ.[1068] Auch *Casper* hält den Rechtsgedanken des innerbetrieblichen Schadensausgleichs vor diesem Hintergrund grundsätzlich für übertragbar, möchte diesen jedoch einzelfallabhängig nur in solchen Fällen zur Anwendung bringen, in denen sehr hohe Forderungen im Raum stünden, sodass es darum gehe, die Vernichtung der wirtschaftlichen Existenz des Vorstands zu verhindern.[1069] Diesem Gedanken entspricht auch *Reichert,* wenn er anerkennt, dass zwar vieles dafür spreche über den Weg der gesellschaftlichen Treuepflicht nach dem Vorbild der Figur des innerbetrieblichen Schadensausgleichs – wenn auch nicht in unmittelbarer Anwendung derselben – Korrekturen der Organinnenhaftung vorzunehmen, er aber zugleich sieht, dass die eigentliche Schwierigkeit darin bestehe, Kriterien dafür zu entwickeln, unter welchen Voraussetzungen ein zwingender Schutz von Existenzbeeinträchtigungen zu etablieren sei.[1070]

Jedenfalls aber bleibt die Figur der betrieblich veranlassten Tätigkeit zur Haftungsbegrenzung der Organinnenhaftung in der Aktiengesellschaft zwei weiteren Bedenken ausgesetzt:

1064 *Bayer*, in: Bitter/Lutter/Priester u.a. (Hrsg.), Festschrift für Karsten Schmidt zum 70. Geburtstag, 2009, S. 85, 97.

1065 Vgl. *Casper*, ZHR 176 (2012), 617, 637; *Koch*, AG 2012, 429, 435; *Spindler*, AG 2013, 889, 894 f.

1066 *Bayer*, in: Bitter/Lutter/Priester u.a. (Hrsg.), Festschrift für Karsten Schmidt zum 70. Geburtstag, 2009, S. 85, 97; *Spindler*, AG 2013, 889, 894 f.; *Casper*, ZHR 176 (2012), 617, 637 f.

1067 Vgl. S. 121.

1068 Vgl. *Bayer*, in: Bitter/Lutter/Priester u.a. (Hrsg.), Festschrift für Karsten Schmidt zum 70. Geburtstag, 2009, S. 85, 97; *Spindler*, AG 2013, 889, 895.

1069 *Casper*, ZHR 176 (2012), 617, 638 f.

1070 Vgl. *Reichert*, ZHR 177 (2013), 756, 775 ff.

Erstens muss bezweifelt werden, dass über die Rechtsprechung zur betrieblich veranlassten Tätigkeit tatsächlich Indizien in die Beurteilung der Organinnenhaftung eingeführt würden, die konkreter wären, als eine Einschränkung der Haftung im Ermessen des Richters nach § 242 BGB wie von Canaris vorgeschlagen. So schrieb etwa *Thole* richtigerweise: *„Das Problem mit dieser Begrenzung ist nicht so sehr die argumentative Anlehnung an die Grundsätze der Arbeitnehmerhaftung als vielmehr ihre fehlende Bestimmbarkeit.“*[1071] *Wagner* erkennt als hieran anknüpfendes Problem, dass eine unbestimmbare „weiche“ Schadensersatzdrohung weder Rechtssicherheit noch effektive Verhaltenssteuerung erwirken könne.[1072]

Zweitens ergibt sich mit Blick auf die Organinnenhaftung über Verbandsgeldbußen, denen ein zumindest bedingt vorsätzlicher Rechtsverstoß des Organmitglieds zugrunde liegt, dass diese nicht über die Grundsätze der betrieblich veranlassten Tätigkeit oder andersgeartete Orientierungen am Verschuldensgrad abgefangen werden könnten, obwohl dies nach hier vertretener Ansicht erforderlich wäre.[1073]

Vonseiten des Schrifttums wurde in diesem Zusammenhang darauf verwiesen, dass Business Judgment Rule und Vollstreckungsschutz Vorständen bereits ausreichenden Schutz gewähren würden. Beiden Argumenten ist schon an anderer Stelle entgegengetreten worden.[1074] *Bachmann* gibt zudem zu bedenken, dass ein Verweis auf die Vollstreckungsebene – etwa mit Blick auf die Restschuldbefreiung – sich ebenso der Figur des innerbetrieblichen Schadensausgleichs mit Blick auf die Arbeitnehmerhaftung entgegenhalten lasse.[1075]

Teilweise wird des Weiteren bereits auf sachlicher Ebene abgestritten, dass eine Diskrepanz zwischen unternehmerischem Risiko und unternehmerischer Chancenbeteiligung für Organe bestehe, die der von Arbeitnehmern vergleichbar sei.[1076] Dies ergebe sich nach *Schöne* und *Petersen* aus der systematischen Position von Organmitgliedern, denen in der Gesellschaft im Vergleich zum

1071 *Thole*, ZHR 173 (2009), 504, 533.

1072 Vgl. *Wagner*, ZHR 178 (2014), 227, 277.

1073 Vgl. S. 204 f.

1074 Zur Business Judgment Rule vgl. B.II.b; zur Kritik an dem Verweis auf den zivilrechtlichen Vollstreckungsschutz vgl. D.II.d.bb. Vgl. zusammenfassend, *Bachmann*, in: Ständige Deputation des Deutschen Juristentages (Hrsg.), Verhandlungen des 70. Deutschen Juristentags Hannover 2014, 2014, E1-E124, E56 f.

1075 *Ders.*, in: Ständige Deputation des Deutschen Juristentages (Hrsg.), Verhandlungen des 70. Deutschen Juristentags Hannover 2014, 2014, E1-E124, E57.

1076 Vgl. *Schöne/Petersen*, AG 2012, 700, 704.

Arbeitnehmer erheblich größerer Einfluss zukomme und zu deren Gunsten – etwa mit Blick auf die Business Judgment Rule – bereits gesetzliche Schutzmechanismen bestünden, die man nicht „*aufweichen*" dürfe.[1077]

Wie ungeeignet die Business Judgment Rule ist, um Vorstände vor ausufernder Haftung zu schützen, wurde bereits besprochen.[1078] Auch der Sache nach kann man *Schöne* und *Petersen* jedoch nicht folgen. Die Debatte um die Haftungsbegrenzung der Organinnenhaftung entstand gerade, weil zahlreiche Vertreter der Literatur empfanden, dass die Organinnehaftung in ihrem möglicherweise existenzvernichtendem Ausmaß unhinnehmbare Größen erreichen könne. Soweit hierbei auf eine Diskrepanz zwischen unternehmerischem Risiko und unternehmerischer Chancenbeteiligung von Organmitgliedern verwiesen wurde, hatten wohl alle Bearbeiter – dies sei unterstellt – durchaus im Blick, dass der Vorstand der AG mehr verdient als ein durchschnittlicher Angestellter derselben und Organen in einer Gesellschaft mehr Einfluss zukommt als deren Angestellten. Es geht aber gerade um eine Frage der Verhältnismäßigkeit, mit dem Ziel der Feststellung, ob sich Parallelen zur Figur des innerbetrieblichen Schadensausgleichs ziehen lassen.[1079]

Zum Vergleich: der Umsatz der Volkswagen AG betrug für das Jahr 2017 rund EUR 230 Mrd.[1080] Im gleichen Jahr bestand für das Gehalt des Vorstandschefs von Volkswagen *Matthias Müller* mit Blick auf die variable Vergütung ein Gehaltskorridor von EUR 2.930.542 bis EUR 16.071.542,[1081] wobei VW im Jahr 2017 einen Gehaltsdeckel von EUR 10 Mio. einführte, in dessen Größenordnung laut Medienberichten das tatsächliche Gehalt *Müllers* für dieses Jahr lag.[1082] Führt man sich vor Augen, welche wirtschaftlichen Prozesse ein Unternehmensvorstand mit Blick auf den Unternehmensumsatz alle verantwortungsvoll

---

1077 Vgl. *dies.*, AG 2012, 700, 704 f.

1078 Vgl. hierzu S. 123 f.

1079 Vgl. hierzu auch *Bachmann*, ZIP 2017, 841, 848 f.; *Wilhelmi*, NZG 2017, 681, 687.

1080 Vgl. Umsatz der Volkswagen AG in den Jahren 2000 bis 2020 (in Millionen Euro), 2020, abrufbar unter: https://de.statista.com/statistik/daten/studie/30743/umfrage/umsatz-der-volkswagen-ag/ (geprüft am 30.09.2021).

1081 Vgl. *Volkswagen AG*, Konzernlagebericht - Bezüge des Vorstands, 2017, abrufbar unter: https://geschaeftsbericht2017.volkswagenag.com/konzernlagebericht/verguetungsbericht/bezuege-des-vorstands.html (geprüft am 30.09.2021).

1082 Vgl. *Vetter*, Gehaltsdeckel kostet VW-Chef Müller 3,7 Millionen Euro, 2018, abrufbar unter: https://www.welt.de/wirtschaft/article174491011/VW-Chef-Mueller Gehaltsdeckel-kostet-Volkswagen-CEO-3-7-Millionen-Euro.html (geprüft am 30.09.2021).

steuern muss, scheint er im Vergleich zu Unternehmensangestellten, denen der innerbetriebliche Schadensausgleich zur Hilfe gereicht wird, auch in Anbetracht der Business Judgment Rule und der Restschuldbefreiung, mehr und nicht weniger schutzwürdig. Um es plakativ zu formulieren: Zehn Millionen Euro sind – freilich zugespitzt formuliert – sehr viel Geld. EUR 230 Milliarden Euro stellen aber erheblich mehr Risiko dar.

Der Weg über den innerbetrieblichen Schadensausgleich stellt im Ergebnis ebenfalls eine Ausnahme vom Grundsatz der Totalreparation dar. Entsprechend erklärte der VI. Zivilsenat des BGH im Verfahren des Gemeinsamen Senats der obersten Gerichtshöfe des Bundes hinsichtlich der Aufgabe seiner Einschränkung der Haftungsbegrenzung auf gefahrgeneigte Arbeiten: „*Mit der Argumentation, daß die Haftungserleichterungen entscheidend auch auf das Mißverhältnis zwischen Schaden und Arbeitseinkommen einerseits und auf die Gefährdung der wirtschaftlichen Existenz des Arbeitnehmers andererseits zu stützen sei, ließe sich ferner, die Gewährung von Haftungserleichterungen bis hin zur Haftungsfreistellung auch ohne Rücksicht auf das Verschulden begründen. Damit wäre die gesetzgeberische Konzeption der vollen Haftung für jedes Verschulden (§§ 249, 276 BGB) nicht mehr nur modifiziert, sondern aufgehoben. Nach Auffassung des Senats ist eine solche Fortentwicklung durch Richterrecht von Verfassungs wegen weder geboten noch zulässig.*“[1083]

Der Lösungsansatz ist seiner Zielrichtung zu begrüßen und bietet einen auch *de lege lata* grundsätzlich praktikablen Ansatz. Er geht hinsichtlich der Beschränkung des Organinnenregresses über Verbandsgeldbußen jedoch nicht weit genug und bietet keine Möglichkeit eines gänzlichen Regressausschlusses, der dieser Arbeit nach notwendig erscheint.[1084]

III. Haftungshöchstbeträge

Eng verwoben mit der Beschränkung der Organinnenhaftung mittels des Rechtsgedankens des innerbetrieblichen Schadensausgleichs entstanden Vorschläge zur Einführung fixer summenmäßiger Begrenzungen des Regresses zur Beseitigung der hinsichtlich des innerbetrieblichen Schadensausgleichs kritisierten Rechtsunsicherheit.[1085]

1083 BAG GS, Beschl. v. 27.09.1994, Rs. GS 1/89, NJW 1995, 210, 211.

1084 Vgl. S. 204 f.; 219 ff.

1085 Vgl. *Bayer*, in: Bitter/Lutter/Priester u.a. (Hrsg.), Festschrift für Karsten Schmidt zum 70. Geburtstag, 2009, S. 85, 97; *Thole*, ZHR 173 (2009), 504, 533 f.; ebenfalls

Auf diesem Wege könne auch mit Blick auf den Regress über Verbandsgeldbußen eine strikte Trennung von Straf- und Gesellschaftsrecht eingehalten werden, indem es nicht auf die Verwirklichung bestimmter Sanktionszwecke zur Regressbegrenzung ankomme.

Als Anhaltspunkt für eine Haftungsgrenze wird – soweit vorhanden – der Bußgeldrahmen genannt, dem die natürliche Person selbst ausgesetzt wäre, soweit sie Bußgeldadressat sei.[1086] Teilweise wird auch auf eine präzise Bestimmung eines hypothetischen Bußgeldes rekurriert, welches als Orientierung dienen solle. Im Ergebnis dürfte es nur wenig Unterschied machen, ob man anhand eines Bußgeldrahmens die Höhe des Schadenersatzes unmittelbar bestimmt oder als Zwischenschritt ein Bußgeld in demselben Rahmen fingiert und in einem dritten Schritt als Schadensersatz übernimmt. Gedanklich erfolgen dieselben Prüfungen.

Teilweise werden Haftungshöchstbeträge aber auch von dieser Thematik losgelöst zur Ausfüllung der Übertragung der Grundsätze des innerbetrieblichen Schadensausgleichs auf die Organinnenhaftung herangezogen.[1087]

Soweit ersichtlich wird die Einführung von Haftungshöchstgrenzen im Übrigen nicht als Gegenstand möglicher Rechtsfortbildung *de lege lata* diskutiert, sondern als Vorschlag zukünftiger Gesetzgebung.[1088] *Casper* leitet eine Beschränkung mittels Höchstgrenzen aus dem aktienrechtlichen Rücksichtnahmegebot her und schlägt in Anlehnung an *Koch*[1089] eine Orientierung an § 93 Abs. 2 Satz 3 AktG als Untergrenze vor, wobei er – hinsichtlich der Wahrung der wirtschaftlichen Existenz des Vorstands – eine Orientierung am Vermögen des Vorstands (und nicht wie von § 93 Abs. 2 Satz 3 AktG vorgenommen an dessen Vergütung) in Höhe zwischen 10–25% vorschlägt.[1090]

Auch der Vorschlag der Übertragung von Haftungsgrenzen eignet sich nicht zu einer Anwendung auf die Begrenzung des Organinnenregresses über

---

kritisch hinsichtlich des Fehlens solcher Haftungshöchstgrenzen, *Karbaum*, AG 2013, 863, 873.

1086 Vgl. *Fleischer*, BB 2008, 1070, 1073; *Thole*, ZHR 173 (2009), 504, 534.

1087 Vgl. *Spindler*, AG 2013, 889, 895.

1088 Vgl. *Peltzer*, in: Häuser/Hammen/Hennrichs u.a. (Hrsg.), Festschrift für Walther Hadding zum 70. Geburtstag am 8. Mai 2004, 2004, S. 593, 598 f.

1089 *Koch*, in: Hoffmann-Becking/Hüffer/Reichert (Hrsg.), Liber Amicorum für Martin Winter, 2011, S. 327, 348 f.; zur Orientierung eines Haftungshöchstbetrags an der Organvergütung siehe auch *Wagner*, ZHR 178 (2014), 227, 278.

1090 Vgl. *Casper*, ZHR 176 (2012), 617, 641.

Verbandsgeldbußen. Er bietet keine Möglichkeiten eines gänzlichen Regressausschlusses, welcher dieser Arbeit nach für notwendig gehalten wird.[1091]

IV. Abgrenzung zu Vorschlägen einer Haftungsbegrenzung ohne Einschränkung des Grundsatzes der Totalreparation

Des Weiteren wurden in der Literatur verschiedene „weiche“ Vorschläge zum Schutze von Vorständen vor als unbillig empfundenen Haftungsregressen diskutiert.

Bastuck und *Grunewald* sprechen sich etwa in Anlehnung an den Vorschlag der Einführung gesetzlich normierter Haftungshöchstgrenzen[1092] für die Möglichkeit einer satzungsmäßigen Vereinbarung von Höchstgrenzen aus.[1093] Sie begegnen damit der Kritik an dem Vorschlag der Einführung von Haftungshöchstgrenzen dahin gehend, dass Haftungshöchstgrenzen die Ausgleichsfunktion des § 93 Abs. 2 AktG zu sehr schwächen würden und dem allgemeinen Schadensrecht – mit Ausnahme spezieller Regelungen etwa der Gefährdungshaftung – grundsätzlich fremd seien.[1094]

Ebenso wie die in der Literatur besprochenen Ansätze der Aufweichung der ARAG-Doktrin[1095] oder der Voraussetzungen des Verzichts i.S.v. § 93 Abs. 4 Satz 3 AktG[1096] würde eine Begrenzung der Organhaftung mittels satzungsmäßiger Vereinbarung die Begrenzung eines Organinnenregresses in die Hände Privater legen.

1091 Vgl. S. 204 f.; 219 ff.

1092 Vgl. S. 232 ff.

1093 Vgl. *Bastuck*, Enthaftung des Managements, 1986, 89 ff.; *Grunewald*, AG 2013, 813, 815 f.

1094 Vgl. hierzu *Fleischer*, WM 2005, 909, 915; *Bachmann*, in: Ständige Deputation des Deutschen Juristentages (Hrsg.), Verhandlungen des 70. Deutschen Juristentags Hannover 2014, 2014, E1-E124, E64; siehe aber *Spindler*, AG 2013, 889, 895, welcher in Anbetracht der weiten Haftungsvoraussetzungen und umfassenden Pflichtenkataloge der Organinnenhaftung sehr wohl Parallelen zur Gefährdungshaftung zieht, sowie *Hoffmann*, NJW 2012, 1393, 1397, welcher Parallelen zum Produkthaftungsrecht aufgrund des unbeherrschbaren Haftungspotenzials erkennt.

1095 Vgl. zur ARAG-Rechtsprechung, S. 120 f.

1096 Vgl. *Bachmann*, in: Ständige Deputation des Deutschen Juristentages (Hrsg.), Verhandlungen des 70. Deutschen Juristentags Hannover 2014, 2014, E1-E124, E48 ff. m.w.N.

Derartige Ansätze genügen verfassungsrechtlichen Anforderungen, die an eine Begrenzung der Organinnenhaftung über Verbandsgeldbußen nach den in dieser Arbeit entwickelten Grundsätzen zu stellen sind, nicht.[1097]

1097 Vgl. S. 201 ff.; 219 ff.

F. Fazit und Ausblick

Diese Arbeit nahm ihren Ursprung[1098] anlässlich der folgenden Feststellung des LAG Düsseldorf:[1099]

> „*Der mit einer Geldbuße verbundene wesentliche Zweck, eine bestimmte Ordnung zu garantieren, könnte nicht wirksam erreicht werden, wenn sich die Rechtsordnung zu sich selbst in Widerspruch setzt, indem sie durch die Zivilgerichte das wiedergibt, was sie zuvor wegen individuellen Fehlverhaltens als Sanktion genommen hat. […] Grundsätzlich muss derjenige die Geldstrafe oder Geldbuße aus seinem eigenen Vermögen aufbringen, der die Straftat oder Ordnungswidrigkeit begangen hat.*“[1100]

Der durch das LAG Düsseldorf vermutete systematische Widerspruch zwischen Ordnungswidrigkeitenrecht einerseits und zivilrechtlichem Haftungsrecht andererseits hat sich mit Blick auf den Organinnenregress über Verbandsgeldbußen ebenso bestätigt,[1101] wie die in dem vorstehenden Zitat vermutete Adressatenbindung der Geldbuße.[1102]

Der Organinnenregress über Verbandsgeldbußen steht im Widerspruch zu den durch eine Verbandssanktion verfolgten Zwecken sowie zu der systematischen Ausdifferenziertheit der Bußgeldbemessung hinsichtlich natürlicher und juristischer Personen im Ordnungswidrigkeitenrecht.[1103] Eine Begrenzung des Organinnenregresses wiederum steht im Widerspruch zum Grundsatz der Totalreparation gemäß § 249 Abs. 1 BGB.[1104]

Weder bei rechtlicher noch bei ökonomischer Betrachtung ergibt sich ein grundsätzlicher Vorrang der einen Rechtssäule vor der anderen.[1105] Die ökonomische Analyse des Rechts belegt jedoch, dass ein – hinsichtlich der Maximierung der gesamtgesellschaftlichen Wohlfahrt – effizientes Sanktionssystem im Wirtschaftsstrafrecht sowohl die natürliche Person als auch den Verband wirksam sanktionieren muss.[1106]

1098 Vgl. S. 17.
1099 LAG Düsseldorf, Teilurt. v. 20.01.2015, Rs. 16 Sa 459/14, NZKart 2015, 277 ff.
1100 LAG Düsseldorf, Teilurt. v. 20.01.2015, Rs. 16 Sa 459/14, NZKart 2015, 277, 279.
1101 Vgl. S. 121 ff.
1102 Vgl. S. 201 ff.
1103 Vgl. S. 121 ff.
1104 Vgl. S. 116 ff.; 121 ff.; 206 ff.
1105 Vgl. S. 159 ff.
1106 Vgl. S. 154 ff.; 159 ff.

Vor diesem Hintergrund wurde ein *de lege lata* praktikabler Weg zum Ausschluss eines Verbandssanktionsregresses gegen Organe in der Aktiengesellschaft entwickelt.[1107] Dieser ging von der Betrachtung der verfassungsrechtlichen Rechtfertigung der Verbandsgeldbuße und der durch einen Organinnenregress bedingten Belastung des Regressadressaten aus.[1108]

Zunächst wurde dabei vor der ermittelten Prämisse, dass jede verfassungsgemäß ausgestaltete staatliche Sanktion einen Vorwurf gegen den Sanktionsadressaten enthält, festgestellt, dass sich aus diesem Vorwurf eine Adressatenbindung der Sanktion ergebe.[1109] Dem liegt der Gedanke zugrunde, dass jede staatliche Sanktion zwei Grundrechtsverletzungen beinhaltet. Die Feststellung eines Vorwurfs im Sinne einer sanktionswürdigen Verantwortlichkeit des Sanktionsadressaten einerseits (sog. Primärsanktion) und die Verhängung eines daran knüpfenden Sanktionsübels andererseits (sog. Sekundärsanktion).[1110] Die Verhängung eines Sanktionsübels ohne vorherige Feststellung einer sanktionswürdigen Verantwortlichkeit des Sanktionsadressaten lässt sich nicht mit dem Rechtsstaatsprinzip sowie dem Grundsatz der Verhältnismäßigkeit vereinbaren.[1111]

Die Untersuchung ergab des Weiteren, dass das Bestehen einer Primärsanktion, die die Verantwortlichkeit eines **bestimmten** Adressaten feststellt, die Rechtfertigung der Sekundärsanktion bedingt.[1112] Werden – auf die Verbandsgeldbuße übertragen – Primärsanktion (Vorwurf gegen den Verband) und Sekundärsanktion (Geldbuße) *ipso iure* mit Sanktionsverhängung verschiedenen Adressaten zugeordnet, entfällt die verfassungsrechtliche Rechtfertigung der Verbandsgeldbuße.

Soweit der Organinnenregress nach § 93 Abs. 2 AktG bzw. genauer der Grundsatz der Totalreparation nach § 249 Abs. 1 BGB diese Adressatenbindung unterläuft, wurde nach einer Möglichkeit der Begrenzung des Grundsatzes der Totalreparation anhand der festgestellten verfassungsrechtlichen Wertungen geforscht. Ein *de lege lata* zugänglicher Anknüpfungspunkt für eine Begrenzung des Organinnenregresses hat sich in der Bindung der Zivilgerichtsbarkeit an

1107 Vgl. S. 216 ff.

1108 Vgl. S. 201 ff.; 216 ff.

1109 Vgl. S. 201 ff.

1110 Zur Einführung der Begrifflichkeiten von Primär- und Sekundärsanktion, vgl. S. 186 ff.

1111 Vgl. S. 37 ff.; 201 ff.

1112 Vgl. S. 186 ff.

die Grundrechte ergeben. In – je nach vertretener Ansicht – unmittelbarer oder mittelbarer Anwendung (etwa über § 242 BGB) ließe sich bei der Beurteilung der Regressforderung das verfassungsrechtliche Übermaßverbot dahin gehend berücksichtigen, dass es – verknappt – einen unverhältnismäßigen Eingriff in die Grundrechte des Regressadressaten darstellen würde, diesen faktisch mit einem staatlichen Sanktionsübel zu belasten, hinsichtlich dessen ihn kein kongruenter staatlicher Vorwurf trifft.[1113] Bei Berücksichtigung des Übermaßverbots lässt sich sodann entlang der Leitlinien der Rechtsprechung des BVerfG zur Haftung Minderjähriger *de lege lata* ein Regressausschluss hinsichtlich Verbandsgeldbußen begründen.[1114]

Soweit sich die Entscheidung des LAG Düsseldorf vom 20.01.2015[1115] bzw. die Versagung des Organinnenregresses über Verbandsgeldbußen durch die Zivilgerichtsbarkeit nicht dergestalt als herrschende Ansicht durchsetzen, dass die Rechtsanwendung aufseiten des Ordnungswidrigkeitenrechts den Regressausschluss als Garantie begreifen darf, wären Gerichte und Ordnungsbehörden bei konsequenter Anwendung der geschilderten Erkenntnisse sogar daran gehindert, Verbandsgeldbußen (zumindest soweit diese über einen abschöpfenden Teil hinaus auch einen ahndenden Teil umfassen)[1116] gegen Verbände zu verhängen, solange diese *ipso iure* einen Regressanspruch gegen ein Organ desselben Verbands begründen würden.[1117] Dem Rechtsanwender im Ordnungswidrigkeitenrecht ist die Verhängung verfassungswidriger Sanktionsübel versperrt.[1118]

Mag man diesen Zustand kaum hinzunehmender Rechtsunsicherheit nicht tolerieren, ergibt sich ein starkes Plädoyer für eine gesetzgeberische Lösung. Etwa durch Einführung einer Härteklausel zur Begrenzung der Organinnenhaftung im richterlichen Ermessen in das allgemeine Schadensrecht entlang des von *Bachmann* eingebrachten Vorschlags,[1119] die einen speziellen Regressausschluss über Verbandsgeldbußen enthalten könnte. Präziser wäre ein selbstständiges gesetzliches Regressverbot über Verbandsgeldbußen.

1113 Vgl. S. 219 ff.
1114 Vgl. S. 216 ff.
1115 LAG Düsseldorf, Teilurt. v. 20.01.2015, Rs. 16 Sa 459/14, NZKart 2015, 277 ff.
1116 Vgl. S. 201 ff.; 216 ff.
1117 Vgl. S. 201 ff.
1118 Vgl. S. 204 f.
1119 Vgl. S. 224 ff.

Der jüngst vorgelegte und bereits wieder der Diskontinuität anheimgefallene Entwurf eines Verbandssanktionengesetzes enthielt eine solche Spezialregelung nicht.[1120] Dies ist zu kritisieren. Ein in diesem Zusammenhang vorzugswürdiger rechtspolitischer Vorschlag wurde durch den von *Henssler, Hoven, Kubiciel* und *Weigend* vorgestellten sog. „*Kölner Entwurf*" eines Verbandssanktionengesetzes unterbreitet.[1121] Er kann insofern als sinnvolles Vorbild für die Zukunft dienen.

1120 Vgl. Entwurf eines Gesetzes zur Stärkung der Integrität der Wirtschaft, BT-Drs. 19/23568 (Stand: 21.10.2020).

1121 Vgl. *Henssler/Hoven/Kubiciel u.a.*, Kölner Entwurf eines Verbandssanktionengesetzes, 2017, abrufbar unter: http://www.jpstrafrecht.jura.uni-koeln.de/sites/iss_juniorprof/Projekte/Koelner_Entwurf_eines_Verbandssanktionengesetzes__2017.pdf, § 10 (geprüft am 30.09.2021).

Literaturverzeichnis

Achenbach, Hans, Das Gesicht des deutschen Kartellordnungswidrigkeitenrechts nach dem „GWB-Digitalisierungsgesetz“ vom Januar 2021, wistra 2021, S. 129–135.

—, Die Sanktionen gegen die Unternehmensdelinquenz, JuS 1990, S. 601–608.

—, Diskrepanzen der ahnenden Sanktionen gegen Unternehmen, in: Küper, Wilfried/Well, Jürgen (Hrsg.), Festschrift für Walter Stree und Johannes Wessels zum 70. Geburtstag, Heidelberg 1993, S. 545–562.

—, Ahnende Sanktionen gegen Unternehmen und die für sie handelnden Personen im deutschen Recht, in: Schünemann, Bernd/de Figueiredo Dias, Jorge (Hrsg.), Bausteine des europäischen Strafrechts, Coimbra-Symposium für Claus Roxin, Köln u.a. 1995, S. 283–305.

—, Bußgeldverhängung bei Kartellordnungswidrigkeiten nach dem Ende der fortgesetzten Handlung, WuW 1997, S. 393–404.

—, Ausweitung des Zugriffs bei den ahnenden Sanktionen gegen die Unternehmensdelinquenz, wistra 2002, S. 441–445.

Achilles, Alexander/Gebhard, Albert/Spahn, Peter (Hrsg.), Protokolle der Kommission für die zweite Lesung des Bürgerlichen Gesetzbuches - Band II., Recht der Schuldverhältnisse Abschn. II, Tit. 2-20, Abschn. III, IV, Berlin 1898.

Appel, Ivo, Verfassung und Strafe - Zu den verfassungsrechtlichen Grenzen staatlichen Strafens, Berlin 1998.

Arlen, Jennifer, Corporate Criminal liability: theory and evidence, in: Harel, Alon/Hylton, Keith N. (Hrsg.), Research Handbook on the Economics of Criminal Law, Cheltenham, Northampton 2012, S. 144–203.

Arlen, Jennifer/Kraakman, Reinier, Controlling Corporate Misconduct: An Analysis of Corporate Liability Regimes, N.Y.U.L. Rev. 72 (1997), S. 687–779.

Armbrüster, Christian/Schilbach, Dan, Nichtigkeit von Versicherungsverträgen wegen Verbots- oder Sittenverstoßes, r+s 2016, S. 109–117.

Arnold, Michael/Rothenburg, Vera, in: Semler, Johannes/Peltzer, Martin/Kubis, Dietmar (Hrsg.), Arbeitshandbuch für Vorstandsmitglieder, 2. Aufl., München 2015.

Assmann, Heinz-Dieter/Schneider, Uwe/Mülbert, Peter O. (Hrsg.), Wertpapierhandelsrecht, 7. Aufl., Köln 2019.

Bach, Florian, Die steuerliche Seite des (strafrechtlichen) Verfalls, wistra 2006, S. 46–49.

Bachmann, Gregor, Anmerkung zu LG München I, Urt. v. 10.12.2013 - 5 HK O 1387/10, ZIP 2014, S. 579–583.

—, Reform der Organhaftung? Materielles Haftungsrecht und seine Durchsetzung in privaten und öffentlichen Unternehmen – Gutachten E zum 70. Deutschen Juristentag, in: Ständige Deputation des Deutschen Juristentages (Hrsg.), Verhandlungen des 70. Deutschen Juristentags Hannover 2014, München 2014, E1-E124.

—, Die Beschränkung der Organhaftung nach den Grundsätzen des Arbeitsrechts, ZIP 2017, S. 841–851.

Baird, Douglas G./Gertner, Robert H./Picker, Randal C., Game Theory and the Law, 2. Aufl., Cambridge (Massachusetts)/London 1994.

Bar, Carl Ludwig von, Die Lehre vom Kausalzusammenhang im Recht, besonders im Strafrecht, 1971. Aufl., Leipzig 1871.

Bartelt, Johann Christian, Beschränkung des Schadensersatzumfangs durch das Übermaßverbot? – Eine Untersuchung der Vereinbarkeit des Grundsatzes der Totalreparation (§ 249 I BGB), Berlin 2004.

Bastuck, Burkhard, Enthaftung des Managements – Corporate Indemnification im amerikanischen und deutschen Recht, Köln u.a. 1986.

Baumanns, Silke/Schlei, Miriam, Aufsichtspflichten im Konzern – Die Haftung der Muttergesellschaft nach den §§ 30, 130 OWiG, in: Ahlbrecht, Heiko/Dann, Matthias u.a. (Hrsg.), Unternehmensstrafrecht, Festschrift für Jürgen Wessing zum 65. Geburtstag, München 2015, S. 101–115.

Bayer, Walter, Legalitätspflicht der Unternehmensleitung, nützliche Gesetzesverstöße und Regress bei verhängten Sanktionen – - dargestellt am Beispiel von Kartellverstößen -, in: Bitter, Georg/Lutter, Marcus u.a. (Hrsg.), Festschrift für Karsten Schmidt zum 70. Geburtstag, Köln 2009, S. 85–103.

—, Vorstandshaftung in der AG de lege lata und de lege ferenda, NJW 2014, S. 2546–2550.

Bayer, Walter/Scholz, Philipp, Zulässigkeit und Grenzen des Kartellbußgeldregresses – – Zugleich Kommentar zu LAG Düsseldorf vom 20.1.2015 – 16 Sa 459/14 –, GmbHR 2015, S. 449–456.

Bechtold, Rainer, Die 8. GWB-Novelle, NZKart 2013, S. 263–269.

Becker, Gary S., Crime and Punishment: An Economic Approach, Journal of Political Economy Volume 76 Nr. 2 (1968), S. 169–217.

—, Crime and Punishment: An Economic Approach, in: Becker, Gary S./Landes, William M. (Hrsg.), Essays in the Economics of Crime and Punishment, New York, London 1974, S. 1–55.

Bentham, Jeremy, Principles of Penal Law, in: Bowring, John (Hrsg.), The works of Jeremy Bentham / published under the superintendence of his executor, John Bowring, vol. 1, Edinburgh 1843, S. 365–580.

Berger, Victoria Anna, Vorstandshaftung und Beratung – Ision-Kriterien, unternehmerische Entscheidung und Legal Judgment Rule, Baden-Baden 2015.

Bicker, Eike, Legalitätspflicht des Vorstands – ohne Wenn und Aber?, AG 2014, S. 8–14.

Binding, Karl, Handbuch des Strafrechts; Neuausdruck 1991, Aalen 1885; 1991.

Birmingham, Robert L., A Model of Criminal Process: Game Theory and Law, Cornell Law Review 56 (1970; 1971), S. 57–73.

Bosch, Nikolaus, Organisationsverschulden im Unternehmen, Baden-Baden 2002.

Bosch, Wolfgang, Verantwortung der Konzernobergesellschaft im Kartellrecht, ZHR 177 (2013), S. 454–474.

Bosch, Wolfgang/Colbus, Birgit/Harbusch, Antonia, Berücksichtigung von Compliance-Programmen in Kartellbußgeldverfahren, WuW 2009, S. 740–749.

Bosch, Wolfgang/Fritzsche, Alexander, Die 8. GWB-Novelle – Konvergenz und eigene wettbewerbspolitische Akzente, NJW 2013, S. 2225–2230.

Böse, Martin, Grundrechte und Strafrecht als „Zwangsrecht“, in: Hefendehl, Roland/von Hirsch, Andrew/Wohlers, Wolfgang (Hrsg.), Die Rechtsgutstheorie – Legitimationsbasis des Strafrechts oder dogmatisches Glasperlenspiel?, Baden-Baden 2003, S. 89–95.

Bötticher, Eduard, Wesen und Arten der Vertragsstrafe sowie deren Kontrolle, ZfA 1970, S. 3–61.

Brender, Markus, Die Neuregelung der Verbandstäterschaft im Ordnungswidrigkeitenrecht, Rheinfelden/Freiburg 1989.

Brenner, Karl, Bußgeld gegen GmbH, AG, OHG, KG, GmbH & Co KG, Vereine (§ 30 OWiG), ZfZ 1986, S. 290–295.

—, Der Verfall und seine Anordnung nach § 29a OWiG in der Alltagspraxis, vr 2000, S. 223–230.

Brommer, Andreas, Die Beschränkung der Rechtsfolgen der Vorstandsinnenhaftung, Berlin 2016.

Brüggemann, Dieter, Abwälzung und Rückwälzung von Geldstrafen und Geldbußen mit den Mitteln des bürgerlichen Rechts?, GA 1968, S. 161–176.

Buck-Heeb, Petra, Die Haftung von Mitgliedern des Leitungsorgans bei unklarer Rechtslage – Notwendigkeit einer Legal Judgment Rule?, BB 2013, S. 2247–2257.

Bunte, Hermann-Josef, Regress gegen Mitarbeiter bei kartellrechtlichen Unternehmensgeldbußen, NJW 2018, S. 123–126.

Buri, Maximilian von, Zur Lehre von der Teilnahme an dem Verbrechen und der Begünstigung, Gießen 1860.

—, Ueber Causalität und deren Verantwortung, Leipzig 1873.

Bürkle, Jürgen, Aufsichtsrechtliches Legal Judgment: Sachlicher Anwendungsbereich und prozedurale Voraussetzungen, VersR 2013, S. 792–802.

Büttner, Manfred, Berechnung des illegalen Vermögensvorteils – zur Abschöpfung im Straf- und Ordnungswidrigkeitenverfahren, 2. Aufl., Stuttgart/Berlin 2012.

Cahn, Andreas, Aufsichtsrat und Business Judgment Rule, WM 2013, S. 1293–1305.

Callmann, Rudolf, Das deutsche Kartellrecht – Kommentar, Berlin 1934.

Canaris, Claus-Wilhelm, Grundrechte und Privatrecht, AcP 184 (1984), S. 201–246.

—, Verstöße gegen das verfassungsrechtliche Übermaßverbot im Recht der Geschäftsfähigkeit und im Schadensersatzrecht, JZ 1987, S. 993–1004.

—, Zur Problematik von Privatrecht und verfassungsrechtlichem Übermaßverbot – Ein Schlußwort zu den vorstehend abgedruckten Erwiderungen von Ramm und Wieser, JZ 1988, S. 494–499.

—, Grundrechtswirkungen und Verhältnismäßigkeitsprinzip in der richterlichen Anwendung und Fortbildung des Privatrechts, JuS 1989, S. 161–172.

—, Die Verfassungswidrigkeit von § 828 II BGB als Ausschnitt aus einem größeren Problemfeld – Zugleich eine Besprechung des Vorlagebeschlusses des OLG Celle vom 26.5.1989, JZ 1990, S. 679–681.

—, Gesamtunwirksamkeit und Teilgültigkeit rechtsgeschäftlicher Regelungen, in: Baur, Jürgen F./Hopf, Klaus J./Mailänder, K. Peter (Hrsg.), Festschrift für Ernst Steindorff zum 70. Geburtstag am 13. März 1990, Berlin 1990, S. 519–571.

—, Grundrechte und Privatrecht – eine Zwischenbilanz –, Berlin/New York 1999.

Casper, Matthias, Hat die grundsätzliche Verfolgungspflicht des Aufsichtsrats im Sinne des ARAG/Garmenbeck-Urteils ausgedient?, ZHR 176 (2012), S. 617–651.

Cordes, Malte/Reichling, Tilman, Grenzen ordnungswidrigkeitenrechtlicher Sanktionierung bei Verbandsgeldbußen, NJW 2015, S. 1335–1337.

Cramer, Steffen, Bemessung von Geldbuße und Verfall gemäß §§ 17, 29a OWiG unter Berücksichtigung der steuerlichen Belastung sowie der Einnahmen aus rechtmäßigem Alternativverhalten – Anmerkung zu BayObLG wistra 1995, 360, wistra 1996, S. 248–252.

Curti, Henning, Zur Abschreckungswirkung strafrechtlicher Sanktionen in der Bundesrepublik Deutschland: Eine empirische Untersuchung, in: Ott, Claus/ Schäfer, Hans-Bernd (Hrsg.), Die Präventivwirkung zivil- und strafrechtlicher Sanktionen – Beiträge zum VI. Travemünder Symposium zur ökonomischen Analyse des Rechts vom 25.-28. März 1998, Tübingen 1998, S. 71–94.

Dannecker, Gerhard, Die Verfolgungsverjährung bei Submissionsabsprachen und Aufsichtspflichtverletzungen in Betrieben und Unter-nehmen - Zugleich eine Anmerkung zu BGH, NJW 1984, 2372 = NStZ 1985, 77, NStZ 1985, S. 49–56.

—, Zur Notwendigkeit der Einführung kriminalrechtlicher Sanktionen gegen Verbände, GA 2001, S. 101–130.

—, Anm. zu BGH, Urt. v. 16.05.2006 – 1 StR 46/06, NStZ 2006, S. 683–684.

Dauner, Barbara, Der Kondiktionsausschluß gemäß § 817 S. 2 BGB. Aktuelle Tendenzen im Bereich der Rückabwicklung sittenwidriger oder verbotener Geschäfte, JZ 1980, S. 495–506.

Deckert, Antje, Strafwürdigkeit und Strafgesetzgebung – Dargestellt am Beispiel des Vortäuschens diplomatischer Immunität, Göttingen 2009.

Demuth, Hennrich/Schneider, Tilmann, Die besondere Bedeutung des Gesetzes über Ordnungswidrigkeiten für Betrieb und Unternehmen, BB 1970, S. 642–652.

Deruyck, Filiep, Probleme der Verfolgung und Ahndung von Verbandskriminalität im deutschend und belgischen Recht, ZStW 103 (1991), S. 705–731.

Dewees, Don/Duff, David/Trebilcock, Michael, Exploring the Domain of Accident Law – Taking the Facts Seriously, New York/Oxford 1996.

Drathjer, Johann, Die Abschöpfung rechtswidrig erlangter Vorteile im Ordnungswidrigkeitenrecht, Köln/Osnabrück 1997.

Dreher, Meinrad, Die kartellrechtliche Bußgeldverantwortlichkeit von Vorstandsmitgliedern – Vorstandshandeln zwischen aktienrechtlichem Legalitätsprinzip und kartellrechtlicher Unsicherheit, in: Dauner-Lieb, Barbara/ Hommelhoff, Peter u.a. (Hrsg.), Festschrift für Horst Konzen zum siebzigsten Geburtstag, Tübingen 2006, S. 85–107.

—, Versicherungsschutz für die Verletzung von Kartellrecht oder von Unternehmensinnenrecht in der D&O-Versicherung und Ausschluss vorsätzlicher oder wissentlicher Pflichtverletzungen, VersR 2015, S. 781–794.

Eberbach, Wolfram H., Zwischen Sanktion und Prävention – Möglichkeiten der Gewinnabschöpfung nach dem StGB, NStZ 1987, S. 486–492.

Ebert, Ina, Pönale Elemente im deutschen Privatrecht, Tübingen 2004.

Eckmann, Steffen, Spieltheorie im Dienste des Steuerrechts bei der Quantifizierung von Einfluß, DB 1995, S. 1479–1489.

Ehrhardt, Anne, Unternehmensdelinquenz und Unternehmensstrafe, Berlin/Köln 1994.

Eidam, Gerd, Die Verbandsgeldbuße des § 30 Abs. 4 OWiG - eines Bestandsaufnahme, wistra 2003, S. 447–456.

Eide, Erling/Aasness, Jorgen/Skjerpen, Terje, Economics of Crime – Deterrence and the Rational Offender, Amsterdam u.a. 1994.

Eidenmüller, Horst, Rechtsanwendung, Gesetzgebung und ökonomische Analyse, AcP 197 (1997), S. 80–135.

Engelhart, Marc, Sanktionierung von Unternehmen und Compliance – Eine rechtsvergleichende Analyse des Straf- und Ordnungswidrigkeitenrechts in Deutschland und den USA, Berlin 2010.

Engels, Dieter, Vollstreckungsvereitelung (§ 258 Abs 2 StGB) durch Zahlung fremder Geldstrafe?, Jura 1981, S. 581–585.

Enneccerus, Ludwig/von Buchka, Gerhard/Bachem, Karl/Schroeder, Klaus-Peter (Hrsg.), Bericht der Reichstagskommission über den Entwurf eines Bürgerlichen Gesetzbuches und Einführungsgesetzes – Zusammenstellung der Kommissionsbeschlüsse, Berlin/Goldbach 1896; 2000.

Entorf, Horst, Ökonomische Theorie der Kriminalität, in: Ott, Claus/Schäfer, Hans-Bernd (Hrsg.), Die Präventivwirkung zivil- und strafrechtlicher Sanktionen – Beiträge zum VI. Travemünder Symposium zur ökonomischen Analyse des Rechts vom 25.–28. März 1998, Tübingen 1998, S. 1–21.

Epping, Volker/Hillgruber, Christan (Hrsg.), BeckOK GG, München 46. Ed. Stand: 15.02.2021 (zit. BeckOK-GG/*Bearbeiter*).

Erb, Volker/Esser, Robert/Franke, Ulrich/Graalmann-Scheerer, Kirsten/Hilger, Hans/Ignor, Alexander (Hrsg.), Löwe-Rosenberg StPO, Bd. 9, 26. Aufl., Berlin/New York 2010 (zit. LR-StPO/*Bearbeiter*).

Eser, Albin, Die strafrechtlichen Sanktionen gegen das Eigentum, Tübingen 1969.

—, Neue Wege der Gewinnabschöpfung im Kampf gegen die organisierte Kriminalität? – Kritische Bemerkungen zu aktuellen Reformbemühungen, in: Küper, Wilfried/Well, Jürgen (Hrsg.), Festschrift für Walter Stree und Johannes Wessels zum 70. Geburtstag, Heidelberg 1993, S. 833–853.

— (Hrsg.), Strafgesetzbuch, 30. Aufl., München 2019 (zit. Schönke/Schröder/*Bearbeiter*).

Eufinger, Alexander, Verbandsgeldbuße nach § 30 OWiG und Compliance, ZIP 2018, S. 615–621.

Fezer, Karl-Heinz, Aspekte einer Rechtskritik an der economic analysis of law und am property rights approach, JZ 1986, S. 817–824.

Fischer, Thomas (Hrsg.), Strafgesetzbuch – mit Nebengesetzen, 68. Aufl., München 2021.

Fleck, Hans-Joachim, Das Organmitglied - Unternehmer oder Arbeitnehmer?, in: Dieterich, Thomas/Gamillscheg, Franz/Wiedemann, Herbert (Hrsg.), Festschrift für Marie Luise Hilger und Hermann Stumpf, München 1983, S. 197–226.

Fleischer, Holger, Aktienrechtliche Legalitätspflicht und „nützliche" Pflichtverletzungen von Vorstandsmitgliedern, ZIP 2005, S. 141–152.

—, Haftungsfreistellung für Vorstandsmitglieder, WM 2005, S. 909–920.

— (Hrsg.), Handbuch des Vorstandsrechts, München 2006 (zit. HdB-VorstR/*Bearbeiter*).

—, Kartellrechtsverstöße und Vorstandsrecht, BB 2008, S. 1070–1076.

—, Regresshaftung von Geschäftsleitern wegen Verbandsgeldbußen, DB 2014, S. 345–352.

Flume, Werner, Die Vereinsstrafe, in: Bettermann, Karl August/Zeuner, Albrecht (Hrsg.), Festschrift für Eduard Bötticher zum 70. Geburtstag am 29. Dezember 1969, Berlin 1969, S. 101–141.

Frank, Reinhard, Zwei Gutachten zum Höchstpreisgesetz, ZStW 37 (1916), S. 28–51.

Franzheim, Horst, Die Gewinnabschöpfung wegen Verstoßes gegen arbeitsrechtliche Vorschriften, in: Boewer, Dietrich/Gaul, Björn (Hrsg.), Festschrift für Dieter Gaul zum 70. Geburtstag, Neuwied 1992, S. 135–149.

Frisch, Wolfgang, Vorsatz und Risiko: Grundfragen des tatbestandsmäßigen Verhaltens und des Vorsatzes, zugleich ein Beitrag zur Behandlung außertatbestandlicher Möglichkeitsvorstellungen, Köln 1983.

Fuchs, Andreas (Hrsg.), Wertpapierhandelsgesetz (WpHG), 2. Aufl., München 2016.

Gallwas, Hans-Ulrich, Strafnormen als Grundrechtsproblem, MDR 1969, S. 892–895.

Gassner, Kathi/Seith, Sebastian (Hrsg.), Ordnungswidrigkeitengesetz, 2. Aufl., Baden-Baden 2020 (zit. Gassner/Seith-OWiG/*Bearbeiter*).

Gehrmann, Phillip, Anmerkung zu BGH, B. v. 27.01.2010 – 5 StR 224/09, wistra 2010, S. 346–347.

Geiger, Thomas, Die Rechtsnatur der Sanktion, Berlin 2006.

Geppert, Klaus, Zur straf- und strafverfahrensrechtlichen Bewältigung von Serienstraftaten nach Wegfall der Rechtsfigur der ‚fortgesetzten Handlung" – 2. Teil –, NStZ 1996, S. 118–120.

Gierke, Otto von, Die Genossenschaftstheorie und die deutsche Rechtsprechung, Berlin 1887.

Giese, Peter/Heinichen, Christian/Janssen, Maximilian/Klumpp, Ulrich/Schelzke, Ricarda, Kartellbußgeldrecht in der 10. GWB-Novelle - Teil 1, NZKart 2020, S. 562–568.

—, Kartellbußgeldrecht in der 10. GWB-Novelle - Teil 2, NZKart 2020, S. 646–652.

Glöckner, Jochen/Müller-Tautphaeus, Ken, Rückgriffshaftung von Organmitgliedern bei Kartellrechtsverstößen, AG 2001, S. 344–349.

Goette, Wulf, Zu den vom Aufsichtsrat zu beachtenden Abwägungskriterien im Rahmen seiner Entscheidung nach den ARAG/GARMENBECK Kriterien - dargestellt am Beispiel des Kartellrechts, in: Krieger, Gerd/Lutter, Marcus/Schmidt, Karsten (Hrsg.), Festschrift für Michael Hoffmann-Becking zum 70. Geburtstag, München 2013, S. 377–394.

Goette, Wulf/Habersack, Mathias (Hrsg.), Münchener Kommentar zum Aktiengesetz – §§ 76-117; MitbestG; DrittelbG, Bd. 2, 5. Aufl., München 2019 (zit. MüKo-AktG/*Bearbeiter*).

Goetzeler, Richard, Die rationalen Grundlagen des Steuerstrafrechts, Stuttgart 1934.

Göhler, Erich, Die neue Regelung zum Verfall im StGB und OWiG, wistra 1992, S. 133–136.

Goltdammer, Theodor, Ueber die solidarische Haftung der Teilnehmer an einer Zolldefraude für den Werthersatz der Konfiskation, GA 13 (1865), S. 407–412.

Goos, Axel, Anmerkung zu OLG Schleswig-Holstein, U. v. 22.01.2001 – 2 Ss 342/00 –, wistra 2001, S. 313–316.

Grabitz, Eberhard, Der Grundsatz der Verhältnismäßigkeit in der Rechtsprechung des Bundesverfassungsgerichts, AöR 1973, S. 568–616.

Graf, Jürgen-Peter (Hrsg.), Strafprozessordnung – Mit Gerichtsverfassungsgesetz und Nebengesetzen. Kommentar, 3. Aufl., München 2018 (zit. Graf-StPO/*Bearbeiter*).

— (Hrsg.), BeckOK OWiG, München 29. Ed. Stand: 01.01.2021 (zit. BeckOK-OWiG/*Bearbeiter*).

Graf, Jürgen-Peter/Jäger, Markus/Wittig, Petra (Hrsg.), Wirtschafts- und Steuerstrafrecht, 2. Aufl., München 2017 (zit. GJW/*Bearbeiter*).

Graf, Walther, Ordnungswidrigkeitenrechtliche Verantwortlichkeit der Konzernobergesellschaft für Gesetzesverstöße ihrer Tochtergesellschaften?, in: Livonius, Barbara/Graf, Walther u.a. (Hrsg.), Strafverteidigung im Wirtschaftsleben, Festgabe für Hanns W. Feigen zum 65. Geburtstag am 13. März 2014, Köln 2014, S. 37–49.

Grau, Timon/Dust, Julian, Verbandsgeldbuße und Regresshaftung von Geschäftsleitern, ZRP 2020, S. 134–137.

Gronemeyer, Achim/Slobodenjuk, Dimitri, Die 9. GWB-Novelle. Ein Überblick, DB 2017, S. 1010–1018.

Große Strafrechtskommission, Allgemeiner Teil, 26. bis 37. Sitzung, in: dies. (Hrsg.), Niederschriften über die Sitzungen der Großen Strafrechtskommission, Bd. 3, Bonn.

—, Allgemeiner Teil, 38. bis 52. Sitzung, in: dies. (Hrsg.), Niederschriften über die Sitzungen der Großen Strafrechtskommission, Bd. 4,

—, Niederschriften über die Sitzungen der Großen Strafrechtskommission, Bonn 1958.

Grunewald, Barbara, Haftungsvereinbarungen zwischen Aktiengesellschaft und Vorstandsmitgliedern, AG 2013, S. 813–818.

—, Die Abwälzung von Bußgeldern, Verbands- und Vertragsstrafen im Wege des Regresses, NZG 2016, S. 1121–1124.

Güntert, Lothar, Gewinnabschöpfung als strafrechtliche Sanktion, Köln 1983.

Günther, Hans-Ludwig, Strafrechtswidrigkeit und Strafunrechtsausschluß – Studien zur Rechtswidrigkeit als Straftatmerkmal und zur Funktion der Rechtfertigungsgründe im Strafrecht, Köln u.a. 1983.

Gürtler, Franz/Seitz, Helmut/Bauer, Martin (Hrsg.), Gesetz über Ordnungswidrigkeiten, 18. Aufl., München 2021 (zit. Göhler-OWiG/*Bearbeiter*).

Guttel, Ehud/Medina, Barak, Less Crime, More (Vulnerable) Victims: Game Theory and the Distributional Effects of Criminal Sanctions, Review of Law and Economics 3 (2007), S. 407–436.

Habersack, Mathias, Managerhaftung, in: Lorenz, Egon (Hrsg.), Karlsruher Forum 2009: Managerhaftung, Karlsruhe 2010, S. 5–40.

Hadding, Walther, Korporationsrechtliche oder rechtsgeschäftliche Grundlagen des Vereinsrechts, in: Lutter, Marcus/Stimpel, Walter/Wiedemann, Herbert (Hrsg.), Festschrift für Robert Fischer, Berlin, New York 1979, S. 165–196.

Hadding, Walther/van Look, Frank, Zur Ausschließung aus Vereinen des bürgerlichen Rechts – Besprechung der Entscheidung BGH WM 1987, 1422, ZGR 1988, S. 270–295.

Haffke, Bernhard, Die Legitimation des staatlichen Strafrechts zwischen Effizienz, Freiheitsverbürgung und Symbolik, in: Schünemann, Bernd/Achenbach, Hans u.a. (Hrsg.), Festschrift für Claus Roxin zum 70. Geburtstag am 15. Mai 2001, Berlin 2001, S. 955–975.

Hahn, Christopher/Naumann, Daniel, Organhaftung trotz sachverständiger Beratung – Entscheidungskonflikte zwischen dem „Gebot des sichersten Weges“ und unternehmerischer Wagnis, CCZ 2013, S. 156–164.

Hannich, Rolf (Hrsg.), Karlsruher Kommentar zur Strafprozessordnung – mit GVG, EGGVG und EMRK, 8. Aufl., München 2019 (zit. KK-StPO/*Bearbeiter*).

Harnos, Rafael, Geschäftsleiterhaftung bei unklarer Rechtslage – Eine Untersuchung am Beispiel des Kartellrechts, Berlin 2013.

Haspl, Rüdiger, „Bußgeldrechtliche Haftung“ des Rechtsnachfolgers nach der Verschmelzungsrichtlinie?, EuZW 2013, S. 888–893.

Hasselbach, Kai/Ebbinghaus, Felix, Anwendung der Business Judgment Rule bei unklarer Rechtslage, AG 2014, S. 873–883.

Hau, Wolfgang/Poseck, Roman (Hrsg.), BeckOK BGB, München 57. Ed. Stand: 01.02.2021 (zit. BeckOK-BGB/*Bearbeiter*).

Hauff, Rebecca, Der Regress von Verbandsgeldbußen im Kapitalgesellschaftsrecht, Berlin 2019.

Hauss, Fritz, Referat, in: Ständige Deputation des Deutschen Juristentages (Hrsg.), Verhandlungen des dreiundvierzigsten Deutschen Juristentages – München 1960, Tübingen 1962, C24-C45.

Heidel, Thomas (Hrsg.), Aktienrecht und Kapitalmarktrecht, 5. Aufl., Baden-Baden 2020.

Hein, Georg, Haftung von Stadionbesuchern für Verbandsstrafen, JA 2017, S. 582–585.

Heine, Günter, Die strafrechtliche Verantwortlichkeit von Unternehmen: von individuellem Fehlverhalten zu kollektiven Fehlentwicklungen, insbesondere bei Großrisiken, Baden-Baden 1995.

Heinitz, Ernst, Anmerkung zu BGH Urteil v. 27.10.53 – 5 StR 723/52, JR 1954, S. 67–68.

Heintschel-Heinegg, Bernd von/Bockemühl, Jan (Hrsg.), - KMR - StPO – Kommentar zur Strafprozessordnung, Bd. 7, Köln 104. EGL Stand: Februar 2021 (zit. KMR-StPO/*Bearbeiter*).

Heitzer, Thomas, Erstattungspflicht des Unternehmensleiters bei Geldbußen gegenüber der Gesellschaft?, 21.07.2015, https://www.noerr.com/de/newsroom/news/erstattungspflicht-des-unternehmensleiters-bei-geldbussen-gegenuber-der-gesellschaft (geprüft am 30.09.2021).

Hempel, Carl G./Oppenheim, Paul, Studies in the Logic of Explanation, Philosophy of Science 15, Vol. 2 (1948), S. 135–175.

Henssler, Martin/Hoven, Elisa/Kubiciel, Michael/Weigend, Thomas, Kölner Entwurf eines Verbandssanktionengesetzes, 2017, http://www.jpstrafrecht.jura.uni-koeln.de/sites/iss_juniorprof/Projekte/Koelner_Entwurf_eines_Verbandssanktionengesetzes__2017.pdf (geprüft am 30.09.2021).

Herzog, Felix, Gewinnabschöpfung unter der Flagge der positiven Generalprävention. Zur Kritik des BVerfG-Urteils zum Erweiterten Verfall (§ 73d StGB), Zugleich Anmerkung zu BVerfG, B. v. 14.01.2004 – 2 BvR 564/95, JR 2004, S. 494–498.

Hetzer, Wolfgang, Verbandsstrafe in Europa, Wettbewerbsverzerrung durch Korruption, EuZW 2007, S. 75–80.

Hillenkamp, Thomas, Zur Höchstpersönlichkeit der Geldstrafe, in: Küper, Wilfried (Hrsg.), Festschrift für Karl Lackner zum 70. Geburtstag am 18. Februar 1987, Berlin, New York 1987, S. 455–469.

—, Anmerkung zu BGHSt 37, 226, JR 1992, S. 74–76.

Hirte, Heribert/Mülbert, Peter O./Roth, Markus (Hrsg.), Aktiengesetz – Großkommentar, Bd. 4/2, 5. Aufl., Berlin u.a. 2015 (zit. GroßKomm-AktG/*Bearbeiter*).

Hoffmann, Gunter M., Existenzvernichtende Haftung von Vorständen und Aufsichtsräten?, NJW 2012, S. 1393–1399.

Hoffmann, Volker/Wißmann, Anke, Die Erstattung von Geldstrafen, Geldauflagen und Verfahrenskosten im Strafverfahren durch Wirtschaftsunternehmen gegenüber ihren Mitarbeitern, StV 2001, S. 249–252.

Holly, Hans G./Friedhofen, Peter, Die Abwälzung von Geldstrafen und Geldbußen auf den Arbeitgeber, NZA 1992, S. 145–153.

Holz, Wilfried, Justizgewähranspruch des Verbrechensopfers, Berlin 2007.

Honsell, Heinrich, Die Rückabwicklung sittenwidriger oder verbotener Geschäfte. Eine rechtsgeschichtliche und rechtsvergleichende Untersuchung zu § 817 BGB, München 1974.

Honsell, Heinrich/Harrer, Friedrich, Schaden und Schadensberechnung, JuS 1991, S. 441–448.

Hopt, Klaus J., Die Verantwortlichkeit von Vorstand und Aufsichtsrat: Grundsatz und Praxisprobleme – unter besonderer Berücksichtigung von Banken, ZIP 2013, S. 1793–1806.

Hoyer, Andreas, Die Rechtsnatur angesichts des neuen Verfallsrechts, GA 1993, S. 406–422.

Hubmann, Heinrich, Anmerkung zu BGH, Urteil v. 3.6.1975 – VI ZR 123/74 (OLG Bamberg), JZ 1975, S. 639–640.

Hüffer, Uwe/Koch, Jens (Hrsg.), Aktiengesetz, 15. Aufl., München 2021.

Ihlas, Horst, D & O – Directors & Officers Liability, 2. Aufl., Berlin 2009.

Illert, Staffan/Ghassemi-Tabar, Nima/Cordes, Malte (Hrsg.), Handbuch Vorstand und Aufsichtsrat – Rechte - Pflichten - Haftung, Besondere Risikobereiche, Compliance-Umsetzung, Straf- und Bußgeldtatbestände, D&O-Versicherung, Köln 2018.

Immenga, Ulrich/Schwintowski, Hans-Peter/Kollmorgen, Alexander (Hrsg.), Wirtschaftliches Risiko und persönliche Verantwortung der Manager, Baden-Baden 2006.

Jahn, Matthias/Schmitt-Leonardy, Charlotte/Schoop, Christian, Unternehmensverantwortung für Unternehmenskriminalität –„Frankfurter Thesen“, wistra 2018, S. 27–31.

Jakobs, Horst Heinrich/Schubert, Werner, Die Beratung des Bürgerlichen Gesetzbuchs, §§ 241-432 – in systematischer Zusammenstellung der unveröffentlichten Quellen, Berlin/New York 1978.

Janßen, Jan, Rechtsschutz gegen vereins- und verbandsrechtliche Sanktionen, Köln u.a. 2004.

Jarass, Hans, Das allgemeine Persönlichkeitsrecht im Grundgesetz, NJW 1989, S. 857–862.

—, Der grundrechtliche Eigentumsschutz im EU-Recht, NVwZ 2006, S. 1089–1095.

— (Hrsg.), Charta der Grundrechte der Europäischen Union – unter Einbeziehung der vom EuGH entwickelten Grundrechte, der Grundrechtsregelungen der Verträge und der EMRK, 4. Aufl., München 2021 (zit. GRC/*Bearbeiter*).

Jarass, Hans/Kment, Martin (Hrsg.), Grundgesetz für die Bundesrepublik Deutschland – Kommentar, 16. Aufl., München 2020 (zit. Jarass/Pieroth-GG/*Bearbeiter*).

Joecks, Wolfgang/Miebach, Klaus (Hrsg.), Münchener Kommentar zum Strafgesetzbuch – Band 2, §§ 38-79b, Bd. 2, 4. Aufl., München 2020 (zit. MüKo-StGB/*Bearbeiter*).

Jungbluth, Armin, Was lange währt … 8. GWB-Novelle verabschiedet, NZKart 2013, S. 261–262.

Kaiser, Günther, Gewinnabschöpfung als kriminologisches Problem und kriminalpolitische Aufgabe, in: Jescheck, Hans-Heinrich/Vogler, Theo (Hrsg.), Festschrift für Herbert Tröndle zum 70. Geburtstag am 24. August 1989, Berlin 1989, S. 685–704.

Kämpfer, Simone, Sanktionsausschließende und -mildernde Wirkung von Compliance-Programmen de lege lata, in: Ahlbrecht, Heiko/Dann, Matthias u.a. (Hrsg.), Unternehmensstrafrecht, Festschrift für Jürgen Wessing zum 65. Geburtstag, München 2015, S. 55–68.

Kapp, Thomas, Dürfen Unternehmen ihren (geschäftsleitenden) Mitarbeitern Geldstrafen bzw. -bußen erstatten?, NJW 1992, S. 2796–2800.

Karbaum, Christian, Kartellrechts-Compliance – Mehr Fragen als Antworten nach einer Dekade intensiver Diskussion der Compliance-Verantwortung des Vorstands?, AG 2013, S. 863–874.

Kaspar, Johannes, Verhältnismäßigkeit und Grundrechtsschutz im Präventionsstrafrecht, Baden-Baden 2014.

Katholnigg, Oskar, Die Neuregelungen beim Verfall (Stand Februar 1993), JR 1994, S. 353–356.

Kaulich, Matthias, Die Haftung von Vorstandsmitgliedern einer Aktiengesellschaft für Rechtsanwendungsfehler, Berlin 2012.

Kilgus, Tobias, Der Integrationsprozess Kosovos in die Europäische Union – Eine Analyse der EU-Kosovo-Beziehungen und ihrer Zukunftsperspektiven, Münster u.a. 2018.

Kindhäuser, Urs/Neumann, Ulfrid/Paeffgen, Hans-Ullrich (Hrsg.), Strafgesetzbuch, Bd. 1, 5. Aufl., Baden-Baden 2017 (zit. NK-StGB/*Bearbeiter*).

Kirchgässner, Gebhard, Homo Oeconomicus – The economic model of behaviour and its applications in economics and other social sciences, New York 2008.

Kirchner, Christian, Komplementierung zivilrechtlicher und ordnungswidrigkeitenrechtlicher durch strafrechtliche Sanktionen, in: Ott, Claus/Schäfer, Hans-Bernd (Hrsg.), Die Präventivwirkung zivil- und strafrechtlicher Sanktionen – Beiträge zum VI. Travemünder Symposium zur ökonomischen Analyse des Rechts vom 25.-28. März 1998, Tübingen 1998, S. 108–125.

Koch, Jens, Die Konzernobergesellschaft als Unternehmensinhaber i.S.d. § 130 OWiG?, AG 2009, S. 564–574.

—, Beschränkungen des gesellschaftsrechtlichen Innenregresses bei Bußgeldzahlungen, in: Hoffmann-Becking, Michael/Hüffer, Uwe/Reichert, Jochem (Hrsg.), Liber Amicorum für Martin Winter, Köln 2011, S. 327–350.

—, Beschränkung der Regressfolgen im Kapitalgesellschaftsrecht, AG 2012, S. 429–440.

—, Die schleichende Erosion der Verfolgungspflicht nach ARAG/Garmenbeck, NZG 2014, S. 934–942.

Köhler, Marcus/Burkhard, Christiane, Die Reform der strafrechtlichen Vermögensabschöpfung – Teil 2/2 –Überblick und Normverständnis für die Rechtspraxis, NStZ 2017, S. 665–682.

König, Peter, Fuhrparkmanagement - Delegation, polizeiliche Überwachung, Haftung, SVR 2008, S. 121–129.

Kopp, Ferdinand O., Fiskalgeltung und Drittwirkung der Grund- und Freiheitsrechte im Bereich des Privatrechts, in: Baltl, Hermann (Hrsg.), Walter Wilburg zum 70. Geburtstag – Festschrift, Graz 1975, S. 141–161.

Korte, Matthias, Aus der Rechtsprechung zum Gesetz über Ordnungswidrigkeiten – 2002 –, NStZ 2001, S. 582–587.

Kraakman, Reinier, Corporate Liability Strategies and the Costs of Legal Controls, Yale L.J. 93 (1984), S. 857–900.

Krenberger, Benjamin/Krumm, Carsten (Hrsg.), Ordnungswidrigkeitengesetz, 6. Aufl., München 2020 (zit. Krenberger/Krumm-OWiG/*Bearbeiter*).

Krey, Volker, Anmerkung zu BGH, Urteil v. 7.11.1990 - 2 StR 439/90, JZ 1991, S. 889–890.

Kries, Johannes von, Ueber den Begriff der objektiven Möglichkeit und einige Anwendungen desselben (Dritter Artikel. Schluss), Vierteljahrsschrift für wiss. Phil. 12 (1888), S. 393–428.

—, Ueber den Begriff der objektiven Möglichkeit und einige Anwendungen desselben (Erster Artikel), Vierteljahrsschrift für wiss. Phil. 12 (1888), S. 179–240.

Kröger, Jens, Korruptionsschäden, Unternehmensgeldbußen und Imageschäden – Haftungs- und schadensrechtliche Fragen der Organmitgliederhaftung, Baden-Baden 2013.

Kudlich, Hans, Grundrechtsorientierte Auslegung im Strafrecht, JZ 2003, S. 127–133.

Kuhlen, Lothar, Strafrechtliche Grenzen der zivilrechtlichen Deliktshaftung Minderjähriger? –Zugleich eine Anmerkung zum Vorlagebeschluss des OLG Celle vom 26.5.1989 (4 U 53/88), JZ 1990, S. 273–279.

Kunz, Harald J., Die Ökonomik individueller und organisierter Kriminalität, Köln u.a. 1976.

Labusga, Katja, Die Ersatzfähigkeit von Unternehmensgeldbußen im Innenregress gegen verantwortliche Vorstandsmitglieder, VersR 2017, S. 394–402.

Lagodny, Otto, Strafrecht vor den Schranken der Grundrechte – Die Ermächtigung zum strafrechtlichen Vorwurf im Lichte der Grundrechtsdogmatik dargestellt am Beispiel der Vorfeldkriminalisierung, Tübingen 1996.

Lampe, Ernst-Joachim, Systemunrecht und Unrechtsysteme, ZStW 106 (1994), S. 683–745.

Lange, Hermann, Empfiehlt es sich, die Haftung für schuldhaft verursachte Schäden zu begrenzen? Kann für den Umfang der Schadenspflicht auf die Schwere des Verschuldens und die Tragweite der verletzten Norm abgestellt werden?, in: Ständige Deputation des Deutschen Juristentages (Hrsg.), Verhandlungen des dreiundvierzigsten Deutschen Juristentages – München 1960, Tübingen 1960, S. 2–60.

Lange, Hermann/Schiemann, Gottfried, Schadensersatz, 3. Aufl., Tübingen 2003.

Lange, Richard, Zur Strafbarkeit von Personenverbänden, JZ 1952, S. 261–264.

—, Ist die Bezahlung fremder Prozeßstrafen gemäß § 888 oder § 890 ZPO Begünstigung?, in: Bockelmann, Paul/Kaufmann, Arthur/Klug, Ulrich (Hrsg.), Festschrift für Karl Engisch zum 70. Geburtstag, Frankfurt am Main 1969, S. 621–635.

Langenbucher, Katja, Vorstandshaftung und Legalitätspflicht in regulierten Branchen, ZBB 2013, S. 16–23.

Lang-Hinrichsen, Dietrich, Verbandsunrecht, in: Mayer, Hellmuth/Geerds, Friedrich/Naucke, Wolfgang (Hrsg.), Festschrift für Hellmuth Mayer zum 70. Geburtstag am 1. Mai 1965, S. 49–78.

Laufhütte, Heinrich Wilhelm/Rissing-van Saan, Ruth/Tiedemann, Klaus (Hrsg.), Strafgesetzbuch – Leipziger Kommentar, Bd. 8, 12. Aufl., Berlin/New York 2010 (zit. LK-StGB/*Bearbeiter*).

Lehmann, o.A., Bezahlung der Geldstrafe für den Verurtheilten als Begünstigung der Strafthat, GA 19 (1871), S. 784–788.

Leitner, Werner/Rosenau, Henning (Hrsg.), Wirtschafts- und Steuerstrafrecht, Baden-Baden 2017 (zit. Leitner/Rosenau/*Bearbeiter*).

Lemke, Michael/Mosbacher, Andreas (Hrsg.), Ordnungswidrigkeitengesetz, 2. Aufl., Heidelberg/Münster 2005.

Lindenmaier, Fritz, Adäquate Ursache und nächste Ursache, ZHR 113 (1950), S. 207–280.

Lindner, Josef Franz, Theorie der Grundrechtsdogmatik, Tübingen 2005.

Liszt, Franz von, Lehrbuch des Deutschen Strafrechts, 16. Aufl., Berlin 1908.

Lobe, Adolf, Einziehung übermäßigen Gewinns und die Amnestieverordnungen, LZ 1919, S. 289–295.

Lochner, Daniel/Beneke, Moritz, Die Haftung des besonderen Vertreters, ZIP 2020, S. 351–359.

Looschelders, Dirk, Verfassungsrechtliche Grenzen der deliktischen Haftung Minderjähriger – Grundsatz der Totalreparation und Übermaßverbot – Zugleich Anmerkung zum Beschluß des BVerfG vom 13.8.1998 (1 BvL 25/96), VersR 98, 1289, VersR 1999, S. 141–151.

Lorenz, Egon (Hrsg.), Karlsruher Forum 1999 – Haftungsbeschränkungen, Karlsruhe 1999.

— (Hrsg.), Karlsruher Forum 2009: Managerhaftung, Karlsruhe 2010.

Lotze, Andreas, Entschärfung der Organhaftung für kartellrechtliche Unternehmensgeldbußen, NZKart 2015, S. 254–258.

Lotze, Andreas/Heyers, Johannes, Der Bußgeld-Innenregress als kartellrechtliche Vorfrage – Anmerkung zum Urteil des BAG vom 29.6.2017, NZKart 2018, S. 29–33.

Stürner, Rolf (Hrsg.), Bürgerliches Gesetzbuch – mit Rom-I-, Rom-II-VO, EU-UnthVO/HUntProt und EuErbVO, 18. Aufl., München 2021 (zit. Jauernig-BGB/*Bearbeiter*).

Herzog, Roman/Scholz, Rupert/Herdegen, Matthias/Klein, Hans H. (Hrsg.), Grundgesetz – Kommentar, München Stand: 92. EL 2020 (zit. Maunz/Dürig/*Bearbeiter*).

Hofmann, Hans/Henneke, Hans-Günter (Hrsg.), GG Kommentar zum Grundgesetz, 14. Aufl., Köln 2018 (zit. Hofmann/Henneke-GG/*Bearbeiter*).

Lenckner, Theodor/Eser, Albin/Cramer, Peter/Stree, Walter/Heine, Günter/Perron, Walter/Sternberg-Lieben, Detlev (Hrsg.), Strafgesetzbuch – Kommentar, 26. Aufl., München 2001 (zit. Schönke/Schröder a.F./*Bearbeiter*).

Lorenz, Egon (Hrsg.), Schuldrecht I, Allgemeiner Teil, 21. Aufl., München 2015.

Lüneborg, Cäcilie/Resch, André Pierre, Die Ersatzfähigkeit von Kosten interner Ermittlungen und sonstiger Rechtsberatung im Rahmen der Organhaftung, NZG 2018, S. 209–217.

Lutter, Marcus, Theorie der Mitgliedschaft – Prolegomena zu einem Allgemeinen Teil des Korporationsrechts, AcP 180 (1980), S. 84–159.

—, Die Business Judgment Rule und ihre praktische Anwendung, ZIP 2007, S. 841–848.

Mansdörfer, Marco/Timmerbeil, Sven, Zurechnung und Haftungsdurchgriff im Konzern, WM 2004, S. 362–370.

Marhold, Franz, Anmerkung zu BAG, Beschluß v. 12.6.1992 - GS 1/89, JZ 1993, S. 910–921.

Martens, Sebastian, Verbandsstrafen für Fußballfans, NJW 2016, S. 3691–3694.

Medicus, Dieter, Der Grundsatz der Verhältnismäßigkeit im Privatrecht, AcP 192 (1992), S. 35–70.

Meixner, Rüdiger, 9. GWB-Novelle: Wesentliche Änderungen des Gesetzes gegen Wettbewerbsbeschränkungen im Überblick, (Teil 2), WM 2017, S. 1281–1288.

Meyer-Cording, Ulrich, Die Vereinsstrafe, Tübingen 1957.

Mitsch, Wolfgang, Die Geldstrafe, JA 1993, S. 304–310.

— (Hrsg.), Karlsruher Kommentar zum Gesetz über Ordnungswidrigkeiten, 5. Aufl., München 2018 (zit. KK-OWiG/*Bearbeiter*).

Möhrenschlager, Manfred, Der Regierungsentwurf eines Zweiten Gesetzes zur Bekämpfung der Wirtschaftskriminalität (Schluß), wistra 1983, S. 49–55.

Momsen, Carsten/Grützner, Thomas (Hrsg.), Wirtschafts- und Steuerstrafrecht – Handbuch für die Unternehmens- und Anwaltspraxis, 2. Aufl., München 2020.

Moosmayer, Klaus, Die neuen Leitlinien der Europäischen Kommission zur Festsetzung von Kartellgeldbußen, wistra 2007, S. 91–94.

Motive zu dem Entwurfe eines Bürgerlichen Gesetzbuches für das Deutsche Reich, Bd. II, Berlin/Leipzig 1888.

Müller, Ekkehard, Die Stellung der juristischen Person im Ordnungswidrigkeitenrecht, Köln 1985.

Müller, Hans-Friedrich, Geschäftsleiterhaftung und Vertrauen auf fachkundigen Rat, DB 2014, S. 1301–1307.

Müller-Christmann, Bernd, Die Bezahlung einer Geldstrafe durch Dritte – BGHSt 37, 226, JuS 1992, S. 379–382.

Müller-Glöge, Rudi/Preis, Ulrich/Schmidt, Ingrid (Hrsg.), Erfurter Kommentar zum Arbeitsrecht, 21. Aufl., München 2021 (zit. ErfK/*Bearbeiter*).

Neumann von, John/Morgenstern, Oskar, A Theory of Games and Economic Behavior, 3. Aufl., Princeton 1953.

Nietsch, Michael, Geschäftsleiterermessen und Unternehmensorganisation bei der AG – Zur haftungsbegrenzenden Wirkung der § 93 Abs. 1 Satz 2 AktG im Bereich gesetzlicher Pflichtausgaben unter besonderer Berücksichtigung von Compliance, ZGR 44 (2015), S. 631–666.

—, Grundsatzfragen der Organhaftung bei Kartellverstößen, ZHR 184 (2020), S. 60–110.

Noack, Harald, Ist die Mitwirkung Dritter bei der Bezahlung fremder Geldstrafen als Strafvereitelung gemäss § 258 II StGB anzusehen? – Die Aufzeichnung eines Lösungsweges unter Heranziehung der kriminalpolitischen Aufgaben der Geldstrafe seit den Landesgesetzgebungen im 19. Jahrhundert, Frankfurt am Main 1978.

—, Anmerkung zu OLG Frankfurt/M. Beschl. v. 5.11.1987 - I Ws 194/87, StV 1990, S. 113–114.

Ost, Konrad/Kallfaß, Gunnar/Roesen, Katrin, Einführung einer Unternehmensverantwortlichkeit im deutschen Kartellsanktionenrecht. Anmerkungen zum Entwurf der 9. GWB-Novelle, NZKart 2016, S. 447–458.

Ott, Claus/Schäfer, Hans-Bernd, Die Anreiz- und Abschreckungsfunktion im Zivilrecht, in: dies. (Hrsg.), Die Präventivwirkung zivil- und strafrechtlicher Sanktionen – Beiträge zum VI. Travemünder Symposium zur ökonomischen Analyse des Rechts vom 25.-28. März 1998, Tübingen 1998.

— (Hrsg.), Die Präventivwirkung zivil- und strafrechtlicher Sanktionen – Beiträge zum VI. Travemünder Symposium zur ökonomischen Analyse des Rechts vom 25.-28. März 1998, Tübingen 1998.

Otto, Hansjörg, Ist es erforderlich, die Verteilung des Schadensrisikos bei unselbstständiger Arbeit neu zu ordnen? – Gutachten zum sechsundfünfzigsten Deutschen Juristentag, in: Ständige Deputation des Deutschen Juristentages (Hrsg.), Verhandlungen des sechsundfünfzigsten Deutschen Juristentages – Berlin 1986, München 1986, E1-E94.

Paefgen, Walter G., Organhaftung: Bestandsaufnahme und Zukunftsperspektiven – Ein kritischer Werkstattbericht vor dem Hintergrund der Beratungen des 70. Deutschen Juristentages 2014, AG 2014, S. 554–584.

Paulduro, Aurelia, Die Verfassungsmäßigkeit von Strafrechtsnormen, insbesondere der Normen des Strafgesetzbuches, im Lichte der Rechtsprechung des Bundesverfassungsgerichts, München 1992.

Peltzer, Martin, Die Berücksichtigung des wirtschaftlichen Vorteils bei der Bußgeldbemessung im Ordnungswidrigkeitenrecht, DB 1977, S. 1445–1448.

—, Verschärfung der Haftung von Vorstand und Aufsichtsrat, in: Häuser, Franz/Hammen, Horst u.a. (Hrsg.), Festschrift für Walther Hadding zum 70. Geburtstag am 8. Mai 2004, Berlin 2004, S. 593–605.

Podlech, Adalbert, Wertungen und Werte im Recht, AöR 95 (1997), S. 185–223.

Podolsky, Johann/Brenner, Tobias/Baier, Roland/Veith, Christian, Vermögensabschöpfung im Straf- und Ordnungswidrigkeitenverfahren, 6. Aufl., Stuttgart 2019.

Pohl-Sichtermann, Rotraut, Anmerkung zu OLG Hamm, Beschluß vom 27.04.1973 - 5 Ss OWi 19/73, NJW 1973, S. 2217–2218.

—, Geldbuße gegen Verbände, Bochum 1974.

Polinsky, A. Mitchell/Shavell, Steven, Should Employees Be Subject to Fines and Imprisonment Given the Existence of Corporate Liability, International Journal of Law and Economics 13 (1993), S. 239–257.

—, The Economic Theory of Public Enforcement of Law, in: Rasmusen, Eric B. (Hrsg.), Game Theory and the Law, Cheltenham, Northampton 2007, S. 457–488.

Preisendanz, Holger (Hrsg.), Strafgesetzbuch – Lehrkommentar mit Erläuterungen und Beispielen, ausgewählten Nebengesetzen sowie einem Anhang über Jugendstrafrecht, 29. Aufl., Berlin 1975.

Prölss, Jürgen, Der Einwand der „unclean hands“ im Bürgerlichen Recht sowie im Wettbewerbs- und Warenzeichenrecht – Ein Beitrag zur Frage des Rechtsschutzes für anstößig erworbene oder ausgeübte Rechtspositionen, ZHR 132 (1969), S. 35–85.

Rabel, Ernst, Das Recht des Warenkaufs: eine rechtsvergleichende Darstellung, 1 – Neudruck, Berlin 1957; 1963.

Raiser, Thomas, Adäquanztheorie und Haftung nach dem Schutzzweck der verletzten Norm, JZ 1963, S. 462–466.

Rallow, o.A./Künkel, o.A./Eccius, o.A., Beilageheft I: Entwurf eines Bürgerlichen Gesetzbuchs für das Deutsche Reich. Zweite Lesung. Nach den Beschlüssen der Redaktionskommission. I Buch. Allgemeiner Teil, Berlin 1892.

Ramm, Thilo, Drittwirkung und Übermaßverbot – Eine Erwiderung auf den Aufsatz von Canaris in JZ 1987, S. 933 ff. -, JZ 1988, S. 489–493.

Ransiek, Andreas, Unternehmensstrafrecht, Heidelberg 1996.

Rebmann, Kurt/Roth, Werner/Herrmann, Siegfried (Hrsg.), Gesetz über Ordnungswidrigkeiten, Stuttgart 29. EGL Stand: Februar 2020 (zit. RRH-OWiG/*Bearbeiter*).

RedaktionskommissionBGB, Entwurf eines bürgerlichen Gesetzbuches für das Deutsche Reich, Erste Lesung – Amtliche Ausgabe, Berlin 1888.

Rehbinder, Eckard, Rechtliche Schranken der Erstattung von Bußgeldern an Organmitglieder und Angestellte, ZHR 148 (1984), S. 555–578.

Reichert, Joachim, Existenzgefährdung bei der Durchsetzung von Organhaftungsansprüchen, ZHR 177 (2013), S. 756–781.

Rettenmaier, Felix/Palm, Lisa, Das Ordnungswidrigkeitenrecht und die Aufsichtspflicht von Unternehmensverantwortlichen, NJOZ 2010, S. 1414–1419.

Reuter, Alexander, Unternehmensgeldbußen, Organregress, Grenzen der Versicherbarkeit und Gesellschaftsrecht: eine systemische Verletzung der Grundrechte der Anteilseigner, BB 2016, S. 1283–1294.

Reuter, Dieter, Der Ausschluß aus dem Verein, NJW 1987, S. 2401–2406.

Rogall, Klaus, Dogmatische und kriminalpolitische Probleme der Aufsichtspflichtverletzung in Betrieben und Unternehmen (§ 130 OWiG), ZStW 98 (1986), S. 573–623.

Rolfs, Christian/Giesen, Richard/Kreikebohm, Ralf/Meßling, Miriam/Udsching, Peter (Hrsg.), BeckOK Arbeitsrecht 59. Ed. Stand: 01.03.2021 (zit. BeckOK-ArbR/*Bearbeiter*).

Römermann, Volker (Hrsg.), Münchener Anwaltshandbuch GmbH-Recht, 4. Aufl., München 2018 (zit. MüAnwHdb-GmbHR/*Bearbeiter*).

Rönnau, Thomas, Haftung für unterlassene Aufsicht nach § 130 OWiG und strafrechtlicher (Drittempfänger-)Verfall gemäß § 73 Abs. 3 StGB - zwei bedeutsame Bedrohungsszenarien für Unternehmen, ZGR 2016, S. 277–304.

Roth, Markus, Unternehmerisches Ermessen und Haftung des Vorstands – Handlungsspielräume und Haftungsrisiken insbesondere in der wirtschaftlichen Krise, München 2001.

Rotsch, Thomas, Compliance und Strafrecht – Konsequenzen einer Neuentdeckung, in: Joecks, Wolfgang/Ostendorf, Heribert u.a. (Hrsg.), Recht – Wirtschaft – Strafe, Festschrift für Erich Samson, Heidelberg 2010, S. 141–160.

Rümelin, Max von, Die Verwendung der Causalbegriffe in Straf- und Zivilrecht, AcP 90 (1900), S. 171–344.

Rupp, Hans Heinrich, Vom Wandel der Grundrechte, AöR 101 (1976), S. 161–201.

Rüssmann, Helmut, Zur Einführung: Die Begründung von Werturteilen, JuS 1975, S. 352–358.

Ruttmann, Peter, Die Versicherbarkeit von Geldstrafen, Geldbußen, Strafschadensersatz und Regressansprüchen in der D&O-Versicherung – Unter vergleichender Betrachtung der Rechtslage in den Vereinigten Staaten, Karlsruhe 2014.

Säcker, Franz Jürgen/Rixecker, Roland/Oetker, Hartmut/Limperg, Bettina (Hrsg.), Münchener Kommentar zum Bürgerlichen Gesetzbuch, Bd. 1, 7. Aufl., München 2015 (zit. MüKo-BGB a.F./*Bearbeiter*).

— (Hrsg.), Münchener Kommentar zum BGB, Bd. 1, 8. Aufl., München 2018 (zit. MüKo-BGB/*Bearbeiter*).

— (Hrsg.), Münchener Kommentar zum Bürgerlichen Gesetzbuch, Bd. 2, 8. Aufl., München 2019 (zit. MüKo-BGB/*Bearbeiter*).

— (Hrsg.), Münchener Kommentar zum Bürgerlichen Gesetzbuch, Bd. 5, 8. Aufl., München 2020 (zit. MüKo-BGB/*Bearbeiter*).

Salmon, Wesley C., Statistical Explanation, in: ders. (Hrsg.), Statistical Explanation and Statistical Relevance, 1971, S. 29–87.

Samson, Erich/Langrock, Marc, Bekämpfung von Wirtschaftskriminalität im und durch Unternehmen, DB 2007, S. 1684–1689.

Sander, Julian/Schneider, Stefan, Die Pflicht der Geschäftsleiter zur Einholung von Rat – Dogmatische Grundlagen und praktische Folgerungen, ZGR 42 (2003), S. 725–759.

Sasse, Torsten, Die Grundrechtsberechtigung juristischer Personen durch die unternehmerische Freiheit gemäß Art. 16 der Europäischen Grundrechtecharta, EuR 2012, S. 628–654.

Satzger, Helmut/Schluckebier, Wilhelm/Widmaier, Gunter (Hrsg.), StPO – Strafprozessordnung Mit GVG und EMRK. Kommentar, 4. Aufl., Köln 2020 (zit. SSW-StPO/*Bearbeiter*).

Sax, Walter, Grundsätze der Strafrechtspflege, in: Bettermann, Karl August/Nipperdey, Hans Carl/Scheuner, Ulrich (Hrsg.), Die Grundrechte – Handbuch der Theorie und Praxis der Grundrechte, Berlin 1959, S. 909–1014.

Schack, Haimo, Der Schutzzweck als Mittel der Haftungsbegrenzung im Vertragsrecht, JZ 1986, S. 305–314.

Schäfer, Hans-Bernd/Ott, Claus, Lehrbuch der ökonomischen Analyse des Zivilrechts, 6. Aufl., Berlin 2020.

Schiemann, Gottfried, Haftungsbeschränkungen, in: Lorenz, Egon (Hrsg.), Karlsruher Forum 1999 – Haftungsbeschränkungen, Karlsruhe 1999, S. 5–28.

Schimke, Martin/Dauernheim, Jörg (Hrsg.), Handbuch Vereins- und Verbandsrecht, 14. Aufl. 2018.

Schlechtriem, Peter, Schadenersatzhaftung der Leitungsorgane von Kapitalgesellschaften, in: Kreuzer, Karl (Hrsg.), Die Haftung der Leitungsorgane von Kapitalgesellschaften – Verhandlungen der Fachgruppe für vergleichende Handels- und Wirtschaftsrecht anläßlich der Tagung der Gesellschaft für Rechtsvergleichung in Würzburg vom 13.–16.9.1989, Baden-Baden 1991, S. 9–78.

Schlosser, Peter, Vereins- und Verbandsgerichtsbarkeit, München 1972.

Schlüchter, Ellen, Zweites Gesetz zur Bekämpfung der Wirtschaftskriminalität. Kommentar mit einer kriminologischen Einführung, Heidelberg 1987.

Schmidhäuser, Eberhard, Strafrecht, besonderer Teil – Grundriß, 2. Aufl., Tübingen 1983.

Schmidt, Heiner Christian, Grundrechte als verfassungsunmittelbare Strafbefreiungsgründe – Zu Methode und Praxis der Verfassungseinwirkung auf das materielle Strafrecht, Baden-Baden 2008.

Schmidt, Karsten, Zur Verantwortung von Gesellschaften und Verbänden im Kartell-Ordnungswidrigkeitenrecht. Diskussionsbeitrag eines Wirtschaftsrechtlers zu § 30 OWiG und zum Verständnis der Bußgeldpraxis nach dem GWB, wistra 1990, S. 131–138.

Schmidt, Karsten/Lutter, Marcus (Hrsg.), Aktiengesetz Kommentar, 4. Aufl., Köln 2020 (zit. K.Schmidt/Lutter-AktG/*Bearbeiter*).

Schmidtchen, Dieter, Wozu Strafrecht? Einige Anmerkungen aus ökonomischer Sicht, in: Ott, Claus/Schäfer, Hans-Bernd (Hrsg.), Die Präventivwirkung zivil- und strafrechtlicher Sanktionen – Beiträge zum VI. Travemünder Symposium zur ökonomischen Analyse des Rechts vom 25.–28. März 1998, Tübingen 1998, S. 49–70.

Schmitt, Rudolf, Strafrechtliche Maßnahmen gegen Verbände. Gleichzeitig ein Beitrag zur Lehre von den strafrechtlichen Unrechtsfolgen, Mainz/Stuttgart 1958.

Schneider, Uwe, Haftungsmilderung für Vorstandsmitglieder und Geschäftsführer bei fehlerhafter Unternehmensleitung?, in: Hadding, Walther/Immenga, Ulrich u.a. (Hrsg.), Festschrift für Winfried Werner zum 65. Geburtstag am 17. Oktober 1984 – Handelsrecht und Wirtschaftsrecht in der Bankpraxis, Berlin, New York 1984, S. 795–815.

—, Compliance im Konzern, NZG 2009, S. 1321–1326.

Scholl, Amand, Die Bezahlung einer Geldstrafe durch Dritte – ein altes Thema und noch immer ein Problem, NStZ 1999, S. 599–605.

Scholl, Bernd, Vorstandshaftung und Vorstandsermessen – Rechtliche und ökonomische Grundlagen, ihre Anwendung in der Finanzkrise sowie der Selbstbehalt bei der D&O-Versicherung, Baden-Baden 2015.

Schöne, Torsten/Petersen, Sabrina, Regressansprüche gegen (ehemalige) Vorstandsmitglieder – quo vadis?, AG 2012, S. 700–706.

Schroth, Hans-Jürgen, Der Regelungsgehalt des 2. Gesetzes zur Bekämpfung der Wirtschaftskriminalität im Bereich des Ordnungswidrigkeitenrechts, wistra 1986, S. 158–165.

—, Unternehmen als Normadressat und Sanktionssubjekte. Eine Studie zum Unternehmensstrafrecht, Gießen 1992.

Schünemann, Bernd, Die Strafbarkeit der juristischen Personen aus deutscher und europäischer Sicht, in: Schünemann, Bernd/Suárez Gonzàlez, Carlos (Hrsg.), Bausteine des europäischen Wirtschaftsstrafrechts, Madrid-Symposium für Klaus Tiedemann, Köln u.a. 1994, S. 265–295.

Schwark, Eberhard/Zimmer, Daniel (Hrsg.), Kapitalmarktrechts-Kommentar, 5. Aufl., München 2020.

Schweizer, Urs, Spieltheorie und Schuldrecht, Tübingen 2015.

Schwinge, Christina, Strafrechtliche Sanktionen gegenüber Unternehmen im Bereich des Umweltstrafrechts, München 1996.

Segerson, Kathleen/Tietenberg, Tom, The Structure of Penalties in Environmental Enforcement: An Economic Analysis, JEEM 23 (1992), S. 179–200.

Seibt, Christoph H./Cziupka, Johannes, Rechtspflichten und Best Practices für Vorstands- und Aufsichtsratshandeln bei der Kapitalmarktrecht-Compliance, AG 2015, S. 93–109.

Seiler, Walter, Strafrechtliche Maßnahmen als Unrechtsfolgen gegen Personenverbände, Freiburg (Schweiz) 1967.

Sieber, Ulrich, Compliance-Programme im Unternehmensstrafrecht – Ein neues Konzept zur Kontrolle von Wirtschaftskriminalität, in: Sieber, Ulrich/Dannecker, Gerhard u.a. (Hrsg.), Strafrecht und Wirtschaftsstrafrecht, Festschrift für Klaus Tiedemann zum 70. Geburtstag – Dogmatik, Rechtsvergleich, Rechtstatsachen, Köln, München 2008, S. 449–484.

Siegert, Karl, Haftung für fremde Schuld im Steuer- und Wirtschaftsstrafrecht, NJW 1953, S. 527–529.

Soergel, Hans-Theodor/Siebert, Wolfgang (Hrsg.), Bürgerliches Gesetzbuch – Allgemeiner Teil 1, Bd. 1, 13. Aufl., Stuttgart u.a. 2000 (zit. Soergel/*Bearbeiter*).

— (Hrsg.), Bürgerliches Gesetzbuch – Schuldrecht 1/2, Bd. 3/2, 13. Aufl., Stuttgart 2014 (zit. Soergel/*Bearbeiter*).

Spindler, Gerald, Organhaftung in der AG – Reformbedarf aus wissenschaftlicher Perspektive, AG 2013, S. 889–904.

Spindler, Gerald/Stilz, Eberhard (Hrsg.), Kommentar zum Aktiengesetz, Bd. 1, 4. Aufl., München 2019.

Stächelin, Gregor, Strafgesetzgebung im Verfassungsstaat – Normative und empirische materielle und prozedurale Aspekte der Legitimation unter Berücksichtigung neuerer Strafgesetzgebungspraxis, Berlin 1998.

Ständige Deputation des Deutschen Juristentages (Hrsg.), Verhandlungen des 70. Deutschen Juristentags Hannover 2014, München 2014.

Stigler, George J., The Optimum Enforcement of Laws, Journal of Political Economy 78 (1970), S. 526–536.

Strasser, Philipp, Die Deckung von Schäden aus Kartellgeldbußen in der D&O-Versicherung, VersR 2017, S. 65–72.

Stree, Walter, Deliktsfolgen und Grundgesetz – Zur Verfassungsmäßigkeit der Strafen und sonstigen strafrechtlichen Maßnahmen, Tübingen 1960.

—, Anmerkung zu BGH, Urteil v. 6.4.1964 - II ZR 11/62 (OLG Hamburg), JZ 1964, S. 588–590.

Streng, Franz, Strafrechtliche Sanktionen – Die Strafzumessung und ihre Grundlagen, 3. Aufl., Stuttgart 2012.

Sykes, Alan O., The Economics of Vicarious Liability, Yale L.J. 93 (1984), S. 1231–1282.

Theile, Hans/Petermann, Stefan, Die Sanktionierung von Unternehmen nach dem OWiG, JuS 2011, S. 496–501.

Thole, Christoph, Managerhaftung für Gesetzesverstöße – Die Legalitätspflicht des Vorstands gegenüber seiner Aktiengesellschaft, ZHR 173 (2009), S. 504–535.

Thole, Larissa, § 29a OWiG im Straßengüterverkehr - Vermögensabschöpfung bei teillegalisierten Gütertransporten -, NZV 2009, S. 64–68.

Thomas, Stefan, Bußgeldregress, Übelszufügung und D&O-Versicherung, NZG 2015, S. 1409–1419.

Tiedemann, Klaus, Die Bebußung von Unternehmen nach dem 2. Gesetz zur Bekämpfung der Wirtschaftskriminalität, NJW 1988, S. 1169–1174.

—, Verfassungsrecht und Strafrecht, Heidelberg 1991.

—, Zum Verhältnis von allgemeinem und besonderem Teil des Strafrechts, in: Arzt, Gunther/Fezer, Gerhard u.a. (Hrsg.), Festschrift für Jürgen Baumann zum 70. Geburtstag, Bielefeld 1992, S. 7–20.

—, Europäisches Gemeinschaftsrecht und Strafrecht, NJW 1993, S. 23–31.

Többens, Hans W., Die Bekämpfung der Wirtschaftskriminalität durch die Troika der §§ 9, 130 und 30 Gesetzes über Ordnungswidrigkeiten, NStZ 1999, S. 1–8.

Traeger, Ludwig, Der Kausalbegriff im Straf- und Zivilrecht – Zugleich ein Beitrag zur Auslegung des B.G.B., Marburg 1904.

Tucker, Albert William, The Mathematics of Tucker, The Two-Year College Mathematics Journal 14 (1983), S. 228–232.

Unger, Pascal, Die Haftung des Fussballveranstalters bei Zuschauerausschreitungen – Eine Untersuchung der zivilrechtlichen Schadensverantwortung, Baden-Baden 2015.

van Look, Frank, Vereinsstrafen als Vertragsstrafen – Ein Beitrag zum inneren Vereinsrecht, Berlin 1990.

van Vormizeele, Philipp Voet, Kartellrechtliche Compliance-Programme im Rahmen der Bußgeldbemessung de lege lata und de lege ferenda, CCZ 2009, S. 41–49.

Verse, Dirk, Organhaftung bei unklarer Rechtslage - Raum für eine Legal Judgment Rule?, ZGR 2017, S. 174–195.

Vierhaus, Hans-Peter, Die Reform des Umweltstrafrechts durch das 2. Gesetz zur Bekämpfung der Umweltkriminalität, ZRP 1992, S. 161–163.

Volk, Klaus, Der Begriff der Strafe in der Rechtsprechung in der Rechtsprechung des BVerfG, ZStW 83 (1971), S. 405–434.

von der Decken, o.A., Wann ist eine Geldstrafe als eine nicht einzutreibende im Sinne des § 28 des Strafgesetzbuches anzusehen?, ZStW 12 (1893), S. 119–126.

Wagner, Gerhard, Prävention und Verhaltenssteuerung durch Privatrecht – Anmaßung oder legitime Aufgabe?, AcP 206 (2006), S. 352–476.

—, Organhaftung im Interesse der Verhaltenssteuerung – Skizze eines Haftungsregimes, ZHR 178 (2014), S. 227–281.

Wegner, Carsten, Die Auswirkungen fehlerhafter Organisationsstrukturen auf die Zumessung der Unternehmensgeldbuße, wistra 2000, S. 361–368.

—, Die Systematik der Zumessung unternehmensbezogener Geldbußen, Frankfurt am Main u.a. 2000.

Weigend, Thomas, Sind Sanktionen zu akzeptieren, die sich am Maß der Tatschuld orientieren? – Diskussionsbemerkungen, in: Frisch, Wolfgang/v. Hirsch, Andrew/Albrecht, Hans-Jörg (Hrsg.), Tatproportionalität – Normative und empirische Aspekte einer tatproportionalen Strafzumessung, Heidelberg 2003, S. 199–208.

Weitbrecht, Andreas, Eine neue Ära im Kartellschadensersatzrecht – Die 9. GWB-Novelle, NJW 2017, S. 1574–1578.

Werner, Rüdiger, Die zivilrechtliche Haftung des Vorstands einer AG für gegen die Gesellschaft verhängte Geldbußen gegenüber der Gesellschaft, CCZ 2010, S. 143–147.

Wessing, Jürgen/Janssen, Maximilian, Auswirkungen der 9. GWB-Novelle auf kartellrechtliche Bußgeldverfahren, WuW 2017, S. 253–256.

Wilhelmi, Rüdiger, Beschränkung der Organhaftung und innerbetrieblicher Schadensausgleich, NZG 2017, S. 681–690.

Windbichler, Christine, Freistellung unternehmerischer Entscheidungen von persönlicher Haftung, in: Immenga, Ulrich/Schwintowski, Hans-Peter/Kollmorgen, Alexander (Hrsg.), Wirtschaftliches Risiko und persönliche Verantwortung der Manager, Baden-Baden 2006, S. 42–53.

Winnen, Armin, Die Innenhaftung des Vorstands nach dem UMAG – Eine Untersuchung des § 93 Abs. 1 S. 2 AktG und der Durchsetzungsmöglichkeiten von Innenhaftungsansprüchen, Baden-Baden 2009.

Wirtz, Markus M., Die Aufsichtspflichten des Vorstandes nach OWiG und KonTraG, WuW 2001, S. 342–356.

Wodicka, Josef, Anmerkung zu BGH NStZ 1991, 486, NStZ 1991, S. 487–488.

Wolter, Jürgen (Hrsg.), SK-StPO – Systematischer Kommentar zur Strafprozessordnung. Mit GVG und EMRK, Bd. 8, 5. Aufl., Köln 2020 (zit. SK-StPO/*Bearbeiter*).

Wolters, Gereon, Die Neufassung der strafrechtlichen Verfallsvorschrift, Baden-Baden/Kiel 1995.

Woodward, James, Scientific Explanation, The British Journal for the Philosophy of Science 30, No. 1 (1979), S. 41–67.

—, Scientific Explanation, 24.09.2014, https://plato.stanford.edu/entries/scientific-explanation/ (geprüft am 30.09.2021).

Württ. Sparkassen- und Giroverband in Stuttgart (Hrsg.), Die Gesetze Nr. 52 und Nr. 53 der Amerikanischen Militärregierung mit Erläuterungen – "Sperre und Beaufsichtigung von Vermögen" und "Devisenbewirtschaftung", Stuttgart 1946.

Zimmer, Daniel, Kartellrecht und neuere Erkenntnisse der Spieltheorie – Vorzüge und Nachteile einer alternativen Interpretation des Verbots abgestimmten Verhaltens (§ 25 Abs. 1 GWB, Art. 85 EWGV), ZHR 154 (1990), S. 470–487.

Zimmermann, Martin, Kartellrechtliche Bußgelder gegen Aktiengesellschaft und Vorstand: Rückgriffsmöglichkeiten, Schadensumfang und Verjährung, WM 2008, S. 433–442.

Zipf, Heinz, Abwälzung der Geldstrafe auf einen Dritten und Erreichbarkeit des Strafzweckes, MDR 1965, S. 632–633.

Zöllner, Wolfgang/Noack, Ulrich (Hrsg.), Kölner Kommentar zum Aktiengesetz, Bd. 2/1, 3. Aufl., Köln 2010 (zit. KK-AktG/*Bearbeiter*).

SCHRIFTEN ZUM STRAFRECHT UND STRAFPROZESSRECHT

Herausgegeben von Manfred Maiwald und Carsten Momsen

Band 1 Christian-Peter Frees: Die steuerrechtliche Selbstanzeige. Zur kriminalpolitischen Zweckmäßigkeit des § 371 AO. 1991.

Band 2 Norbert Joachim: Der Hörensagenbeweis im Strafverfahren. 1991.

Band 3 Alfred A. Göbel: Die Einwilligung im Strafrecht als Ausprägung des Selbstbestimmungsrechts. 1991.

Band 4 Karl-Heinz Vehling: Die Abgrenzung von Vorbereitung und Versuch. 1991.

Band 5 Heiko Hartmut Lesch: Das Problem der sukzessiven Beihilfe. 1992.

Band 6 Dirk Schwerdtfeger: Besondere persönliche Unrechtsmerkmale. 1992.

Band 7 Stefan Göhring: Polizeiliche Kontrollstellen und Datenverarbeitung. § 163 d StPO und novellierte Polizeigesetze der Länder zwischen Strafverfolgung, Gefahrenabwehr und vorbeugender Straftatenbekämpfung. 1992.

Band 8 Werner Kemper: Horizontale Teilrechtskraft des Schuldspruchs und Bindungswirkung im tatrichterlichen Verfahren nach der Zurückverweisung. §§ 353, 354 Abs. 2 StPO. 1993.

Band 9 Owadias Namias: Die Zurechnung von Folgeschäden im Strafrecht. 1993.

Band 10 Jan Zopfs: Unfallflucht bei eindeutiger Haftungslage? Unverzüglichkeitsgebot und Wahlmöglichkeit in § 142 Abs. 2 und 3 StGB. 1993.

Band 11 Stefan Hiebl: Ausgewählte Probleme des Akteneinsichtsrechts nach § 147 StPO. 1994.

Band 12 Ralf Krack: List als Straftatbestandsmerkmal. Zugleich ein Beitrag zu Täuschung und Irrtum beim Betrug. 1994.

Band 13 Henning Radtke: Zur Systematik des Strafklageverbrauchs verfahrenserledigender Entscheidungen im Strafprozeß. 1994.

Band 14 Bernd J. A. Müssig: Schutz abstrakter Rechtsgüter und abstrakter Rechtsgüterschutz. Zu den materiellen Konstitutionskriterien sog. Universalrechtsgüter und deren normentheoretischem Fundament – am Beispiel der Rechtsgutsbestimmung für die §§ 129, 129a und 324 StGB. 1994.

Band 15 Heinz Koriath: Über Beweisverbote im Strafprozeß. 1994.

Band 16 Burkhard Niepoth: Der untaugliche Versuch beim unechten Unterlassungsdelikt. 1994.

Band 17 Karsten Altenhain: Die Strafbarkeit des Teilnehmers beim Exzeß. 1994.

Band 18 Ina Walbaum: Schuldspruch in der Revisionsinstanz nach freisprechendem Urteil des Tatgerichts. 1996.

Band 19 Birgit Dalbkermeyer: Der Schutz des Beschuldigten vor identifizierenden und tendenziösen Pressemitteilungen der Ermittlungsbehörden. 1994.

Band 20 Thomas Hackner: Der befangene Staatsanwalt im deutschen Strafverfahrensrecht. 1995.

Band 21 Hartmut Loritz: Kritische Betrachtungen zum Wert des strafprozessualen Zwischenverfahrens. 1996.

Band 22 Heinz-Hermann Berghof: Therapie und Strafe im Betäubungsmittelrecht. Recht und Wirklichkeit der Behandlung Drogenabhängiger unter besonderer Berücksichtigung der §§ 35 ff BtMG. 1995.

Band 23 Oliver Mertens: Strafprozessuale Grundrechtseingriffe und Bindung an den Wortsinn der ermächtigenden Norm. 1996.

Band 24 Sönke Bahnsen: Das Akteneinsichtsrecht der Verteidigung im Strafverfahren. Dogmatische Grundlagen und Einzelprobleme im Lichte einer rechtsstaatlichen Verfahrensgestaltung. 1996.

Band 25 Dirk Schwieger: Der Vorteilsbegriff in den Bestechungsdelikten des StGB. 1996.

Band 26 Stephanie Meinecke: Die Auswirkungen von Verfahrensfehlern auf die Strafbarkeit nach den Aussagedelikten. 1996.

Band 27 Ute Lambrecht: Strafrecht und Disziplinarrecht. Abhängigkeiten und Überschneidungen. 1997.

Band 28 Carsten Momsen: Verfahrensfehler und Rügeberechtigung im Strafprozeß. Die Strukturen der Revisionsberechtigung unter besonderer Berücksichtigung des Begriffs "Rechtsnormen, die lediglich zugunsten des Angeklagten gegeben sind" in § 339 StPO. 1997.

Band 29 Ursula Epp: Die Abgeordnetenbestechung – § 108 e StGB. 1997.

Band 30 Bernd Scheiff: Wann beginnt der Strafrechtsschutz gegen kriminelle Vereinigungen (§ 129 StGB)? 1997.

Band 31 Ulrike Fontaine: Max Grünhut (1893-1964). Leben und wissenschaftliches Wirken eines deutschen Strafrechtlers jüdischer Herkunft. 1998.

Band 32 Claudia Keiser: Das Kindeswohl im Strafverfahren. Zur Notwendigkeit eines am Kindeswohl orientierten Umgangs mit minderjährigen Opfern und Zeugen, den Möglichkeiten de lege lata und den Erfordernissen de lege ferenda. 1998.

Band 33 Wiebke Schürer-Mohr: Erlaubte Risiken. Grundfragen des "erlaubten Risikos" im Bereich der Fahrlässigkeitsdogmatik. 1998.

Band 34 Stephan Voigtel: Zum Freibeweis bei Entscheidungen der Strafvollstreckungskammer. Eine Untersuchung zu ausgewählten Fragen des Beweisrechts im gerichtlichen Verfahren in Strafvollstreckungs- und Strafvollzugssachen. 1998.

Band 35 Volkmar Wißgott: Das Beweisantragsrecht im Strafverfahren als Kompensation der richterlichen Inquisitionsmaxime. Die Judikatur des Reichsgerichts zum strafprozessualen Beweisrecht. 1998.

Band 36 Susanne Merz: Strafrechtlicher Ehrenschutz und Meinungsfreiheit. 1998.

Band 37 Uwe Schlömer: Der elektronisch überwachte Hausarrest. Eine Untersuchung der ausländischen Erfahrungen und der Anwendbarkeit in der Bundesrepublik Deutschland. 1998.

Band 38 Michael Liedke: Die Vermögensstrafe gemäß § 43a StGB in ihrer kriminalpolitischen Bedeutung. 1999.

Band 39 Danja Domeier: Gesundheitsschutz und Lebensmittelstrafrecht. Zur Konkretisierung der Verkehrspflichten und ihrer Strafbewehrung, insbesondere mit Blick auf §§ 8 ff. LMBG. 1999.

Band 40 Ritva Westendorf: Die Pflicht zur Verhinderung geplanter Straftaten durch Anzeige. Eine kritische Betrachtung der §§ 138, 139 StGB im Kontext der Unterlassungsdelikte. 1999.

Band 41 Hans Theile: Tatkonkretisierung und Gehilfenvorsatz. 1999.

Band 42 Nicole Lange: Vorermittlungen. Die Behandlung des staatsanwaltschaftlichen Vorermittlungsverfahrens unter besonderer Berücksichtigung von Abgeordneten, Politikern und Prominenten. 1999.

Band 43 Tanja Gunder: Der Umgang mit Kindern im Strafverfahren. Eine empirische Untersuchung zur Strafverfolgung bei Sexualdelinquenz. 1999.

Band 44 Sven-Markus Thiel: Die Konkurrenz von Rechtfertigungsgründen. 2000.

Band 45 Jan Schlüter: Die Strafbarkeit von Unternehmen in einer prozessualen Betrachtung nach dem geltenden Strafprozeßrecht. 2000.

Band 46 Detlef Heise: Der Insiderhandel an der Börse und dessen strafrechtliche Bedeutung. Eine Untersuchung des neuen deutschen Insiderrechts speziell unter Bezugnahme auf die strafrechtstheoretischen und strafrechtsdogmatischen Grundlagen. 2000.

Band 47 Hermann Wichmann: Das Berufsgeheimnis als Grenze des Zeugenbeweises. Ein Beitrag zur Lehre von den Beweisverboten. 2000.

Band 48 Rainer T. Cherkeh: Betrug (§ 263 StGB), verübt durch Doping im Sport. 2000.

Band 49 Kristian Hohn: Die Zulässigkeit materieller Beweiserleichterungen im Strafrecht. Eine Untersuchung über Erscheinungsformen und Grenzen der Lösung beweisrechtlicher Probleme im materiellen Strafrecht. 2000.

Band 50 Malte Rabe von Kühlewein: Der Richtervorbehalt im Polizei- und Strafprozeßrecht. 2001.

Band 51 Donata Meinecke: Die Gesetzgebungssystematik der Versuchsstrafbarkeit von Verbrechen und Vergehen im StGB. 2001.

Band 52 Joachim Bock: Begriff, Inhalt und Zulässigkeit der Beweislastumkehr im materiellen Strafrecht. 2001.

Band 53 Gabriele Rose: Grenzen der journalistischen Recherche im Strafrecht und Strafverfahrensrecht. 2001.

Band 54 Wiebke Reitemeier: Täuschungen vor Abschluß von Arbeitsverträgen. Zum Verhältnis zwischen dem Straftatbestand des Betrugs und dem Anfechtungsrecht wegen arglistiger Täuschung (§§ 263 Abs. 1 StGB, 123 Abs. 1 Alt. 1 BGB). 2001.

Band 55 Peter Rackow: Das DNA-Identitätsfeststellungsgesetz und seine Probleme. 2001.

Band 56 Frank Zschieschack: Geiselnahme und erpresserischer Menschenraub (§§ 239a, 239b StGB) im Zwei-Personen-Verhältnis. 2001.

Band 57 Natascha Sëyfi: Das Sicherungsverfahren (§§ 413 - 416 StPO). 2002.

Band 58 Dirk Seiler: Die *Sperrwirkung* im Strafrecht. 2002.

Band 59 Dorothee Sydow: Die actio libera in causa nach dem Rechtsprechungswandel des Bundesgerichtshofs. 2002.

Band 60 Inga Metrikat: Die Unterbringung in einer Entziehungsanstalt nach § 64 StGB – Eine Maßregel im Wandel? Eine vergleichende, empirische Untersuchung zur Entscheidung des Bundesverfassungsgerichts vom 16.03.1994, BVerfGE 91, 1 ff. 2002.

Band 61 Sabine Caroline Bechtoldt: Die Erledigungserklärung im Maßregelvollzug des § 63 StGB. Eine empirische Untersuchung der Erledigungserklärung und zugleich rechtsdogmatische Erörterung ihrer Rechtskraftproblematik. 2002.

Band 62 Sandra Schulte-Nover: Strafrichter in Deutschland und England. Ein systematischer Rechtsvergleich im Hinblick auf die richterlichen Kompetenzen im Strafverfahren. 2003.

Band 63 Tim Schurig: Belehrung und Beratung des Beschuldigten über sein Aussageverhalten. Eine gemeinsame Aufgabe von Gericht und Verteidigung? 2003.

Band 64 Markus Laski: Die strafrechtlichen Bezüge des Bundes-Bodenschutzgesetzes. 2003.

Band 65 Gunnar Lüer: Die Versäumung im Berufungsverfahren. Das strafprozessuale Anwesenheitsprinzip im Spannungsfeld von autonomer Subjektstellung und öffentlichen Interessen am Beispiel des § 329 Abs. 1,2 StPO. 2003.

Band 66 Thomas Grützner: Die Sanktionierung von Submissionsabsprachen. Eine Untersuchung der bestehenden Möglichkeiten einer Bekämpfung von Submissionsabsprachen unter besonderer Berücksichtigung des § 298 StGB. 2003.

Band 67 Bettina Noltenius: Kriterien der Abgrenzung von Anstiftung und mittelbarer Täterschaft. Ein Beitrag auf der Grundlage einer personalen Handlungslehre. 2003.

Band 68 Bettina Kraft: Tendenzen in der Entwicklung des Jugendstrafrechts seit der Jugendgerichtsbewegung. 2004.

Band 69 Jessica Däbritz: Die Bestimmung strafbaren fahrlässigen Verhaltens in der Forschung am Beispiel ärztlicher Humanerprobungen. Ein Beitrag zur methodischen Ermittlung und inhaltlichen Bestimmung von Sorgfaltspflichten in der Humanforschung. 2004.

Band 70 Maike Steenbock: Über die Unfallflucht als Straftat. Eine kritische Untersuchung zum Zusammenhang der Strafbarkeit der Unfallflucht mit den Besonderheiten des Straßenverkehrs. 2004.

Band 71 Holger Mann: Beschleunigungspotential im Jugendstrafverfahren. 2004.

Band 72 Dorothee Krutisch: Strafbarkeit des unberechtigten Zugangs zu Computerdaten und -systemen. 2004.

Band 73 Heinz-Helmut Fuhrmann: Das Begehen der Straftat gem. § 25 Abs. 1 StGB. Unter besonderer Berücksichtigung der sogenannten "eigenhändigen" Delikte. 2004.

Band 74 Gerwin M. Moldenhauer: Eine Verfahrensordnung für Absprachen im Strafverfahren durch den Bundesgerichtshof? 2004.

Band 75 Dirk Busch: Konzernuntreue. Eine Untersuchung spezifischer Untreuestrafbarkeit innerhalb von Konzernverbindungen mit Aktiengesellschaften und Gesellschaften mit beschränkter Haftung. 2004.

Band 76 Mitsuru Iijima: Die Entwicklung des strafrechtlichen Unrechtsbegriffs in Japan. Eine kritische Betrachtung aus strafrechtsdogmatischer und rechtsphilosophischer Perspektive. 2004.

Band 77 Lena Barbara Kötter: Private Elemente in der Strafvollstreckung. Zur Privatisierung von Bewährungshilfe, Gerichtshilfe und gemeinnütziger Arbeit. 2004.

Band 78 Martin Maria Laufen: Der Wucher (§ 291 Abs. 1 Satz 1 StGB). Systematische Einordnung und dogmatische Struktur. 2004.

Band 79 Maike Aselmann: Die Selbstbelastungs- und Verteidigungsfreiheit. Ein Beitrag zu den Garantiewirkungen von Verfahrensrechten im Hinblick auf die Beweiswürdigung, Strafzumessung und Strafbarkeit des Beschuldigten im Strafprozess. 2004.

Band 80 Ingmar Wolf: Graffiti als kriminologisches und strafrechtsdogmatisches Problem. 2004.

Band 81 Misuk Son: Straftatfolgen im deutschen und koreanischen Strafrecht. Ein prinzipieller Vergleich. 2004.

Band 82 Matthias Saal: Die Beteiligung an einer Schlägerei (§ 231 StGB). Ein Plädoyer für die Streichung der schweren Folge. 2004.

Band 83 Michael Stüber: Die Entwicklung des Prinzips der Unmittelbarkeit im deutschen Strafverfahren. 2005.

Band 84 Patrick Gerberding: Das Rechtsmittelsystem im US-amerikanischen Strafverfahren. Eine rechtsvergleichende Betrachtung. 2005.

Band 85 Rouven Seeberg: Aufgedrängte Nothilfe, Notwehr und Notwehrexzess. 2005.

Band 86 Andre Knoerchen: Schadenswiedergutmachung über anwaltliche Schlichtungsstellen. Rechtsökonomische Analyse eines Modellprojekts. 2005.

Band 87 Andreas Quante: Sanktionsmöglichkeiten gegen juristische Personen und Personenvereinigungen. 2005.

Band 88 Gundula Momsen-Pflanz: Die sportethische und strafrechtliche Bedeutung des Dopings. Störung des wirtschaftlichen Wettbewerbs und Vermögensrelevanz. 2005.

Band 89 Klaus Kleinbauer: Rechtsmittelverzicht und Rechtsmittelzurücknahme des Beschuldigten im Strafprozeß. 2006.

Band 90 Manuel Fumagalli: Rechtsprobleme vorgeburtlicher Diagnoseverfahren. Die personenrechtliche Begründung von Pränataldiagnostik und Präimplantationsdiagnostik. 2006.

Band 91 Matthias Dann: Staatliche Tatprovokation im deutschen, englischen und schottischen Recht. Rechtsvergleichende Untersuchung unter besonderer Berücksichtigung europäischer und internationaler Entwicklungslinien. 2006.

Band 92 Shahryar Ebrahim-Nesbat: Die Herausbildung der strafrechtlichen Teilnahmeformen im 19. Jahrhundert. 2006.

Band 93 Christoph Paglotke: Notstand und Notwehr bei Bedrohungen innerhalb von Prozesssituationen. 2006.

Band 94 Sebastian Olk: Die Abgabe von Sacherklärungen des Angeklagten durch den Verteidiger. 2006.

Band 95 Bernadette Pape: Legalverhalten nach Sexualdelinquenz. Eine empirische Analyse der Delinquenzkarrieren nach Sexualstraftaten an Kindern. 2007.

Band 96 Uttam Das: Möglichkeiten der Angleichung materiellen Strafrechts zwischen England und Deutschland im Rahmen des Art. K 31 EUV. 2007.

Band 97 Dennis Miller: Die Beteiligung am Verbrechen nach italienischem Strafrecht. Ein Beitrag zur Geschichte und Gegenwart von Einheits- und Differenzierungsmodellen der strafbaren Beteiligung mehrerer Personen. 2007.

Band 98 Michael Nehring: Kriminelle und terroristische Vereinigungen im Ausland. Auslegung und Analyse des im Zuge der Terrorismusbekämpfung nach dem 11. September 2001 geschaffenen § 129b Strafgesetzbuch. 2007.

Band 99 Bernadette Berger: Das Gesinnungsmoment im Strafrecht. 2008.

Band 100 Peter Rackow: Neutrale Handlungen als Problem des Strafrechts. 2007.

Band 101 Simone Mölders: Bestechung und Bestechlichkeit im internationalen geschäftlichen Verkehr. Zur Anwendbarkeit des § 299 StGB auf Sachverhalte mit Auslandsbezug. 2009.

Band 102 Anke David: Die Entwicklung des Mordtatbestandes im 19. Jahrhundert. 2009.

Band 103 Arne Habenicht: Die Beteiligung an sexuellen Gewalttaten. 2009.

Band 104 Marwan Hamdan: Drittmittelforschung in der Medizin. Eine Gratwanderung zwischen strafbarer Vorteilsannahme und verfassungsgarantierter Forschungsfreiheit. 2009.

Band 105 Carl-Friedrich von Scherenberg: Die sozialethischen Einschränkungen der Notwehr. 2009.

Band 106 Andreas Poppe: Die Akzessorietät der Teilnahme. Eine kritische Analyse der dogmatischen Grundlagen. 2011.

Band 107 Jonathan Burmeister: Die schuldangemessene Bewertung von Ehrenmorden im deutschen Strafrecht. Differenzierte Schuldmerkmale auf Tatbestandsebene bei sonstigen niedrigen Beweggründen. 2011.

Band 108 Philipp Reinhold: Amtsträgerbestechung. Unrechtsgehalt und Grenzen der §§ 331 ff. StGB. 2011.

Band 109 Simone Reiß: Verbotsirrtum und Subventionsbetrug. Unter Berücksichtigung der Besonderheiten bei der betrügerischen Erlangung von EU-Subventionen. 2012.

Band 110 Johannes Altenburg: Die Unlauterkeit in § 299 StGB. Ein Beitrag zur Harmonisierung von Strafrecht und Wettbewerbsrecht. 2012.

Band 111 Christoph Skoupil: Handeltreiben mit Betäubungsmitteln. Strafbarkeitsvorverlagerungen vor und nach der Entscheidung des Großen Senats für Strafsachen vom 26.10.2005. 2012.

Band 112 Frederike Wewerka: Internal Investigations. Private Ermittlungen im Spannungsfeld von strafprozessualen Grundsätzen und Anforderungen eines globalisierten Wirtschaftsstrafverfahrens. Eine Problemanalyse unter besonderer Berücksichtigung des Falles Siemens. 2012.

Band 113 Lena Witzmann: Die gemeinsame Verhandlung. Eine Untersuchung des Öffentlichkeitsgrundsatzes, des Opportunitätsprinzips, des Anwesenheitsrechts und des Fairnessgrundsatzes im verbundenen Verfahren. 2012.

Band 114 Lea Boller: Der unbefugte Gebrauch von Kraftfahrzeugen und Fahrrädern – § 248b StGB. 2013.

Band 115 Nina Wadle: Privatisierung im deutschen Strafvollzug. 2013.

Band 116 Annik Lamshöft: Das Modell des vereinfachten Ablehnungsverfahrens. Ein Gegenentwurf zur strafprozessualen Fristenlösung des Bundesgerichtshofs. 2013.

Band 117 Christine Marie Shavers: Criminal Law Dealing with Hate Crimes. Functional Comparative Law. 2014.

Band 118 Philipp Christoph Kleinherne: Garantenstellung und Notwehrrecht. Zugleich ein Beitrag zum Entstehen und Erlöschen von Garantenstellungen. 2014.

Band 119 Kerstin Petermann: Strafverteidigung in Wirtschaftsstrafverfahren zwischen Rechtsmissbrauch, Konflikt und Konsens. 2015.

Band 120 Michaela Gorius: Die Strafbarkeit des Prinzipals im Lichte des § 299 StGB. Eine Untersuchung de lege lata et ferenda unter besonderer Berücksichtigung des Rechtsguts der Norm und der Strafbarkeit von Organen der Kapital- und Personengesellschaften. 2015.

Band 121 Frédéric Schneider: Die Organ- und Vertreterhaftung im deutschen Strafrecht. Eine Untersuchung zur Konzeption der Rechtsfigur und deren Folgen in der praktischen Rechtsanwendung. 2015.

Band 122 Neele Marleen Schlenker: § 237 StGB – Das Verbot der Zwangsheirat. 2016.

Band 123 Julia Hugendubel: Tätertypologien in der Wirtschaftskriminologie. Instrument sozialer Kontrolle. 2016.

Band 124 Marcelle Janina Gatter: Die Ausgestaltung von Mitarbeiterbefragungen bei unternehmensinternen Ermittlungen und die Selbstbelastungsfreiheit. Eine rechtstheoretische und rechtsdogmatische Untersuchung unter besonderer Berücksichtigung der Belehrungen. 2016.

Band 125 Felix Doege: Die Bedeutung des nemo-tenetur-Grundsatzes in nicht von Strafverfolgungsorganen geführten Befragungen. 2016.

Band 126 Amelie Rösl: Arbeitserpressung. Zum Vermögenswert abgenötigter Leistungen. 2017.

Band 127 Laura Sophia Schumann: Das mittels List erschlichene Einverständnis im Rahmen des § 239 I Alt. 2 StGB. 2018.

Band 128 Nicole Reh: Die Wiedergutmachung im Wirtschaftsstrafverfahren. Eine qualitativ-empirische Erhebung über die Bedeutung und die Funktionalität der Wiedergutmachung in der wirtschaftsstrafrechtlichen Praxis. 2018.

Band 129 Florian Richter: Rechtfertigender Notstand zur Erhaltung von Arbeitsplätzen? Zur Notstandsfähigkeit des Interesses an der Arbeit. 2019.

Band 130 Isabelle Marie Voß: Flexibilisierungsbestrebungen der wirtschaftsstrafrechtlichen Praxis und das Recht auf den gesetzlichen Richter. Eine empirische Untersuchung. 2019.

Band 131 Laura Iva Savic: Die digitale Dimension des Strafprozessrechts. Zur Doppelnatur digitaler Beweise. 2019.

Band 132 Andreas Oonk: Strafrechtliche Verantwortlichkeit im Unternehmen im Zeitalter der Compliance. Zur individuellen strafrechtlichen Unterlassensverantwortung von Geschäftsleitung und Compliance-Beauftragtem in Bezug auf außenstehende Dritte unter besonderer Berücksichtigung von Aspekten der Compliance-Diskussion. 2019.

Band 133 Sebastian Kellner: Der Straftatbestand des Sportwettbetrugs. 2020.

Band 134 Esther Krämer: Neuroenhancement, Strafrechtliche Bedeutung im Vergleich zum Doping im Sport. 2020.

Band 135 Marie Vaudlet: Korruption und Compliance im Sport. Gegenstand, Umfang und Folgen der Korruptionspräventionspflicht im Sportverein. 2021.

Band 136 Jürss Lucas: Der Regress einer Verbandsgeldbuße gegen Organmitglieder in der Aktiengesellschaft. 2022.

www.peterlang.com